当代财经学系列教材

国际贸易概论及实务

Theory and Practice of International Trade

主 编 孙艳平 陶 薇

合肥工业大学出版社

前　言

入世以来，我国对外贸易迅猛发展，与此同时，我国高等教育特别是高职高专院校也在迅速发展，为适应形势发展和变化的要求，我们组织编写了适合高职高专学生能力培养要求的《国际贸易概论及实务》一书。

本教材的编写力求体现如下特点：

1. 教材板块合理、顺序合理，符合高职高专教学培养目标

本教材包括两大篇：国际贸易概论和国际贸易实务。

国际贸易概论中包括两大板块：原理和政策。该篇编写目的是让使用者在掌握国际贸易基本理论、基本知识和基本原理的基础上，提高综合分析以及解决实际业务中问题的能力，避免出现错误。

国际贸易实务板块的编写以交易程序为线索，先阐述合同中的主要交易条款和一般交易条款，其中重点剖析主要交易条款，详细说明如何确定交易标的、如何办理运输和保险、如何确定合同的价格、如何支付货款，然后介绍了交易磋商程序和如何订立合同，最后介绍了其他国际贸易方式。

这种先后顺序是编者在多年的教学过程中摸索出来，比较有利于使用者在学习过程中迅速而系统地掌握知识，避免使用者在贸易环节上出现问题。

2. 教材结构新颖，符合高职高专学生掌握基本功的要求

（1）每一章章首都有教学目的、教学重点和难点的介绍，进行明确的学习目的提示，同时也方便使用者进行自我评测。

（2）每一章章内名词和贸易条款均有英文解释，强调对使用者的实际英语能力的要求，训练使用者的双语思考问题的能力，培养使用者较强的本专业英语写作的应用能力。

（3）每一章章末都有关键名词、思考题和案例分析，便于使用者复习和思考，从而提高使用者对相关知识的理解程度，巩固所学知识，提高分析和解决实际问题的技能。

3. 教材实用性强，符合高职高专应用型人才的要求

（1）文中丰富的实践性举例

本教材编写过程中参阅了大量的国际贸易业务，将其中的交易条款加以

浓缩、整理后，完整地提供给使用者，一方面让使用者能更多地接触现实国际贸易活动中出现的例子，另一方面也让使用者在以后的实际操作过程中能有理可循。

(2)单证

在履约中系统地归纳了进出口业务中所产生的单据种类和内容的缮制要求，在介绍单证的基本知识的基础上，让使用者能了解单证的来龙去脉。

(3)讨论题和实训题

本教材在讨论题和实训题中反映了国际贸易的实际操作，让使用者能立即掌握国际贸易实践技能。

参与本教材编写工作的人员，按章节顺序为：陶薇（第一篇）；孙艳平（第二篇第一、二、三章）；徐彩（第二篇第四、七章）；朱雪峰（第二篇第五、八章）；王健（第二篇第六章）。本教材由孙艳平、陶薇任主编，潘丰教授任主审，负责教材的策划、组织和审稿工作。

本书的编写得到学校有关领导的大力支持，并引用了有关作者的部分资料，在此一并表示感谢。

限于作者水平，书中难免存在缺点和不足之处，敬请读者不吝批评指正。

编　者

目　录

第二篇　国际贸易实务

第一篇　国际贸易概论

第一章　国际贸易概述

1. 本章学习目的与要求

通过对本章的学习，重点理解国际贸易的含义以及与国际贸易相关的基本概念；掌握国际贸易的主要分类。

2. 本章教学重点和难点

(1) 国际贸易的概念；

(2) 贸易额与贸易量的概念；

(3) 国际贸易条件与对外依存度；

(4) 总贸易与专门贸易的区别。

随着世界各国经济的不断发展，特别是科学技术的进步和生产力水平的提高，各国间的经济合作与交往日益增多，国际贸易已成为加强世界各国经济联系最重要的形式之一。尤其是在当今世界经济全球化趋势下，不同国家间的经济联系比以往任何时候都更加紧密，因此国与国之间的贸易也就显得愈加频繁与重要。

第一节　国际贸易的基本概念

一、国际贸易与对外贸易

国际贸易(International Trade)亦称为“世界贸易”，泛指世界各国或地区之间在商品和服务方面的交换活动。它由各国或地区的对外贸易构成，是世界各国对外贸易的总和。

对外贸易(Foreign Trade)亦称“国外贸易”，是指一个国家或地区与另一个国家或地区之间的货物和服务的交换。海岛国家，如英国、日本等，也常用“海外贸易”表示对外贸易。

从一个国家或地区范围来看，货物与服务的交换活动被称为对外贸易；从全球范围来看，这种交换活动则被称为世界贸易，即各国对外贸易的总和。因此，对外贸易是以一个国家或地区为主体，相对于国内贸易而言的。

国际贸易和对外贸易有广义和狭义之分：包括货物与服务的国际贸易和对外贸易称为广义的国际贸易和对外贸易；如不把服务贸易包括在内，则称为狭义的国际贸易和对外贸易。

二、贸易额与贸易量

贸易额(Value of Trade)又称贸易值，是指用货币来表示在一定时期一国的对外贸易总值。它通常分为对外贸易额与国际贸易额。

对外贸易额(Value of Foreign Trade)又称对外贸易值，是指一国(或地区)在一定时期内以货币表示的进出口商品的总值。它是反映一国对外贸易规模的重要指标之一，一般都用本国货币表示。由于美元长期以来是国际主要计量货币，为了便于贸易额的国际比较，许多国家通行美元计量的方法。联合国编制和发表的世界各国对外贸易总值的资料，也是以美元表示的。

国际贸易额(Value of International Trade)又称国际贸易值，是指在世界范围内，所有国家和地区在一定时期内以货币表示的进出口商品价值总额。从世界范围看，一国的出口就是另一国的进口。如果把世界各国各地区的进口额加上出口额，就会造成重复计算，因此，根据《世界贸易组织》的规定，通常是将世界各国在一定时期内以离岸价格(FOB，即启运港船上交货价，其中不包括保险费和运费)计算的出口贸易额之和作为国际贸易额的。例如，2000 年世界各国和地区的货物贸易出口值之和为 63 640 亿美元，进口值之和为 66 690亿美元，但我们通常只将前者 63 640 亿美元看做是国际(货物)贸易额。

以货币表示的贸易额，由于受价格变动的影响，常常不能真实地反映贸易的实际规模，因此，需要以贸易量来反映国际贸易的规模。

贸易量(Quantity of Trade)，也分为对外贸易量与国际贸易量。

对外贸易量(Quantity of Foreign Trade)是指一国在一定时期内用计量单位(如数量、重量、长度、而积、体积)表示的进出口贸易规模的指标。然而，世界各个国家进出口商品成千上万，计量单位也各不一样，无法用统一的计量单位来表示世界或某个国家在一定时期的实际贸易量。

国际贸易量(Quantity of International Foreign Trade)是指以一定时期的不变价格为标准，来计算各个时期世界进出口贸易额。具体做法是用出口价格指数除以出口额，这样就得到了以不变价格计算的国际贸易实际规模的近似值。由于这个数值消除了价格变动的影响，只反映数量的变化，因而被称为国际贸易量，以一定时期为基数的贸易量与各个时期的贸易量相比，就得出了表示贸易量变动的物价指数。西方国家一般都用这种方法来计算贸易量的变动，以反映贸易规模实际变动的情况(表 1 -1)。

表 1－1　世界出口值与世界出口价格指数

年份	1980	1985	1990	1994	1995
世界出口值（百万美元）	2 022 448	1 958 675	3 486 140	4 264 555	5 075 125
世界出口价格指数（1980＝100）	100	113	152	183	199

资料来源：联合国贸易和发展会议．国际贸易和发展统计手册，1995 年。

1995 年世界贸易量为 5 075 125÷199＝25 503. 14（亿美元）

1995 年世界贸易量指数为 2 550 314÷2 022 448×100＝126

该例表明，剔除价格的变动因素后，1995 年世界贸易量比 1980 年增长了 26%。

三、贸易差额

贸易差额（Balance of Trade）是指一个国家或地区在一定时期内（通常为一年，也可为半年、一季、一月），出口贸易总额与进口贸易总额之间的差额。

当出口总额大于进口总额时，称为贸易顺差或贸易盈余，也称出超，通常以正数表示；当出口总额小于进口总额时，称为贸易逆差或贸易赤字，也称入超，以负数表示。当出口总额与进口总额相等时，则称为贸易平衡。贸易顺差反映一国在国际贸易收支上处于有利地位；贸易逆差则反映一国在国际贸易收支上处于不利地位。一个国家或一个地区在一定时期内的贸易表现为顺差还是逆差，主要取决于其进出口的商品种类、数量、价格水平以及当时的国际经济形势。贸易差额是衡量一个国家对外贸易状况的重要指标，也是表示一个国家经济状况和国际收支状况好坏的重要指标。

四、净出口与净进口

净出口（Net Export），是净进口（Net Import）的对称。一个国家在同种商品上往往既有出口又有进口，在一定时期内，如该商品出口数量大于进口数量，其差额称为净出口；反之，如该商品出口数量小于进口数量，其差额称为净进口。净出口和净进口都是以数量表示的。它们反映一国在某种商品的贸易上是处于出口国地位，还是处于进口国地位。例如，在汽车贸易上，原联邦德国和日本都曾经是净进口国，后来由于两国汽车工业的发展，出口量增加，现已成为净出口国。

五、国际贸易商品结构

国际贸易商品结构(International Trade by Commodities),表示在一定时期内(比如1年)各类商品分别在进出口贸易总额中所占的比重。

在国际贸易中,通常把进出口商品分为两大类:一类为初级产品,即没有加工或很少加工的农、林、牧、渔、矿产品;另一类为工业制成品,即经过充分加工的工业品。战后以来,国际贸易商品结构变化的总趋势是:初级产品的比重逐渐减少,工业制成品的比重不断增加,尤其是技术密集型产品的比重增加得更为迅速。例如,1937年初级产品在国际贸易中所占比重为63.3%,工业制成品所占比重为36.7%。从1953年起,工业制成品比重(50.3%)开始超过初级产品的比重(49.7%),1971年工业制成品比重增加到65.77%,80年代进一步上升。当今世界已是制成品贸易为主的世界,工业制成品比重上升,意味着以出口工业制成品为主的发达资本主义国家在国际贸易中的地位不断增强。

六、国际贸易地理方向

国际贸易地理方向(Direction International Trade)是指国际贸易的地区分布和商品流向,也就是各个地区、各个国家在国际贸易中所占的比重和地位,通常用它们的出口额(或进口额)占世界出口贸易总额(或进口贸易总额)的比重来表示。它表明各国和各洲在国际贸易中的地位。在世界贸易额中所占的比重,欧洲一直名列榜首,而非洲最为落后,就国别分别来说,美、日、德、法、英等主要发达国家占比重最大,少数几个发达国家的贸易额比世界其余所有国家的总和还要大。这表明发达国家在国际贸易、进而在世界经济格局中占主导地位。

七、国际贸易条件

一国宏观上对外贸易的经济效益如何,可以从该国的贸易条件(Terms of Trade,简称TOT)来考察。

贸易条件,是指一国在一定时期内的出口商品价格指数与进口商品价格指数之间的比率,所以,贸易条件又被称为"进出口交换比价"或简称"交换比价"。由于一个国家的进出口商品种类繁多,难以直接用进出口商品的价格进行比较,因此,人们通常用一国在一定时期(如一年)内的出口商品价格指数同进口商品价格指数对比进行计算。其公式为:

$$TOT = 出口价格指数/进口价格指数$$

如果 TOT > 1，该国贸易条件好转，出口一个单位的产品能换回超过一个单位的进口产品，则该国出口越多，交换越有利。

如果 TOT = 1，贸易条件不变。

如果 TOT < 1，贸易条件恶化，出口越多，从商品交换来看越不利，贸易条件甚至可以恶化到出口增加越多而收入反而减少的地步。针对这种现象，政府应积极采取措施，调整进出口商品结构，以改善对外贸易的不利状况。

例如，以 2004 年为基准年，其进出口价格指数均为 100；到 2005 年，出口商品价格上涨 7%，进口价格下降 3%，即 2008 年出口价格指数为 107，进口价格指数为 97，则

$$TOT = 107/97 = 1.103$$

TOT 为 1.103 表明贸易条件好转，出口一个单位的产品能换回 1.103 个单位的进口产品。

八、外贸依存度

外贸依存度(Degree of Dependence on Foreign Trade)从定性的角度界定，应该是指一国的经济依赖于外贸的程度。它的定量表示是：外贸依存度是指一国在一定时期内对外贸易总值与国内生产总值之比。其公式为：

$$Z = (X+M)/GDP \times 100\%$$

式中：X 为出口总值，M 为进口总值。

外贸依存度过高，国内经济发展易受国外经济影响或冲击，世界经济不景气对本国经济冲击较大。外贸依存度过低，就说明没有很好利用国际分工的长处。各国应根据本国国情，探讨不同阶段如何选择本国最佳的外贸依存度。

一般来讲，在同样情况下，发达国家比欠发达国家的外贸依存度要高，小国比大国的外贸依存度要高。大多数人重视用出口依存度这一概念，因为它比进口依存度更能真实地反映一国经济发展水平及其参与国际经济的程度。若要考察外贸对国内生产总值的直接贡献，则有外贸贡献度这一指标，其表述公式是一国通过外贸实现的国内生产总值占全部国内生产总值的比例。必须指出，外贸依存度这类指标在确切反映一国经济运行的内在关系或内在结构方面，如工业化水平、产业结构的优化程度等方面是有局限性的。

第二节 国际贸易的分类

国际贸易的内容十分广泛,性质也非常复杂,为更好地把握国际贸易内涵,可以按照不同的标准对国际贸易进行以下分类:

一、按商品流向分为出口贸易、进口贸易和过境贸易

1. 出口贸易(Export Trade)是指将本国生产或加工的商品输往国外市场销售的活动,也称输出贸易。不属于外销的商品不包含在内,如运出国境供驻外使馆人员使用的货物、旅客个人使用带出国境的货物,均不列入出口贸易。

2. 进口贸易(Import Trade)是指将外国生产或加工的商品输入本国市场销售的活动,也称输入贸易。同样,不属于内销的商品不包含在内,如外国使馆运进供自用的货物、旅客带入供自用的货物,均不列入进口贸易。

3. 过境贸易(Transit Trade)凡一国向另一国出口的商品要通过第三国,对第三国来说,就是过境贸易。某种商品从A国经C国输往B国销售,该商品对C国而言即为过境贸易。这种贸易对C国来说,既不是进口,也不是出口,只是商品过境而已。

二、按商品形态分为有形贸易和无形贸易

1. 有形贸易(Tangible Trade)又称货物贸易(Goods Trade)是指那些具有一定形态的、物质性的实体商品进出口所形成的交易活动。在国际贸易中,有形商品通过一国海关时必须向海关申报,海关依据海关税则对出口或进口的商品征税,并列入海关统计。

国际贸易中的有形商品种类繁多,为了便于统计,联合国秘书处于1950年编写了《国际贸易商品标准分类》(SITC),并于1960年和1972年先后两次修订,它一度被世界上多数国家采用。根据这个标准,国际贸易中的商品共分为10大类、63章、233组、786个分组和1924个基本项目。10大类的商品分别是:① 食品及主要供食用的活动物;② 饮料及烟类;③ 燃料以外的非食用粗原料;④ 矿物燃料、润滑油及有关原料;⑤ 动植物油脂及油脂;⑥ 化学品及有关产品;⑦ 主要按原料分类的制成品;⑧ 机械及运输设备;⑨ 杂项制品;⑩ 没有分类的其他商品。在国际贸易中,一般把0~4类商品称为初级产品,把5~8类商品称为制成品。

表 1－2　1974 年《联合国国际贸易标准分类》的商品分类

类　别	商　品	产品分类
(1)	食品及主要供食用的活动物	初级产品
(2)	饮料及烟类	
(3)	燃料以外的非食用粗原料	
(4)	矿物燃料、润滑油及有关原料	
(5)	动植物油脂及油脂	
(6)	化学品及有关产品	制成品
(7)	主要按原料分类的制成品	
(8)	机械及运输设备	
(9)	杂项制品	
(10)	没有分类的其他商品	

2. 无形贸易（Intangible Trade）又称服务贸易（Service Trade），是指一切不具备自然属性的、无实物形态的商品进出口所形成的交易活动。无形商品在通过一国海关时不必申报，也不列入海关统计。

根据《服务贸易总协定》的定义，服务贸易有四种方式。

(1)过境交付，即服务提供者和消费者都不跨越国境。比如，通过网络进行的国际远程教育、国际医疗、在线游戏等方面的服务。

(2)境外消费，即服务消费者到服务提供者国内接受服务，即在国外实现服务进口，如中国公民到美国旅游、留学等。

(3)商业存在，即服务企业到国外开办服务场所，提供服务。例如，美国的会计师事务所到中国开办分支机构提供相应的服务等。

(4)自然人移动，即一国的自然人到服务消费者所在国或第三国提供服务，例如中国的公民到美国讲学、行医等。

三、按是否有第三国参加分为直接贸易、间接贸易、转口贸易

1. 直接贸易（Direct Trade）是指商品生产国与商品消费国直接买卖商品的行为。贸易双方交易的商品既可以直接从生产国运到消费国，也可以通过第三国的国境转运到消费国，只要两者之间直接发生关系，即不通过第三国的商人作为中介人来进行贸易就是直接贸易。例如，过境贸易就是直接贸易，而不是间接贸易。生产国商品出口到消费国，从生产国来说，是直接出口；从消费国来说，是直接进口。

2. 间接贸易(Indirect Trade)是指商品生产国与商品消费国通过第三国买卖的行为。贸易双方交易的商品既可以直接从生产国运到消费国,也可以通过第三国的过境转运到消费国,只要两者之间没有直接关系,而是通过第三国的商人作为中介人来进行贸易则是间接贸易。

3. 转口贸易(Entreat Trade)是指一国或地区进口某种商品不是以消费为目的,而是将它作为商品再向别国出口的贸易活动。转口贸易与间接贸易的区别在于看问题的角度不同。商品生产国与消费国通过第三国进行的贸易对生产国和消费国而言是间接贸易,对第三国而言,则是转口贸易。

转口贸易与过境贸易的区别在于前者由第三国的商人参与商品的交易过程,而不论货物是否经由第三国运送,后者则无第三国的商人参与;转口贸易以营利为目的,通常有一个正常的商业加价,而过境贸易只收取少量的手续费。

四、按清偿工具分为自由结汇贸易和易货贸易

1. 自由结汇贸易(Free-Liquidation Trade)又称现汇贸易,是指在国际贸易中以货币作为清偿手段的贸易。在此作为支付手段的货币必须能在国际金融市场上自由兑换。目前能作为清偿货币的主要是发达国家的货币,如美元、欧元、日元等。

2. 易货贸易(Barter Trade)又称换货贸易、对销贸易,是指以货物经过计价作为清偿工具的贸易。这种贸易起因于贸易参与国双方的货币不能自由兑换,而且各国的自由外汇短缺,于是双方把进口和出口直接联系起来,互通有无,以做到进出口大体平衡。

五、按贸易参与国的数量分为双边贸易和多边贸易

1. 双边贸易(Bilateral Trade)是指两国或地区之间的贸易往来。其基本特点是双方保持贸易收支平衡。

2. 多边贸易(Multilateral Trade)是指三个或三个以上国家或地区之间相互发生贸易并保持贸易收支平衡的行为。在多边贸易往来中,每个国家都可以用对某些国家的出超支付对另一些国家的入超,以实现整体的平衡。

六、按统计标准分为总贸易体系和专门贸易体系

1. 总贸易体系(General Trade System)是指以进出国境为标准划分进出口的贸易活动。凡离开本国国境的货物一律列为出口,称为总出口。凡进入本国国境的货物一律列为进口,称为总进口。总出口额与总进口额之和为一国的总贸易额。英国、加拿大、日本、美国、中国等90多个国家和地区采用这一统计标准。

2. 专门贸易体系(Special Trade System)是指以进出关境为标准划分进出口的贸易活动。凡离开本国关境的货物一律列为出口,称为专门出口。如外国商品虽进入国境,但仍暂时存放在海关的保税仓库,或只是免税的自由贸易流通,则不被统计为进口。另外,凡进入本国关境的货物一律列为进口,称为专门进口。但关境外、国境内输往他国的商品,则不被统计为出口。专门出口额与专门进口额之和为一国的专门贸易额。德国、意大利、瑞士等 80 多个国家采用这种划分方法。

3. 总贸易与专门贸易的区别

总贸易额和专门贸易额都是一国在一定时期对外贸易的总数额,但两者在数额上不可能相等。这是因为:第一,国境与关境可能存在不一致,既有国境大于关境的情况,比如印度和埃及在本国境内都设有许多的自由贸易区;也有国境小于关境的,如欧盟各国就是很好的例子。第二,对某些特殊形式的贸易,两者的处理不同。例如,过境贸易会计入总贸易值但不会计入专门贸易值。因此,联合国在公布各国的贸易额时,一般都注明该国的统计标准。

总贸易和专门贸易反映的问题也不相同。前者包括所有进出入该国的商品,反映一国在国际商品流通中所处的地位;后者只包括那些进口是用于该国生产和消费的商品,出口是由该国生产和制造的商品,反映一国作为生产者和消费者在国际贸易中所起的作用。

七、按有无纸单证分为有纸贸易与无纸贸易

1. 有纸贸易或单证贸易(Documentary Trade)是指在国际贸易交易过程中,通过单证等商业文件的交接进行结算支付并履行合同的一种贸易方式。在国际贸易中常见的结算单据有:汇票、发票、提单、装箱单、重量单、保险单、商检证书等;另外,信用证和合同本身也都是书面文件。由于国际贸易的复杂性,不易做到一手交钱、一手交货,在信用证支付方式下,往往是单据的买卖,即一手交单、一手付款,因此单据在交易过程中就成了双方履行权利和义务的重要依据。

2. 无纸贸易或 EDI(Electronic Data Interchange)是一种将贸易、运输、保险、海关、银行等部门的电子计算机联网,对商务信息(主要包括订单、发票、提单、信用证、进出口许可证等)按国际统一标准进行格式化处理,并把这些数据通过计算机网络,进行商业文件相互交换和自动处理,在不使用纸单证的情况下完成询问、订单、托运、投保、报关、结算等一系列业务手续的一种现代化方式的新型贸易。

八、按经济发展水平分为水平贸易和垂直贸易

1. 水平贸易(Horizontal Trade)是指经济发展水平比较接近的国家之间开展的贸易活动。例如,发达国家之间以及发展中国家之间所展开的贸易活动。各个发达国家之间尽管生产力水平相近,但仍存在着各种差异,如各工业部门发展的不平衡,技术水平各有长短,资源供应也各不相同,需要通过国际贸易来取长补短,弥补不足。各发展中国家之间存在的水平贸易,则是为了相互支持,相互弥补民族工业部门的短缺,以改变国家分工中的不利地位,与发达国家相抗衡。

2. 垂直贸易(Vertical Trade)是指经济发展水平不同的国家之间开展的贸易活动。发达国家与发展中国家之间进行的贸易大多属于这种类型。由于这些国家在国际分工中所处的地位以及经济技术发达程度相差甚远,因此,一般是发达国家从发展中国家进口农产品、工业原料或劳动密集型的工业产品,而向这些国家出口工业制成品,特别是资本密集型或技术密集型的工业产品。

关键名词:

国际贸易与对外贸易　贸易额与贸易量　贸易差额　国际贸易商品结构　国际贸易地理方向　国际贸易条件　外贸依存度　出口贸易　进口贸易　过境贸易　有形贸易和无形贸易　直接贸易　间接贸易　转口贸易　总贸易体系　专门贸易体系　水平贸易　垂直贸易

思考题:

1. 试述国际贸易与对外贸易的联系与区别。

2. 试述直接贸易和间接贸易、转口贸易和过境贸易、间接贸易和过境贸易的区别。

3. 什么是贸易差额? 贸易差额的作用体现在什么地方? 目前我国有大量的贸易顺差,你认为这将对我国国民经济产生什么样的影响?

4. 试述总贸易体系与专门贸易体系的联系与区别。

5. 什么是国际贸易地理方向? 如何正确看待一国对外贸易地理方向的集中与分散?

6. 什么是国际贸易条件,它有何意义? 请你从历史资料中调查一下我国改革开放以后贸易条件是恶化了还是改善了?

案例分析：

中国汽车拉动日本经济

2004年2月18日，日本政府公布了统计速报。按年率计算，日本2003年第四季度的经济增长达到7%，创下1990年以来最快的经济增长率。

专家指出，“脆弱”的日本经济比任何时候更依赖中国经济，尤其是中国高速发展的汽车消费市场。

1. 中国汽车成“动力”

数据显示，在日本经济第四季度的增长中，出口上涨了4.2%，继续扮演经济增长主要动力的角色。相反，家庭支出仅增长0.8%，对经济增长贡献仍很有限。分析日本的出口结构，中国对日本钢材的强大需求占了很大比重，而这又是中国汽车市场强劲发展的直接后果。国家统计局的数据显示，2003年全年轿车产量206.89万辆，增幅达到80.67%。

由于需求旺盛，日本向中国出口的汽车用表面处理钢板等板材大幅增加。日本四大钢铁公司新日铁、住友金属、神户制钢和JFE2003年上半财年的报告显示，由于中国市场的拉动，四大钢铁公司盈利大幅增加，比上年同期增长三倍。

事实上，以汽车为代表的中国需求已成为日本制造业增长的关键，在钢铁出口的“牵头”下，带动电子零部件、机床等对中国出口大幅上扬。

2. 日本经济对中国的依赖程度不断提高

尽管日本经济界和政府乐观地认为，高增长率说明日本经济正在切实地恢复，但这种恢复非常“脆弱”。在民间消费、民间投资、公共财政和外部需求这经济增长的四大动力中，只有出口硕果仅存。这种结构的直接后果是，经济依赖外部需求，得看别人“脸色”。

专家指出，日本经济对中国的依赖程度越来越高。1999年到2003年，中国占日本占出口的比重从10.9%上升到18.3%，而同期美国的地位则此消彼长，从30.7%锐降至24.9%。同时，日本对中国的依赖方式也在改变。以前日本采用转口贸易的形式，在中国加工后返销日本，依赖的是中国的廉价劳动力，这导致其国内产业空洞化。但现在依赖的却是中国的市场需求。以日本汽车业为例，近两年其迅速改变战略，加快与中国企业合资的步伐。一方面直接从强劲增长的中国市场获益，另外，带动本国钢铁、电子零部件等产品出口中国。

正因为出口成为日本的"经济命门",所以就不难理解日本会极力鼓吹人民币升值。一方面有利于其出口,另一方面压制转口贸易,防止产业空洞化进一步恶化。

讨论题:

(1)从日本经济对中国的依赖程度逐步升高的案例中,我们将如何理解当今时代各国开展国际贸易的重要性?

(2)从改革开放30年的实践经验来看,你认为中国经济的增长是否从全球经济一体化中获得益处?

第二章 国际贸易的产生和发展

1. 本章学习目的与要求

通过对本章的学习，了解国际贸易的产生及其在不同历史时期的发展，认识国际贸易的地位和作用，并能够运用所学知识对目前国际贸易发展形势做出客观评价。

2. 本章教学重点和难点

(1)国际贸易产生的条件；

(2)国际贸易的发展过程。

国际贸易是社会生产力发展到一定阶段的产物，它是在一定的历史条件下产生和发展起来的。国际贸易的发展有其客观规律及其历史进程，研究国际贸易的历史有助于对当代国际贸易关系进行深层的分析与把握。

第一节 资本主义社会以前的国际贸易

国际贸易是在一定历史条件下产生和发展起来的，其产生条件必须具备以下条件：一是有剩余产品可以作为商品进行交换；二是社会分工的扩大和国家的产生为商品交换提供可能。因此，社会生产力的发展和社会分工的扩大，是对外贸易产生的前提和基础。在原始社会初期，人类处于自然分工状态，生产力水平很低，人们在共同劳动的基础上获取有限的生活资料，仅能维持本身生存的需要。因此，没有剩余产品，没有私有制，没有阶级和国家，也就没有对外贸易。对外贸易的产生是与人类历史上三次社会分工密切相关的。第一次社会分工是畜牧部落从其他部落中分离出来，畜牧的驯养和繁殖使生产力得到了发展，产品开始有了少量剩余。于是在氏族公社之间、部落之间出现了剩余产品的交换，这是最早发生的交换。这种交换是极其原始的偶然的物物交换。随着生产力的继续发展，手工业从农业中分离出来，出现了人类社会第二次大分工。手工业的出现，产生了以交换为目的的商品生产。随着商品货币关系的发展，产生了专门从事贸易的商人，于是出现了第三次社会大分工。生产力的发展，交换关系的扩大，加速了私有制的产生，从而使原始社会日趋瓦解，这就为过渡到奴隶社会打下了基础。在奴隶社会初期，由于阶级矛盾形成了国家。国家出现后，商品交换超出国界，便产生了对外贸易。

一、奴隶社会的国际贸易

奴隶社会制度最早出现在古代东方各国，如埃及、巴比伦、中国（殷、周时期已进入奴隶社会），但以欧洲的希腊、罗马的古代奴隶制最为典型。奴隶社会是以奴隶主占有生产资料和奴隶为基础的社会。在奴隶社会中，自然经济占统治地位，生产的目的主要是为了消费，商品生产微不足道，因而进入流通领域的商品数量很少，加之生产技术落后，交通运输工具简陋，国际间的商品交换只是在局部地区偶然发生，贸易的规模和范围以及商品的种类都有很大的局限性。

奴隶社会的贸易国家有腓尼基（在现黎巴嫩境内）、希腊、罗马、埃及、印度、中国等。国际贸易的商品主要是供宫室和奴隶主阶级享乐的奢侈品，如宝石、装饰品、各种织物和香料等，此外还有奴隶主阶级的活的生产工具——奴隶。希腊的雅典就是当时贩卖奴隶的一个中心。

我国在夏商时代已经进入奴隶社会，贸易集中在黄河流域，主要在夏下与诸侯国诸侯之间及各诸侯国诸侯之间进行。

奴隶社会的对外贸易促进了手工业的发展，在一定程度上推动了社会生产的进步。

二、封建社会的国际贸易

封建社会是以封建生产关系为特征的社会。封建生产关系的基础是封建地主阶级占有基本生产资料土地和不完全占有直接生产者——农民。地主依靠封建土地所有制和借助于超经济强制，通过地租形式，占有农民的剩余劳动。在封建社会早期，封建地租采取劳役和实物形式，进入流通领域的商品不多。到封建社会中期，随着商品生产的发展，封建地租由劳役和实物形式转变为货币形式，商品经济得到进一步发展。到封建社会晚期，随着城市手工业的发展，商品经济和国际贸易较奴隶社会均有了较大的发展，资本主义因素已开始孕育和生长。

在封建社会时期，开始出现国际贸易中心，早期的国际贸易中心位于地中海东部。公元 11 世纪以后，随着意大利北部和波罗的海沿岸城市的兴起，地中海、北海、波罗的海和黑海沿岸的一些城市，如威尼斯、佛罗伦萨、君士坦丁堡、里斯本、鹿特丹等成为当时西方贸易的中心。大马士革，达姆吉，中国的长安、扬州、泉州和沿海城市则成为东方贸易的中心。

第二节　资本主义社会的国际贸易

国际贸易虽然源远流长，但真正具有世界性质是在资本主义生产方式确立起来之后。在资本主义生产方式下，国际贸易额急剧扩大，国际贸易活动遍及全球，贸易商品种类日益增多，国际贸易越来越成为影响世界经济发展的一个重要因素。而在资本主义发展的各个不同时期，国际贸易的发展又各具特点。

一、资本主义生产方式准备时期的国际贸易

16—18 世纪是欧洲封建生产方式向资本主义生产方式过渡的时期，即资本主义生产方式准备时期。这一时期，由于欧洲城市的不断兴起，城市手工业迅速发展，商品生产和商品交换进一步发展，客观上需要扩大市场。15 世纪末，新大陆的发现和新航线的开辟，把各大洲联结在一起，初步形成了世界市场，为国际贸易的发展提供了重要条件。

地理大发现还导致世界贸易中心几度转移。14、15 世纪意大利北部的威尼斯、热那亚、佛罗伦萨等城市，以及波罗的海和北海沿岸的汉萨同盟诸城市为欧洲的贸易中心，到 15 世纪末 16 世纪初，葡萄牙的里斯本、西班牙的塞维尔、尼德兰的安特卫普、荷兰的阿姆斯特丹、英国的伦敦，先后成为繁荣的国际贸易港口，其贸易远及亚洲、非洲和美洲。这一时期，不仅国际贸易的范围和规模有很大发展，国际贸易的商品结构也有了较大转变，工业原料和食品的比重增加，许多新商品开始进入国际商品流通领域。这一时期国际贸易的显著发展，加快了资本原始积累的进程，促进了资本主义生产方式的产生。资本主义生产方式的产生需要两个条件：一是货币资本的积累，二是劳动力与生产工具的分离。国际贸易不仅为资本主义生产方式提供了货币资本，开辟了市场，也提供了劳动力。

在历史上，西欧殖民者通过海外贸易与暴力掠夺，征服殖民地和贩卖黑奴相结合，从世界各地攫取了大量财物，在母国转化为资本；在 16—18 世纪，通过发动一系列商业战争，占领旧市场、征服新市场，不仅扩大了殖民统治，而且扩大了市场。非洲和拉丁美洲地区都卷入到世界市场中来，既成为他们的商品销售市场，又成为其原料产地；同时，国际贸易也加速了劳动力与生产工具的分离过程，为工业资产阶级提供劳动力。例如，英国在 15 世纪前后所发生的“圈地”、“清地”运动，大量农民被从土地上赶走，流离失所，沦为雇佣奴隶，耕地被改建成牧场，生产羊毛，出现“羊吃人”的现象。其重要原因便是羊毛与

毛织品是当时英国的主要出口商品，国外销路旺盛，价格上涨，使生产羊毛比生产粮食可以取得更大的利润。这种把耕地变为牧场的兼并农民土地的过程，也就是为工业资产阶级提供劳动力的过程。另外，国际贸易的发展促进了商品经济和货币交换的发展，使其他小生产者，如手工业者发生两极分化。他们中的一部分人日益破产，被迫成为劳动力的出卖者，也为工业资产阶级提供了劳动力。

应该指出，国际贸易属于流通领域，只是再生产过程的一个环节，它并不能创造新的生产方式；说它是资本主义生产方式的历史前提，只是就它推动封建生产方式向资本主义生产方式过渡而言，决不能由此得出结论说国际贸易是资本主义生产方式确立的决定因素。因为决定资本主义生产方式产生的，只能是社会生产力的发展和生产关系的变化。

二、资本主义自由竞争时期的国际贸易

从18世纪60年代英国发生产业革命开始到1873年世界经济危机爆发为止，是资本主义上升、发展并确立其统治地位的时期，即资本主义自由竞争时期。在这一时期，欧洲先进国家和美国、日本等国相继完成了产业革命，建立了资本主义机器大工业，最终确立了资本主义生产方式。在资本主义生产方式下，机器大生产使生产力空前提高，社会产品大量增加，商品经济迅速发展。生产规模的不断扩大，要求提供日益广阔的销售市场和原料来源；而越来越大的市场需求和原料供应又反过来促进生产力的进一步发展和社会分工的进一步加深。商品生产的无限扩大和互为市场的各个部门相互超越与不平衡发展，彻底瓦解了自给自足的自然经济。资本主义企业跨越了国家界限，资本主义商品经济冲破了闭关锁国的孤立割据局面，从而使社会分工和国内市场也突破了国家界限，形成了国际分工和世界市场。至此，一切国家的生产和消费都成为世界性的了。国际贸易迅速发展并具有世界性，这不仅是资本主义生产方式产生的必要条件，同时也是资本主义国民经济中一个不可缺少的组成部分和资本主义再生产的重要环节。

这一时期，交通运输和通讯联络工具的变革，也极大地便利和促进了国际贸易的发展。据统计，从1800年到1870年，国际贸易量增长了10倍多，超过了世界生产的增长速度。

在这一时期的国际贸易中，英国占据垄断地位，法国、德国和美国等国亦居于重要地位。英国是工业革命的先驱，依仗工业革命所造就的雄厚技术基础，取得了世界工业的霸权地位，成为"世界工厂"。工业的霸权带来商业的霸权，1870年，英国在国际贸易中的比重达25%，几乎相当于法国、德国和美国

的总和,其拥有的商船吨位居世界第一位,超过荷兰、法国、德国、美国和俄国等国的商船吨位的总和。随着英国在世界工业和贸易中垄断地位的确立,伦敦成为国际金融中心,英格兰银行成为各国银行的银行。

这一时期,国际贸易的商品结构较前一时期发生了很大变化。工业制成品所占比重上升,18 世纪末以前的大宗商品,如香料、茶叶、丝绸、咖啡等的贸易,虽然绝对量仍在扩大,但所占比重已下降。在工业制成品的贸易中,纺织品的增长最为迅速并占重要地位。以前,欧洲国家大都从中国和印度进口棉布,英国完成产业革命以后,成为棉布的主要出口国,其出口商品中有1/2 ~ 1/3是纺织品。此外,煤炭、钢铁、机器、运输材料、粮食等商品的贸易亦有较大增长。

随着贸易规模的扩大,国际贸易方式和组织形式也有较大改进。商品交易所、大贸易公司取代了对外贸易特权公司,国际贸易中等等(在法律上负有限责任的股份公运输业、保险业、银行业等在国也得到了广泛运用,出现了专门的运输公司、保险公司等等。)

三、垄断资本主义时期的国际贸易

19 世纪 70 年代以后,资本主义由自由竞争阶段向垄断阶段过渡,到 19 世纪末 20 世纪初,资本主义进人垄断资本主义即帝国主义阶段,直至第二次世界大战爆发,垄断成为全部经济生活的基础。各国垄断组织在垄断生产部门的同时,还垄断了交换部门。它们不仅垄断国内贸易、国内市场,而且进一步垄断国际市场。为了垄断国际贸易,它们还把与国际贸易有关的银行、保险、码头和运输等业务部门也控制在自己手中。

资本输出是垄断资本主义的一大经济特征。资本输出成为垄断资本鼓励出口的重要手段,垄断组织通过资本输出使资本主义的生产和交换方式在世界范围内不断扩大并加深,各个国家和地区越来越深地卷入到资本主义经济之中,并相互结成一个整体,形成资本主义世界经济体系。在经济不发达国家中,尽管旧的生产方式依然存在,但资本主义生产方式已占据了统治地位,资本主义生产方式已完全国际化了。统一的、无所不包的世界市场的范围在继续扩大,各国对世界市场的依赖不断加深,世界上已经没有一个国家和地区可以完全独立于资本主义世界市场之外了。

19 世纪末 20 世纪初至第二次世界大战爆发,国际贸易大体上可分为两个阶段,即向垄断资本主义过渡到第一次世界大战前时期和两次世界大战之间时期。在这两个不同阶段,国际贸易表现出了不同的特点。

(一)向垄断资本主义过渡到第一次世界大战前时期(1870—1914 年)

在此时期,欧洲和美国发生了第二次工业革命。在第二次工业革命的推动下,世界工业生产飞速发展,据统计,世界工业产量在1870—1900年的3年间增长了2.2倍,在20世纪初的13年又增长了66%。为了确保原料的供应和对市场的控制,少数富有的资本主义国家开始向殖民地输出资本。英国和法国是两个主要的资本输出国。通过资本输出,不仅带动了商品出口,而且还能以低廉的价格获得原材料。这一切使国际贸易继续保持明显的增长。但与自由竞争时期相比,增长速度下降了。例如,从1840年到1870年,国际贸易量增长了3.4倍,而自1870年到1900年国际贸易量只增长了1.7倍。而且,国际贸易量的增长速度已落后于世界生产,这表明世界市场的扩大速度已赶不上世界生产的扩大速度,生产与市场之间的矛盾已趋于尖锐化,主要资本主义国家争夺市场的斗争加剧了。资本输出成为垄断资本争夺国外销售市场的有力武器。

这一时期,国际贸易的地理格局发生了突出的变化。截至1913年,虽然英国的出口仍然居世界第一位,但是英国在国际贸易中的地位却下降了。1860年英国在世界出口中所占的比重为20%,1876—1880年下降为16.3%,1913年再下降至13.1%。而其他西欧国家、北美、非洲、拉丁美洲在国际贸易中所占的比重则增加了,特别是美国和德国在国际贸易中的地位不断上升。但欧洲,主要是西欧仍然占据国际贸易的控制地位。19世纪国际贸易的大部分是在欧洲国家之间以及欧洲与其海外移民地区之间进行的,1913年国际贸易的1/5是欧洲国家内部的贸易。

1870—1913年间,国际贸易商品结构的特点是初级产品和制成品在国际贸易中所占的比重保持稳定,但在这两大类商品的贸易中各种商品所占的比重却发生了重大变化。例如,1870年以后,随着发达资本主义国家对矿产原料的需求增加,矿产品在初级产品贸易中所占比重上升,而食品和农业原料所占比重下降;在制成品贸易中,纺织品所占比重下降,而金属产品的出口则有较大增长,化学品、纸张、木制品、陶土制品和玻璃器皿等的出口也有所增加。

在此期间,国对外贸易的半殖民地性质进一步加深。1894—1895年日本对中国发动了侵略战争,中国被迫签订了不平等的《中日马关条约》。甲午战争后,帝国主义加紧在中国扩张侵略势力,中国对外贸易主权进一步丧失,对外贸易逐步为帝国主义所控制。中国变成了帝国主义的商品销售市场、原料产地和投资场所;中国的进出口贸易均有所增加,但男耕女织的自给自足的经济体制和商品货币关系不发达阻碍了这一时期中国对外贸易的迅速发展。1913年,中国进、出口额在世界进、出口总额中所占的比重分别仅为2%和1.5%。生丝和茶叶仍然是中国的重要出口商品,但它们在出口总额中的比重却年复一年地下降。而随着东北地区对外贸易的开放和铁路的广泛建设,大豆、植物籽和植物油在出口贸易中占据了重要地位。此外，棉花、煤炭、羊毛、熟皮、皮货和蛋类等的出口也有了迅速增长。直至19世纪90年代，鸦片一直是中国最重要的进口商品，之后，棉花的进口才超过了鸦片的进口。另外，棉纱、糖、烟草、煤油、金属制品、铁路材料和车辆的进口也开始大量增加。

鸦片战争以后，英国在中国的对外贸易中占据支配地位，1868年英国对华贸易约占中国对外贸易总额的70%，1888—1896年仍占1/4以上。甲午战争以后，日本对华贸易迅速增长，到1913年日本在中国对外贸易额中占了18.7%。在中国对外贸易中，美国和俄国所占比重与绝对值在这一时期也有增长。法国和德国也占一定比重。

（二）两次世界大战之间时期（1914—1938年）

由于帝国主义国家经济发展的不平衡加剧，使世界强国之间的力量对比发生了巨大的变化为了争夺市场，重新划分势力范围，它们之间不断发生冲突，1914年终于爆发了世界大战。1929年发生了世界性的经济大危机。各国为保护本国市场，采用关税战、倾销战、货币战，并组织经济集团各经济集团相互对立，世界分割成若干集团势力范围，经济对抗发展成为政治对抗，于是1939年又爆发了第二次世界大战。

战争的破坏和空前的经济危机使世界工业生产发展极为缓慢，在1913—1938年的25年间，世界工业生产只增长了83%。同时，这一时期贸易保护主义显著加强，各种奖出限入措施交互推进，螺旋上升，给国际贸易的发展设置了层层的人为障碍。因此，国际贸易的发展几乎处于停滞状态。两次世界大战期间，国际贸易只增长了3%，年增长率仅为0.7%，国际贸易值反而减少了32%，而且国际贸易的增长更为明显地落后于世界工业生产的增长，许多国家对对外贸易的依赖性减小了。

这一时期，国际贸易的地理格局发生了变化。第一次世界大战打断了各国间特别是欧洲国家与海外国家间的经济贸易联系，使欧洲在国际贸易中的比重下降，而美国的比重则有了较大上升。亚、非、拉经济不发达国家在国际贸易中的比重亦有所增加。但欧洲国家仍然处于国际贸易的控制地位。1914—1938年间，国际贸易商品结构的特点是：初级产品和制成品在国际贸易中所占的比重持续稳定，但它们的内部结构却发生了很大变化，即在初级产品的贸易中，食品和农业原料所占比重下降、而燃料和其他矿产品的比重则均有上升；制成品贸易结构的突出变化是工程产品贸易的比重显著增加和纺织品贸易的比重下降；金属和化学品的比重亦有所增加，其他轻工产品的比重有所下降；制成品贸易日益从消费制成品贸易也稍有增加。

中国对外贸易的情况是：第一次世界大战期间，帝国主义忙于厮杀，其国内生产大受损失，暂时放松了对中国的侵略，减少了对中国的商品输出。1918年大战结束后，帝国主义又卷土重来，加紧了对中国的掠夺，加之世界经济有所回升和发展，中国对外贸易有了较大增长。1918—1929 年成为中国对外贸易史上增长速度最快的时期。这期间，中国出口量年均增长率达 3.2%，进口量年均增长率达 7%。1929 年以后，因受世界经济危机的影响，1931 年日本帝国主义侵占我国东北，中国对外贸易又趋于衰落。

这一时期中国对外贸易商品结构的特点是：20 世纪初，鸦片进口已大为减少，棉织品进口占首位，其次是棉纱。20 年代，由于中国民族工业的发展和帝国主义在中国投资设厂，棉织品和棉纱在中国进口中所占的比重大大下降，而纸张、液体燃料、化工产品、钢铁及金属制品和机械等的进口比重则显著增加。在出口方面，战争期间和战后，丝及丝织品和茶叶的重要性不断下降，而大豆和豆饼的重要性不断增强。

随着帝国主义国家争夺中国市场和势力范围竞争的加剧，中国对外贸易的地区分布也发生了变化。与前一时期相比，英国的比重逐渐下降，日本和美国的比重大为上升。但这一时期无论在中国的进口还是出口中，英国仍占第一位，第二位是美国，第三位是日本，德国和法国分别占第四位与第五位。中国对外贸易已由过去的英、美、日三国控制的局面变成多国控制的局面。

第三节　二战后的国际贸易

1945 年第二次世界大战结束以后，世界经济政治形势发生了深刻的变化，美国的经济地位逐渐下降，西欧和日本的力量迅速崛起，亚、非、拉地区的大批殖民地、半殖民地国家相继独立，其中一些国家走上了社会主义道路，它们在世界政治、经济中的地位和作用日益增强。

战后发生了人类历史上规模最大、影响最深刻的以原子能、电子计算机、人工合成新材料、空间技术和遗传工程为代表的新的科学技术革命。这次科技革命推动了社会生产力的巨大发展，引起了主要国家产业结构和经济结构的显著变化，促进了一系列新兴工业部门的出现。资本输出急剧扩大，跨国公司迅猛发展。随着社会化大生产的发展和生产国际化的加深，各国之间特别是不同经济制度和不同经济发展阶段的国家之间相互依赖与相互竞争的程度也日益加深。为了保持和提高在国际市场上的竞争力，世界许多国家积极努力寻求与其他国家合作，通过优惠贸易安排、自由贸易区、关税同盟、共同市场等不同方式，组建区域经济贸易集团，实现区域内商品、资本、劳动力和服务等的自由流动。这一切都推动了国际贸易的迅速发展，使国际贸易的规模、结构、范围、内容和方式等都发生了巨大的变化。

战后国际贸易的发展大致可分为两个阶段。第一阶段为1948—1973年，与世界经济迅速增长相适应，国际贸易发展迅速。1948—1973年，世界出口量年均增长率达7.8%，大大超过1913—1948年世界出口量平均增长率0.5%的水平，亦超过了19世纪的"黄金时代"高峰时期1860—1870年世界出口量平均增长5.6%的水平，而且超过了同期世界工业生产的6.1%的增长率；1950—1973年的24年间，国际贸易额从607亿美元增至5740亿美元，增长了8.5倍，年均增长10.3%。而1900—1938年的38年间，国际贸易量只增长了1倍，年均增长率仅为1.8%。第二阶段是20世纪70年代初至现在。从70年代初开始，主要资本主义国家进入了长达10多年的"滞胀"阶段，到80年代初，出现了严重的经济危机。从1973年到1981年，国际贸易平均增长率较第一阶段下降了一半，只有3.6%。1981年国际贸易陷入零增长，1982年出现负增长。1983年以后，随着西方国家经济的回升，国际贸易增长率有较大提高，1983—1989年国际贸易年均增长率提高至6.2%。进入90年代后，国际贸易的增长速度加快，1990—1995年国际贸易年均增长率达10%左右，但1996年降至6.7%，1997年再降为3.5%，1998年因受亚洲金融危机的严重影响，国际贸易再度出现负增长，国际贸易额由1997年的66 450亿美元降为65 150亿美元。1999年，随着亚洲国家经济的复苏，国际贸易逐步回升，预计2000年国际商品贸易总额可达70 000亿美元。总的看来，20世纪70年代初至现在，国际贸易的发展处于动荡不稳和低速增长的状态。

战后，国际贸易的商品结构发生了重要变化，工业制成品的比重上升，初级产品的比重下降，从1953年起，工业制成品所占比重开始超过初级产品所占比重。目前，制成品贸易额占国际贸易总额的73%以上，初级产品贸易额则不到27%。造成这一变化的主要原因是：(1)世界农业、矿业的发展速度落后于制造业的发展速度。(2)一系列新兴工业部门兴起，大量新产品涌现并投入世界市场。许多战前没有的产品，像录音机、电视机、录像机、电子计算机等，现已成为国际贸易中的重要商品。(3)由于国际分工的深化，国际贸易中的中间产品大量增加。(4)由于科技进步，原材料使用率提高，机器设备和许多工业制成品趋向于轻型化、小型化，节约了原材料的使用，废料的回收与利用能力提高。(5)合成代用品大量出现，像塑料、合成橡胶、合成纤维、合成洗涤剂、人造皮革等，代替了天然产品，减少了天然原材料的使用率。(6)随着发展中国家工业的发展，相当一部分原料和食品在国内进行不同程度的加工，然后出口，这就增加了制成品的出口量，减少了初级产品的出口量。(7)战后一系列发展中国家为发展本国经济、实现工业化，大量增加机器设备等资本货物的进口，也增加了工业制成品的国际贸易量。(8)发达资本主义国家实行农业保护政策和农业工业化，提高了农产品的自给率，减少了对农产品的进口需求。(9)初级产品价格和制成品价格之间的差距不断扩大，即初级产品的价格相对下降或升幅甚小，而制成品的价格相对上升。(10)世界产业结构愈益高级化、智能化。

战后国际贸易商品结构的变化，不仅表现在工业制成品和初级产品两大类商品贸易的相对比重升降上，而且表现在两大类商品贸易的内部结构变化上。在制成品贸易中，劳动密集型的轻纺产品、钢铁及有色金属等所占比重下降，而化工产品、机器和运输设备、机电产品比重上升，特别是高新技术产品增长较快。其主要原因是：(1)世界工业结构发生较大变化，重工业比重上升，轻工业比重下降。在重工业中，机电工业和石化工业的重要性明显提高。(2)在国际贸易中，中间性机电产品的数量和比重大大增加。(3)在国际贸易中的新产品大部分属于机器设备产品。(4)居民对耐用消费品如汽车、家用电器等的需求急剧增长。在初级产品贸易中，原料和食品贸易发展缓慢，而石油贸易增长迅猛。石油贸易迅猛增长的主要原因是：(1)世界能源消费结构的变化和石化工业的发展，大大提高了对石油和天然气的需求量。石油的主要消费国是发达国家，而石油的主要生产国和出口国则是发展中国家，这就使石油的国际贸易量不断增加。原油的世界出口量 1950 年为 2.4 亿吨，1980 年增至 15 亿吨。(2)1973年和 1979 年，世界市场原油价格大幅度上涨，由 1973 年 10 月以前的每桶 3 美元上涨到 1980 年底的 35 美元。(3)世界经济发展对能源需求的增加等。80 年代，由于发达国家大搞节能和发展新能源，使石油的消费量下降，进口减少，以及石油价格大幅度下跌，能源在初级产品贸易中所占的比重转为下降。

这一时期，国际贸易地区分布的特点是：第一，国际贸易已从过去的发达资本主义国家的一统天下，变为不同类型国家相互合作和相互竞争的领域。第二，各种类型国家的对外贸易都有了不同程度的增长。但增长最快的是发达国家相互间的贸易，发达国家与发展中国家间的贸易相对缩减。第三，发达国家继续在国际贸易中占据支配地位，其进出口额均占世界进出口总额的 2/3 以上。第四，在发达国家中，日本和欧洲的贸易地位上升较快，美国的贸易地位则逐渐下降。1986 年世界最大出口贸易国的宝座曾由美国拱手让与原联邦德国，直到 1991 年两德统一，因受重建东部经济的影响，世界第一出口大国的桂冠才又被美国夺回。第五，在发展中国家中，新兴工业化国家的对外贸易处于领先地位，近年来，中国的对外贸易发展很快，已成为世界第十大贸易国和第九大出口国。第六，经济贸易集团内部各成员间的贸易发展十分迅速，成为战后国际贸易发展的一个重要特征。

战后,特别是近一二十年来,国际贸易的内容具有突出的新特点。首先,国际贸易的内容在比例结构上发生了重大变化。服务贸易和技术贸易的比重相对于货物贸易快速上升。其次,多边贸易的内容和范围大大扩展。“乌拉圭回合”协议把长期游离于关贸总协定之外的农产品和纺织品贸易纳入新的多边贸易的范围,并把服务贸易和与贸易有关的知识产权及投资并入多边贸易体制的管辖之内。第三,商品贸易、服务贸易、技术贸易及与贸易有关的投资四位一体迅速发展,互相促进。第四,军火贸易不断增长。

关键名词:

剩余产品　社会分工　地理大发现　圈地运动

思考题:

1. 为什么只有到了原始社会末期才产生了国际贸易?

2. 试述国际贸易产生具备的条件。

3. 试述国际贸易在促进资本主义国家经济发展中所起的作用。

4. 试述第二次世界大战后,国际贸易商品结构发生的重大变化及其主要原因。

5. 试述第二次世界大战后国际贸易发展的新趋势以及工业革命对国际贸易带来的影响。

案例分析:

丝绸之路——东西方文明交往的通道

今天,如果我们乘飞机西行,无论是去西亚、印度,还是欧洲,最多不过20多个小时。然而,在遥远的古代,我们的先辈们在西行时,不论是走陆路,还是走海路,都要花费不知多少倍的时间,也不知要克服多少艰难险阻。与外界交流的需要,促使我们的祖先早在距今两千多年前的西汉时期,就开通了连接东西方文明的陆上通道,这就是著名的“丝绸之路”。

早年,人们对这条东西往来的通路没有给予一个统一的固定名称。1877年,德国地理学家李希霍芬(F. von Richthofen)在他所写的《中国》一书中,首次把汉代中国和中亚南部、西部以及印度之间的丝绸贸易为主的交通路线,称作“丝绸之路”(德文作 Seidenstrassen,英文作 the Silk Road)。其后,德国历史学家赫尔曼(A. Herrmann)在1910年出版的《中国和叙利亚之间的古代丝绸之路》一书中,根据新发现的文物考古资料,进一步把丝绸之路延伸到地中海西岸和小亚细亚，确定了丝绸之路的基本内涵，即它是中国古代经由中亚通往南亚、西亚以及欧洲、北非的陆上贸易交往的通道，因为大量的中国丝和丝织品经由此路西传，故此称作“丝绸之路”，简称“丝路”。

丝绸之路是个形象而且贴切的名字。在古代世界，只有中国是最早开始种桑、养蚕、生产丝织品的国家。近年中国各地的考古发现表明，自商、周至战国时期，丝绸的生产技术已经发展到相当高的水平。中国的丝织品迄今仍是中国奉献给世界人民的最重要产品之一，它流传广远，涵盖了中国人民对世界文明的种种贡献。因此，多少年来，有不少研究者想给这条道路起另外一个名字，如“玉之路”、“宝石之路”、“佛教之路”、“陶瓷之路”等等，但是，都只能反映丝绸之路的某个局部，而终究不能取代“丝绸之路”这个名字。

丝绸之路的基本走向形成于公元前后的两汉时期，起点是中国的长安（今西安）。长安是汉朝和唐朝的国都，当时各地丝绸和其他商品集中到长安以后，再由各国商人把一捆捆的生丝和一匹匹绸缎，用油漆麻布和皮革装裹，然后浩浩荡荡地组成商队，爬上陕甘高原，越过乌鞘岭，经过甘肃的武威，穿过河西走廊，到达当时的中西交通要道敦煌。另外经过青海也是丝绸之路的重要通道，再往西便是新疆的塔克拉玛干大沙漠。

丝绸之路是当时对中国与西方所有来往通道的统称，实际上并不是只有一条路。第一条是沿着昆仑山北麓到达安息（今伊朗），直至印度洋，称为南道。第二条顺天山南侧行走，越过帕米尔高原，到达中亚和波斯湾等地，称为北道。但西汉以后天山一北麓又增加了第三条丝路，通往地中海各国，称为北道，或新北道，原来的北道（即顺大山南侧行走的那一条）就改称为中道了。

历史上的丝绸之路也不是一成不变的，随着地理环境的变化和政治、宗教形势的演变，不断有一些新的道路被开通，也有一些道路的走向有所变化，甚至废弃。

除了陆上丝绸之路外，从汉代开始，中国人就开通了从广东到印度去的航道。宋代以后，随着中国南方的进一步开发和经济重心的南移，从广州、泉州、杭州等地出发的海上航路日益发达，越走越远，从南洋到阿拉伯海，甚至远达非洲东海岸。人们把这些海上贸易往来的各条航线，通称之为“海上丝绸之路”。

讨论题：

(1)你认为丝绸之路在中国对外贸易发展历史上有何重要意义？

(2)为什么中国近代在对外贸易方面并没有多大的发展？

第三章　国际贸易理论

1. 本章学习目的与要求

通过对本章的学习，重点掌握亚当·斯密绝对优势(成本)理论的核心内容；掌握大卫·李嘉图的比较优势(成本)理论的核心内容与李嘉图模型；掌握赫克歇尔—俄林的要素禀赋理论的基本内容；了解二战后国际贸易理论的新发展。

2. 本章教学重点和难点

(1)亚当·斯密绝对优势(成本)理论；

(2)大卫·李嘉图的比较优势(成本)理论与李嘉图模型；

(3)赫克歇尔—俄林的要素禀赋理论；

(4)二战后国际贸易理论的新发展。

第一节　传统国际贸易理论

一、亚当·斯密的绝对优势(成本)理论

(一)绝对优势(成本)理论产生的背景

亚当·斯密(Adam Smith, 1723—1790)是资产阶级经济学古典学派的主要奠基人之一，也是国际贸易理论的创始者，是倡导自由贸易的带头人。他处在英国从手工业开始向大机器工业过渡时期。

在斯密所处的时代，英国的产业革命逐渐展开，经济实力不断增强，新兴的产业资产阶级迫切要求在国民经济各个领域迅速发展资本主义，但却受到了中世纪遗留下来的封建行会制度和资本原始积累时期建立起来的重商主义政策体系的束缚。当时仍存在于乡间的行会规章制度严重限制了生产者和商人的正常活动，重商主义提倡的极端保护主义则从根本上阻碍了对外贸易的扩大，使新兴资产阶级很难从海外获得生产所需的廉价原料，并使其为产品寻找更大的海外市场的愿望难以实现。斯密站在产业资产阶级的立场上，在

1776 年发表的《国民财富的性质和原因的研究》(Inquiry into the Nature and Causes of the wealth of Nations),简称《国富论》(The wealth of Nations)一书中,批判了重商主义,创立了自由放任(Laissez—faire)的自由主义经济理论。在国际分工和国际贸易方面,提出了主张自由贸易的绝对利益论(The Theory of Absolute Advantage)。

(二)绝对优势(成本)理论的核心内容

1. 交换是人类天然的倾向

交换是斯密理论的逻辑起点。在斯密看来,交换是出于利己心并为达到利己的目的而进行的活动。人类与其他动物不同,不能孤立生活,需要他人协助,但要想得到别人的帮助,就要刺激对方的利己本性,即利己心(Self-interest),使对方知道这种帮助对他自己是有利的。斯密认为:"不论是谁,如果他要与旁人做买卖,他首先就要这样提议:'请给我所要的东西吧,同时,你也可以获得你所要的东西。'"这句话是交易的通义。由此,他认为,人类有一种特殊的倾向,这种倾向就是"互通有无,物物交换,互相交易"。交换是由人类本性决定的一种自然现象。斯密还戏言道:"我从未见过甲乙两狗公平地交换骨头。"

2. 交换产生分工

亚当·斯密认为,分工是由交换引起的。他说:"由于我们所需要的互相帮助,大部分是通过契约、交换和买卖取得的,所以当初产生分工的也正是人类要求相互交换这个倾向。"由于人们能够从交换中获得利益,人们便乐于进行这种交换,但是,要进行交换,就要生产能交换的物品,每个人都各自生产一种物品,这就产生了分工,其结果是"鼓励大家各自委身于一种特定业务,使他们在各自的业务上,磨炼和发挥各自的天赋资质或才能。""在每一个私人家庭的行为中是精明的事情,在一个大国的行为中就很少是荒唐的。如果外国能以比我们自己制造还便宜的商品供应我们,我们最好就用我们有利地使用自己的产业生产出来的物品的一部分向他们购买。有时,在某些特定商品的生产上,某一国占有那么大的自然优势,以致全世界都认为,跟这种优势作斗争是枉然的。至于一国比另一国优势的地位,是固有的还是后来获得的,在这方面就无关紧要了。只要一国具有这种优势,另一国无此优势,后者向前者购买,总是比自己制造有利。一种技艺的工匠比另一种技艺的工匠具有优势的地位,只是后来获得的,但他们两者都认为互相交换彼此产品比自己制造更有利。"他举例说,在气候寒冷的苏格兰,人们可以利用温室生产出极好的葡萄,并酿造出与国外进口的一样好的葡萄酒,但要付出高 30 倍的代价。他认为,如果真的这么做,那明显就是愚蠢的行为。

3. 分工的原则是各自集中生产具有优势的产品

亚当·斯密以家庭之间的分工为例指出:“如果一件东西在购买时所费的代价比在家里生产时所费的小,就永远不会想要在家里生产,这是每一个精明的家长都知道的格言。裁缝不想制作他自己的鞋子,而是向鞋匠购买,鞋匠不想制作他自己的衣服,而是雇裁缝缝制。农民工不想缝衣,也不想制鞋,而宁愿雇佣那些不同的工匠去做。他们都感到,为了他们自身的利益,应当把他们的全部精力集中使用到比别人处于某种有利地位的方面,而以劳动生产物的一部分或同样的东西,即其一部分的价格,购买他们所需要的任何其他物品。”

4. 国际分工的基础是有利的自然禀赋或后天有利的生产条件

亚当·斯密指出,分工的原则“于个别家庭为得策者,于全国亦不致为失策”。因此,国际分工的原则也应该是充分发挥各国的优势。斯密认为,自然禀赋和后天的有利条件因国家不同而不同,这就为国际分工提供了前提,因为有利的自然禀赋或后天的有利条件可以使一个国家生产某种产品的成本绝对低于别国,而在该产品的生产和交换上处于绝对有利地位。各国按照各自有利的条件进行分工和交换,将会使各国的资源、劳动力和资本得到最有效的利用,将会大大提高劳动生产率和增加物质财富,并使各国从贸易中获益,这便是绝对利益论的基本精神。

(三)绝对优势(成本)理论的举例说明

为了理论分析的简化,斯密模型作了以下假设:

1. 世界上只有两个国家和两种可贸易商品。

2. 两种商品的生产都只有一种要素投入——劳动。

3. 两国在不同产品上的生产技术不同,存在着劳动生产率差异。

4. 给定生产要素(劳动)的供给,要素可以在国内不同部门间流动,但不能在国家间流动。

5. 规模报酬不变。

6. 完全竞争市场,即各国生产产品的价格都等于产品的平均成本,无经济利润。

7. 无运输成本。

假定英国、葡萄牙两国都生产葡萄酒和毛呢两种产品,生产情况如表3-1。

表3-1 绝对优势(成本)理论举例(分工前)

国家	酒产量(单位)	所需劳动人数(人/年)	毛呢产量(单位)	所需劳动人数(人/年)
英国	1	120	1	70
葡萄牙	1	80	1	110

由表3-1可知,英国在生产毛呢上具有绝对优势,因为单位产品的劳动投入量为70人,小于葡萄牙的110人。葡萄牙在葡萄酒的生产上具有绝对优势,因为其单位产品的劳动投入量为80人,小于英国的120人。所以,英国应该专业化生产毛呢,葡萄牙应该专业化生产葡萄酒。生产情况如表3-2所示。

表3-2 绝对优势(成本)理论举例(分工后)

国家	酒产量(单位)	所需劳动人数(人/年)	毛呢产量(单位)	所需劳动人数(人/年)
英国	/	/	(120+70)/70 = 2.7	70+120=190
葡萄牙	(110+80)/80 = 2.375	80+110=190	/	/

英国用所有的劳动来生产毛呢,共生产出2.7个单位;同样,葡萄牙也用所有的劳动来生产葡萄酒,共产出2.375个单位。可见,尽管两国投入的总劳动量没有变,但由于实行国际分工,世界总产出增加了。

假设英国用毛呢来换取葡萄牙的葡萄酒,交换比例为1∶1,显然,1∶1的交换比例对双方都有利,因为在分工前,英国1个单位的毛呢在国内只能交换(70∶120)= 0.58单位的葡萄酒;对于葡萄牙来说,分工前,1单位的葡萄酒在国内只能交换(80∶110)=0.72单位的毛呢。

由表格3-3可以看出,贸易后,英国得到1单位葡萄酒和1.7单位毛呢,与自给自足时相比多得了0.7单位毛呢;而葡萄牙得到1.375单位葡萄酒和1单位毛呢,与自给自足时相比多得到0.375单位葡萄酒。

表3-3 按照1∶1交换后的结果

国家	酒产量(单位)	毛呢产量(单位)
英国	1	1.7
葡萄牙	1.375	1

综上所述,斯密绝对优势(成本)的基本含义是各国生产上的绝对优势来源于该国的自然优势和获得性优势。如果一国在某种产品的生产成本方面相对于对方国家的同样产品来说处于绝对优势,就应该完全专业化生产并出口这种产品;如果一国在另一种产品的生产成本方面相对于对方国家的同样产品来说处于绝对劣势,就不应该进行该种产品的生产,本国所需应从对方国家进口。其结果是参加贸易的双方都能从中获得利益。国际贸易是双赢,而不是零和博弈。故绝对优势论(Theory of Absolute Advantage)可表述为:每个国家都有其适宜于生产某些特定产品的绝对有利的生产条件。如果每个国家都

按照其绝对有利的生产条件去进行专业化生产，然后彼此进行交换，则对所有国家都是有利的。

(四)绝对优势(成本)理论的简评

亚当·斯密的国际分工和贸易理论包含着科学的成分。斯密对社会经济现象的研究从流通领域转到生产领域，从而对国际贸易问题采取了新的观点，这与重商主义相比是一大进步。绝对优势理论说明了社会分工和国际分工能使资源得到更有效的利用，国际贸易并不像重商主义者所说的那样只能使交易的一方获得利益，而是双方都能获得利益。贸易利益的普遍性原则为自由贸易政策主张奠定了基础，成为英国新兴产业资产阶级反对贵族地主和重商主义者发展资本主义的有力理论工具。他关于分工能够提高劳动生产率，参加国际分工、开展国际贸易对所有参加国都有利的见解，虽然经历了200多年的历史，仍具有重大的现实意义。

亚当·斯密关于交换引起分工，而交换又是人类固有的倾向的观点是错误的。事实上，交换以分工为前提。在历史上，分工先于交换。秘鲁人的分工很早就出现了，但那时并没有私人交换；印度共同体内部有严密分工的时侯，也不存在商品交换。同时，交换也不是人类本性的产物，而是社会生产力和分工发展的结果。

此外，亚当·斯密的绝对优势论本身具有一定的局限性，它不能解释国际贸易的全部，而只能说明国际贸易中的一种特殊情形，即具有绝对优势的国家参加国际分工和国际贸易能够获益。如果在现实生活中，有的国家没有任何一种产品处于绝对有利的地位，那么是不是这个国家就不能参加国际贸易呢？对于这一重要问题，亚当·斯密的绝对优势论并未论及，大卫·李嘉图的比较优势论对此作出了解释。

二、李嘉图的比较优势(成本)理论

(一)比较优势(成本)理论产生的背景

大卫·李嘉图(David Ricardo，1772—1823)是著名的英国经济学家，是古典经济学的完成者。他出身于犹太族家庭，父亲是伦敦证券交易所的经纪人。他14岁开始从事交易所活动，25岁便成为百万富翁。1809年，他开始钻研政治经济学，处女作《黄金的价格》使他一举成名，后当选为国会议员，备受政府要员的青睐。其主要代表作是1817年发表的《政治经济学及赋税原理》(《Principles of Political Economy and Taxation》)。萨谬尔森评论道："只有少数著作家才能得到雅俗共赏的好运气，而李嘉图就是那些少数人中的一个。古典学派、新古典学派以及后凯恩斯主义的学者都把他奉为鼻祖。马克思社会主义的著作家们也是如此。我们将看到，卡尔·马克思不喜欢古典学派的庸俗资产阶级经济学者。然而，李嘉图却是一个幸运的例外，马克思认为可以从李嘉图那里获得真理。”李嘉图所处的时代是英国工业革命迅速发展、资本主义不断上升的时代，当时英国社会的主要矛盾是工业资产阶级同地主贵族阶级的矛盾，这一矛盾由于工业革命的进展而达到异常尖锐的程度。在经济方面，他们的斗争焦点主要表现在《谷物法》存废的问题上。《谷物法》是维护地主贵族阶级利益的法令。该法令规定，必须在国内谷物价格上涨到限额以上时，才准进口，而且这个价格限额不断提高。《谷物法》限制了英国对谷物的进口，使国内粮价和地租长期保持在很高的水平上，增大了英国工业资产阶级的工业品生产成本，削弱了工业品的国际竞争力。因限制谷物进口而招致的国外报复，也不利于英国工业品的出口。于是，英国工业资产阶级和地主贵族阶级围绕着《谷物法》的存废开展了激烈的斗争。李嘉图在这场斗争中站在了工业资产阶级一边，继承和发展了斯密的理论，在《政治经济学及赋税原理》书中提出了以自由贸易为前提的比较优势论（The Theory of Comparative Advantage），为工业资产阶级的斗争提供了有力的理论武器。

（二）比较优势（成本）理论的核心内容

李嘉图的比较优势论是在斯密的绝对优势论的基础上发展起来的。斯密认为由于自然禀赋和后天的有利条件不同，各国均有一种产品生产成本低于他国而具有绝对优势，按绝对优势原则进行分工和交换，各国均获益。李嘉图发展了斯密的观点，认为各国不一定要专门生产劳动成本绝对低（即绝对有利）的产品，而只要专门生产劳动成本相对低（即利益较大或不利较小）的产品，便可进行对外贸易，并能从中获益和实现社会劳动的节约。

李嘉图在阐述比较优势论时，是从个人的情况谈起的。他在《政治经济学及赋税原理》一书的“论对外贸易”一章中讲道：如果两个人都能制造鞋和帽，其中一个人在两种职业上都比另一人强一些，不过制帽时只强1/5或20%，而制鞋时则强1/3或33%，那么这个较强的人专门制鞋，而那个较差的人专门制帽，岂不是对双方都有利吗？

李嘉图由个人推及国家，认为国家间也应该“两优取其重，两劣取其轻”的比较优势原则进行分工。如果一个国家在两种商品的生产上都处于绝对有利地位，但有利的程度不同，而另一个国家在两种商品的生产上都处于绝对不利的地位，但不利的程度也不同，在这种情况下，前者应专门生产最有利（即有利程度最大）的商品，后者应专门生产其不利程度最小的商品，然后通过对外贸易，双方都能取得比自己以等量劳动所能生产的更多的产品，从而实现社会劳动的节约，给贸易双方都带来利益。

（三）李嘉图模型的基本假设条件

李嘉图的贸易思想是建立在一系列假设条件上的，其中基本的假设条件如下：

1. 每个国家拥有的资源是固定的，每种资源用计量单位计量时，所有单位资源的质量是完全相同的。

2. 生产要素在一个国家内部各个产业之间可以充分流动。这也同时意味着，每个国家同种生产要素的价格是相同的。

3. 生产要素在国际间不能流动。因此在贸易前，同一种生产要素的价格在不同的国家里可能是不同的。

4. 在只有一种生产要素的模型中，生产要素通常是指劳动。商品相对价格的唯一基础就是相对的劳动量。这意味着：生产过程中不使用任何其他的投入，或者生产过程中使用的任何其他投入都能折算成劳动量，或者各种商品生产过程中使用的其他投入的量与劳动量的比是相同的。简单地说，这个假设条件表明：一件用 2 个劳动小时生产的商品的价格比另一件用 1 个劳动小时生产的商品的价格多 1 倍。

5. 各个国家的生产技术可能是不同的，但是，无论有没有发生贸易，每个国家的技术水平都是固定不变的。

6. 商品的生产成本是固定的，也就是说，不管一种商品的产量发生什么变化，每单位商品的劳动小时数是不变的。

7. 每个国家始终处于充分就业的状况。

8. 国内市场和国际市场都是完全竞争的，没有任何单个的生产者或消费者能够影响市场，也没有政府干预。所有商品的价格都等于他们的边际生产成本。

9. 商品的成本只计生产成本，其他成本如运输成本等都假设为零。

（四）简单的李嘉图模型

李嘉图的贸易思想可沿用两个国家、两种商品、一种生产要素模型表示。在此，我们可以沿用上面的例子进行说明。假设两个国家是英国和葡萄牙，他们都生产葡萄酒和毛呢两种产品，设单位产品两国所需投入的劳动量，如表 3-4 所示。

表 3-4　比较优势理论示例（分工前）　　（单位：劳动小时）

国家	1 单位葡萄酒	1 单位毛呢
英国	120	100
葡萄牙	80	90

由表 3－4 可知，葡萄牙在生产葡萄酒和毛呢上均具有绝对优势，因为单位产品的劳动投入量均小于相对应的英国劳动投入量。按照斯密的理论，此时不会发生贸易。但是，李嘉图认为在上述情况下仍然可以发生贸易，而且对双方国家均有利。这是因为，对于葡萄牙来说，毛呢的生产成本为英国的 0.9，即 90/100，而葡萄酒的生产成本为英国的 0.67，即 80/120，两相比较，葡萄酒的成本相对于英国更低，因而优势更大。就英国来说，葡萄酒的生产成本相当于葡萄牙的 1.5 倍，毛呢的生产成本相当于葡萄牙的(100/90)= 1.1 倍，两相比较，毛呢的生产，成本相对低一些，因而具有相对优势。这就是比较成本的意义之所在，接着，李嘉图根据"两优取其重，两劣取其轻"的分工原则指出，葡萄牙应分工生产葡萄酒，英国应分工生产毛呢。这样，两国都能从国际分工中获得好处。分工后的生产情况如表 3－5 所示。

表 3－5　比较优势理论示例（分工后）

国家	葡萄酒产量（单位）	毛呢产量（单位）
英国		(120 + 100)/100 = 2.2
葡萄牙	(80 + 90)/80 = 2.125	

由表 3－5 可知，英国用所有的劳动来生产毛呢，共生产出 2.2 个单位；同样，葡萄牙也用所有的劳动来生产葡萄酒，共产出 2.125 个单位。可见，尽管两国投入的总劳动量没有变，但由于实行国际分工，世界总产出增加了。这是比较优势带来的利益。

假设英国用毛呢来换取葡萄牙的葡萄酒，交换比例为 1 : 1，则交换后的情况如表 3－6 所示。

表 3－6　比较优势理论示例（交换后）

国家	葡萄酒	毛呢
英国	1	2.2−1 = 1.2
葡萄牙	2.125−1 = 1.125	1

交换后英国拥有 1 单位葡萄酒和 1.2 单位毛呢，比没有交换时同时生产两种产品多了 0.2 单位的毛呢。葡萄牙拥有 1.125 单位的葡萄牙和 1 单位的毛呢，比没有交换时同时生产两种商品多了 0.125 单位葡萄酒。

英国的 0.2 单位的毛呢和葡萄牙的 0.125 单位的葡萄酒就是两国贸易后取得的比较优势（Comparative Advantage）。比较优势的关键是比较，也就是两个国家生产两种商品需要投入的劳动小时数的比较，或者说两个国家没有贸易时两种产品生产成本的比较。用生产商品需要的劳动小时数比较，两个国家同种商品相比较可以得出一个比率，两种商品就有两个比率，其中较小的比率意味着这个国家生产这个商品需要的劳动小时数少，或者说劳动生产率较高，生产成本较低，相对价格较便宜。也就是说这个国家生产这种商品具有比较优势。绝对优势（成本）论不是比较两个国家的两种商品，而是单独比较两个国家的一种商品，哪个国家生产这种商品需要的实际劳动小时数少，就有绝对优势。

绝对优势（成本）论要求两个国家都有一种商品有绝对优势，相互贸易才对双方有利，所以满足这种条件的贸易机会是十分有限的。比较优势（成本）扩大了贸易机会，令人信服地说明了表3－4中的英国通过贸易也可取得利益，这就是李嘉图的贡献。

把表3－4中的情况一般化，假定两个国家分别用A、B表示，两种商品分别用Q表示。Q_{1A}代表A国生产Q_1商品需要的劳动小时数，Q_{2A}、Q_{1B}和Q_{2B}以此类推。那么在两个国家、两种商品、一种生产要素的模型中，只要满足以下条件：

$$Q_{1A}:Q_{1B}\neq Q_{2A}:Q_{2B}$$

两个国家经过专业化分工，各自生产比较有利的商品，通过贸易都可以取得贸易利益。所有满足绝对优势（成本）论条件的贸易，都能满足比较优势（成本）论的条件。因此，比较优势（成本）论实际包容了绝对优势（成本）论的内容，或者说，绝对优势（成本）理论是比较优势（成本）理论的一种特殊情况。

只有在$Q_{1A}:Q_{1B}=Q_{2A}:Q_{2B}$的情况下，两个国家各自生产两种商品同两个国家各生产一种商品再进行交换的结果相同，这两个国家才没有比较优势。

需要注意的是：上述简单的李嘉图模型能够用来判断两个国家之间有没有比较优势，也能够确定哪个国家生产哪种商品有比较优势，但是，这个模型不能确定每个国家可以取得多少利益。

（五）比较优势（成本）理论简评

李嘉图的比较优势理论具有合理、科学的成分和历史进步意义。

首先，比较优势理论比绝对优势理论更全面、更深刻。它的问世改变了过去一些学者关于自由贸易的利益只是来自于商品成本绝对低的国家生产的观点，因而具有划时代的意义。比较优势理论揭示了一个客观规律——比较优势定律，它从实证经济学的角度证明了国际贸易的产生不仅在于绝对成本的差异，而且在于比较成本的差异：一国只要按照比较优势原则参与国际分工和国际贸易，即专业化生产和出口本国生产成本相对较低（即具有比较优势）的产品，进口本国生产成本相对较高（即具有比较劣势）的产品，便可获得实际利益。这一理论为世界各国参与国际分工和国际贸易提供了理论依据，成为国际贸易理论的一大基石。萨谬尔森曾给予比较优势的思想极高的评价:“如果理论能够参加选美比赛的话,那么比较优势理论一定能够夺得桂冠。”

其次,比较优势理论在历史上起过重大的进步作用。它曾为英国工业资产阶级争取自由贸易政策提供了有力的理论武器,促进了当时英国生产力的迅速发展,使英国成为“世界工厂”,在世界上业和贸易中居于首位。

但是,比较优势理论也存在一些缺陷和问题,并具有一定的历史局限性。主要表现在:李嘉图把比较优势理论建立在系列简单的假设前提基础上,把多变的经济世界抽象成静止的、均衡的世界,因而是一种静态理论,只说明短期内贸易利益的问题,无法将开展国际贸易同各个国家的经济增长和发展联系起来;李嘉图的假设前提与现实相去太远;李嘉图未能解决商品的国际交换比例问题;忽略了国际贸易对收入分配的影响。李嘉图虽然偶尔也承认,当各国的生产技术及生产成本发生变化后,国际贸易的格局也会发生变化,但遗憾的是,他并没有进一步阐明这思想,更没有修正他的理论。问题的存在也为后来的理论发展提出了新的研究方向。

三、赫克歇尔—俄林的要素禀赋理论

(一)要素禀赋理论产生的背景

要素禀赋理论(Factor Endowment Theory)又称要素比例学说(Factor Proportion Theory)或赫克歇尔—俄林理论(Heckscher—Ohlin Theory),是当代著名的瑞典经济学家 E. 赫克歇尔(E. Heckscher,1879—1952 年)和 B. 俄林(B. Ohlin,1899—1979 年)提出来的。这个理论认为,各国资源条件不同,也就是市场要素供给情况的不同,是产生国际贸易的基本原因。

要素禀赋理论的基本论点是赫克歇尔首先提出来的,俄林师承赫克歇尔,创立了要素禀赋理论。1919 年,赫克歇尔在纪念经济学家戴维的文集中发表了题为《对外贸易对收入分配的影响》的著名论文,提出了要素禀赋论的基本论点。他在该论文中,以比较优势理论各项假设为依据,提出了一个问题,即如何解释李嘉图理论中两国比较成本之间的差异?他认为,如果这两个国家之间不存在要素禀赋的差异,在各个生产部门中的技术水平也都一样,再假定不存在任何运输成本,则两国间进行贸易的结果对它们中的任何一国既不会带来利益,也不会带来损失。故而两国间存在比较成本的差异必须有两个前提条件:一个是两国的要素禀赋不同;另一个是两国生产不同商品时使用的要素比例不同。例如有的产品在其生产过程中使用劳动的比重大,因此是劳动密集型的产品;另一些产品在其生产过程中使用资本的比重大,因此是资本密集型的产品。在这两个前提下,两国间才会形成比较成本的差异,从而两国才会发生贸易交往。

1929—1933 年,由于西方世界经历了世界上最为严重的经济危机,贸易保护主义抬头,各国都力图加强对外倾销商品,同时提高进口关税,限制商品进口。对此,瑞典人民深感不安,因为瑞典国内市场狭小,一向对国外市场依赖程度很大。在此背景下,1933 年俄林在哈佛大学出版的名为《区际贸易与国际贸易》的博士论文中,更加深入而广泛地阐述了赫克歇尔的思想,使要素禀赋理论得以成形。在该书中俄林用两个国家、各生产两种产品、使用两种生产要素(劳动和资本)的 2×2×2 模型系统阐述了要素禀赋理论,从而成为国际贸易理论最重要的著作之一,俄林本人也因在这部著作中所做出的开创性研究成果而于 1977 年荣获诺贝尔经济学奖。要素禀赋理论又被称为赫克歇尔—俄林定理或模型(H—O 理论)。

1941 年,P. A. 萨谬尔森(P. A. Samuelson)和斯托尔帕(W. F. Stolper)合著了《实际工资和保护主义》一文,提出了生产要素价格日趋均等化的观点。萨谬尔森还在 1948 年前后发表的《国际贸易和要素价格均衡》、《国际要素价格均衡》及《论国际要素价格的均衡》等文中对上述观点做出进一步的论证,建立了要素价格均等化学说,发展了要素禀赋理论。

(二)与要素禀赋理论有关的几个概念

1. 生产要素和要素价格

生产要素(Factor of Production)是指生产活动必须具备的主要因素或在生产中必须投入或使用的主要手段。通常指土地、劳动和资本三要素,加上企业家的管理才能称为四要素,也有人把技术知识、经济信息也当做生产要素。要素价格(Factor Price)则是指生产要素的使用费用或要素的报酬。例如,土地的租金、劳动的工资、资本的利息、管理的利润等。

2. 要素禀赋和要素丰裕度

要素禀赋(Factor Endowment)是指一国拥有各种生产要素的数量。国家之间生产要素禀赋的差异,并不是指生产要素的绝对量在两个国家不同,而是指各种生产要素的相对量在两个国家不同。要素丰裕度(Factor Abundance)则是指在一国的生产要素禀赋中某要素供给所占比例大于别国同种要素的供给比例,而相对价格低于别国同种要素的相对价格。

3. 要素密集度和要素密集型产品

要素密集度(Factor Intensity)是指生产某种商品所投入的两种生产要素的配合比例。要素密集度主要通过两种产品中投入的生产要素比,如资本/劳动比率比较而定,与生产要素的绝对投入量没有关系,是一个相对的概念。一般来说,如果某一要素投入比例大,可以称该产品为要素密集程度高,并根据产品生产过程中投入比例最高的要素种类不同,将产品分为若干种类型。如:

生产纺织产品投入劳动比例最大，则称之为劳动密集型产品；生产电子产品，资本投入比例最大，则称之为资本密集型产品。

假设两种产品 X、Y，使用两种生产要素资本 K 和劳动 L，其生产中所使用的资本/劳动的投入比例分别为 K_X/L_X 和 K_Y/L_Y。如果有 $K_Y/L_Y<K_X/L_X$，就可以称 X 产品为资本密集型产品（K-intensive），Y 为劳动密集型产品（L-intensive）。

（三）要素禀赋的基本假设条件

1. 2×2×2 假定：贸易中只有两个国家（A 国与 B 国）、两种商品（X 与 Y）、两种生产要素（劳动与资本）。做这一假设的目的就是为了用一个二维的平面图来说明这理论。当这一假设被放松后（即研究更为现实的多个国家、多种商品、多种要素）理论模型的基本结论也不会发生根本性改变。

2. 技术相同假定：两国在生产中都使用相同的技术（same technology）。意味着如果要素价格在两国是相同的，两国在生产同一种商品时就会使用相同数量的劳动和资本。由于要素价格通常是不同的，因此各国的生产者都将使用更多的低价格要素以降低生产成本。

3. 要素密集度假定：在两个国家中，商品 X 都是劳动密集型产品，商品 Y 都是资本密集型产品。表明，在两个国家中生产商品 X 相对于生产商品 Y 来说，使用的劳动比例较高，用更专业的话来说，就是在相同的要素价格下，生产商品 X 的劳动/资本比率（Laber —Capital Rate）要高于生产商品 Y 的该比率。我们也可以说生产商品 X 的资本/劳动比率（Capital —Laber Rate）要低于生产商品 Y 的这一比率。但这并不意味着两国生产商品 X 的资本/劳动这比率是相同的，而是在各国生产 X 的资本/劳动均低于该国生产 Y 的资本/劳动比率。由于两个国家生产同种产品的技术相同，生产函数相同，所以同种商品在两个国家的密集度是相同的。没有要素密集型转变的情况。

4. 规模收益不变假定：在两个国家中，两种商品的生产都是规模报酬不变的。（Constant Return to Scale）。意味着增加生产某一商品的劳动和资本投入会带来该商品的产量的同一比例的增加。例如：如果在生产商品 X 时增加 10% 的劳动和资本投入，X 的产量也会增加 10%。如果劳动和资本投入增加 1 倍，X 的产量也会增加 1 倍。对于 B 国生产的商品也是一样。

5. 两国不完全分工假定：两国在生产中均为不完全分工。表明即使在自由贸易的条件下，两国也要继续生产两种商品。这一假设也表明两国都不是"很小"的国家。

6. 消费者偏好相同假定：两国需求偏好相同。表明由无差异曲线的位置和形状所反映的需求偏好在两国是完全相同的。也就是说，如果两国的相对商品价格是相同的，两国消费 X 和 Y 的比例是相同的。

7. 完全竞争假定:在两个国家中,两种商品与两种要素市场都是完全竞争的(Perfect Competition)。表明没有任何单个的生产者和消费者能够左右商品的价格。也没有任何单个的厂商或要素的拥有者能够决定要素市场的价格。完全竞争也意味着在长期内,完全竞争市场商品的价格等于生产商品的边际成本,同时等于商品的边际收益。

8. 要素流动性假定:在一国内,要素可以自由流动,但要素不能在国际间自由流动(Internal Factor Mobility)。表明劳动和资本可以自由、快速地从低收入的地区和产业流向高收入的地区和产业,直到该国各个地区和产业同类劳动和资本的收益相当为止;同时,国际间要素流动为零,不存在国际贸易的情况下,国际要素收入差异将会永久存在。

9. 自由贸易假定:没有运输成本、没有关税或影响国际贸易自由进行的其他壁垒。说明在贸易存在的条件下,当两国的相对(或绝对)商品价格完全相等时,两国的生产分工才会停止。如果存在运输成本和关税,则当两国的相对(或绝对)价格差不大于每单位贸易商品关税和运输成本时,两国的生产分工就会停止。

10. 资源充分利用假定:两国资源均得到了充分利用。表明在两国中均不存在未被利用的资源和要素。

11. 两国贸易平衡假定:两国的贸易是平衡的。意味着每国的总进口额等于其总出口额。

(四)要素禀赋的基本内容

从上述的基本假设出发,我们可以这样表述赫克歇尔—俄林定理(Hechscher—ohlin Theorem):一国应当出口该国相对丰裕和便宜的要素密集型的商品,进口该国相对稀缺和昂贵的要素密集型的商品。简而言之,劳动相对丰裕的国家应当出口劳动密集型的商品,进口资本密集型的商品。在所有可能造成国家之间相对商品价格差异和比较优势的原因中,赫—俄定理认为各国的相对要素丰裕度或称要素禀赋是国际贸易中各国具有比较优势的基本原因和决定因素。正是因为这个原因,赫—俄定理又常被称为要素比例或要素禀赋理论(Factor Proportions or Factor—Endowment Theory)。即每一国家都应分工生产并出口该国相对丰裕和便宜的要素密集型的商品,进口该国相对稀缺和昂贵的要素密集型的商品。

(五)要素价格均等化定理

赫克歇尔—俄林理论认为,封闭条件下产品的相对价格差异导致国际贸易的发生。随着贸易的开展,产品的相对价格不断调整,贸易参加国国内的相对价格等于均衡价格,密集使用丰裕要素的产品的相对价格会因为出口的增加而上升,密集使用稀缺要素的产品的价格会因进口而下降,两个国家两种产品的价格最终会趋于一致。

产品价格的变化对要素价格的变化有重要影响。国际贸易可能导致要素价格均等化的论点首先由赫克歇尔提出。俄林则认为,虽然各国要素缺乏流动性,使世界范围内要素价格相等的状态不能实现,但是商品贸易可以部分代替要素流动,弥补缺乏流动性的不足,因此,国际贸易使要素价格存在均等化的趋势。萨谬尔森于 1948 年发表了《国际贸易与要素价格均等化》一文,在赫克歇尔—俄林定理的基础上,考察了国际贸易对生产要素价格的影响,论证了自由贸易将导致要素价格均等化(The Factor —Price Equalization Theorem),该理论被称之为赫克歇尔—俄林—萨谬尔森定理(H—O—S 定理)。萨谬尔森认为,在完全竞争和技术不变的条件下,产品的价格等于其边际成本(P = MC),边际成本由生产要素投入的数量和价格决定。国际贸易改变了产品的相对价格,必然也将改变生产要素的相对价格。自由贸易将带来国际同质生产要素相对和绝对的价格均等。

如图 3 - 1,Q_X、Q_Y分别为 X、Y 产品的等产量线,Q_X更偏向于 L 坐标轴,Q_Y更偏向于 K 坐标轴。K_X、K_Y分别代表 X、Y 产品使用的要素的比例。按照要素密集度定义,可以确定 X 是劳动密集型产品,Y 是资本密集型产品。P 为相对价格线 w/r,P′为变动后的相对价格线(w/r)′。A、B、A′、B′为相应情况下的最优组合点。当价格 P 变动为 P′时,表示 w/r>(w/r)′,劳动的相对价格上升,资本的相对价格下降。此时,等产量线与相对价格线切点改变 A′、B′,K'_X、K'_Y为新的价格下的要素使用比例。K'_X比 K_X更陡峭,X 产品的资本密集程度提高;K'_Y比 K_Y更陡峭,X 产品的资本密集度提高。虽然,两种商品的资本密集度增加,按照赫—俄模型的假设,X 产品仍为劳动密集型,Y 产品仍为资本密集型。正如图 3 - 1 所示,K'_X仍更接近 L 坐标轴,K'_Y仍更接近 K 坐标轴。

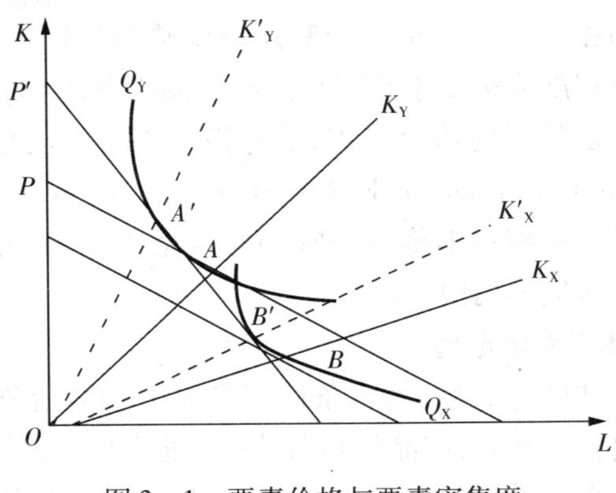

图 3 - 1　要素价格与要素密集度

假定A国劳动丰裕、资本稀缺,贸易前工资与利率相比,前者较低,A国出口X产品,进口Y产品。B国劳动稀缺、资本丰裕,贸易前利率相对工资率较低,B国出口Y产品,进口X产品。随着两国贸易的展开,A国X产品的产量增加,Y产品的产量减少;B国则相反,Y产品的产量增加,X产品的产量减少。生产的变化导致对生产要素需求的变化,A国对劳动要素需求增加,工资率上升,对资本的需求下降,利率随之下降;B国则对资本的需求上升,利率上升,对劳动的需求下降,工资率随之下降。

如图3-2,表示A国等产量线Q_X偏向于L轴,A国劳动丰裕;B国等产量线Q_Y偏向于Y轴,B国资本丰裕。按照要素禀赋论假定,两国生产函数相同,两国的等产量线无差别。Q_X、Q_Y曲线分别表示X、Y产品在两国的单位价值等产量线,$K_B L_B$、$K_A L_A$分别为两国等成本线,表明贸易前用于购买资本和劳动的支出。$OL_A > OK_A$,$OL_B > OK_B$。

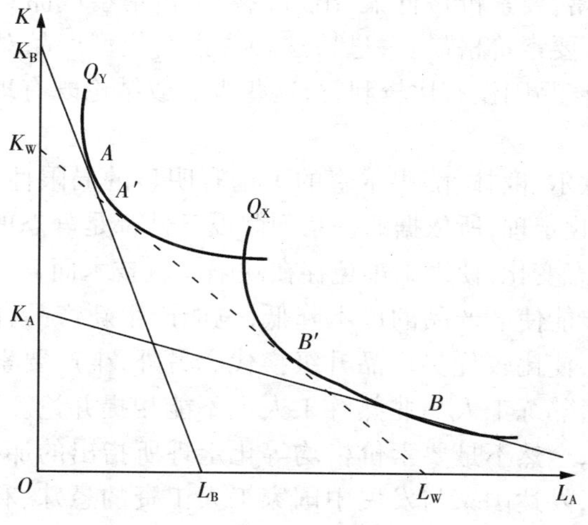

图3-2　两国自由贸易后要素价格相等

A、B两国经过自由贸易,已形成均衡贸易价格水平。A国出口X产品。B国出口Y产品。两国对本国丰裕要素的需求随出口而增长。在供给不变的情况下,需求的增长将改变要素的相对价格,两国要素价格差异将不断缩小。自由贸易的持续开展,直至将两国要素价格拉平为止。$K_B L_B$、$K_A L_A$等成本线发生旋转,直到与$K_W L_W$重合。即两国面临同一等成本线,要素价格趋于一个共同的水平。

结论:

要素价格均等化定理:在均衡的条件下,两国商品贸易的绝对价格和相对价格相等,由于两国具有相同的生产函数,生产要素同质,因此,两国商品的绝对成本和相对成本相同,两国的国内生产要素的相对价格必然相同。

(六)赫克歇尔—俄林—萨谬尔森的国际贸易理论简评

赫克歇尔—俄林—萨谬尔森的要素禀赋论和要素价格均等化定理,是在比较利益论基础上的一大进步,有其合理的成分和可借鉴的意义。大卫·李嘉图及穆勒和马歇尔等都假设两国交换是物物交换,国际贸易起因于劳动生产率的差异。而赫克歇尔、俄林是用等量产品不同货币价格(成本)比较两国不同的商品价格比例,两国的交换是货币交换,各国的要素生产率是相同的,用生产要素禀赋的差异寻求解释国际贸易产生的原因和国际贸易商品结构以及国际贸易对要素价格的影响,研究更加深入全面,并认识到生产要素及其组合在各国进出口贸易中居于重要地位。他们研究所得出的结论有一定的实用价值。例如,关于国家间商品相对价格的差异是国际贸易的直接原因。一国某种生产要素丰富,要素价格低廉,出口该要素密集型产品具有比较优势;某种生产要素稀缺,要素价格昂贵,进口这种要素密集型产品对本国有利,出口这种要素密集型产品则没有比较利益,这些观点或结论既有理论意义,也有政策意义。

但是,赫克歇尔、俄林、萨谬尔森的理论有明显的局限性。要素禀赋理论和要素价格均等化定理,所依据的一系列假设条件都是静态的,忽略了国际国内经济因素的动态变化,使理论难免存在缺陷。就技术而言,现实是技术不断进步,而技术进步能使老产品的成本降低,也能产生新产品,因而会改变一国的比较利益格局,使比较优势产品升级换代。另外,生产要素也远非同质,新旧机器总归有别,熟练工人与非熟练工人也不能相提并论。再看同种要素在不同国家的价格,全然不是要素价格均等化定理所指出的那样随着商品价格均等而渐趋均等,发达国家与发展中国家工人工资的悬殊、利率的差距,足以说明现实世界中要素价格无法均等。

四、里昂惕夫之谜

里昂惕夫(W. Leonitief,1906—1999)是美国著名经济学家,投入—产出经济学的创始人,第四届诺贝尔经济学奖获得者。其代表作为《投入产出经济学》,该书收录了他从1947年到1965年公开发表的11篇论文,其中有两篇主要研究国际贸易,即《国内生产与对外贸易:美国地位的再审查》(1953年)和《要素比例和美国的贸易结构:进步的理论和经济分析》(1956年)。

(一)里昂惕夫之谜的基本内容

要素禀赋论提出后,渐渐为人们所接受,并成为国际贸易理论的主流。第二次世界大战以后,在新科技革命的推动下,世界经济迅猛发展,国际分工也随之深化,国际贸易商品结构和地区分布等都发生了很大变化,传统的国际贸易理论越来越显得脱离实际,并且引起了经济学家们对这些理论的质疑。其中美国著名经济学家里昂惕夫对要素禀赋论进行的实验检验的影响最为深远。

里昂惕夫根据美国 1947 年的投入—产出表,测算了美国进出口商品的要素含量,验证美国是否像要素禀赋论描述的那样,出口的是资本密集型产品,进口的是劳动密集型产品。其测算结果表明,美国出口产品的资本—劳动比低于进口产品的资本—劳动比,也就是说,美国参与国际分工是建立在劳动密集型生产专业化基础上,而不是之前预想的资本密集型生产专业化基础上,这种结果完全出乎预料,被称为里昂惕夫之谜。

(二)对要素禀赋理论的检验——里昂惕夫之谜(里昂惕夫的实证检验)

里昂惕夫于1953 年利用美国投入产出模型计算了 1947 年美国的贸易结构,对赫克歇尔—俄林的理论进行了实证分析。其中,他将生产要素分为两类:资本和劳动。对 200 多个部门进行了分析,再整合为 50 多个产业部门,其中有 38 个部门和国际贸易有关。计算出百万元的进口商品和出口商品的资本和劳动投入,其中美国的进口是利用美国的进口替代产业的资料计算的如表 3 - 7 所示。

根据 1947 年的统计资料,美国生产进口替代产品时,每单位劳动力所使用的资本数量是生产出口商品的 1.3 倍,即美国进口产品的资本/劳动比率要大于出口产品的资本/劳动比率。里昂惕夫因而得出与要素比禀赋论相反的结论:“美国参加国际分工是建立在增减劳动密集型生产专业化的基础上。换言之,这个国家是利用对外贸易来节约资本和安排剩余劳动力,而不是相反。”1956 年,里昂惕夫在《要素比例和美国结构:理论经验再分析》一文中,运用 1951 年的统计数据,对美国贸易结构进行了第二次调查,其结果肯定了第一次调查的结论,美国生产出口替代商品时,每个劳动力所使用的资本数量是生产出口商品的 1.06 倍。然而,按照第二次世界大战后初期美国要素禀赋状况,美国明显属于资本相对充裕,劳动相对稀缺的国家。按照要素禀赋理论,它的出口应以资本密集型产品为主,进口以劳动密集型产品为主。何以出现如此大的反差?里昂惕夫的惊人发现,引起了经济学界的极大关注,他的这项研究被称为“里昂惕夫之谜”或“里昂惕夫悖论”(Leontief Paradox)。

表 3-7 美国 1947 年、1956 年的贸易结构

	生产要素的种类和单位	出口产品	进口产品	进口产品/出口产品
1947 年投入产出和贸易结构	资本($) 劳动(人年) 资本/劳动	2 550 789 182 14 100	3 091 339 170 18 180	1.30
1951 年投入产出和贸易结构	资本($) 劳动(人年) 资本/劳动	2 256 800 174 12 977	2 303 400 168 13 726	1.06
1958 年投入产出和贸易结构	资本($) 劳动(人年) 资本/劳动	1 876 000 131 14 200	2 132 000 119 18 000	1.27

对于这种矛盾现象的出现,里昂惕夫本人也觉得难以置信,他曾反思自己没有认真评估美国的要素禀赋,想当然地假设美国是资本丰富的国家。对此,他从有效劳动(Effective Labor)角度做出如下解释:由于劳动素质各国不同,在同样的资本配合下,美国的劳动生产力约为他国(如意大利)的 3 倍。因此,若以他国作为衡量标准,则美国的有效劳动应是现存劳动量的 3 倍。从有效劳动数量看,美国应为(有效)劳动相对丰富的国家,而资本在美国则成为相对稀缺的要素。这样一来,上述矛盾现象,即里昂惕夫之谜也就不存在了。

(三)对里昂惕夫之谜的不同解释

对里昂惕夫之谜的解释成为国际贸易理论发展的契机。对里昂惕夫之谜的解释可以分为三种:第一种是从要素禀赋和要素密集度入手进行解释;第二种是从 H—O 理论的假设入手,说明假设如果不成立,则理论不能成立;第三种则是在 H—O 理论的框架以外进行的。

1. 要素密集度逆转

在赫克歇尔—俄林理论假定中,对于要素密集度,假设两种商品的要素密集度不同,同种商品在两个国家密集度相同,没有要素密集型转变的情况。严格的假设条件限制了理论的实际适用。如果同种产品在两个国家的要素密集度不同,赫—俄定理就难以成立。要素密集度逆转(Factor Intensity Reversal)是指同一种产品在资本丰裕的国家是劳动密集型产品的情况。如果两种商品的替代弹性有较大差异时,要素相对价格变化,就将发生要素密集度逆转的现象。即在某些要素价格下,X 产品是资本密集型的,Y 产品是劳动密集型的;而在另一些要素价格下,X 产品却又是劳动密集型的,而 Y 产品是资本密集型的。

如图 3－3 所示，由于 X 的生产要素替代弹性比 Y 的要素替代弹性小，即 X 等产量曲线的弯曲程度小于 Y 等产量曲线的弯曲程度，因此，X、Y 的等产量曲线有两个交点。

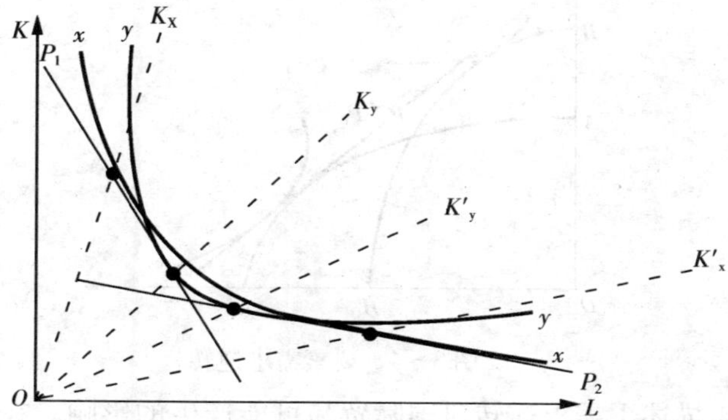

图 3－3 要素密集度逆转

当存在要素密度逆转时，同样一种产品，虽然两国生产函数形式相同，但在两国不同的要素价格下，可能属于不同类型。如封闭条件下 X 在 A 国是资本密集型的，但在 B 国却可能是劳动密集型的。这样一来有可能发生这样情形：资本丰富的国家可比较廉价地生产某种资本密集型商品，而在劳动丰富的国家，也可以比较廉价地生产同样一种产品，因为该产品在劳动丰富的国家是劳动密集型的而不是资本密集型。在这种情形下，两个国家就无法进行国际分工与贸易了。

在现实中，由于不同地方生产要素间的替代弹性可能互不相同，因此，要素密度逆转现象可能存在。而且现实中商品的种类远不止两种，因此即使存在某些要素密度逆转现象，贸易仍可进行。如果考虑到要素密集逆转现象，则里昂惕夫之谜也就不难解释。因为里昂惕夫是根据美国的技术条件来测算进口商品在他国生产时的要素密度，但在要素密度逆转存在的情况下，这可能会造成误会。例如，美国的农业生产机械化程度很高，属于典型的资本密集型，但在其他一些落后国家，农业生产则是一种典型的劳动密集型生产。因此以美国自身的情形来衡量其进口产品在生产中的要素密度，可能不能真实地反映国际贸易中蕴含在商品中的要素比例。

2. 要素需求逆转

在赫克歇尔—俄林理论中，假设两国消费者对两种商品偏好相同，所以，对国际贸易原因的考察剔除了需求方面的影响，仅仅考虑要素禀赋差异。但是，实际贸易中，供求双方都会对国际贸易产生影响。如果一国对于某一种商品享有生产上的比较优势，而且其国民在消费上特别地偏好该商品时，将会使得原来依据 H—O 原理决定的进口方向发生改变，即发生了需求逆转（Demand Reversal）。

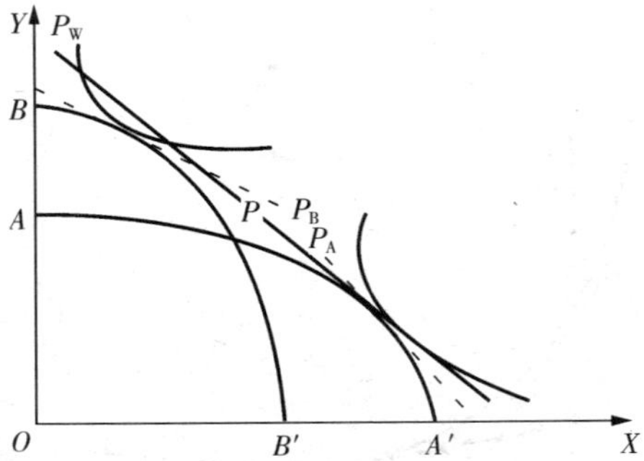

图 3-4　要素需求逆转

图 3-4 描述了需求逆转对国际贸易可能产生的影响。在生产上，A 国由于资本相对丰富，所以在资本密集型产品 X 上具有比较优势，B 国则在劳动密集型产品 Y 上具有比较优势；而在消费上，假设 A 国特别偏好 X 商品，B 国特别爱好 Y 商品，若仅依据 H—O 定理，A 国将出口 X，B 国将出口 Y。但事实上因需求逆转的原因，A 国在封闭条件下的 X 商品的相对价格 P_A 反而高于 B 国的水平 P_B，所以开放后，A 国反而进口 X 商品，B 国反而进口 Y 商品。在这种情况下，我们看到比较优势与比较成本优势不再是一致的，需求方面的影响超过了生产（成本）方面的影响。基于需求逆转，里昂惕夫之谜可以这样解释：虽然美国的资本比较充裕，但如果美国消费者的消费结构中，资本密集型商品（以制成品为主）占据绝大部分比重，那么美国则有可能出口劳动密集型产品，进口资本密集型产品。

3. 自然资源说

有人曾指出，自然资源与资本在生产中往往是互补的。因此，一些自然资源密集型的产品，如能源，往往也是资本密集型的。从自然资源的角度看，美国的某些自然资源是相对稀缺的（自然或人为因素造成的），如石油。这样，美国的大量进口商品很多是自然资源密集型产品。因此，在考虑自然资源这一因素之后，里昂惕夫之谜也可以得到较好的解释。里昂惕夫悖论中，许多作为资本密集型的进口品，实际上可以说是资源密集型产品，里昂惕夫在计算进口品的要素需求时，抬高了进口商品资本/劳动的比率，没有计算自然资源。比如，美国大量进口的石油、煤炭、钢铁等产品的生产，既包含资本的贡献，同时也离不开自然资源的贡献。美国的进口产品中初级产品占 60% ~70%，这些产品的自然资源密集度很高，把这些产品归入资本密集型产品加大了美国进口产品的资本/劳动比率。

4. 人力资本说

受里昂惕夫有效劳动解释的启发，后来一些学者在要素禀赋理论框架下引入人力资本（Human Capital）这一因素。由于质量上的差异，一般劳动可区分为非熟练劳动（Unskilled Labor）和熟练劳动（Skilled Labor）两类。其中，熟练劳动是指具有一定技能的劳动，这种技能不是先天具备的，而是通过后天的教育、培训等手段积累起来。由于这种后天的努力类似于物质资本的投资行为，所以称后一类劳动为人力资本。这样一来，资本的含义就更广泛了，它既包括有形的物质资本，又包括无形的人力资本。在加入了人力资本后，里昂惕夫之谜也就可以解释了。美国经济学家凯恩（Pete B. Kenen）后来发现，美国的出口以物质资本加人力资本密集型商品为主。

第二节　现代国际贸易理论

里昂惕夫之谜提出之后，许多西方经济学家为力图解开里昂惕夫之谜而进行了广泛的研究，掀起了一个研究国际贸易相关基础理论的热潮。而第二次世界大战后，特别是进入20世纪60年代，国际贸易出现了许多新的倾向：一是贸易产品知识化，表现为知识密集型、技术密集型、资本密集型为特征的现代制成品贸易和高科技产品贸易在国际贸易总量中的比重不断上升，并占据主导地位。二是工业化国家经济结构的趋同化，表现在全球的贸易格局中，发达工业国之间的贸易量大大增加。三是产业内贸易主导化，表现在工业国之间还存在同类产品（尤其是工业制成品）双向贸易量大大增加的现象。这都是传统国际贸易理论所不能解释的，因此产生了一系列从全新角度解释国际贸易且适合时代需求的国际贸易新学说。

一、偏好相似理论

（一）偏好相似理论简介

最早试图从全新角度对当代工业化国家之间的贸易和产业贸易现象做出理论解释的是瑞典著名的经济学家斯戴芬·伯伦斯坦·林德（S. B. Linder）。他在1961年出版的《论贸易和转变》一书中提出了偏好相似理论，又称为重叠需求论或代表性需求重复理论，是第二次世界大战后解释工业国之间贸易的著名学说。

（二）偏好相似理论的内容

林德认为，要素禀赋学说只适用于解释密集使用自然资源的初级产品的贸易，而不适用于工业品的贸易。他把初级产品与工业品贸易格局的决定因素加以区别，认为初级产品的贸易原因可以从供给的角度进行分析，而对工业品的贸易原因则要从需求的角度即借助于需求偏好相似理论进行分析。因为大多数工业品与初级产品不同，它们在世界各地都能生产，因此这类产品的贸易以及这类产品双向贸易的发生不是由要素禀赋的差异决定的，而是由相互重复（重叠）的需求决定的。

偏好相似理论的基本观点包括：

1. 国内需求是制成品贸易的前提条件。林德认为，一个国家制成品出口的可能取决于国内需求。在林德看来，制成品或工业品需求可以分为两类：国内需求和国外需求。决定工业品生产与否的是国内需求而不是国外需求，因为企业家决定是否生产某种商品的最终目的（或者说是生产动因）是为了盈利。对于工业品的生产和销售，企业家对国内市场比对国外市场更熟悉，因而只有立足于满足国内需求而生产一种产品才能更容易获利。而且，一种新产品的发明通常是为了解决本国市场的迫切需求而进行的创新，相比之下，别国国内的需求所形成的创新压力相对较弱。再有，一种新产品从试制到完善，要在生产者和消费者之间进行反复的信息交流，生产者离市场需求越近，为此付出的费用就越低。

因此，林德认为，工业生产扩大初期是以满足国内需要为目的的，一旦国内市场大到可使工业得到规模经济和有竞争性的单位成本时，即具备了在国际市场上的竞争能力，这种工业品（制成品）才能出口。林德得出结论：一国将出口那些国内需求规模大的产品，因为这些产业最可能获得竞争优势。

2. 贸易的流向、流量取决于两国需求偏好相似的程度。林德指出，如果两国具有相同的需求结构，则两国消费者和投资者所需要的是具有相同质量和精密程度的相同产品。由此得出的推论是：两国间对制造业产品的需求偏好越一致，它们进行贸易的潜在机会就越多。一旦产生贸易，则需求偏好相似的两国的贸易量要大于需求偏好有较大差别的两国的贸易量。如果两个国家需求结构完全一样，一个国家所有可能进口的货物也是另一个国家可能进口的货物。在这种情况下，国内需求就是外国的进口需求，从而也是促成两国贸易的原因。

3. 需求偏好取决于该国的平均收入水平。在上述诸多影响需求的因素中，林德认为平均收入水平是影响需求偏好的最主要因素。平均收入水平的相似可以作为需求偏好的指标。两国的人均收入水平越相同，其需求偏好就越相似，两国间的贸易可能性范围就越大；如果两国人均收入水平存在较大差异，需求偏好就会相异，两国间的贸易就会形成潜在障碍；若两国中一国具有某种产品的比较优势，而相对的另一国不存在对这种产品的需求，则两国无从发生贸易。

尽管如此,林德也并不完全否认穷国与富国之间也会存在某些制造业产品的贸易,因为收入分配不均等,穷国与富国间的需求结构总会存在一定的交叠,即富国中有穷人,穷国中也有富人。但当需求结构相交叠的部分很小时,潜在的制造业产品贸易也将很小。

二、产品生命周期理论

(一)产品生命周期理论简介

产品生命周期理论也是第二次世界大战后从全新角度探讨工业品国际贸易的著名理论。它同样从消费需求的角度进行研究,并将市场营销学科中的市场生命周期理论引入到国际贸易问题的研究中。产品生命周期理论最早由美国哈佛大学商学院教授雷蒙德·弗农(Remond Vernon)于1966年在《经济学季刊》5月号上发表的题为《产品周期中的国际投资与国际贸易》的论文中提出,后经刘易斯·威尔斯(Louis wells)等人得到不断完善。

(二)产品生命周期理论

一种产品从其诞生经过发展到成熟及至衰退被替代,这一全过程称为该产品的生命周期。国际产品的整个生命周期由如下三个阶段构成:

1. 产品的创新期。所谓创新阶段是指新产品的研究和试销阶段。这一阶段的特点表现为:从技术特性看,创新国企业发明并垄断着制造新产品的技术,但技术尚需改进、工艺流程尚未定型。从生产特性看,由于新产品的设计和设计的改进要求靠近市场和供应者,因此新产品生产地确定在创新国。从成本特性看,由于没有竞争者,因此成本对于企业来说不是最重要的问题。从价格特性看,这一阶段生产厂商数目很少,产品没有相近的替代品,因此价格比较高。从进出口特性看,制造新产品的企业垄断着世界市场,国外的富有者和在创新国的外国人开始购买这种产品,出口量慢慢增多。

2. 产品的成熟期。所谓成熟阶段是指产品批量生产并能在一定程度上普及的阶段。这一阶段的特点表现为:从技术特性看,生产技术已经定型且达到优势极限,由于出口增大,技术诀窍扩散到国外,仿制开始,技术垄断的优势开始丧失。从生产特性看,创新国从事新产品制造的公司开始在东道国设立子公司进行生产。从价格特性看,由于这一阶段是产品成长时期,产品有了广泛的市场,参加竞争的厂商数目很多,消费需求的价格弹性加大,厂商只有降低价格才能扩大自己的销路。从成本特性看,随着出口增加及技术的扩散,其他发达国家也开始制造创新国的新产品,由于其他发达国家不需支付国际间运费和缴纳关税,也不需要创新国在创新阶段花费大量科技发明费用,因而成本要比创新国的进口产品低。从进出口特性看,东道国厂商在本国生产新产品的成本虽然能够和创新国进口商品相竞争,但在第三国的市场上就不一定能和创新国企业的产品相竞争,因为这些厂商和创新国企业一样要支付国际间运费和关税,而在开始生产中却无法获得创新国企业所获得的规模经济效益。因此,在成熟阶段,创新国虽然可能对东道国的出口有所下降,但对其他绝大多数市场的出口仍可以继续,当然出口增长率要减慢。

3. 产品的标准化阶段。所谓标准化阶段是指产品的生产已经发展到标准化与规范化阶段。这一阶段的特点表现为:从技术特性看,产品已经完全标准化,一般发达国家已掌握产品生产技术,就是一些发展中国家也开始掌握这种产品的生产技术。从生产特性看,产地已逐渐开始向一般发达国家甚至发展中国家转移,范围在不断扩大。从成本特性上看,由于其他国家的厂商产量不断增加,生产经验不断积累,加之工资水平也低,因而产品成本开始下降。从进出口特性看,其他国家的产品开始在一些第三国市场上和创新国产品竞争,并逐渐替代了创新国而占领了这些市场,当这些国家成本下降的程度抵补了向创新国出口所需的运费和关税后,便开始与创新国的产品在创新国市场上竞争,创新国开始从出口转变为进口。

三、产业内贸易理论

(一)产业内贸易理论简介

产业内贸易理论又称差异化产品理论,是当前国际贸易理论最为热门的课题之一。产业内贸易是指两个以上国家同一产业部门内的某一项产品同时发生输出和输入的活动。该理论博采第二次世界大战后国际贸易新理论的研究成果,并认为这一理论更符合现实情况的国际贸易形态,其里程碑是格鲁贝尔(Grubel)和劳埃德(Loyd)于 1975 年编写的《产业内贸易:差别化产品国际贸易的理论与度量》,对产业内贸易现象作了开创性、系统性的研究,是最早关于产业内贸易理论的专著。

(二)产业内贸易理论的观点

产业内贸易理论在解释当代产业内贸易现象发生的原因时,首先将同一产业部门的产品区分为同一产品和差别产品。同一产品是指那些在价格、品质、效用上都相同的产品。差别产品可分为两类:一类是品质、档次有差别的垂直型产品;另一类是效用基本一样,但款式、牌号有所不同的水平型产品。

格鲁贝尔和劳埃德认为,产业内贸易是由各种复杂的原因所导致的一种复杂的贸易现象。在他们看来,技术差距、研究与开发、产品的异质性和产品生命周期的结合以及人力资本密集度的差异与收入分配差异的结合等都可能导致产业内贸易的发生。他们认为贸易中心的贸易大多是产业内贸易，因为贸易中心进行的是转口贸易，所以会出现进出口相似产品的情况，这在香港、新加坡这样的地区和国家表现得比较明显。此外，产业内贸易还与季节性贸易、较高的贸易成本有关。受季节影响的主要是农产品，在一个季节，一国(地区)可能大量生产和出口某种农产品，在另一个季节它又可能进口这种农产品；当贸易的运输成本非常高的时候，虽然一国的某地区可能是一种商品的生产地，这个国家也可能从别的相邻国家进口这种商品，比如，在西部加拿大的牛肉出口到美国太平洋沿岸各州的同时，又从美国东部进口牛肉以供应加拿大东部对牛肉的需求，其中的原因就在于，把加拿大西部的牛肉运到东部的成本高于直接从美国进口的成本。格鲁贝尔和劳埃德还发现，产业内贸易还可能是政府的某项政策或法律约束的结果。一国如果运用补贴或其他方法促进某些商品的生产，有可能使这个国家成为这些商品的出口国，当从前对这些商品的进口仍旧继续的时候，产业内贸易就产生了。再有，由于某项国际协定，一国从其他国家进口本身具有出口优势的产品，也会造成产业内贸易。

总之，不同的学者从不同的角度研究了产业内贸易的成因。如从产品异质性的角度分析产业内贸易的形成，强调产品的异质性是产业内贸易的基础；从规模经济的角度揭示产业内贸易的成因，指出规模经济可以在产业内形成互有竞争力的价格，从而导致产业内贸易的发生等。

1. 产业内贸易指数。格鲁贝尔和劳埃德在研究产业内贸易现象时，曾用产业内贸易指数这一被广为接受的描述指标来衡量产业内贸易水平的高低。一个部门的产业内贸易指数(HT)的公式为：

$$HT=1-\frac{|X_j-M_j|}{X_j+M_j}$$

上式中，X 为出口，M 为进口。式子上的两条竖线表示对 X 和 M 的差取绝对值。产业内贸易指数最高为1，最低为零，没有负数。当指数为1时，表明某种商品的出口量和进口量相同，这是完全的产业内贸易。当指数为0时，表明某一产业的商品没有出口，全部进口；或者全部出口，没有进口，没有产业内贸易，只有产业间贸易。HT 的数值越接近1，产业内贸易程度就越高；反之，HT 越接近于零，产业内贸易程度就越低。

产业内贸易指数在描述产业内贸易现象时，也存在缺陷，这就是产业定义的宽窄或者商品组的大小将影响指数的大小。一般来说，对产业定义越宽泛，指数就越大，但在产业界定一致的情况下，利用该指标进行分析还是有效的，如用于测量不同国家的产业内贸易差别或者用于测量产业内贸易随时间变化的情况时，就会比较有效。此外，指数的大小能够反映出一个国家或者某个经济体参与国际竞争的程度，但指数越大，并不必然意味着一个国家的产业处于越有利地位，要具体分析指数较高的原因。转口贸易会高估一国的产业内贸易水平，因为该指数并没有将同种产品的进口再出口这一因素剔除出去特别处理，因此指数就不能反映出该国对此产品的生产或消费的真实水平的高低。

2. 新张伯伦模型。新张伯伦模型是由迪克西特、斯蒂格利茨、克鲁格曼等人在张伯伦的垄断竞争理论基础上创立的，解释了差别化产品的产业内贸易现象。在张伯伦垄断竞争理论中，每个企业都有一定的垄断权，规模收益递增，企业生产差别化产品（产品可以替代但不完全替代）争夺市场，竞争的结果是垄断利润消失，各个企业仅获得正常利润。

新张伯伦模型的运作机制如下：假设两个国家（本国和外国），两个产业（制造业、农业），本国在制造业具有比较优势，外国在农业具有比较优势。在完全竞争的市场结构下，本国出口制成品，进口农产品；外国出口农产品，进口制成品。两国间的贸易模式为产业间贸易，产业内贸易不会发生。现把垄断竞争引入制造业，但仍保持农业的完全竞争市场结构，即本国仍是农产品的进口国。由于规模经济的存在，制造业内的所有厂商都要尽可能扩大规模，以达到本产业所允许的最小规模，否则厂商会被淘汰，因而厂商只能选择生产一种或几种风格或式样的产品。同理，任一个国家也无法生产所有种类的产品，因此国内外厂商同时生产制成品，只是两个国家的制成品在花色、特性上有差别。从需求看，在制成品基本功能相同的前提下，消费者倾向于多样化的选择。当本国制成品无法满足消费者多样化要求时，就需要从国外进口制成品，从而在制造业内出现产业内贸易。

此外，为解释标准化产品产业内贸易现象，由布兰德—克鲁格曼构造了差别垄断模型，这里不多论述。

总之，由于产业内贸易已经成为影响国际分工的重要因素，因此发展中国家要想在新的国际分工中寻找到最有利的地位，就必须考虑如何加入到国际性的产业内贸易中。

关键名词：

绝对优势（成本）理论　比较优势（成本）理论　要素禀赋理论　里昂惕夫之谜偏好相似理论　产品生命周期理论　产业内贸易理论

思考题:

1. A 国与 B 国同时生产小麦与布,A 国在生产小麦上比 B 国的生产成本低1/3,在生产布上低2/5。按照李嘉图的比较优势原理,在其他条件一样时,A 国应该生产什么? B 国应该生产什么?

2. 试述要素禀赋理论的三个主要结论。

3. 试述赫—俄理论的合理与不足之处。

4. 试述偏好相似理论的内容。

5. 试述产业内贸易理论的内容。

6. 如果各种新产品都通过产品生命周期,技术创新的国家如美国是否会落后和出现长期的贸易逆差?

案例分析:

案例一:中美之间的国际分工

从近年来中美贸易的主要商品结构来看,双边贸易不平衡基本上属于中国与美国之间合理的国际分工,并由中国发挥两个比较优势——产业之间的比较优势与产业内部的比较优势所导致的结果。根据美国商务部的统计,2002 年中国对美出口排在前五项的商品分别是杂项制品(18. 44%)、办公用机械及自动数据处理设备(10. 7%)、电信及声音的录制及重放装置设备(10. 74%)、鞋靴(8. 7%)、电力机械器具(8. 09%)。单从以上数据来看,中国近年来对美出口以纺织服装为主的经贸格局已经开始发生变化,计算机通信类产品的出口份额在上升。但其中一个很重要的问题是中国高新技术产品出口的主流仍然是加工贸易方式,具体说加工贸易方式出口额占高新技术产品出口总额的 89. 65%,因此中国对美出口实质上仍然是以劳动密集型产品为主。

而根据美中商务中心的统计,1997—2001 年美国对华出口的 20 种主要产品中,出口额排在前五位的分别是:飞机、通信设备、显像管、含油种以及自动数据处理机器。美对华产品出口明显属于高技术设计与营销为主的技术密集型、资本密集型产品以及具有较强国际竞争力的农产品。而中国向美国的出口主要还是以劳动密集型为主的低附加值产品。中美两国贸易产品的各自优势,充分体现了经济全球化时代全球产业链的分工,体现了国际分工合作的要求。

中国对美国大宗出口电信、办公用机械及自动数据处理设备表面上看也是高技术产品,与美国是重叠的,实则中国只是从事高技术产品的加工制造,而美国从事的则是高技术中的高端产品以及设计和营销。这种重叠，明显属于高技术产业内部的分工。这种分工是产业链的内部分工，在利益分配上高端产品和设计营销总是拿大头，而低端产品和加工制造则只能拿小头。所以，两国之间彼此在产品出口上是优势互补的分工合作，即使在高技术领域，中国出口日益上升，但同美国之间并不是在同一个水平上的竞争关系，而是优势互补的关系。

由此不难看出，根据比较优势和要素禀赋，中国劳动力价格低廉，大力发展劳动密集型产业；美国资本技术雄厚，重点发展资本技术密集型行业。中美两国作为世界上最大的发展中国家和发达国家，两国之间的国际贸易是由全球化时代的国际分工所决定的。由于国际贸易是国际分工的外在表现，是各国资源在世界范围内的重新配置方式，中国作为劳动丰裕而美国作为资本丰裕的两国在贸易上也体现出了国际分工。事实上也确实如此，欧美企业把家电、汽车零配件等劳动密集型产业纷纷转移到中国，因为中国的优势在于劳动力价格，在于出口产品的类型。中国劳动密集型企业出口的产品每年为美国家庭节省了200亿美元，而中国出口美国产品的90%是美国不愿做的劳动密集型产品。中美两国贸易产品的各自优势，充分体现了经济全球化时代全球产业链的分工，中美两国之间并不是在同一个水平上的竞争关系，而是优势互补的分工合作关系。但是由于美国一直对华实行严厉的高技术出口管制，使美国对华比较优势难以发挥，双方产品的优势互补也难以充分地体现出来，这是中美贸易不平衡的最根本原因。

讨论题：

(1)与美国相比，中国在产业之间的比较优势、在产业内部的比较优势各是什么？

(2)国际贸易是国际分工的外在表现，如何从比较优势和要素禀赋理论来理解中美之间的国际分工？

案例二：日本主攻电子信息

日本是世界第二经济大国，工业十分发达。但是，在20世纪70年代之前，日本的产业结构主要是重传统工业，并形成了京滨、阪神、中京和北九州主要工业地带。随着科学技术的发展和环保意识的提高，日本的产业结构发生了重大的变化，已经逐步从重化学工业阶段步入到了电子信息时代。

日本的工业产值占工农业产值的90%以上。由于主要工业基本上都集中在太平洋沿岸的大城市圈周围，工业越发达，环境污染问题越突出。到了20

世纪70年代,日本的环境问题尤其严重,产生了许多公害问题。随着经济的发展和科学技术的进步,从70年代开始,为配合工业污染的治理,日本提出了调整产业结构的设想,决定将产业结构从劳动、资本密集型向技术知识密集型调整。进入20世纪80年代,日本加快了电子技术、生物技术和新材料技术为重点的高技术产业的发展,特别是以个人用电子计算机为核心的电子信息产业发展迅速,轻工、纺织、钢铁、造船和普通机械等传统产业在经济中的地位逐步被电子和信息行业所取代。1986年,日本的电子工业产值首次超过汽车制造业,成为第一大产业。

20世纪90年代以后,为改变高成本的经济结构,提高产品的国际竞争力,日本进一步加大了产业结构调整的力度。不同的是,这次结构调整的主要方式是将传统产业,或者说是"夕阳产业",逐步转移到劳动力价格相对便宜的亚洲其他国家和地区。据日本经济产业省发表的统计数据,日本制造业在海外生产的比例(即制造业企业在海外销售额与国内销售额之比)1990年为6.4%,1995年上升到了9%,2000年达到了14.5%。

为了增强产业的国际竞争力,日本政府已经决定进一步调整产业结构,今后的重点主要在下列几个方面:首先是环保领域,包括燃料电池汽车、混合动力汽车等新一代汽车产业,太阳能、风力发电等能源产业,资源循环使用与废弃处理、环保机械设备的开发利用等环保产业;其次是信息和网络家电、宽带网、信息通信技术,包括与因特网相关的数字家电(等离子、液晶和有机发光显示电视机等)、各种高性能服务终端与半导体、新一代软件等电子信息产业;还有医疗健康和生物技术领域,包括人体部分器官组织的再生医疗、新型药物开发研究以及健康美容食品的开发利用等。

日本政府希望通过发展上述战略性重点产业,构筑成具有国际领先水平的尖端产业,提高产品的高附加值,进一步加强日本商品在国际上的竞争力。

讨论题:

(1)什么是产业内贸易?它与产业间贸易相比有何不同?

(2)试从日本汽车零部件进出口状况来讨论产业内贸易产生的原因。

第四章 国际贸易政策

1. 本章学习目的与要求

通过对本章的学习，重点理解国际贸易政策的概念以及类型；了解国际贸易政策的演变过程；重点掌握关税的种类及其特点；掌握非关税壁垒的含义及其种类；了解有关鼓励出口和管制出口的措施。

2. 本章教学重点和难点

(1)国际贸易政策的概念以及类型；

(2)关税的种类及其特点；

(3)非关税壁垒的含义及其种类；

(4)鼓励出口和管制出口的措施。

国际贸易是世界各国及地区之间商品或服务的交换，它的一个显著特点就是以国家或地区为单位。从单纯的经济理论角度进行分析，实行自由贸易才能使世界范围的总福利达到最优。然而在现实世界中，出于对本民族利益的考虑，各国或地区政府无一例外地选择了以国际贸易不同发展阶段所产生的各种贸易理论或学说为依据并有利于本国对外贸易的相关政策。因此，一个国家(地区)在不同时期可以选择不同类型的贸易政策，而在同一个时期不同国家(地区)的贸易政策取向也可以完全不同。

第一节 国际贸易政策概述

由于国家利益的存在，国际贸易政策在各国对外贸易中的作用极为重要，是各国(地区)政府在对外贸易活动中的自主选择，其确定不仅要依据经济规律、市场法则，而且在很大程度上渗透着许多非经济因素的影响。

一、国际贸易政策的概念及类型

(一)国际贸易政策的概念

国际贸易政策是指世界各国或地区在对外贸易中所制定和实行的各项管理措施的总称。从单个国家(地区)角度来看，就是指该国(地区)的对外贸易政策。对外贸易政策就是一国(地区)在一定时期对进出口贸易进行管理的原则、方针以及措施、手段的总称。

制定和执行对外贸易政策的宗旨是保护本国(地区)市场和促进国(地区)内产业的发展,扩大本国(地区)产品的出口,维护本国(地区)对外政治、经济、贸易关系和利益。因此,一国(地区)的对外贸易政策是该国(地区)经济政策和对外政策的重要组成部分,它既反映经济基础和当权阶级的利益与需要,同时又维护和促进经济的发展。

一般说来,对外贸易政策主要包括三个方面的内容:(1)总贸易政策。它是一国(地区)在总体上采取的贸易政策,比如自由贸易政策或保护贸易政策等。总贸易政策通常与一国(地区)的经济发展战略密切相关,是在一个较长的时期内贯彻的贸易政策。(2)商品类别贸易政策。它是根据总贸易政策、国内(地区)经济结构、市场供求状况等具体情况针对不同商品或服务的进出口分别制定的贸易政策。这类贸易政策通常与该国(地区)的产业发展政策密切相关。(3)国别或地区贸易政策。它是一国(地区)根据有关的国际经济格局以及政治社会关系等在不违反国际规范的前提下对不同国家或地区制定的不同贸易政策。这类贸易政策通常与国家之间的政治、经济关系以及技术发展水平密切相关。

(二)国际贸易政策的类型

国际贸易政策是一个结构复杂的体系,可以根据不同的需要从不同的角度对国际贸易政策进行不同的分类。这里重点介绍最常见的国际贸易政策。

1. 自由贸易政策。自由贸易政策是指国家或地区对贸易行为不加任何干预,也就是该国家(地区)既不鼓励出口,也不限制进口,允许商品自由流通,并在国内外市场上自由竞争的一种贸易政策。

自由贸易政策产生于18世纪初,是新生资产阶级自由放任思想在对外经济关系上的延伸。但是,由于国际贸易涉及国(地区)与国(地区)之间的经济利益,国际贸易几百年的历史表明,完全意义上的自由贸易政策是不存在的。现实的自由贸易政策是指国家(地区)取消对进出口贸易的限制和障碍,取消对本国(地区)进出口商品的各种特权和优惠的自由化过程。自由贸易政策的理论依据是西方的自由贸易理论。

2. 保护贸易政策。保护贸易政策是指政府广泛利用各种限制进口的措施,保护本国(地区)的产品和服务在国(地区)内市场上免受外国产品和服务的竞争,并对本国(地区)出口的产品和服务给予优待与补贴,以鼓励商品出口的一种贸易政策。

保护贸易政策始于15—16世纪重商主义时期,是一系列干预贸易行为的各种政策措施的组合，在资本主义发展初期，主要通过高额关税保护本国工农业。政府采取的贸易干预措施包括奖出和限入两种方式，其根本目的就是削弱和排斥外国商品的竞争。保护贸易政策的理论依据是西方的保护贸易理论。

3. 管理贸易政策。管理贸易政策是指国家或地区对内制定各种对外经济贸易法规和条例，加强对本国进出口贸易有秩序发展的管理；对外通过协商，签订各种对外经济协定，对本国（地区）与别国（地区）之间的双边贸易关系进行协商和管理的一种对外贸易政策。

1974 年、1978 年和 1988 年美国先后制定了综合贸易法案，开始了其从自由贸易政策向管理贸易政策的转变。克林顿上台后，随着其经济振兴计划的提出，对外贸易政策成为美国新经济政策的主要组成部分，这预示着美国的对外贸易发展到一个全新的时期。在美国的示范和推动下，管理贸易已逐渐成为西方发达国家基本的对外贸易制度。

4. 战略贸易政策。战略贸易政策是指在不完全竞争和规模经济的市场条件下，政府通过干预扶持本国（地区）战略性产业的成长，使国际贸易朝着有利于本国（地区）企业获取最大限度利润的方向发展的一种对外贸易政策。

20 世纪 70 年代以后，发达国家的经济增长速度普遍放慢。在欧洲，失业率不断增加。在美国，由于工资水平上涨缓慢，导致实际购买力下降。堪称世界经济增长中奇迹的日本在 90 年代也开始经历长时期经济的停滞与下降阶段。为改善这种经济发展现状，发达国家于 70 年代逐渐形成并产生了战略贸易政策，90 年代以后开始对国际贸易产生重大影响。美国是实施战略贸易政策最得力的国家，该政策的理论依据是不完全竞争和规模经济理论。

总之，从国际贸易产生与发展以来，贸易政策基本上以自由贸易政策与保护贸易政策两种类型为主，其他类型的贸易政策都是在这两种形式的基础上演化而来的，是这两种类型政策的变形。特别是后两种类型的政策，实际上是自由贸易政策与保护贸易政策的结合，一类倾向于自由贸易政策，一类倾向于保护贸易政策。

二、国际贸易政策的演变

从整个世界范围来看，对外贸易政策最基本的类型是自由贸易政策和保护贸易政策。自从资本主义生产方式产生以来，自由贸易政策与保护贸易政策始终相伴存在，但在不同的发展时期，贸易政策的主导方向不尽相同，有时以自由贸易政策为主，有时又会掀起保护贸易的浪潮。

16 世纪至 18 世纪中期是资本主义生产方式的形成时期，西欧各国广泛推崇重商主义，实施强制性的保护贸易政策。通过各种政策手段和严厉措施限制商品进口和货币输出,同时对出口给予鼓励,这一保护贸易政策推动了资本的原始积累,为资本主义生产方式的建立提供了财富来源。

18 世纪中期至 19 世纪后期,是资本主义自由竞争时期,资本主义生产方式占据统治地位,世界经济进入商品资本国际化阶段。但由于欧美各国经济发展水平不同,出现两种类型的贸易政策。资本主义比较发达的国家如英国和荷兰等国实行全面的自由贸易政策,而在资本主义比较落后的国家如美国和德国则执行以保护幼稚工业为目标的保护贸易政策。

19 世纪末到第二次世界大战前,由于垄断的出现与加强,资本输出占据统治地位。1929 —1933 年的大危机使市场矛盾日益激化,主要资本主义国家开始推行带有垄断性质的超保护贸易政策,这一政策的实施极大地阻碍了社会生产力的发展和国际贸易的扩大。

第二次世界大战后,由于美国对外扩张的需要以及资本国际化和生产国际化、国际分工广度和深度的迅猛发展,出现了世界范围的贸易自由化,但是,战后贸易自由化并不完全排除保护贸易政策。

20 世纪 70 年代中期后,由于 1974—1975 年和 1980—1982 年两次经济危机的爆发,经济发展减缓,结构性失业出现,使市场问题趋于尖锐,导致了以美国为首的发达国家掀起了一股新的贸易保护主义浪潮,战略贸易政策形成并日趋盛行。

20 世纪 80 年代中后期以来,由于世界经济政治关系的深刻变化以及各国经济相互依赖关系的加强,在世界范围,特别是发达国家开始推行管理贸易政策。它们对内制定各种对外贸易法规和条例,加强对本国进出口发展实施管理,对外通过协商、签订各种对外经济贸易协定,以协调和发展与别国之间的经济贸易关系。

第二次世界大战后,发展中国家根据各国经济发展的需要,大多数国家执行保护贸易政策,但总的趋势是多数发展中国家的外贸政策逐步从内向型的保护政策转向外向型的保护政策。

第二节　关税措施

一、关税概念

关税(Customs Duties;Tariff)是一个国家政府设置的海关依据国家制定的关税税法、税则对出入该国关境的货物征收的一种税收。关税是最传统的贸易保护工具。

关税是通过海关执行的。海关是设在关境上的国家行政管理机构,它是贯彻执行本国有关进出口政策、法令和规章的重要工具。其任务是:根据这些政策、法令和规章对进出口商品进行管理,征收关税,查禁走私货物,临时保管通关货物和统计进出口商品等。海关还有权对不符合国家规定的进出口货物不予放行、罚款、直至没收或销毁。

二、关税性质

关税作为国家税收的一种,同其他任何税收一样,是国家财政收入的一种方式,也是管理社会经济和国民生活的一种手段,因而它具有强制性、无偿性和预定性。

所谓强制性,是指税收是凭借法律的规定强制征收的,凡要交税的,都要按照法律规定无条件地履行自己的义务,否则就要受到国家法律的制裁。

所谓无偿性,是指征收的税收,除特殊例外,都是国家向纳税人无偿取得的财政收入,国家不需付给纳税人补偿,也不必把税款再偿还给纳税人。

所谓预定性,是指国家事先规定一个征税比例,或征税数额征税,纳税双方必须共同遵守执行,不得随意变化或减负。

三、关税的特点

关税除具有一般税收的共性之外,作为一种单独税种,又具有不同于其他税收的特点。

(一)关税是一种间接税

关税属于间接税,因为关税是对进出口商品征税,其税负可以由进出口商垫付税款,以后把它作为成本的一部分加在货价上,在货物出售给买方时收回这笔垫款。关税负担最后转嫁给消费者,由进出口货物的实际使用人或消费者负担。

(二)关税的税收主体是进出口商人,关税的税收客体是进出口货物

在税法中,征税涉及税收主体与税收客体。税收主体也称课税主体,是指在法律上负担纳税的自然人和法人,也称纳税人。税收客体也称课税客体或课税对象。关税的税收主体是本国的进出口商当商品进出国境或关境时,进出口商根据海关法规向海关交纳关税,他们是税收主体即关税的纳税人、关税的税收客体是进出口货物。根据海关税法与有关规定,对各种进出口商品制定不同税目、税率,征收不同的税收。

(三)关税是对外贸易政策的重要手段

进出口商品不仅与国内经济和生产有着直接关系,而且与世界其他国家和地区的政治、经济等方面也有密切关系。主权国家常以关税为手段来体现其对外政策,尤其是对外经济贸易政策。

(四)关税可以起到调节一国进出口贸易的作用

许多国家通过制定和调整关税税率来调节进出口贸易。在出口方面,通过低税、免税和退税来鼓励商品出口;在进口方面,通过税率的高低、减免来调节商品的进口。

四、关税的作用

关税之所以一直是世界各国进行对外贸易管理的重要手段,是因为关税具有以下几种重要职能和作用:

(一)增加财政收入

海关征收关税后即交入国库,关税收入便成为本国财政收入的一个来源。随着各国经济的发展,其他税源增加,关税在财政收入中的比重和作用逐渐降低。

(二)保护国内的产业和市场

对进口商品征收关税,提高了进口货物的成本,削弱了它与国内同类产品的竞争能力,因而可以起到保护国内同类产业或相关产业的生产和市场的作用。而对出口商品征收关税,则可以抑制被征税商品的输出,防止本国资源的大量流失,保证本国国内市场的供应。目前,国际市场上各国主要征收前一种关税。

(三)调节一国的进出口贸易

即通过税率的高低、减免来促进商品的出口,或者是对于国内不能生产或生产不足的商品制定较低的税率以鼓励进口,而对于国内能大量生产或非必需品的进口则制定较高税率以限制进口或达到禁止进口的目的。

(四)调整国际贸易差额

当贸易逆差时,通过征收进口附加税减少进口数量和外汇支出,缩小贸易逆差;当贸易顺差过大时,通过减免关税扩大进口,缩小贸易顺差。

(五)关税是进行国际经济斗争与政治斗争的手段

通过关税优惠可以促进友好贸易往来,改善国际关系;通过关税壁垒可以限制从某些国家的进口,从而给对方施加压力。

五、关税的种类

(一)按照征收的对象或商品流向分类

1. 进口关税

进口关税(Import Duties)是进口国海关在外国商品输入时,对本国进口商所征收的关税。这种税在外国货物直接进入关境或国境时征收,或者在外国货物从自由港、自由贸易区的海关保税仓库提出运往进口国市场销售时征收。进口税是关税中最主要的一种,征收进口税会增加进口货物的成本,提高进口商品的市场价格,因此各国都以征收进口税作为限制外国货物进口的一种手段。过高的进口税,会对进口货物形成贸易壁垒,但也会阻碍国际贸易的正常发展。

各国对于进口商品征收的进口关税的税率是不同的。经济发达国家对税率的规定,一般是对进口的工业制成品征收较高的进口关税,对于原料、半制成品制定较低的税率甚至免税。在工业制成品中,加工程度越高,关税税率就越高。发展中国家为了保护本国民族经济和国内市场,加强保护关税的作用,一般对国内已经能生产并能满足市场需要的商品或者非生活必需品以及奢侈品征收较高的进口税;而对于目前国内暂时不能生产或供不应求的生活必需品和机器设备等征收较低的进口税或者免税,鼓励进口以满足国内生产和生活的需要。从 2006 年 1 月 1 日起,中国根据加入世界贸易组织的关税减让承诺,进一步降低了 100 多个税目的进口关税,涉及植物油、化工原料、汽车及汽车零部件等产品。

2. 出口关税

出口关税(Export Duties)是出口国海关在本国商品输出时对本国出口商所征收的关税。由于征收出口关税会增加出口货物的成本,不利于本国货物在国际市场的竞争,为了追求贸易顺差和获取最大限度的外汇收入,目前大多数国家对绝大部分出口商品都取消了出口税,还在征收的主要是发展中国家。我国目前对少数货物还征收出口税,被征收出口税的商品主要有生丝、有色金属、铁合金和绸缎等。从 2006 年 1 月 1 日起,中国停止征收纺织品的出口关税,并对 60 多项出口商品实行暂定税率。

征收出口税的主要目的:① 对本国资源丰富、出口量大的商品征收出口税,增加财政收入。② 保护国内生产。针对某种出口的原料征收,以保证国内相关产业的原材料资源供给,防止无法再生的资源逐渐枯竭;从 2006 年 1 月 1 日开始,俄罗斯未加工原木的出口关税提高 6.5%,达到 4 欧元/立方米。到 2007 年 7 月 1 日,俄罗斯未加工的原木出口关税将提高 10%,达到 6 欧元/立方米。③ 维护本国经济利益,限制外国跨国公司在国内低价收购。④ 控制和调节某些商品的出口流量，防止盲目出口，以保持在国外市场土的有利价格。⑤ 转嫁开发费用。对独占产品出口课征，转嫁开发和生产垄断产品所需的费用，同时又不影响该产品出口。

3. 过境关税

过境关税（Transit Duties）是国对于通过其领土（或关境）运往另一国的外国货物所征收的关税。由于过境货物对本国生产和市场不产生影响，而且还可从交通运输、港口使用、仓储保管等方面获得收入，因而目前绝大多数国家都不征收过境关税，而只收取少量签证费、准许费、登记费、统计费、印花税等。

（二）按关税征税目的分类

1. 财政关税

财政关税（Revenue Tariff；Revenue customs Duties）是以增加国家财政收入为主要目的而征收的关税。财政关税在资本主义发展初期发挥着重要的作用。因为当时社会经济不够发达，税源较少，财政关税就成为国家增加财政收入的一个重要组成部分。随着社会经济的不断发展，其他税源增加，财政关税的意义已不重要，关税收入在财政收入中的比重相对下降。特别是第二次世界大战后，经过关贸总协定的八次谈判，世界范围内关税水平大幅下降，关税的财政作用也在逐渐减弱。

为了达到财政收入的目的，对进口商品征收财政关税时，必须具备以下3个条件：① 征收关税的进口商品必须是国内不能生产或无代用品而必须从国外输入的。② 征税的进口商品，应是进口数量多、消费量大、税赋力强的商品，如烟、酒、茶、咖啡。③ 关税税率要适中或较低，如税率过高，将阻碍进口，达不到增加财政收入的目的。

2. 保护关税

保护关税（Protective Tariff）是指以保护国内产业为主要目的而征收的关税。保护关税税率一般都比较高，通过提高税率来提高进口商品的成本，削弱其竞争力，使其进口数量减少，以达到保护本国生产的目的。保护关税政策始于18世纪重商主义时期，但现代各国关税保护的重点则有所不同，发达国家所要保护的通常是国际间竞争性很强的商品，发展中国家则重在保护本国幼稚工业的发展。

目前，绝大多数国家大量地使用关税作为削弱外来竞争的保护贸易措施，只有极少数发展中国家把关税作为财政收入的主要手段。

（三）按征税的一般方法或征税标准分类

1. 从量税

从量税（Specific Duties）是按照商品的计量单位为标准计征的关税。国际贸易中使用的计量单位很多，主要有重量、数量、容量、长度、面积、体积等。各国征收从量税，大部分以商品的重量为单位来征收。例如美国对薄荷脑的进口征收从量税。普通税率每磅征收 50 美分，最惠国税率每磅征收 17 美分。从量税额的计算公式如下：

从量税额＝商品数量×每单位从量税额

从量关税的特点是：① 手续简便，无需审查货物的规格、价格和品质，便于计算，费用成本低。② 对同一税目的商品，在规格、质量、价格相差较大的情况下，按同一定额税率计征，税负不合理。③ 税率固定，没有弹性，在物价变动的情况下，税收的收入不能随之增减。④ 难以普遍采用。征收对象一般是谷物、棉花等大宗产品和标准产品，对部分不能以数量计算的商品不适用。如古董、字画、钟表、钻石等。由于世界范围内通货膨胀和制成品贸易比重的上升，从量关税正逐步被从价关税替代。

2. 从价关税

从价关税（Ad Valorem Duties）是按照进口商品的价格为标准征收的关税。例如对酒征收 10% 的从价关税。从价税额的计算公式是：

从价税额＝商品总值×从价税率

从价关税的特点是：① 税负合理。同类商品质高价高，税额也高；质次价低，税额也低。加工程度高的商品和奢侈品价高，税额较高，相应的保护作用较大。② 物价上涨时，税款相应增加，财政收入和保护作用均不受影响。但在商品价格下跌或者其他国对进口国进行低价倾销时，财政收入就会减少，保护作用也会明显减弱。③ 各种商品均可适用。④ 从价税率按百分数表示，便于与别国进行比较。⑤ 完税价格不易掌握，征税手续复杂，大大增加了海关的工作负荷。

完税价格是经海关审定作为计征关税依据的货物价格。由于完税价格标准的选择直接关系到对本国的保护程度，各国对此均十分重视。目前采用的完税价格主要有装运港船上交货价（FOB），运费、保险费在内价（CIF）和以海关估价为征税标准三种。不少国家利用抬高进口商品完税价格来增加进口商品成本，把海关估价变成种阻碍进口的非关税壁垒措施。

3. 混合关税

混合关税（Mixed or Compound Duties）又称复合关税，是指对某种进口商品，采用从量税和从价税同时征收的一种方法。例如对酒征收 5% 的从价税，另外每公升加征 1 美元的从量税。混合税额的计算公式是：

混合税额＝从量税额十从价税额

混合税可分为两种情况:一种是以从量税为主加征从价税,即在对每单位进口商品征税的基础上,再按其价格加征一定比例的从价税。美国采用混合税较多,例如对提琴除征收每把21美元的从量税外,加征6.7%的从价税。另一种是以从价税为主加征从量税,即在按进口商品的价格征税的基础上,再按其数量单位加征一定数额的从量税。

混合税兼有从价税和从量税的优点,哪一种方法更有利,就使用哪一种方法为主征收关税,增强了关税的保护程度。

4. 选择关税

选择关税(Alternative Duties)是在税则中对同一税目规定从价和从量两种税率,在征税时可由海关选择其中一种计征。选择税可以根据不同时期经济条件的变化、政府征税目的以及国别政策进行选择。其基本原则是:在物价上涨时,使用从价税;在物价下跌时,使用从量税。选择税的缺点是征税标准经常变化,出口国难以预知,容易引起争议。

(四)按照关税优惠条件分类

1. 普通税

普通税(Normal Duties)是指如果进口国未与该进口商品的出口国签订任何关税互惠贸易条约,则对该进口商品按普通税率征税。普通税率通常为一国税则中的最高税率,一般比优惠税率高1~5倍,少数商品甚至高达10倍、20倍。普通税率适用于无任何外交关系国家的进口商品,是最高的税率。现在仅个别国家的商品实行这种歧视性税率。

2. 最惠国税

最惠国税(Most Favorable Duties)是针对与该国签订有最惠国待遇条款的贸易协定的国家或地区进口的商品所征收的关税。第二次世界大战后,大多数国家都加入了关税与贸易总协定和世界贸易组织或者签订了双边贸易条约或协定,相互提供最惠国待遇,享受最惠国税率,因此这种关税通常又被称为正常关税。最惠国税一般要比普通税的税率低,但高于特惠关税税率。

3. 特惠关税

特惠关税(Preferential Duties)是对有特殊关系的国家,单方面或相互间按协定采用特别低的进口税率,甚至免税的一种关税。特惠关税分为互惠和非互惠两种。关贸总协定一方面推行无条件的最惠国待遇原则,另一方面又把优惠关税制作为最惠国待遇原则的一种例外予以承认。这种优惠只适用于特定的国家或地区,非受惠国家不能援引最惠国待遇条款要求享受。

4. 普遍优惠制

普遍优惠制(Generalized System of Preference,简称GSP)简称普惠制,是发

达国家给予发展中国家贸易优惠的一种形式。它是发展中国家在联合国贸易与发展会议上进行长期斗争之后于1968年建立起来的一项制度，其目的是增加发展中国家或地区的外汇收入；加速发展中国家的经济增长。普惠制的主要原则是发达国家承诺对从发展中国家或地区输入的商品，特别是制成品和半制成品，给予普遍的、非歧视的、非互惠的优惠关税待遇，即发展中国家享受普遍优惠税。所谓普遍是指给惠者和受惠商品的广泛性，即所有发达国家和大部分来自发展中国家的商品；所谓非歧视是对受惠者而言，即所有发展中国家均平等享受此种待遇；所谓非互惠是指发达国家单方面提供这项优惠待遇而不得要求发展中国家反向给予回报。

（五）按照关税保护程度和有效性分类

1. 名义关税

名义关税（Nominal Tariff）是指对于某种进口商品，海关直接根据关税税率而征收的关税。在其他条件相同的情况下，进口税的税率越高，对本国同类产业部门的保护程度就越高，反之则低。但是，直接用关税税率的高低所反映的保护程度的高低只是名义上的，并不能反映实际的或有效的保护程度。名义保护率（Nominal Rate of Protection）计算公式为：

$$名义保护率(NRP)=(P-P^*)/P^*$$

式中：P^*为进口商品的国际市场价格；P为进口商品的国内市场价格，包括国内关税。

2. 有效关税

有效关税（Effective Tariff）均是指对某个工业每单位产品"增值"部分的从价税，其税率代表着关税对本国同类产品的真正有效的保护程度。有效保护率（Effective Rate of Protection）计算公式为：

$$有效保护率(ERP)=(V-V^*)/V^*$$

式中：V表示征收关税后最终单位产品的附加值，即最终产品征税后价格与中间投入品征税后的价格差额；V^*是自由贸易时最终产品的增加值，即最终产品价格与中间投入品价格的差额。

例如：假定在自由贸易条件下，某产品的价值为100元，其中50元为进口投入，50元为国内附加值。如果对同类的进口产品征收20%的关税，对国内生产的进口替代品的进口投入如原材料或半成品则免税，这种产品在国内市场的价格上升到120元，保护关税就使国内附加值增加到70元（120－50＝70）。那么，对这种产品的有效保护率为：

$$ERP=(70-50)/50=40\%$$

假如对这种产品的进口投入也同样征收20%的关税，则投入的价格上升到60元（50+ 50×20% =60），国内附加值减少到60元（120-60=60）。那么，对这种产品的有效保护率下降为：

$$ERP = (60-50)/50 = 20\%$$

假如对该产品的进口投入征收50%的关税，则投入价格上升到75元（50+50×50% =75），国内附加值减少到45元（120-75=45）。那么对这种产品的有效保护率变成了负数：

$$ERP = (45-50)/50 = -10\%$$

通过以上例子的分析，得出如下的结论：当最终产品的名义税率即关税税则中规定的税率大于其投入的名义税率时，对最终产品的有效保护率大于名义税率；当最终产品的名义税率等于其投入的名义税率时，对最终产品的有效保护率等于名义税率；当最终产品的名义税率小于其投入的名义税率时，对最终产品的有效保护率则小于名义税率；而当对进口投入征收的税率过高时，则会出现负数的保护率。

（六）其他关税

1. 进口附加税

进口附加税是指对进口商品除了征收正常的进口关税以外，根据某种目的再加征的额外进口税。这类关税是为特殊目的而设置的，在海关税则中并不载明，因此，进口附加税也称特别关税。设置进口附加税的主要目的包括：① 应付国际收支危机，维持进出口平衡。② 抵制不公平贸易行为。③ 对实行歧视或报复的国家实施报复等。

根据征税的目的，进口附加税主要有反倾销税、反补贴税、紧急关税、惩罚关税和报复关税五种。

（1）反补贴税（Counter Vailing Duty）又称抵销税或补偿税。它是对于直接或间接接受任何奖金或补贴的外国商品进口所征收的一种附加税。凡进口商品在生产、制造、加工、买卖、输出过程中所接受的直接或间接的奖金或补贴都构成征收反补贴税的条件，不论奖金或补贴来自政府或同业分会等。反补贴税的税额一般按奖金或补贴数额征收。

国际贸易中，一般认为对出口商品采取补贴方式是不合适而且是不公平的，它与国际贸易体系的自由竞争原则相违背。为此反补贴税被视作是进口国抵御不公平贸易的正当措施。征收的目的在于抵消进口商品所享受的补贴金额，削弱其竞争能力，保护本国产业。

（2）反倾销税（Anti—Dumping Duty）是对于实行商品倾销的进口货物所征

收的一种进口附加税。其目的在于抵制商品倾销,保护本国的市场与工业。所谓倾销是指低于本国国内市场价格或低于正常价格在其他国家进行商品销售的行为,它使进口国厂商处于不平等竞争地位,造成冲击。进口国政府为了保护本国产业免受外国商品倾销的冲击,就有可能考虑对实施倾销的产品征收反倾销税。例如:欧盟2006年3月31日发表官方公报称,由于中国彩电企业拒绝遵守2002年达成的相关承诺,欧盟将从即日起对中国7家彩电企业恢复征收44.6%的反倾销税。

(3)报复性关税(Reliabiliatory Duties)是指对特定国家的不公平贸易行为采取行动而临时加征的进口附加税。加征报复关税大致有几种情况:第一,对本国输出的物品课以不合理的高关税或差别税率;第二,对本国物品输出设置障碍;第三,对贸易伙伴违反某种协定等所采取的措施。例如:日本政府自2005年9月1日开始对轴承、钢铁制品等几种产品实施报复性关税,这些产品需在一般关税的基础上再追加15%的报复性关税,以对抗被世贸组织裁定为非法的美国《伯德修正案》。

(4)紧急关税(Emergency Tariff)均是为消除外国商品在短期内大量进口,对国内同类产品生产造成重大损害或产生重大威胁而临时征收的一种进口附加税。当短期内,外国商品大量涌入时,一般正常关税难以起到有效保护作用,因此需借助税率较高的特别关税来限制进口,保护国内生产。例如,韩国在2005年1月1日至12月31日期间,对44种农畜产品超过一定进口量部分课征最高达1067%的特别紧急关税。此外,对人参、肉粉、饲料等产品,超过进口量部分征收最高达1 000 %以上的关税。由于紧急关税是在紧急情况下征收的,是一种临时性关税,因此,当紧急情况缓解后,紧急关税必须撤除,否则会受到别国的关税报复。

(5)惩罚关税(Penalty Tariff)均是指出口国某商品违反了与进口国之间的协议,或者未按进口国海关规定办理进口手续时,由进口国海关向该进口商品征收的一种临时性的进口附加税。这种特别关税具有惩罚或罚款性质。

2. 差价税

差价税(Variable Levy)又叫差额税,当某种本国生产的产品国内价格高于同类的进口商品价格时,为了削弱进口商品的竞争能力,保护国内生产和国内市场,按国内价格与进口价格之间的差额征收关税,就叫差价税。由于差价税是随着国内外价格差额的变动而变动的,因此它是种滑动关税(Sliding Duty)。对于征收差价税的商品,有的规定按价格差额征收,有的规定在征收一般关税以外另行征收。例如:从欧盟以外的第三国进口一些农产品如粮食、牛奶、糖、水果、蔬菜等时,由于进口价格大大低于欧盟价格,如果进口商低价售出,会严重冲击欧盟同类商品的市场;如果同价抛出,又能获得巨额利润。因此,欧盟对这类进口商品除征收进口关税外,还要另征收一种差价税,以降低进口商所获的利润,故又称利润撇除费。欧盟以此防止世界市场上同类商品价格给欧盟带来的冲击。

第三节 非关税措施

非关税壁垒(Non—tariff Barriers,NTBs)是指关税以外的各种限制进口的措施,故又称为非关税措施。非关税壁垒可以分为直接的和间接的两大类:直接的非关税壁垒措施也称直接的数量限制,是由进口国直接对进口商品的数量或金额加以限制,或迫使出口国直接限制商品的出口。这类措施主要有:进口配额制、许可证制、"自动"出口限制等。间接的非关税壁垒措施是对进口商品制定严格的条例或规定,间接地限制商品进口,这类措施形式多样、运用广泛并被不断地创新。如进口押金制、对外贸易的国家垄断、外汇管制、歧视性的政府采购政策、最低限价和禁止进口、国内税收、进口押金制度、海关估价制度、反倾销与反贴补措施、苛刻复杂的技术标准等。

一、非关税壁垒的特点

同关税壁垒相比,非关税壁垒在限制进口方面具有以下特点。

(一)非关税壁垒比关税壁垒具有更大的灵活性和针对性

关税税率的制定必须通过立法程序,要求具有相对的稳定性。这在需要紧急限制进口时往往难以适应。而非关税壁垒措施的制定通常采取行政程序,比较便捷,能随时针对某国的某种商品采取相应的措施,较快地达到限制进口的目的。

(二)非关税壁垒比关税壁垒能更有效地限制进口

关税壁垒是通过征收高额关税,提高进口商品的成本和价格,削弱其竞争能力,从而间接地达到限制进口的目的。但如果出口国采用出口补贴,商品倾销等办法来降低出口商品的成本和价格,关税往往难以起到限制商品进口的作用。但是某些非关税壁垒措施对进口的限制是绝对的,比如用进口配额预先规定进口的数量和金额,超过限额就禁止进口,则更能有效地起到限制进口的作用。

(三)非关税壁垒比关税壁垒更具有隐蔽性和歧视性

关税率确定以后,要依法执行。任何国家的出口商都可以了解,但一些非关税壁垒措施往往并不公开,而且经常变化,使外国出口商难以对付和适应,从而增加了反贸易保护主义的复杂性和艰巨性。

二、非关税壁垒的作用

20 世纪 60 年代以来，由于世界各国关税总体水平的大幅下降，而非关税壁垒相对于关税壁垒，形式更为多样，且更为隐蔽，使得非关税措施的运用越来越重要和广泛。

（一）对进口国的保护作用

进口国设置各种非关税壁垒，主要是通过数量限制、不公平贸易措施及其他贸易措施的实施，达到减少进口商品数量和提高进口商品价格的目的，从而削弱进口商品的竞争优势，形成对国内相关产业的保护。

（二）对出口国的保护作用

出口国设置各种非关税壁垒，主要是实行各种非关税措施以降低出口商品的成本和人为刺激出口数量，从而提高本国出口产品的国际竞争力。

（三）非关税壁垒的保护作用比关税更为直接、有效和隐蔽

从上述对非关税壁垒特点的分析可知，非关税措施比关税更具灵活性和针对性，能随时针对某国或某种商品采取或更换相应的限制进口措施，从而快速有效地达到限制进口的目的。另外，非关税壁垒一般较为隐蔽，不像关税壁垒容易受到双边关系和国际多边贸易协定的制约。

当然，非关税壁垒是一把“双刃剑”，虽然它具有限制进口、保护国内相关产业等作用，但它以损害本国消费者的利益为代价，来换取对国内低效率生产的保护，使消费严重扭曲；另外非关税壁垒对国际贸易的发展也会起到阻碍的作用。

三、非关税壁垒的种类

非关税壁垒措施名目繁多，种类庞杂，现介绍几种常用的重要措施。

（一）进口配额制

进口配额又称进口限额（Import Quotas System），指一国政府在一定时期里，对于某些商品的进口数量或金额加以直接限制。在规定的期限内，配额以内的货物可以进口，超过配额的商品不准进口，或者征收更高的关税或罚款后才准许进口。主要有以下两种：

1. 绝对配额（Absolute Quotas）。绝对配额是指在一定时期内，对某些商品的进口数量或金额规定一个最高额数，达到这个额数后，便不准进口。这种配额按分配情况和运用范围又可分为全球配额和国别配额两种。第一种为全球配额（Global Quotas），是指一国在实施进口配额时，在一定时期内规定一个全球性的总限额，对来自任何国家或地区的商品一律适用。第二种为国别配

额(Country Quotas),是指一国在实施进口配额制时,在总配额内按国别或地区分配给固定配额,超过固定配额便不准进口。由于国别配额对进口商品的国别或地区作了规定,为了区分来自不同国家和地区的商品,在进口商品时进口商必须提交原产地证明书。一般来说,国别配额又可以分为自主配额和协议配额。① 自主配额(Autonomous Quotas)又称单边配额,是指在一定时期以内,由进口国家完全自主地、单方面强制规定从某个国家或地区进口某种商品的配额。自主配额在配额的分配上会产生一定差异,可能引起出口国家或地区的不满和报复。② 协议配额(Agreement Quotas)又称双边配额,它是由进口国和出口国政府或民间团体之间通过谈判协商所确定的配额。因此,这种配额的使用会得到出口国家的谅解和配合,不至于引起对方的反感与报复,往往容易执行。

2. 关税配额(Tariff Quotas)。关税配额是指在一定时期内,对商品进口的绝对数额不加限制,但对配额以内的进口商品给予低税、减税或免税待遇;而超过配额的进口商品则不享受优惠关税待遇,但按规定征税后,配额外的商品仍然可以进口。

关税配额按商品的进口来源可分为全球关税配额和国别关税配额,它们分别类似于数量配额中的全球配额和国别配额。所不同的是:关税配额用完后,仍可以进口,只是要征收较高的关税、附加税或罚款;而数量配额在配额用完后,则不允许进口。

关税配额按征收关税的目的还可分为优惠性关税配额和非优惠性关税配额。优惠性关税配额是指对关税配额内进口的商品给予较大幅度的关税减让甚至免税,超过配额的进口商品则按原有的最惠国税率征收;非优惠性关税配额是指对关税配额以内的进口商品仍征收原有的进口税,而对超过配额的进口商品则要征收极高的附加税或罚金。

(二)"自动"出口配额制

"自动"出口配额制又称为"自动"出口限制("Voluntary" Restriction of Export),它是指出口国家或地区在进口国家的要求或压力下,"自动"规定某一时期内(一般是3~5年)某些商品对该国出口的数量或金额的限制,在限定的配额内由出口国自行控制出口,超过配额即禁止出口。"自动"出口限制配额是出口国不得已被迫实行的。这种措施与进口配额制中的绝对配额在配额的使用上均规定,在一定时期内配额使用完后即禁止出口。所不同的是,前者由出口国控制,后者由进口国控制。

目前,各国常用的"自动"出口配额制主要有以下两种形式:1. 非协定的"自动"出口配额。它是由出口国迫于来自进口国方面的压力,在一定时期内自行单方面规定的某项商品配额，从而控制该商品的出口数量或金额，这种配额不受国际协定的约束。2. 协定的"自动"出口配额。它是由进出口双方通过谈判签订"自限协定"（Self—restriction Agreement）或"有秩序的销售协定"（Orderly Marketing Agreement），在协定的有效期内规定某些商品的出口配额，出口国根据此配额实行出口许可证制或出口配额签证制（Export Visa），自行限制出口。进口国则根据海关统计进行检查。

"自动"出口配额制最早出现于20世纪30年代的美日纺织品贸易中，以后延伸到钢铁业、汽车业以及彩电、电子元件、船舶等，甚至涉及一些农产品，如奶酪、苹果、肉类等。发展中国家的"自动"限制主要针对发达国家出口的纺织、钢铁、鞋类等。随着新贸易保护主义的兴起，"自动"出口配额制的非关税壁垒作用不断加强，并作为关贸总协定的"灰色区域措施"的主要形式迅速蔓延。所谓"灰色区域措施"（Gray Area Measures），是指关贸总协定中无明确适用条款，其法律地位不清楚，既不合法也不非法的贸易限制措施。"自动"出口配额制就是利用总协定不明确、不全面的特点，采取双边和不透明的隐蔽形式实行贸易限制的手段。

（三）进口许可证制

进口许可证制（Import Licence system）是指国家为了管制对外贸易，规定某些商品必须到国家指定的机关申领进出口许可证，方可进出口，没有许可证，一律不准进口，海关不予放行。

许可证是国家许可外贸经营者进口或出口货物的凭证，也是海关对进出境货物监管的重要依据。进出口许可证管理是世界上许多国家采用的限制进出口贸易的手段，它是一种既严格又灵活的贸易措施。进口许可证可分为：

1. 从进口许可证与进口配额的关系上划分

从进口许可证与进口配额的关系上划分，进口许可证可以分为两种：一种是有定额的进口许可证，即国家有关机构预先规定有关商品的进口配额，然后在配额的限度内，根据进口商的申请对于每一笔进口货发给进口商一定数量或金额的进口许可证。一般说来，进口许可证是由进口国有关当局向提出申请的进口商颁发的。但也有将这种权限交给出口国自行分配使用的。另一种为无定额的进口许可证，无定额的进口许可证与进口配额没有关系，它既不事先公布，也无固定数额，完全由进口国贸易管理部门根据商品进口情况，在个别考虑的基础上进行发放，因而随意性很强，能起到更大的限制进口的作用。

2. 从进口许可证的许可范围上进行划分

从进口许可证的许可范围上进行划分，可以分为公开一般许可证和特种许可证两种。公开一般许可证又称公开进口许可证，这种许可证对进口国别或地区没有限制,进口商只要填写公开一般许可证,即可获准进口。因此,属于这类许可证的商品实际上是“自由进口”的商品。特种许可证又称非自动进口许可证,进口国贸易当局经过对进口商的申请进行逐笔审查后方可放行,并明确指定进口国别或地区,这种许可证才是起限制进口作用的许可证。

关税与贸易总协定为了简化缔约国实施进口许可证的手续,在“东京回合”多边谈判中,制定了《进口许可证手续协议》。这项协议除序言外共有五条。序言指出本协议之目的是希望简化国际贸易中所运用的管理手续和做法,使之具有透明性,并确保公平合理地应用和实行这些手续和做法。乌拉圭回合谈判在上述协议基础上,达成了《进口许可证程序协议》,协议由八条组成。该协议强调,那些仍保留着进口许可证的缔约国,在申请自动和非自动许可证的程序方面所作的任何变化,都必须在实施这些程序变化之前至少21天公布;对于发放非自动许可证的程序必须加强旨在为实施这些程序而制定的措施,除非绝对必要,不得在行政上增加任何累赘;进口许可证申请人应与无需申请进口许可证的企业一样可以得到支付所需的外汇;进口许可证的申请,只能有一个行政机构归口管理,最多不得超过三个行政机构;接受和加入该协议的各级政府,应保证在本协议生效前,使其国内有关立法和规则与本协议规定相一致。

(四)外汇管制

外汇管制(Foreign Exchange Control)是一国政府通过法令对国际结算和外汇买卖实行限制来平衡国际收支和维持本国货币汇价的一种制度。

在外汇管制的国家,出口商必须把他们出口所得到的外汇收入按官定汇率卖给外汇管制机关,进口商也必须在外汇管制机关按官定汇率申请购买外汇,本国货币的携出入境也受到严格限制。这样,国家的有关政府机构就可以通过确定官定汇价,集中外汇收入和控制外汇供应数量的办法,来达到限制进口商品品种、数量和控制进口国别的目的。

外汇管制一般可分为以下三种:

1. 数量性外汇管制

国家外汇管理机构对外汇买卖的数量直接进行限制和分配,其目的在于集中外汇收支,控制外汇支出,实行外汇分配,以达到限制进口商品品种、数量和国别的目的。一些国家实行数量性外汇管制时,往往规定进口商必须获得进口许可证后,方可得到所需外汇。

2. 成本性外汇管制

即国家外汇管理机构对外汇买卖实行复汇率制,利用外汇买卖成本的差异,间接影响不同商品的进出口。

复汇率制是指一国货币的对外汇率有两个或两个以上。其目的是利用汇率的差异达到限制和鼓励商品进口或出口。各国实行的复汇率制不尽相同，但主要原则大致相似。

(1)在进口方面:对于国内需要而又供应不足或不生产的重要原料、机器设备和生活必需品,适用较为优惠的汇率;对于国内可大量供应和非重要的原料和机器设备,适用一般的汇率;对于奢侈品和非必需品只适用最不利的汇率。

(2)在出口方面:对于缺乏国际竞争力但又要扩大出口的某些出口商品,给予较为优惠的汇率;对于其他一般商品出口适用一般汇率。

3. 混合性外汇管制

即同时采用数量性和成本性外汇管制,使国家能更有效地控制外汇,限制商品进口。

随着区域经济一体化和全球贸易自由化的不断发展,越来越多的国家进入世界贸易组织或愿意遵循世贸组织国际规则,区域及全球贸易自由化与投资自由化程度不断提高,外汇管理及外汇管制从内容到形式都在不断变化。但总的方向是从严格限制外汇出入向外汇自由出入发展。

(五)进出口国家垄断

进出口国家垄断是在对外贸易中,对全部或部分商品的进出口规定由国家机关直接经营,或把商品的进出口垄断权给予某些垄断组织或专业外贸公司。

绝大多数国家的进出口国家垄断主要集中在三类商品上面:

第一类是烟酒类。烟和酒是非生活必需品,但消费者众多,消费量大,国家对其垄断专营,既可以取得巨大的财政收入,又可使其控制在一定数量以内。

第二类是农产品。农产品是敏感性商品,关系到国计民生,因此,许多国家垄断农产品的进出口,把对农产品的对外垄断销售作为国内农业政策措施的一部分。像美国的农产品信贷公司,就是资本主义世界最大的农产品贸易垄断企业,它高价收购国内的“剩余”农产品,然后以低价向国外倾销,或按照所谓“外援”计划向缺粮国家,主要是发展中国家大量出口。

第三类是武器。武器直接关系到整个国防和社会的安定,世界上几乎所有的国家都由国家直接垄断武器进出口。

(六)歧视性政府采购政策

歧视性政府采购政策(Discriminatory Government Procurement Policy)是指一国政府通过制定法令和政策,规定各级政府机构在采购办公物品时必须优先购买本国产品的做法。国家机构各部门所需的大量商品是社会购买力的重要组成部分，它直接影响国内生产市场，如果规定必须优先购买本国产品，将在很大程度上抑制进口。

（七）歧视性的国内税

国内税（Internal Taxes）是一国国内在商品生产、销售、使用或消费等各环节中所征收的税收。非关税措施中的国内税是指对进口商品除征收进口关税之外再加征各种国内税，即凡是国内产品所征收的税种对进口商品同样征收，以此来限制进口的做法。这是一种比关税更灵活、更易于伪装的贸易政策手段。国内税通常是不受贸易条约或多边协定限制的。国内税的制定和执行属于本国政府机构的权限，有时甚至是地方政权机构的权限。利用国内税来抵制外国商品的进口，主要是利用国内商品与进口商品之间的不同税率，国内免征或退还，进口商品如数实征等手段来实现。

（八）进口最低限价制和禁止进口

进口最低限价（Minimum Price）就是一国政府规定某种进口商品的最低价格，凡进口商品的价格低于规定的最低价格时，则征收进口附加税或禁止进口的措施。禁止进口（Prohibitive Import）是指一国政府对贸易采取的一种极端做法，即通过颁布有关法令来对某些商品的进口实施限制。当一国感到实行其他措施，如进口数量限制已不足以解救经济与贸易困难时，或者是出于外交政策需要时，往往采用这种极端措施来限制商品的进口。

（九）进口押金制（Advanced Deposit）

进口押金制（Advanced Deposit）又称进口存款制，是指政府为了控制某些商品的进口，或为了在一段时期内控制全国的进口量，规定进口商在进口商品以前，必须预先按进口金额的一定比率，在规定的时间内到指定的银行无息存放一笔现金的制度。

（十）专断的海关估价制

商品关税的税额高低一定程度上取决于海关对该商品的海关估价（Customs Valuation）。同一种商品可以按不同价格计征关税，选择较高的一种价格作为完税价格以提高应计关税税额，增加进口商品的税负，削弱进口商品竞争力，就成为专断的海关估价。

用专断的海关估价来限制商品的进口，以美国的做法最为典型。长期以来，美国对完税价格的估算有详细规定：(1)国外价格和出口价格中较高的价格；(2)如果不同意，则采用美国售价；(3)若再不同意则采用生活成本；(4)如果外国商品生产成本低于美国，威胁国内生产，则按美国售价为完税价格。海关估价的基本原则是就高不就低，高估进口商品价格。

(十一)进口商品征税分类

海关税则中对不同商品订出不同税率,由国家以法令形式公布实施,这是征收关税的正常内容。税则中的商品分类及其税率经公布实施应具有一定的透明度。一种商品适用哪种税率,从理论上说是取决于海关税则中的商品分类目录和税率,但是,关税术语往往模棱两可,解释不一,这就使得进口国海关对进口商品的分类和适用税率拥有较大的自由度,原则上是就高不就低,以增加进口货的税负。因此,有些国家利用商品分类,往往故意把某些进口商品归在较高税率的税中以征收高关税,作为限制进口的一种手段。

过去各国的税则分类目录和归类方法均不统一,这种归类的任意性很难防止。自从《商品名称及编码协调制度的国际公约》在海关合作理事会上通过,并正式生效后,利用进口商品征税分类作为非关税手段得到了一定的遏制。

海关估价和关税分类表明,一国的名义关税率往往还不能明确地说明该国的保护程度,必须把海关估价和关税分类等因素考虑进去,才能更为准确地讨论关税的经济性影响。

(十二)技术性贸易壁垒

技术性贸易壁垒(Technical Barriers to Trade)是指进口国以维护生产、消费安全和消费者健康为借口,有针对性地规定繁杂苛刻的技术标准、卫生检疫规定、安全规定、商品包装和标签规定等,以限制外国产品进口为目的的一种措施。这种标准和规定往往十分复杂且经常变化,常常使外国产品无所适从,从而起到限制外国商品进口的作用,形成贸易壁垒。为消除贸易组织成员国之间的关税性壁垒,关贸总协定于1980年1月1日批准实施了《贸易技术壁垒协议》(Agreement on Technical Barriers Trade,简称TBT),是一种世界性的贸易政策,但是这一复杂苛刻的技术性要求却在其具体运用中成为贸易发展的一个新障碍,并有日益增多的趋势。

技术性贸易壁垒的内容主要包括:(1)技术标准(Technology standard),主要适用于工业制成品。西方发达国家一般均对工业制成品规定极为严格、繁琐的技术标准,进口商品必须符合这些标准才能进口,有时还对某些商品规定独特的技术标准。(2)卫生检疫规定(Health and Sanitary Regulation),主要适用于农副产品及其制品。随着国际间贸易的加剧,发达国家更加广泛地利用卫生检疫的规定来限制外国商品的进口,涉及的商品范围越来越广,制定的法律越来越多,卫生要求越来越严。(3)安全规定,近几年来,为保护消费者人身安全,各国都对进口商品提出了复杂严格的安全规定,并逐步走上法制的轨道。(4)商品包装和标签的规定(Packing & Labelling Regulation)。这种规定的适用范围非常广泛，许多国家对进口商品都规定了各种包装和标签条例，要求进口商品必须符合这些规定，否则不准进口或禁止在市场上销售，因而增加了商品成本，削弱了商品的竞争力。

（十三）环境贸易壁垒

环境贸易壁垒（Environmental Trade Barrier）又称绿色贸易壁垒，其含义有广义与狭义之分。广义的绿色贸易壁垒是指一个国家以可持续发展及保护生态环境为理由和目标，为限制外国商品进口设置贸易障碍的措施；狭义的绿色贸易壁垒是指一个国家以保护生态环境为借口，以限制进口、保护本国供给为目的，对外国商品进口专门设置贸易障碍的措施。绿色贸易壁垒是近年来国际上出现的一种新的非关税壁垒措施。绿色贸易壁垒产生于20世纪80年代后期，90年代开始兴起。但绿色贸易壁垒真正成为重要的壁垒形式并扮演重要角色还是以1995年世贸组织成立专门的贸易与环境委员会为标志的，到1999年11月世界贸易组织第三届部长会议，才使贸易与环境这两个原本并不相关的方面被一条绿色的纽带紧紧地联系起来，绿色贸易壁垒也随之盛行，并成为发展中国家难以逾越的贸易障碍。目前，各国尤其是发达国家实施的环境贸易壁垒措施主要有绿色关税制度、环境保护法规、绿色技术标准、绿色环境标志、绿色包装制度、绿色检疫制度等。

（十四）保障措施壁垒

保障性措施，即“对某些产品进口的紧急措施”（关贸总协定第19条），是指由于进口产品数量增加对生产同类产品或者直接竞争产品的国内产业造成严重损害或者严重损害威胁时采取保障措施。根据这一规定，WTO成员国在因不能预见的情况和进行关税减让而导致外国产品进口大量增加，以至于对本国同类产品或直接竞争产品的生产者造成严重损害或严重损害威胁时，可以对该产品全部或部分中止谈判中所承诺的义务，或撤销、修改关税减让，即该成员可以恢复已承诺取消的配额等限制贸易的措施，或者重新提高已经降低的关税。

保障措施是对来自国外进口产品的公平竞争采取的限制措施，区别于反倾销、反补贴，后两种措施针对的是来自国外进口产品的不公平竞争，所以，从理论上讲，采取保障措施的条件要比反倾销、反补贴措施严格一些。然而，事实上，由于采取保障措施无需证明有低于正常价格销售、或者进口产品有政府补贴的事实，因此，一些国家有滥用保障措施的倾向。例如，美国钢丝绳行业（主要是美国国内钢丝绳和特种缆绳生产商委员会）曾经申请对来自中国、韩国、马来西亚、印度和中国台湾等国家和地区的钢丝绳采取反倾销措施，由于没有低价销售的事实，大多数案件的结果是不采取反倾销措施或最后撤销了反倾销措施。但是,为了保护本国国内产业,有些国家也采用保障措施限制进口。再如,1999年韩国对大蒜进口采取的临时保障措施,2001年日本对大葱、鲜香菇和蔺草席采取的临时保障措施,都是这方面的例子。

(十五)社会壁垒

"社会壁垒"是发达国家以保障劳动者劳动环境和生存权利为借口采取的贸易保护措施。这种贸易壁垒的理论依据源于国际公约中有关社会保障、劳动者待遇、劳工权利、劳动标准等方面的条款。相关的国际公约有100多个,包括《男女同工同酬公约》、《儿童权利公约》、《经济、社会与文化权利国际公约》等。国际劳工组织(ILO)及其制定的上百个国际公约,也详尽地规定了劳动者权利和劳动标准问题。由于"社会壁垒"的出现,发展中国家普遍建立在低水平劳工成本基础上的竞争能力大大削弱。例如,"SA8000"认证标准就对"企业员工职业健康管理"做出规范。由于一些全球性采购集团表示将排斥没有"SA8000"认证的产品,这迫使很多出口企业以巨大额外投入为代价来申请与维护这一认证体系。

"社会壁垒"的逐渐推广,对以"廉价劳工"著称于世的中国构成严重挑战。目前中国企业制度特别是劳工福利、社保、医保制度很不健全,工人福利在很多方面缺乏保障。如果企业依法改善劳工福利,严格执行环境与安全等方面的标准,生产成本和出口产品价格将相应升高,这一方面对出口产业构成成本约束,可以避免由于不合理的"低价"而触犯众怒的问题,有助于减少贸易摩擦;另一方面,让出口企业的工人更多地受益于国家和企业发展,有助于出口行业在更高水平上发挥比较优势,实现真正可持续的发展。

第四节 鼓励出口和管制出口的措施

一、出口鼓励措施

(一)出口信贷

1. 出口信贷的定义

出口信贷(Export Credit)是一种国际信贷方式,是一国为了支持和扩大本国大型机械、成套设备、大型工程项目等的出口,加强国际竞争能力,以对本国的出口给予利息补贴并提供信贷担保的办法,鼓励本国的银行解决本国出口商资金周转的困难,或满足国外进口商对本国出口商支付货款需要的一种融资方式。出口信贷是促进资本货物出口的一种重要手段,其利率一般低于相同条件资金贷放的市场利率,利差由国家补贴,并与国家信贷担保相结合。以美国为例，为了支持出口，美国通过议会立法成立了美国进出口银行。该行法定资本金全部由联邦政府拨款，20 世纪 80 年代以来长期亏损，之所以能够继续经营，靠的就是美国联邦政府的信誉和财政部的资金支持。通常它可向外国买方提供出口货值85% 的信贷额，主要用于购买美国的资本设备、大型项目及相关服务业。这类信贷实行优惠利率，息差亏损由联邦政府贴补。2000 年，美国进出口银行大约贷出 130 亿美元，支持了大约 160 亿美元的出口。此外，联邦政府和各州还有其他一些面向中小企业的政策性融资办法，也是由财政支持。

2. 出口信贷的特点

(1)出口信贷必须联系出口项目。

(2)出口信贷利率低于国际金融市场贷款的利率，其利差由出口国政府给予补贴。

(3)出口信贷的贷款金额，通常只占买卖合同金额的 85% 左右，其余 10% ~15% 由进厂商先支付现汇。

(4)出口信贷的发放与出口信贷的担保相结合，以避免或减少信贷风险。

3. 出口信贷的种类

(1)按照时间长短划分，出口信贷可分为短期信贷、中期信贷和长期信贷。

短期信贷(Short—term Credit)，一般指期限在 6 个月以内的信贷，主要适用于原料、消费品及小型机器设备的出口。

中期信贷(Medium—term Credit)，一般指期限 1 至 5 年的信贷，常用于中型机器设备出口。

长期信贷(Long—term Credit)，信贷期通常是 5 到 10 年甚至更长时期，一般用于重型机器、成套设备等成本回收期较长的商品出口。

(2)按照借贷关系划分，出口信贷可分为卖方信贷和买方信贷。

卖方信贷(Supplier's Credit)，指出口国银行向本国出口商提供的信贷，以使得进口商可以在贸易合同中得以采用延期付款的方式，从而达到鼓励出口的目的。一次成交金额大、交货期长的成套设备和船舶等运输工具的出口，出口商一般要四五年甚至七八年时间才能全部收回货款。卖方信贷就是银行直接资助出口厂商向外国进口商提供延期付款，以利商品出口。

买方信贷(Buyer's Credit)是出口国银行直接向进口国银行或进口商提供的贷款，用于向出口国购买技术和设备，解决买方一时筹集巨额资金的困难。买方信贷是一种约束性贷款(Tied Credit)，即所贷款项必须用于购买债权国的商品。

(二)出口信贷国家担保制

出口信贷国家担保制(Export Credit Guarantee System)是一国政府设立专门机构，对本国出口商和商业银行向国外进口商或银行提供的延期付款商业信用或银行信贷进行担保，当国外债务人不能按期付款时，由这个专门机构按承保金额给予补偿。这是国家用承担出口风险的方法，鼓励扩大商品出口和争夺海外市场的一种措施。如：英国的出口信贷担保署、美国的进出口银行、日本的输出入银行和法国的对外贸易保险公司等。中国的进出口银行，除办理出口信贷业务外，也办理出口信用保险和信贷担保业务。

出口信贷国家担保的业务项目，一般都是商业保险公司所不承担的出口风险。主要有两类：一是政治风险，二是经济风险。前者是由于进口国发生政变、战争以及因特殊原因政府采取禁运、冻结资金、限制对外支付等政治原因造成的损失。后者是进口商或借款银行破产无力偿还、货币贬值或通货膨胀等原因所造成的损失。承保金额一般为贸易合同金额的75%～100%。

（三）出口补贴

1. 出口补贴的定义

出口补贴（Export Subsidies）又称出口津贴，是指政府为刺激商品出口而给予出口商的现金补贴或财政上的优惠，目的在于降低出口商品的价格，加强其在国外市场上的竞争力。

2. 出口补贴的分类

（1）直接补贴（direct subsidies）是政府直接付给出口商的现金补贴，一般用于扶持农业和一些幼稚产业。直接补贴的办法包括价格补贴和收入补贴。如：韩国在20世纪60年代初就制定过非常具体的价格补贴标准，出口补贴共分4等，特等25韩元/美元，一等20韩元/美元，二等15韩元/美元，三等10韩元/美元。另外，政府设立保证价格，保证支付出口产品国际市场和国内市场的差价也是一种价格补贴。如美国政府2000年对农产品的出口补贴大约为5.8亿美元。收入补贴则包括对企业的出口亏损进行补偿等。如中国的外贸企业在改革之前都是国营的，出口的亏损由政府承担。

（2）间接补贴（indirect subsidies），也称隐蔽性补贴，是政府对某些商品的出口给予财政上的照顾。按照WTO《补贴与反补贴协议》，间接补贴有以下几种形式：政府为出口企业提供优惠贷款；政府为出口企业提供贷款担保；政府给予出口企业减税、免税或退税的优惠；政府提供货物、技术等中介服务或购买货物；政府向基金机构拨款，或委托、指令私人机构代替政府履行某些职能；其他任何形式的对出口产品的价格和收入的支持。如美国，虽然号称是世界上最自由的市场经济国家，但至今仍通过名目繁多的补贴计划向美国的一些机构和公司提供补贴。联邦政府目前每年用于各种补贴的经费在650亿美元以上，补贴计划多达100多项，总开支占联邦政府财政赤字的一半以上，主要集中在农业、出口贸易、高技术和能源四大领域，仅用于补贴企业和商务活动的就达近300亿美元。

补贴在国际贸易中一般被视作不公平的竞争手段,为了避免受补贴商品进口对本国市场和生产造成重大伤害,进口国可对实施补贴的进口商品征收反贴补税,实行正当的保护措施。但是,按照WTO的约束条款,征收反补贴税必须满足三个条件:第一,存在补贴;第二,进口国相关产业受到严重损害;第三,补贴与该损害之间存在直接的因果关系。

(四)商品倾销

1. 商品倾销的定义

商品倾销(dumping of goods)是出口商以低于国际市场价格、国内市场批发价格,甚至远低于生产成本的价格,向国外抛售产品,以达到打击竞争对手、占领国外市场、最后获得垄断利润的目的。这种倾销通常与政府的支持是分不开的。政府或限制有关商品进口,使企业在国内市场取得垄断利润以贴补出口,或给予某种贴补以弥补其亏损,或以其他方式直接、间接给予支持。

2. 商品倾销的分类

(1)按照倾销的目的和时间不同,商品倾销可以分为偶然性倾销、掠夺性倾销、长期性倾销。

偶然性倾销(Sporadic Dumping),又称临时性倾销,通常用于商品时令季节已过,但库存尚有积压,故通过在国外削价抛售以清理存货。由于时间短暂且数量较小,该倾销虽然会给进口国同类商品的生产带来一定影响,但进口国一般不会对其采取反倾销措施。

掠夺性倾销(Intermittent or Predatory Dumping),又称间歇性倾销,是出口商为了对外扩张,以低于国内价格或生产成本的价格在国外市场销售商品,迫使对手退出某些国外市场,待形成垄断局面后再提高价格,以取得暴利。这种倾销违背公平竞争的原则,破坏国际经贸秩序,一般会受到各国的反倾销限制。

长期性倾销(Persistent Dumping),又称持续性倾销,是指在较长时期内维持很低的价格在国外市场销售商品,该行为可能会使出口商利润暂时减少或亏本。其目的是彻底占领一国市场。

(2)按照倾销商品的形态不同,可以分为有形商品倾销和无形商品倾销。

有形商品倾销,主要是指第一产业、第二产业的农业产品和工业产品的倾销。

无形商品倾销,主要是指服务贸易领域的倾销,包括金融服务、信息服务、咨询服务、运输服务等。无形商品倾销是指该类服务费用以低于正常价值的价格进入另一国家的不正当行为。

3. 判定倾销的法律条件

倾销是国际贸易中的不公平竞争手段，为了避免外国商品倾销对本国市场和生产造成重大伤害，进口国可对实施倾销的进口商品采取征收反倾销税的措施，实行正当的贸易保护。为抑制反倾销手段的滥用，WTO 在《反倾销措施协议》(Anti—dumping Agreement，ADA) 中规定，原则上允许进口成员国在本国同类产品产业遭受严重损害或严重损害威胁时采用反倾销措施即征收反倾销税。法律界定的倾销概念由三个要件构成：① 产品以低于正常价值的价格向另一国销售；② 这种倾销行为给进口国产业造成了损害；③ 倾销与损害之间存在因果关系。只有同时具备上述三个条件的低价销售行为，才构成法律倾销，同时这也是反倾销调查的三个要件。

(五)外汇倾销

1. 外汇倾销的定义

外汇倾销(Exchange Dumping)是指出口商利用本国货币贬值，占领国际市场的行为。在本国货币贬值的条件下，一方面，用国外货币表示的本国出口商品的价格降低，在国外市场对本国出口商的价格弹性较高的条件下，价格的降低会引起对本国出口商品需求的大量增加，从而增加出口收入；另一方面，由于本国货币的贬值，进口商品的价格上涨，从而又起到限制进口的作用。

2. 外汇倾销的条件

外汇倾销要达到扩大出口的目的，必须具备两个条件：一是货币贬值的程度要大于国内物价上涨的程度。显然，当一国国内物价上涨程度赶上或超过货币贬值的程度，对外贬值所起的增加出口和抑制进口的双重作用就会被抵消。二是其他国家不同时实行同等程度的货币贬值或采取其他报复性措施。当两个贸易伙伴国之间的货币同时贬值时，其出口商品相对价格就不会发生多大变化，因此外汇倾销的效应就难以发挥。

(六)促进出口的组织和服务措施

1. 成立专门组织机构，为促进出口服务设立官方或非官方的专门机构为出口企业服务，辅助本国企业走向国际市场，已成为当今各国鼓励出口的重要手段。以美国为例，美国早在 1960 年就成立了扩大出口全国委员会，1979 年又成立总统贸易委员会和贸易政策委员会，定期讨论和协调对各国的贸易政策。英国也在 1972 年就成立了海外贸易委员会，其主要任务就是为本国出口商提供信息和资金上的帮助。中国也早在 1952 年就成立了中国国际贸易促进委员会，该组织是由中国经济贸易界有代表性的人士、企业和团体组成的全国民间对外经贸组织，简称中国贸促会(China Council for the Promotion of International Trade, CCPIT)。其宗旨是：遵循中华人民共和国的法律和政府的政策，开展促进对外贸易、利用外资、引进外国先进技术及各种形式的中外经济技术合作等活动，促进中国同世界各国人民以及经贸界之间的了解与友谊。

2. 外汇留成与进出口挂钩制度

在实行外汇管制的国家，政府通过允许出口商留存一定比例的外汇收入的办法，鼓励出口企业扩大出口的积极性。较为普遍的形式是进口许可证与出口挂钩的制度，将企业的出口业绩与进口许可证的申领联系起来，利用进口配额的额外收入促进出口业的发展。

3. 组织贸易中心和贸易展览会

贸易中心和展览会是企业进行市场营销和进行贸易成交、寻找和建立贸易关系的重要场所，在企业营销和销售中占据重要作用。根据美国展览研究中心（CEIR）的研究报告，在当今流行的9种营销方式（广告、促销活动、展览会、直销、网上销售、公关营销等）中，展览会位居广告和促销活动之后排在第3位；而对采购方或买家而言，在常见的7种采购途径（参加生产商和经销商举办的展览会、直销、促销、广告、网上销售等）中，展览会排居首位，成为采购者或买家做出购买决策的首选途径。

4. 组织经贸代表团和接待来访

为促进对外贸易的进一步发展，一些国家还以政府补贴的形式组织本国企业代表团到国外访问和接待国外经贸代表团的来访，密切贸易活动，从而达到促进本国商品出口的目的。

5. 组织出口商的评奖活动

政府对出口业绩卓著的出口商授予奖章或予以奖励的办法，给以出口商精神激励。如美国就设立了总统“优良”勋章，以奖励业绩卓著的出口企业。

6. 吸引外资流入措施

对于发展中国家来说，制定各种优惠政策并改善对外投资环境，吸引集资金、技术和管理技能为一体的国外直接投资，则是快速发展出口加工制造业的有效途径之一。

（七）经济特区政策

为促进经济和对外贸易的发展，许多国家还采取了建立经济特区的措施。经济特区（Special Economic Zone）是指一国在其关境以外划出的，实行免除关税以及其他财政与金融方面的优惠待遇，从而达到促进出口以及其他各种经济目的一定范围的区域。经济特区通常有以下几种形式。

1. 自由贸易区和自由港

自由贸易区（Free Trade Zone）又称对外贸易区（Foreign Trade Zone）或免税贸易区（Tax—Free Trade Zone）是在关境以外划出的，对进出口商品全部或大部分免征关税，并且允许在港内或区内进行商品的自由储存、展览、加工和制造等业务活动，以促进地区经济和对外贸易的发展的一个区域。一般设在一个港口的港区或邻近港口的地区，它实际上是采取自由港政策的关税隔离区。

自由港（Free Port）又称自由口岸，是一国或地区划定的置于关境以外的特别区域，外国商船可以自由出入，全部或者绝大多数外国商品可以豁免关税的港口。如香港就是典型的自由港。自由港和自由贸易区的主要优势在于不缴纳关税和各类税收；各种原材料和组合部件自由进口，不受进出口管制和外汇管制，加工成成品或半成品后复运出口；节省运输成本及其他费用等。有利于降低出口产品的成本，提高出口产品的国际竞争力。

2. 出口加工区

出口加工区（Export Processing Zone）是指一个国家或地区在其港口或临近港口与国际机场等地方划出的，提供各种优惠政策和较好的投资环境，从而鼓励国外企业进行投资，生产以出口为主的制成品，达到促进出口的目的的一定的区域范围。一般认为出口加工区是自由贸易区的一种形式，在吸引外资方面，既提供了自由贸易区的某些优惠条件以发展贸易和转口贸易，又提供了发展工业生产所必需的基本设施。中国在2000年4月27日由国务院正式批准设立出口加工区。目前中国共有出口加工区38个，国家级出口加工区24个。

出口加工区可以分为综合性出口加工区和专业性出口加工区两种类型。前者在区内可以从事多种产品的出口加工；后者在区内只能从事某种特定产品的出口加工。目前世界各国的出口加工区大多为综合性出口加工区。

出口加工区的优惠政策措施主要有以下几个：

（1）税收优惠：区内加工出口所需的进口料件、生产设备等一律免征进口税；加工产品出口一律免征出口税；凡到区内投资的外商投资企业可享受减免部分所得税、营业税等国内税的优惠。

（2）外部投资环境的优化：提供良好的外部环境和工业化所必需的先决条件。如良好的基础设施建设、必要的社会劳动力、稳定的投资政策与保障等。

（3）投资政策的宽松：为鼓励外商投资，不少出口加工区还放宽了对外资企业的投资限制。如：菲律宾政府规定，外商投资企业在出口加工区内可100%全额投资，而在区外的投资比例则不得超过企业总资本的40%。

（4）另外，出口加工区内的外商投资企业的经营所得不受到外汇管制的限制，其资本、利润、股息等全部可汇回本国。

3. 保税区

(1)保税区的定义

保税区(Bonded Area)又称保税仓库(Bonded Warehouse),是指由海关设置的或经海关批准注册的特定地区和仓库。在保税区内,外国商品可以暂时不缴纳进口税,在区内可以进行储存、改装、分类、混合、加工和制造,从区内再进行出口,亦不需要缴纳出口税。中国最早设立的保税区是1990年建立的上海外高桥保税区,目前国务院已批准在上海、天津、大连、张家港、宁波、马尾、厦门、广州、珠海、深圳(沙头角、福田、盐田)、汕头、海口等地设立保税区。

(2)保税区的特点

保税区一般建立在具有优良国际贸易条件和经济技术较为发达的港口地区。一国或地区建立保税区的目的主要是通过对专门的区域实施特殊政策,吸引外资,发展转口贸易和加工贸易,以促进本国经济的发展。保税区具有以下特点:第一,关税豁免,即对从境外进口到保税区的货物以及从保税区出口到境外的货物免征进出口税收;第二,自由出入,即保税区与境外的进出口货物海关不作惯常监管。这里的"惯常监管"是指一国对进出口的管理规定和进出口的正常海关手续。

(3)保税区的基本功能

保税区作为海关监管的一种特殊经济区域,其基本功能有三个:第一,保税仓储、商品展示等服务功能;第二,国际转口贸易功能。保税区可以成为对周边国家或地区的商品贸易集散中心。第三,出口加工功能。保税区内企业加工生产的产品以境外销售为主。

4. 自由边境区与过境区

自由边境区(Free Perimeter)曾被称为自由贸易区。一般设在国家的一个或几个省的边境地区。对于在区内使用的生产设备、原材料和消费品可以免税或减税进口。如从区内转运到本国其他地区销售,则须照章纳税。外国货物可在区内进行储存、展览、混合、包装、加工和制造等业务活动,其目的在于利用外国投资开发边区的经济。与出口加工区相比,其进口商品在加工后只有少量复出口。这一设置主要是少数拉美国家在采用。

过境区(Transit zone)则是沿海国家为了便利内陆邻国的进出口货物,开辟某些港口或国境城市作为货物的自由中转区。对过境的货物,一般予以简化海关手续,免征关税或只征小额过境费用的优惠待遇。过境货物可以在过境区内短暂储存或重新包装,但不得进行加工。

5. 科学工业园区

科学工业园区一般以大学和科研机构为依托,是知识、科技、人才高度集中,融科研、教育、生产为一体的科技资源开发区。它的出现和兴起,是现代科技发展的必然选择,也必将推动世界经济的快速发展和东道国的科技进步与工业化进程。如世界上第一个科学工业园区是1951年创立的美国加州"斯坦福科研工业区",并在其基础上发展成为"硅谷",这是美国最大的电子工业研制中心。近年来,各国工业园区蓬勃发展。目前,世界上已有各种类型的科学工业园区300多个并主要分布于欧美发达国家及亚洲一些国家。

6. 综合型经济特区

综合型经济特区是在出口加工区基础上发展起来的,由一国在其港口或港口附近区域划出的特殊经济区域,并通过提供优良配套的基础设施和优惠的税收政策吸引国内外企业到区内从事外贸、加工、农牧、金融、电讯、旅游等多种经营活动。其特点是:多行业、多功能、大规模、范围广。中国从1979年开始先后设立的深圳、珠海、汕头、厦门和海南省经济特区就是属于这一类型。

二、出口管制措施

出口管制(Export Control)是某些国家从本国或本集团自身的政治、经济利益出发,对某些商品特别是战略物资和先进技术的出口实行限制或禁止。

出口管制一般出于以下目的:一是经济原因。从短期看,主要是对国内生产所需的原材料、中间产品等实行管制,以满足国内生产的需要;此外,对国内市场需求较大的消费品也实行出口管制,以满足国内消费的需要。从长期看,主要是对先进技术、先进的资本货物管制出口,其目的是为了确保本国特定领域中的领先地位。二是政治原因。管制的商品内容主要是所谓"战略物资",如飞机、军舰、计算机和武器等军用设备,对与战略物资有关的先进技术资料的出口也实行严格管制。在特定情况下,甚至对一般的生活必需品实行出口管制,即所谓的"经济制裁"。三是历史文化原因。主要是对某些古董文物和某些艺术品实行出口管制。发展中国家采用出口管制政策往往是不得已而为之,而发达国家的出口管制政策则具有进攻性。

(一)出口管制的对象

1. 国内急需且供应不足的物资。即国内生产所急需的原材料、半成品和国内市场供应不足的商品。如不加以限制而任其自由出口,则会加剧国内市场的供需矛盾,阻碍国内经济的正常发展。一般对该类商品实行出口许可管理。

2. 战略物资及尖端技术产品。各国从维护国家安全和保持技术优势的角度出发,一般对军用装备、通讯设备和计算机等商品实行严格的出口限制。

3. 文物、艺术品、黄金、白银等特殊品。出于保护历史文化遗产的目的,该类商品一般禁止出口。

4. 实行“自动”出口限制的商品。是出口国在进口国的要求或压力下，“自愿”规定在某时期内某种商品对该国的出口配额，在限定的配额内自行控制出口，超过配额即禁止出口。其目的在于避免因某些商品出口过多而严重损害进口国生产者的利益，从而招致进口国的报复限制从该国进口。如原《多边纤维协定》项下的出口纺织品。

5. 国家实行出口管制以促使其在国外有较强竞争力的商品。即出口国或组织垄断的商品。如 OPEC 组织对其成员国石油出口的限制。

6. 对某些国家或地区实行经济制裁而限制出口，甚至禁止出口的商品。如美国对朝鲜、伊拉克等国的出口限制。

（二）出口管制的形式

1. 单边出口管制。又称单方出口管制，即一些国家根据本国的需要，制定出口管制方案，成立专门的执行机构，对本国的某些商品出口实行审批和发放出口许可证，以此来进行出口管制。单边出口管制由一国单方面自主决定，往往是一国实行歧视性贸易政策的重要手段之一。

2. 多边出口管制。是指几个国家的政府，出于共同的政治与经济目的，通过一定方式建立的国际性多边出口管制机构，共同商讨和编制多边出口管制的货单和出口管制的国别，规定出口管制的办法，以协调相互的出口管制政策和措施。1949 年 11 月，由美国、英国、法国、日本等 15 个国家组成的巴黎统筹委员会（The coordinating committee for Multilateral Export Controls，COCOM）就是一个国际性多边出口管制机构。这个委员会的主要工作是确定多边禁运货单和受禁国的国别或地区，确定禁运的审批程序及讨论例外程序，交换情报等。这个委员会曾共同对中国进行过长期出口管制。该委员会于 1994 年 4 月初解散。

（三）出口管制的措施

1. 征收出口税（Export Duty）。为鼓励出口，世界各国一般不征收出口税或仅对少数商品征收出口税。征收出口税的目的是限制、调控某些商品的出口，特别是防止本国一些重要的自然资源和原材料的出口。

2. 出口许可证。出口许可证根据出口管理的松紧程度分为一般许可证和特殊许可证两种。一般许可证项下的商品，出口管理较松，出口商无须事先向有关机构申请，只要在填写出口报关单时，填明管制商品的一般许可证编号，经海关核实，就可办妥一般出口许可证手续。特种许可证项下的商品，出口管理较严，出口商必须事先向相关机构申请，还须附上有关证明文件，经国家相关机构批准后，才能办理出口。实行出口许可证制是出口管制最常见、最有效的手段之一。

3. 出口配额。即对某些商品的出口实行配额管理,从数量上限制出口。出口配额常与出口许可证结合使用。

4. 禁止出口与贸易禁运。禁止出口一般是一国对其战略物资或急需的国内短缺物资进行严格控制的主要手段。禁止出口没有特定目标,往往针对所有或大多数贸易国家且只涉及本国商品的出口并不限制进口。而贸易禁运(Trade Embargo)则是一些国家为了制裁某个特定国家而实行的贸易控制措施,所禁止的不仅是出口,同时还禁止从这些国家进口。

5. 出口卡特尔(Export Cartel)。出口卡特尔是一种政府间的组织,由多国政府共同签署协议,共同维持某种商品在世界市场的价格稳定,垄断某种商品在世界市场上的供给,从而达到获取垄断利润的目的。这是多国政府针对同类出口产品而设立的维持价格或划分市场的联盟和共同干预世界出口贸易的主要组织形式之一。石油输出国组织(OPEC)就是这方面的典型代表。

关键名词:

国际贸易政策　关税　非关税壁垒　出口信贷　出口补贴　出口管制

思考题:

1. 试述进口关税的种类以及各自的作用。
2. 试述名义关税和有效关税的含义。
3. 试述非关税壁垒的含义以及种类。
4. 试比较关税壁垒与非关税壁垒对限制进口的作用。
5. 试述鼓励出口方面的措施。
6. 试述商品倾销与外汇倾销之间的区别。

案例分析:

案例一:美国零关税计划将对世界经济产生的影响

2002年12月2日,美国提出一项计划,建议世界贸易组织所有成员在2015年前取消消费品及工业品的关税。该建议呼吁全球在2010年前,将所有制造业产品的关税减至8%以下,然后再在其后5年时间内,逐步将关税减至零。此外,目前关税率为5%或以下的产品,其关税应在2010年前减至零,这就是所谓的“零关税”计划。根据该计划,全球目前每年价值6万亿美元的非农产品贸易额的关税将在2010年之后完全消失。美国提出零关税建议的最主要目的,是因为美国经济持续低迷,美国政府因此希望通过实施零关税方案来扩大出口,通过外界的经济发展和开放来促动美国经济的发展。因为零关税提案减让的重点放在资本密集型的行业即发达国家最有竞争力的强项上,所以明显对发达国家有利。当前美国关税处于世界最低水平,对像美国这样的发达国家来说,零关税只意味着3.8%到0%的幅度的减让。减让的比率相对而言是较小的,且减让的范围也只包括了工业品和消费品,并没有涉及这些国家要保护的农产品。对于广大发展中国家而言,零关税方案具有相当的挑战性。相对发达国家而言,发展中国家现在的关税水平还是比较高的。如印度的平均关税水平为30%左右,我国加入世贸组织的承诺是将平均关税水平降到10%,都高于现在美国的平均关税3.8%。所以零关税就意味着发展中国家让出更多的市场,几乎是全部开放国内市场,让他国工业品进入。毫无疑问,零关税确实能促进发展中国家对发达国家的出口,但是另一方面,发展中国家的经济实力弱、国内的工业基础还不稳定,零关税就意味着发展中国家将成为别的国家的出口市场,必然对发展中国家的工业造成严重冲击。

如果实施零关税,我国企业受到影响也将是不可避免的。近年来我国经济发展强劲,经济增长速度在发展中国家中名列前茅,经济总量居世界第七,正逐步走向工业化。应该看到零关税提案对于我国经济的影响不仅仅是负面的,它也会给国内企业带来更多的机会,可以说是机遇与挑战并存。以发展的眼光来看,虽然零关税提案暂时不可能实施,但是全球经济一体化是不可逆转的趋势,全球范围内的削弱关税更是大势所趋。1996年,当美国提出IT产品零关税的概念时,其他国家都感到不可思议,但是到了1997年,40多个国家都已加入了主张IT产品零关税的《信息技术产品协议》,贸易额占到了IT产品世界贸易额的93%。因此,我国政府尤其是我国企业不能单纯地反对或者回避零关税提案,而应该冷静地分析利弊,做好未雨绸缪的工作。

讨论题:

(1)对案例中美国提出的"零关税"计划,试从发达国家和发展中国家两个角度分析其经济意义。

(2)你认为该计划中所提出的针对消费品的零关税可行吗?为什么?

案例二:"后配额时代"的中国纺织品服装贸易

从2005年1月1日起,国际上实行40多年的纺织品服装贸易配额制度被彻底取消,全球纺织品服装贸易进入"后配额时代"。配额的取消意味着全球纺织品服装贸易实现了一体化,这将给全球纺织业带来深远影响。中国纺织品服装出口在摆脱配额体制的长期困扰后迎来了更广阔的市场空间,但同时面临更激烈的市场竞争和新的贸易摩擦。2005 年 1 ~2 月我国纺织品和服装出口总值为 148.54 亿美元，比上年同期增长 29.69%，实现贸易顺差 128.01 亿美元。对设限国家出口为 57.42 亿美元，同比增长 74.57%，占纺织品服装整体出口的 39%，对非设限国家出口为 91.12 亿美元，同比增长为 11.6%，占整体出口的 61%。从出口国家和地区看，出口到美国、欧盟、土耳其、加拿大都有大幅的增长。2004 年 1 ~2 月我国出口到美国的纺织品总值为 25．07 亿美元，比 2003 年同期增长 81．26 %，超过香港地区、日本成为纺织品出口第一位的国家。

据统计，2005 年 1 月份我国不少纺织品服装的出口价格下跌超过 40%。美国纺织品组织根据我国海关数据得出，我国棉质针织衬衫出口价由 2005 年的 3.12 美元降至 1.71 美元，降幅达 45%。出现这种"量增价跌"现象除了由于后配额时代国际纺织品服务贸易向市场规律的正常回归外，另一个重要原因是取消配额后，我国纺织品服装出口竞争加剧所致。

自全球纺织品服装配额取消以来，中国同美、欧的纺织品服装贸易一直摩擦不断。2005 年 4 月 4 日，美国根据一季度初步进口统计数据宣布对我国刚刚解除配额限制的三种纺织品自主启动"特保"调查，28 日美国纺织品协议执行委员会正式受理美国纺织品业界组织 4 月 6 日提出对中国 7 种商品实施"特别保障措施"的申请。而中国纺织品服装的另一个主要出口地——欧盟，于 2005 年 4 月 1 日起，取消了对中国纺织品服装的普惠制待遇，征收的关税由目前的平均 9% 上升至 12 %，4 月 6 日又公布了针对中国纺织品的特别限制措施行动指南。4 月 25 日欧盟决定对来自中国的针织衬衫、毛衫、裤子等九种纺织品进行特别限制措施的调查，如果调查发现中国纺织品确实破坏了欧盟市场的正常秩序，欧盟即可以启动临时特别保障措施，对中国纺织品加以限制。

讨论题：

(1)结合所学过的知识，请比较进口关税和进口配额的异同。

(2)针对上述情况，我国纺织品服装出口应采取哪些对策？谈谈你的看法。

案例三：欧盟"双绿指令"于 2005 年 9 月 13 日生效

本次欧盟全力推行"绿色指令"，除了限制中国家电出口的数量之外，还隐藏着更为长远的战略考虑，控制核心技术和生产材料的"话语霸权"。2003 年 2 月，欧盟议会及理事会通过两项被称为"绿色指令"的新环保指令：《关于报废电子电气设备指令》(WEEE)和《关于在电气电子设备中禁止使用某些有害物质指令》(ROHS)。据国务院发展研究中心市场经济研究所市场咨询中心副主任陆刃波介绍,目前欧盟约占我国家电出口市场的1/4。两项指令付诸实施后,中国受到直接影响的电器产品出口额将达到317亿美元,占到中国出口欧盟机电产品总值的71%。陆刃波说,这两项指令的实施,将导致我国家电出口价格至少上涨10%。"双指令"对我国家电出口的影响显而易见。但业内人士认为,欧盟的环保指令是危机也是机遇。欧盟环保指令将迫使国内电子电气设备的生产商加快环保绿色产品的研究、设计和产业化生产,这是全球机电产品生产大势所趋。企业只有树立正确的环保意识,才能真正与世界同步,在出口领域不至于屡次遭遇"绿色壁垒"。但这种机遇并没有让业界感到轻松,陆刃波认为,目前我国出口的机电产品"质优价廉",在国际市场上有较强的性价比优势,而且欧盟也不是我国最大的机电消费市场。从这个意义上讲,欧盟本次推行"双指令",并不是表面上看到的"出口限制",那么简单,其背后可能隐藏着更为长远的"战略企图"。首先,我国的机电产业持续占领国际市场的同时,一些技术指标也快速提高,逐渐逼近西方发达国家掌握的"技术核心"。如果这种形势继续发展,中国机电业将在较短时间内摆脱"贴牌制造"的不利地位,而成为掌握自主知识产权的"机电王国"。欧盟在此时出台"双指令",一是可以遏制中国机电产品的出口量,二是迫使中国机电企业采用欧盟的新技术,从而使国内企业陷入新一轮的"贴牌"境地。

其次,欧盟的"双指令",可能迫使中国机电企业采用符合欧盟标准的生产材料。陆刃波认为,欧盟拒绝含有铅、汞、镉、六价铬、多溴联苯和多溴联苯醚等6种有害物质的机电产品进入。目前我们不能排除欧盟已经掌握了这些新材料的生产方法。他说,如果真是这样的话,中国国内机电企业已经成熟的生产线、原料源都将彻底改变。

讨论题:

(1)"绿色指令"指什么?

(2)"绿色指令"对我国的机电企业会产生怎样的挑战及机遇?

第五章 区域经济一体化

1. 本章学习目的与要求

通过对本章的学习，要求重点掌握区域经济一体化的概念和主要形式；了解世界上一些主要经济一体化组织的情况。

2. 本章教学重点和难点

(1)区域经济一体化的概念和形式；

(2)区域经济一体化的产生与发展；

(3)欧洲联盟；

(4)北美自由贸易区；

(5)亚太经合组织。

第一节 区域经济一体化概述

一、区域经济一体化的含义和形式

(一)区域经济一体化的含义

区域经济一体化(Regional Economic Integration)是指两个或两个以上的国家或地区之间所实行的某种形式的经济联合或组成的地区性经济组织。

(二)区域经济一体化的主要形式

按贸易壁垒取消的程度或按一体化目标的高低，区域经济一体化的主要形式可划分成如下几种：

1. 优惠贸易安排

优惠贸易安排(Preferential Trade Arrangement)是指参加优惠贸易安排的成员方之间的贸易壁垒低于成员方与非成员方之间的贸易壁垒。这是区域经济一体化最低和最松散的形式。例如，洛美协定缔约国之间的贸易安排就属于优惠贸易安排。第五个“洛美协定”(正式名称为 ACP—EU Partnership Agreement，或称 Cotonou Agreement)中规定欧盟将逐步取消对非、加、太地区国家提供的单向贸易优惠，双方将向自由贸易过渡，最终建立自由贸易区，完成与世贸规则的接轨。

2. 自由贸易区

自由贸易区(Free Trade Area)是指签订有自由贸易协定的国家或地区组成的贸易区。在区内取消关税和非关税贸易壁垒，使区内各成员的商品可以自由流动，但每个成员仍保持各自对外的贸易壁垒。例如，欧洲自由贸易联盟(European Free Trade Association，缩写为 EFTA)和北美自由贸易区(NAFTA)就属自由贸易区。

3. 关税同盟

关税同盟(Customs Union)是指成员方之间完全取消关税和非关税壁垒，这一点与自由贸易区一样，除此之外，成员方对非成员方实行统一的关税措施。例如，欧盟的前身欧共体(EEC)就属于关税同盟。

4. 共同市场

共同市场是(Common Market)指成员国或地区之间完全消除贸易壁垒，建立统一的对外关税税率。在实现商品自由流通的同时，共同市场成员国之间的生产要素(劳动力和资本)也可以完全自由流动。

5. 经济同盟

经济同盟(Economic Union)是指成员方之间不仅实现了商品、服务和生产要素的自由流动、建立了共同的对外关税，并且还制定和执行了某些共同的经济政策，如货币和财政政策，逐步消除成员国之间在这些经济政策措施方面的差异，使一体化的程度从商品交换扩大到生产、分配乃至整个经济，从而形成一个有机的经济体。这是区域经济一体化的最高形式。例如，比荷卢经济联盟(Benelux—Belgium，the Netherlands，and Luxembourg)就属于这类区域经济一体化形式。另外，目前的欧盟(1993 年 11 月 1 日正式成立)也正向这一目标努力。

另外，国际区域经济一体化的合作还可以按照其他标准来划分。例如，按一体化涉及的范围来划分，可分为部门经济一体化(Sectional Integration)和全盘一体化(Overall Integration)。部门经济一体化通常只涉及成员方之间的一个或几个商品或部门，例如欧盟早期成立的欧洲煤钢共同体和欧洲原子能共同体。全盘一体化涉及成员国的所有经济部门和商品。按成员国的经济发展水平划分又可分为水平一体化(Horizontal Integration)和垂直一体化(vertical Integration)。水平一体化是指经济发展水平大致相同或接近的国家或地区所组成的一体化组织。例如，最初的 EEC 就是发达国家之间的一体化组织；南方共同市场是发展中国家之间的一体化组织。垂直一体化是指经济发展水平不同的国家组成的一体化组织。例如,目前的 NAFTA 就属于发达国家与发展中国家之间组成的一体化组织。

二、区域经济一体化的产生与发展

(一)区域经济一体化的产生及发展过程

区域经济一体化的第一个高潮出现在 20 世纪五六十年代。这一时期的区域经济一体化主要 1949 年 1 月到 1991 年已解散的原苏联和东欧国家之间的经济互助委员会(COMECON),1958 年 1 月 1 日成立的欧洲经济共同体(EEC),1960 年 5 月 3 日成立的欧洲自由贸易联盟(EFTA),以及一些发展中国家组成的一体化组织。到 20 世纪七八十年代,只有 COMECON、EEC、EFTA 有所发展。

第二个高潮出现在 20 世纪 80 年代中期,特别是进入 90 年代后,区域经济一体化浪潮进一步高涨。北美自由贸易区(NAFTA)、亚太经济合作组织(APEC)和南美的南方共同市场(MERCOSUR)等区域经济一体化组织均出现在这一时期。

(二)区域经济一体化产生与发展的原因

1. 区域经济一体化是第二次世界大战后社会生产力发展和各国间国际分工日益加深的需要,此时科学技术的发展使生产力进一步发展,生产运作更加专业化和国际化。

2. 世界各国经济发展的不平衡促进了区域经济一体化的产生和发展。第二次世界大战后,美国经济和前苏联政治上的强大,促使了欧洲经济共同体的建立和发展。20 世纪 70 年代以后日本和欧洲经济的崛起,促使 NAFTA 和其他区域经济一体化组织诞生。此时,人们更多的担心是如果不加入区域经济一体化组织,就有可能会被排除在 21 世纪经济发展的潮流之外。

3. 区域经济一体化是国家干预和调节经济的结果。国家在一国经济生活、特别是对外经济贸易中的作用不断加强。

4. 冷战是 20 世纪中期区域经济一体化产生的历史原因,一国在政治和经济安全方面所感受到的严重威胁成为合作的动力,例如 COMECON 和 EEC 的建立。

从 1947 年到 1995 年,先后有 100 多个区域经济一体化协议的达成向 GATT 和 WTO 进行了通告。其中有一些已经不存在,有一些虽然存在,却没有什么实质性的内容和行动。实际上,区域经济一体化组织的存在和发展是以经济、政治、文化和地理等有利因素为基础的。除非其他有利因素能占优势,否则,经济、政治、文化和地理等方面的任何不利因素都有可能阻碍区域经济一体化组织的成功。从总体来说，区域经济一体化组织的优势必须是明确和有意义的，各个成员放弃其任何一部分政策的自主权的同时，区域经济一体化带给它们的损失必须远小于其因一体化得到的利益。非洲和拉丁美洲等一些国家组成的区域经济一体化组织之所以名存实亡，就是由于没有足够的利益来补偿其失去的那部分主权。

三、区域经济一体化的特点

目前，区域经济一体化主要呈现以下一些特点：

1. 已有的区域经济一体化组织不断扩大和深化。例如 EEC 向 EU 的发展。

2. 出现了发达国家与发展中国家之间组成的区域经济一体化组织。例如 NAFTA 的出现和发展。

3. 发展中国家之间的区域经济一体化组合也有所发展。例如，东盟自由贸易区的发展和南方共同市场的出现。

第二节　世界主要经济一体化组织

一、欧洲联盟

欧洲的区域一体化组织主要有欧盟和欧洲自由贸易联盟，其中欧盟在不断扩大，而欧洲自由贸易联盟则有缩小之势，所以，下面用欧盟的发展来说明整个欧洲区域经济一体化的进程和趋势。

欧洲联盟简称欧盟（European Union，EU），是目前世界上经济一体化程度最高的区域经济组织，2004 年 5 月 1 日，艾沙尼亚、拉脱维亚、立陶宛、波兰、捷克共和国、斯洛伐克、匈牙利、斯洛文尼亚、马耳他和塞浦路斯 10 国的加入，使得欧盟经济实力得到了进一步地扩张。

（一）欧盟的发展历程

欧盟源自 1951 年的欧洲煤钢共同体，最初成员包括比利时、法国、联邦德国、意大利、卢森堡和荷兰 6 国。1957 年，《罗马条约》签订以后，上述 6 国建立了欧洲经济共同体和欧洲原子能共同体。1967 年 7 月，6 国决定将 3 个机构合并，统称为欧洲经济共同体。根据《罗马条约》第 3 条的要求，欧洲经济共同体要求成员国消除内部的贸易壁垒，创立统一的对外关税，同时要求各成员国消除阻碍生产要素在成员国之间自由流动的各种障碍，因此，欧洲经济共同体实际上是一个共同市场，20 世纪 80 年代，欧洲经济共同体正式更名为欧洲共同体(European Community),1993年11月1日《马斯特里赫特条约》生效后,欧洲联盟正式诞生。1995年12月15日欧盟首脑马德里会议决定未来欧洲采用统一货币“欧元”,并于1999年在欧元区11国首先发行实施。

20世纪70年代后欧洲经济共同体成员不断增加,英国、爱尔兰和丹麦于1973年1月加入,希腊于1981年加入,葡萄牙和西班牙于1986年加入,奥地利、芬兰和瑞典于1995年加入,2004年东欧10国加入。

(二)欧盟的超国家机构

欧盟统一经济政策由欧盟的相应超国家机构制定和实施,包括欧洲理事会、欧洲委员会、部长理事会、欧洲议会、欧洲法院以及欧洲中央银行等。

1. 欧洲理事会。由欧盟各成员国政府首脑和欧洲委员会的主席组成。每年至少会晤两次,解决主要的政策问题,并确定政策方向。

2. 欧洲委员会。欧洲委员会负责提出和执行欧盟的法律,并监督各成员国服从欧盟的法律。它由各成员国政府任命的20名委员组成,负责日常运行,任期4年。欧洲委员会有主席1位,副主席6位,在20位委员中选举产生,任期2年。每位委员都主要负责涉及某一政策领域的专门事务,如负责农业政策方面和负责竞争政策方面的委员。委员们尽管是由各成员政府任命,但却不受任何政府的直接制约,而只考虑欧盟的利益。

3. 部长理事会。部长理事会代表各成员国的利益,而且欧洲委员会提交的议案只有通过部长理事会的同意之后才能成为欧盟法律,所以部长理事会应该是欧盟的最高权力机构。它由每个成员国政府的一名代表组成。不过,部长理事会的成员一般会根据议题的不同而更换,例如,讨论农业问题,就由农业部长参加,讨论运输问题则由运输部长作代表。1993年前,部长理事会的决策机制采取的是一致通过,而后出现过多数票通过的例子,但是目前的绝大部分议题还是需要全体部长致通过。

4. 欧洲议会。欧洲议会现在有成员600多名,由各成员国的公民直接选举产生。它是一个咨询机构,而非一般的立法机构。欧洲议会负责讨论欧洲委员会递交并由欧洲理事会转交的立法议案,并提出修改意见。不过,欧洲委员会、欧洲理事会和部长理事会不一定会采纳这些意见。

5. 欧洲法院。欧洲法院由来自各成员国的一名法官组成,是欧盟法规的最高上诉法院。法官们必须独立行使职责,不受各国政府的单独管辖。

(三)欧盟的统一经济政策

欧盟统一大市场的基本特点是实现货物、服务、人员和资金的自由流动,因此欧盟共同体的经济政策就是围绕着这四个特点进行磋商和制定。

1. 货物自由流动。在这一方面,欧盟统一了海关制度,打破了原来的关税壁垒和非关税壁垒。具体体现在:简化海关手续和商品产地条例,各成员国都执行统一的商品过境管理方案和统一的商品分类目录;建立一系列专门机构,制定统一的安全、卫生、检疫以及统一的产品和技术标准,当商品进出口时,只需要提供发运国的检疫证书;加强技术合作,实现科技一体化,以科技促进经济的发展;建立税务清算手续,统增值税和消费税成员国之间的商品进出口不再办理出口退税和进口征税。这四方面的措施既降低了企业的交易成本,也减少了政府的某些行政费用支出。

2. 服务自由流动。各成员之间相互开放服务市场,允许各种职业者任意跨国界就业;各成员互相承认按各国法律建立起来的公司与企业,允许银行、证券交易、保险租赁、运输、广播电视、通讯和信息等服务业开展跨国服务,并在共同体内部发放统一的运营许可证;统一所得税,并制定统一的运输、服务价格和标准,以鼓励各国工程技术人员的自由流动。

3. 人员自由流动。欧盟各成员国相互承认现有的立法和制度,消除国籍歧视,允许各国间人员自由流动。各国相互承认文凭和学历,提供均等的就业机会。

4. 资金自由流动。取消各成员国之间对跨国界金融交易的限制,允许一国银行在其他成员国设立分行,允许一国居民自由购买其他成员国的债券和股票;放宽对其他成员国公司和企业在本国发行债券和股票的限制,取消对为买卖债券而获得商业信贷的限制。

二、北美自由贸易区

北美自由贸易区(The North American Free Trade Area,NAFTA)是美国为了与欧盟相抗衡而联合加拿大和墨西哥组成的区域贸易集团。1988 年 1 月 2 日,美国与加拿大政府签署自由贸易协定,于 1989 年 1 月 1 日正式生效。1990 年美国与墨西哥进行有关两国自由贸易的磋商,1991 年 2 月加拿大也参与谈判,三国开始就建立北美自由贸易区问题进行谈判。1992 年 12 月 17 日,《北美自由贸易协定》签署,并于 1994 年 1 月 1 日正式生效。如此,拥有 3.6 亿人口,国民生产总值达到 6 万多亿美元,贸易总额高出欧盟 25% 的全球最大的自由贸易区宣告成立。随着 1996 年加拿大和智利在渥太华签署自由贸易协定,2003 年美国、智利签订自由贸易协定,北美自由贸易区也走向扩展道路。

北美自由贸易协定的内容包括:① 在 10 年内取消墨西哥、加拿大和美国之间 99% 的商品贸易关税;② 取消大部分阻碍跨国界的服务贸易壁垒;③ 保护知识产权;④ 取消 3 个成员国之间对外直接投资的大部分限制;⑤ 实行国家环境标准,不允许为了吸引投资而降低标准等。

北美自由贸易区自建立以来一直就存在不和谐的音符。与欧盟不同，北美自由贸易区是由发达国家美国、加拿大和发展中国家墨西哥组成，是一个垂直一体化组织。所以，当来自墨西哥的廉价劳动力取代美国的就业时，矛盾就非常突出。对于墨西哥来说，廉价的美国农产品的输入导致墨西哥农民的利益受到严重打击。因此，北美自由贸易区的发展历程也不如欧盟那么顺畅。

三、亚太经合组织

在澳大利亚的倡议下，亚太经合组织（Asia—Pacific Economic Corporation，APEC）于1990年成立。到2002年，该组织拥有21个成员国：美国、日本、加拿大、澳大利亚、新加坡、菲律宾、马来西亚、泰国、新加坡、菲律宾、印度尼西亚、文莱、中国台湾地区、中国香港特别行政区、墨西哥、巴布亚新几内亚、智利、秘鲁、俄罗斯和越南。亚太经合组织每年召开一次部长级会议，自1993年以后，每年也召开领导人非正式会议，讨论本区域内的经济贸易合作问题。

目前，亚太经合组织正在10大领域加强合作：贸易与投资数据处理、贸易促进、扩大投资和技术转让、人力资源开发、地区能源合作、海洋资源保护、旅游、通信、交通和渔业。从合作领域来看，亚太经合组织的目标不仅仅限于建立自由贸易区，而且还包括实行生产要素自由流动的经济一体化长期目标。

亚太经合组织的第一个贸易自由化目标是建立亚太自由贸易区，并在第二次非正式领导人会议上发表了《茂物宣言》，宣布了亚太经合组织的第一步长期目标：将加强亚太地区的经济合作，扩大乌拉圭回合的成果，以与关贸总协定原则相一致的方式，进一步减少相互间的贸易和投资壁垒，促进货物、服务和资本的自由流通。在宣言中明确要求，发达经济体不迟于2010年实现贸易和投资的自由化，发展中经济体不迟于2020年实现贸易和投资的自由化。

四、东南亚国家联盟

东南亚国家联盟（Association of south-East Nations，ASEAN）成立于1969年，成员国包括文莱、印度尼西亚、老挝、马来西亚、缅甸、菲律宾、新加坡、泰国、越南和柬埔寨，其中老挝和越南是20世纪90年代加入，柬埔寨是1999年加入的。东盟建立之初主要是个政治联盟，在经济上只是个优惠贸易安排，目标只是促进成员之间的自由贸易和在产业政策之间进行合作。

1992年初东盟意识到区域经济一体化的重要性，并着手计划建立较高层次的区域经济一体化组织，目标是在2008年实现东南亚自由贸易区。虽然遭受东南亚金融危机的沉重打击，但孕育10年之久的东盟自由贸易区仍在2002年1月1日正式启动，达到了“在2002年之前将产品关税下降至5%以下”的目标。10 年来,东盟的平均关税已从 12.76% 降至 3.85%。在 55 000 多个关税项目中,超过 90% 的产品关税降到了 0 ~5%。6 个老成员国相互间的贸易关税已降至 3.21%,4 个新成员国也有 50% 的产品关税达到《东盟共同有效优惠关税协定》的要求。关税降低带来了区域内出口额的稳步增加,东盟内部的出口额已从 1993 年的 432 亿美元增加到 2003 年的近 900 亿美元。东盟自由贸易区的下一步目标是:在 2010 年前全部撤除进口壁垒、产品关税降至零,进而实现东南亚区域内资金、货物和人才的自由流动。

东盟除大力推进区内自由贸易外,也在积极推动与亚太地区国家的自由贸易,例如,"中国—东盟"自由贸易区已进入启动阶段,"东盟—日本"经济合作、"东盟—澳新"经济合作都处在紧锣密鼓的商议或计划中。

东南亚是当今世界上民族、文化、宗教和意识形态最复杂的地区之一,东盟新老成员间的经济发展水平存在着明显差异。因此,东南亚自由贸易区的发展上存在一系列的不确定因素。

1. 地区局势的稳定始终是自由贸易区健康发展的保障。东盟有些成员存在潜在不稳定因素,如 2003 年马来西亚政权的更迭、印尼 2004 年的总统大选和缅甸军政府未来走向等。印尼、菲律宾等国的宗教、种族矛盾和民族分离等问题一旦失控,也将影响该地经济一体化的发展。

2. 合作运行机制的改革,自由贸易区内除货物贸易外,还有包括行商业、运输、电信、建筑、金融和旅游等产业在内的服务贸易。东盟成员国间的经济差异,将给区内货物贸易的一体化和服务贸易的协调合作造成一定障碍,同时东盟的"不干涉内政"和"协商一致"两大原则,在新形势下显得过于松散,特别是在维护地区安全和处理区域金融危机方面显得软弱无力。所以,东盟需要建立个统一、权威、有效的合作新机制。

3. 防止成员国间贸易保护主义的东山再起。对于地理位置相近、自然资源相似、产业结构趋同、竞争多于互补的东盟各国,未来不仅将在吸引外资等方面互为对手,还将在货物贸易和服务贸易等领域继续保持传统竞争。解决这一矛盾的可行途径,就是要在东盟内部加强"南北"合作,即经济较发达的老会员,积极帮助经济落后的新成员调整产业结构、更新技术、培养人才以及完善金融体系。

关键名词:

区域经济一体化欧盟　北美自由贸易区　亚太经合组织　东南亚国家联盟

思考题：

1. 试述区域经济一体化的概念及其形式。
2. 试述区域经济一体化对国际贸易的影响。
3. 如何看待亚太经合组织？
4. 从区域经济一体化发展的实践来看，哪些模式的区域经济一体化更有利于一国经济的发展？

案例分析：

案例一：自由贸易协定使墨西哥成为北美制造中心

在墨西哥人口约100万的边境小镇蒂华纳，一眼望去，高耸入云的蓝色广告牌照亮夜空，耸立在三星集团开阔的新工业区中，这一切与这个灰暗、肮脏的边境小镇似乎显得不太协调、自从这个70英尺高的钢筋建筑物树起几个月来，它已经成了一个非正式的纪念碑，成了墨西哥穷人的指路明灯，也是北美自由贸易力量的象征。由于这种力量的作用，制造业工作机会从美国源源不断流往墨西哥。

自1992年北美自由贸易区（NAFTA）建立后，美国和墨西哥取消了相互之间的贸易壁垒，两国制造的商品可以在区内自由流通，相互间没有什么关税、配额等保护措施。而对于区外国家，如韩国、日本等国家仍然维持贸易壁垒，因此会产生"贸易创造"和"贸易转移"的双重结果。韩国、日本的产品会受到价格歧视，很可能被挤出美国市场，就全球资源利用角度看，这也是一种效率的降低。

针对这种情况，韩国、日本等国也不愿坐以待毙，转而采取新的战略。于是就有了三星公司、索尼公司、日立公司和松下电器JVC分部在诸如蒂华纳这样的边境小镇开的子公司。在该镇，受雇于这些跨国公司的墨西哥人已达2.46万人。由于墨西哥有廉价的劳动力，从而也吸引了众多生产诸如成衣和手工工具之类低技术消费品的美国公司，因为这里成批生产的成本只有在美国生产的几分之一。对于生产高技术产品的亚洲公司而言，由于贸易壁垒的取消，蒂华纳成了他们在北美的第一站。而且由于接近硅谷和加利福尼亚的长滩港，产品再转运到世界各地也比以前容易了。

讨论题：

（1）北美自由贸易区包括哪些国家，其区域外贸政策有什么特点？

（2）如何看待案例中所提到的北美自由贸易区所产生的"贸易创造"和"贸易转移"的双重结果？

案例二：中国—东盟自由贸易区呈现十大走向

东盟是东南亚囊括人口众多的国际组织，近来已成为周边大国“争相合作的伙伴”，不光中国，日本、印度，甚至遥远的美国，都不愿放弃在此进行的经济博弈。

2002年11月4日，中国和东盟10国领导人共同签署了《中国—东盟全面经济合作框架协议》。该协议中，中国和东盟同意于2010年建成中国-东盟自由贸易区(China-ASEAN Free Trade Area)。中国与东盟的自由贸易区战略由此展开。2002年至2004年，中国—东盟双边贸易额以年均38.9%的速度增长。2004年，中国—东盟双边贸易额高达1059亿美元，提前一年实现了温家宝总理提出的到2005年双边贸易额突破1 000亿美元的目标。2005年7月，中国—东盟货物贸易降税计划启动，中国—东盟自由贸易区正式启动。它的建成，将创造一个拥有17亿消费者、1.2万亿美元贸易总和的经济区，将对21世纪上半叶的世界经济与政治产生极其深远的影响。

中国—东盟商务理事会认为中国—东盟自由贸易区(CAFTA)正呈现十大走向，华商要在率先把握商机中发展。

1. 中国与东盟及其国家间的友好关系正走向又一新的发展阶段。

2. CAFTA的建立由坐而论道走向起而行之，贸易门槛的逐步减低和拆除，带来了新一轮产业结构调整和企业开发市场的新选择。

3. 中国民众对FTA概念逐步熟悉。

4. 建立中的CAFTA，正由政府行为向企业行为扩展。

5. 在国际经贸领域，中国与东南亚间的竞争性和合作性正发生着新的变化，由竞争走向合作将带来“双赢”。

6. 中国与东盟间经贸合作，由侧重一般贸易向全面合作快速发展。

7. 中国与东盟十国的板块市场正走向一个相互融合的大市场。

8. 中国与东南亚之间的相互投资，由东盟企业在中国大量投资的单向投资，走向中国与东盟互为投资的双向投资。

9. 中国与东盟国家商会之间的合作正走向日益活跃、密切的新时期。

10. 由“中国机遇”走向“中国东盟共同机遇”。

讨论题：

(1)你认为中国—东盟自由贸易区的发展前景怎样？

(2)你认为中国和东盟之间哪些领域可以进行合作呢？

第二篇　国际贸易实务

第一章　合同标的

1. 本章学习目的与要求

了解品名的含义、命名方法以及品名条款的内容,掌握商品品质的含义、表示方法以及品质条款的内容,了解品质机动幅度和品质公差的含义及运用中应注意事项,掌握商品数量的含义、计量单位以及数量条款的内容,了解溢短装条款的含义及运用中应注意事项,了解包装的种类,掌握包装中运输标志的含义、构成,了解中性包装和定牌包装的含义及使用场合,掌握包装条款的内容。

2. 本章教学重点和难点

(1)品名条款;

(2)品质的表示方法、品质条款;

(3)数量的计量单位、数量条款;

(4)运输标志、包装条款。

第一节　商品的品名

在国际贸易中,成交商品的种类很多,而每种交易的商品都有其具体的名称。买卖双方洽商交易时,首先要明确买卖什么商品,应谈妥交易的标的物,并在合同中列明成交商品的品名。

一、商品品名在国际贸易中的重要性

商品的品名或名称(Name of commodity)是指能使某一商品区别于其他商品的一种称呼。它在一定程度上体现了商品的自然属性、用途以及主要的性能。

商品的名称是合同中不可缺少的一项条款,是构成货物描述的重要组成部分,也是买卖双方交接货物的一项基本依据。商品的名称关系到买卖双方的权利和义务,按《联合国国际货物销售合同公约》(以下简称《公约》)规定,若卖方交付货物不符合约定的品名或说明,买方有权提出损害赔偿要求,甚至拒收货物或撤销合同。

因此,约定商品的名称具有重要的法律和实践意义,列明商品的具体名称是合同中必须具备的内容。

二、商品品名的命名方法

1. 以其主要用途命名:旅游鞋、杀虫剂
2. 以其所使用的主要原材料命名:棉布、羊毛衫
3. 以其主要成分命名:人参珍珠霜
4. 以其外观造型命名:绿豆、喇叭裤
5. 以其褒义词命名:青春宝、太阳神口服液
6. 以人物名字命名:孔府家酒
7. 以制作工艺命名:二锅头烧酒

三、合同中商品品名条款的主要内容

(一)基本内容

商品的品名条款无统一格式,一般在商品的品名的标题下列明交易双方成交商品的名称。

如:品名:东北大豆

Name of commodity: Northeast Soybean

(二)注意事项

1. 内容明确、具体,避免引起贸易纠纷。
2. 尽可能使用国际通用的名称,在《协调制度》中能准确归类。
3. 选用合适的品名,以利减税。

第二节　商品的品质

一、商品品质的含义

商品的品质(Quality of goods)是指商品的内在质量和外观形态的综合,是构成货物说明的重要组成部分。

内在质量指商品的物理性能、机械性能、化学成分、生物特征、技术指标和要求等,一般需借助各种仪器、设备分析测试才能获得,如纺织品的断裂强度、伸长率、回潮率、缩水率、防雨防火性能、色牢度,化工商品的熔点、沸点、凝固点,机械类产品的精密度、光洁度、强度等等。

外观形态是通过人们的感觉器官可以直接获得的商品的外观特征,如商

品的大小、长短、软硬、结构、造型、款式、色泽、透明度、宽窄、轻重、光滑粗糙以及味觉、嗅觉等。

二、商品品质在国际贸易中的重要性

1. 品质的优劣直接影响商品的使用价值。
2. 品质的优劣影响商品的市场价格。
3. 品质的优劣影响商品的销售数量。
4. 品质的优劣影响市场份额。
5. 品质的优劣影响商品的信誉、企业的信誉和国家形象。

根据《公约》规定，若卖方交付货物不符合约定的品质条件，买方有权要求损害赔偿，也可要求修理或交付替代物，甚至拒收货物和撤销合同。

三、商品品质的表示方法

在国际货物买卖中，商品的种类繁多，即使是同一种商品，在品质方面也可能因原料、制造加工过程和市场交易习惯等各不相同。

表示商品品质方法多种多样，概括起来主要分为两大类：凭实物表示和凭文字说明表示。

（一）凭实物表示商品品质

凭实物表示商品品质通常包括看货买卖和凭样品买卖两种方式。

1. 看货买卖(Sale by actual quality)

看货买卖又称为看货成交，即卖方向买方展示拟成交的商品或买方亲临货物存放地点查看货物，经买方检验满意后成交，一旦达成交易，买方不得以任何理由或借口对商品品质提出异议。

看货买卖主要是用于零售、拍卖、展卖等业务。买卖的大多是数量少又特别昂贵的商品，如珠宝、首饰、字画和特定工艺品等，此类商品无法用文字说明质量，也没有样品可作为交货依据，买卖双方只能看货洽商，但由于交易双方相距遥远，实地看货有诸多不便，因此看货成交情况较少。

2. 凭样品买卖(Sale by sample)

样品是指从商品中抽出来的由生产、使用部门设计加工出来，足以反映和代表整批商品品质的少量实物。凡以样品表示商品品质并以此作为买卖双方交接货物的质量依据，称为凭样品买卖。

在国际货物贸易中，按样品的提供者不同，样品可分为以下几种：

(1)卖方样品(Seller's sample)

卖方提供样品并作为交货的品质依据，日后卖方所交的整批货物的品质必须与其提供的样品相同，也称为“凭卖方样品买卖”(Sale by seller's sample)。

(2)买方样品(Buyer's sample)

又叫“来样成交”。买方提供样品并作为交货的品质依据，日后卖方所交的整批货物的品质必须与买方提供的样品相同，也称为“凭买方样品买卖”(Sale by buyer's sample)。

国际货物买卖中的样品大多由卖方提供，但由于买方熟悉目标市场的需求状况，因此凭买方样品成交也不少见，但要注意的事项如下：

第一，政策可行性。

第二，生产可行性。卖方必须充分考虑按来样制作特定产品所需的原材料供应、加工技术、设备和生产安排的可行性。

第三，防止被卷入侵犯第三者工业产权的纠纷。

(3)对等样品(Counter sample)

在国际贸易中，卖方担心所交货物品质与买方样品不符，往往根据买方来样复制出一个类似的样品交买方确认，经买方确认后的样品称为“对等样品”或“回样”。提交对等样品，等于是把“凭买方样品买卖”转变成了“凭卖方样品买卖”，这对卖方十分有利。

(二)凭文字说明表示商品品质的方法

在国际货物买卖中，大多数商品采用文字说明来规定其质量。

1. 凭规格买卖(Sale by specifications)

商品的规格是指那些用来反映商品品质的主要指标，如商品的化学成分、含量、纯度、容量、性能、大小、长短、粗细等。凭规格买卖时，商品不同反映商品的品质的指标也不同，即使是同一商品，因其用途不同，对规格的要求也会有所差异，如东北大豆。

凭商品规格表示商品品质简单、方便、明确具体，在国际贸易中被广泛使用。

如：“跳鲤”花布	纱支	密度 (每英寸)	幅阔
	30×36	72×69	35/36"
Printed Shirting “Jumping Fish”	Yarn counts	No. of threads (per inch)	Width (inch)
	30×36	72×69	35/36"

2. 凭等级买卖(Sale by grade)

商品的等级是指同类商品按其规格上的差异，分为各不相同的若干等级，如特级、一级、二级；大、中、小；轻、中、重等。买卖双方对交易商品等级理解一致时，只需在合同中明确等级即可，但对于双方不熟悉的等级内容，为了履行合同和避免争议则最好明确每一等级的具体规格。

如：钨砂	三氧化钨	锡	砷	硫
特级钨砂	70%	0.2%	0.2%	0.8%
一级钨砂	65%	0.2%	0.2%	0.8%
二级钨砂	65%	1.5%	0.2%	0.8%

	Wo3	Tin	Arsenic	Sulfur
Special Grade W-Sand	70%	0.2%	0.2%	0.8%
1st Grade W-Sand	65%	0.2%	0.2%	0.8%
2nd Grade W-Sand	65%	1.5%	0.2%	0.8%

3. 凭标准买卖（Sale by standard）

商品的标准是指将商品的规格、等级予以标准化并以一定的文件表示出来，一般由标准化组织、国家或有关政府部门、同业公会等制定并公布。

在国外，商品的标准分为五类：国际标准，区域标准，国家标准，团体标准和企业标准。我国有国家标准、行业标准、地方标准和企业标准。

随着科技的发展，标准也会不断地进行修改，同一商品的标准会有不同年份的版本，因此在合同中援引标准时，应注明标准的版本年份，以免当事人发生纠纷。

如：面粉：GB1355-78，湿面筋28%~30%，灰分0.50%~0.55%

Wheat Flour Special Grade GB1355-78

Wet Gluten 28%~30%

Ash 0.50%~0.55%

在国际贸易中，还有两个经常使用的标准：良好平均品质和上好可销品质。

(1)良好平均品质（Fair Average Quality，FAQ）

良好平均品质是指一定时期内某地出口货物的平均品质水平，一般指中等货。此类方法非常笼统，品质规格并不固定、具体，主要用于农副产品（习惯称为“大路货”）的买卖。为了避免纠纷，用FAQ标准表示商品品质，仍应列明具体规格指标。

如：花生仁　　良好平均品质

水分最高13%

破碎粒最高6%

杂质最高2%

含油量最低44%

Peanut	Fair Average Quality	
	Moisture	13% Max.
	Imperfect Grains	6% Max.
	Admixture	2% Max.
	Oil Content	44% Min.

(2)上好可销品质(Good Merchantable Quality, GMQ)

上好可销品质指买方保证所交货物品质上好,适于销售即可。主要用于木材、冷冻鱼虾等水产品的买卖。由于该标准含义更为笼统,我国对外贸易中很少使用。

4. 凭牌名或商标买卖(Sale by trade mark or brand)

牌名是指厂商或销售商所生产或销售商品的牌号,简称品牌,以便于其他企业的同类产品区别开来。一个品牌可用于一种产品,也可用于一个企业的所有产品。

商标则是牌号的图案化。世界知识产权组织对商标的定义为:商标是用来区别某一工业或商业企业或这种企业集团的商品的标志。我国定义商标为:生产者、经营者为使自己的商品或服务与他人的商品或服务相区别,而使用在商品及其包装上或服务标记上的由文字、图形、字母、数字、三维标志和颜色组合,以及上述要素的组合所构成的一种可视性标志。

牌名和商标之所以能被用来表示商品的品质,是因为它们代表的是品质比较稳定,享有良好声誉,有一定市场的商品,为广大购买者所熟悉。在经济谈判中,往往只要说明牌名或商标,谈判双方即能明确商品的品质情况,不必再说明规格、等级、标准或提出样品。如青岛啤酒、长虹牌彩电等。

5. 凭产地名称或地理标志买卖(Sale by name of origin or geographical indication)

某类商品尤其是一些传统的农副产品,在特定的地区具有独特的加工工艺,形成了与其他产区产品所不同的品味和特色,因此以其产地名称来表示品质。如绍兴黄酒、金华火腿、杭州龙井茶等。

世界贸易组织的《与贸易有关的知识产权协议》(Agreement on Trade-Related Aspects of Intellectual Property Rights,简称 TRIPS)对地理标志的定义:是指确认某商品来源于协议缔约国特定成员地域内,或该地域中特定区域或地方的标识,而该商品所特有的质量、声誉或其他特征,主要与该地理来源相关联。地理标志虽然不是商标,但作为表明商品来源的标记,与商标一样具有识别商品的作用。

经过百余年的发展,地理标志或原产地标识已经成为一项国际公认的知识产权而受到保护,在推广民族精品、提升产品国际竞争力方面发挥着不可替代的作用。目前欧盟有地理标志保护产品 1 000 多种，法国就有近 500 种，其中法国的香槟酒、干邑酒、波尔多酒等尤为著名。

2005 年 7 月 15 日，中国国家质监总局颁布的《地理标志产品保护规定》正式实施，对全国的地理标志产品进行注册保护。

6. 凭文字说明和图样买卖（Sale by description and illustration）

一些技术密集型产品如机器、电器、仪表，其机构性能复杂，数据较多，只能以说明书附以图样、照片来说明其具体性能和结构特点。

如：1515A 型多梭箱织机　详细规格如所附文字说明和图样

Multi-shuttle Box Loom Model1515A

Detail Specifications as per attached descriptions and illustrations

四、合同中商品的品质条款的主要内容

（一）基本内容

根据商品品质的表示方法不同，用文字说明表示的商品品质条款通常应列明商品的规格、等级、标准或牌号等；凭样品买卖的商品要订明样品的编号，必要时还要列出寄送日期。

举例：

例 1：文件柜
中国橡木和橡木三夹板面、黄铜拉手、两个抽屉
规格 16" W×17" D×28" H

例 2：甘薯片　2000 年产　大路货　最高水分 14%

例 3：样品号 T007　长毛绒玩具狗
尺码 20 英寸　与卖方 2008 年 1 月 20 日寄送的样品一致

例 4：椰树牌椰汁

例 5：杭州龙井茶

例 6：速效伤风胶囊，中国药典 2000 年版

例 7：母黄狼整只皮裙子
规格 24 英寸，28 英寸，一级品

例 8：货号 727　清凉大白兔卷糖
规格 10 盒×10 袋×10 只

例 9：6136 型数控机床
品质和技术数据必须与卖方所提供的产品说明书严格相符

例 10：华凌牌空调
型号 KFR34GW　220 伏　50 赫兹　双圆头插座带遥控

(二)品质机动幅度和品质公差

订立品质条款一般要求明确具体、切合实际,以防产生不必要的争议,但如果条款规定过于绝对化,又会给卖方顺利交货带来麻烦。为此,在品质条款中可做些变通规定。

1. 品质机动幅度(Quality Latitude)

品质机动幅度指允许卖方所交货物的品质指标在一定幅度内机动,主要适用于一些农、副、土、特等初级产品。具体方法有:

(1)规定范围:如棉布幅阔 35/36"。

(2)规定极限:标明上下极限字样。如最大、最多、最高、最低、最多、最少等。如活黄鳝每条最低 75 克。

(3)规定上下差异:如灰鸭毛 含绒量 18% 允许上下 1%。

在机动幅度范围内,一般按合同单价计价,但有时也可按交货的实际品质情况调整价格,即品质增减价条款。

如:白砂糖,以旋光度 96 度为标准,每超过 1 度涨价 1.4%,每低 1 度减价 1.5%。不足 1% 按比例计算,但所装货物旋光度低于 93 度买方有权拒收。

White sugar's standard is 96 degrees of optical rotation. Should the degree of optical rotation be 1% higher, the price will be accordingly increased by 1.4%, Should the degree of optical rotation be 1% lower, the price will be accordingly decreased by 1.5%, and any fraction will be proportionally calculated, but the buyer has a right to refuse the White sugar which degree of optical rotation fall below 93 degrees.

2. 品质公差(Quality tolerance)

指国际上公认的产品品质误差,它是由于加工过程中工艺水平的限制产生的难以避免的误差,在误差范围以内买方不得拒收或要求调整价格。如出口手表允许每 48 小时误差 1 秒。

第三节 商品的数量

一、商品数量的含义

商品的数量(Quantity of goods)是指用一定的度量衡来表示的商品的重量、容积、长度、面积、体积和个数。

(一)度量衡制度(Weights and Measures system)

在国际贸易中常用的度量衡制度有公制(Metric system)、英制(British

system)、美制(U. S. System)和国际单位制(International System of Units)。大多数国家的度量衡制度是不同的,使用的计量单位也不同。例如重量计量单位,公制有公吨,美制一般是用短吨,英制一般是用长吨,国际单位制的国家使用千克。此外,有些国家对某些商品还规定有自己习惯使用的或法定的计量单位。如许多国家对棉花都习惯以包为计量单位,但每包的含量解释各不相同:美国规定每包净重为480磅,巴西规定每包净重为396.8磅,埃及规定每包净重为730磅。

我国现行的法定计量单位是国际单位制,《中华人民共和国计量法》第三条中明确规定:"国家采用国际单位制。国际单位制计量单位和国家选定的其他计量单位为国际法定计量单位。"在对外贸易中,出口商品合同约定使用公制、英制或美制外,还应使用法定计量单位。一般不进口非法定计量单位的仪器设备,如特殊需要采用非法定计量单位,须经主管部门批准。

为了解决不同度量衡表示商品数量产生的不良后果,国际上正广泛推广国际单位制,代号为SI,是在公制的基础上发展起来的,于1960年国际标准计量组织大会通过,目前已被世界上100多个国家所采用,它有利于计量单位的统一,标志着度量衡制度的标准化和国际化趋势。

(二)计量单位(Measurement Unit)

国际贸易中,通常常用的计量单位有以下六种:

1. 重量单位(Weight)

这是当前国际贸易中使用最多的一种方法,主要是用于初级产品和部分工业制成品的买卖,如大豆、棉花、羊毛、矿产品等。

常用的计量单位包括:千克(Kilogram, or kg.),吨(ton, or t),公吨(metric ton, or m/t),长吨(long ton, or l/t),短吨(short ton, or s/t),公担(quintal, or q.)克(gram, or gm.),磅(pound, or lb.),盎司(ounce, or oz)等。

2. 个数单位(Numbers)

适用于日常消费品、轻工业品、机械产品、一部分土特产品以及杂货类商品的买卖。如文具、纸张、车辆、服装、活牲畜等。

常用的计量单位有:只(piece, or pc.)件(package, or pkg.),双(pair),台、套、架(set),打(dozen, or doz.),罗(gross, or gr.),大罗(great gross),令(ream, or rm.),卷(roll, or coil),辆(unit),头(head),听(tin)。有些产品也可按箱(case)、包(bale)、桶(barrel, drum)、袋(bag)等计量。

3. 长度单位(Length)

适用于绳索、丝绸和布匹等商品。

常见的计量单位有:码(yard, or yd.),米(meter, or m.),英尺(foot, or ft);厘米(centimeter, or cm.)等。

4. 面积单位(Area)

适用于皮制商品、塑料制品、地毯、玻璃板等商品的买卖。

常用的计量单位有:平方码(square yard, or yd^2),平方米(square metre or m^2),平方英尺(square foot, or ft^2),平方英寸(square inch)等。

5. 体积单位(Volume)

按体积成交的商品有限,主要适用于木材、天然气和化学气体等。

常用的计量单位有:立方码(cubic yard, or yd^3),立方米(cubic meter, or m^3),立方英尺(cubic foot, or ft^3),立方英寸(cubic inch)等。

6. 容积单位(Capacity)

适用于谷物以及液体、气体等货物的买卖。

常用的计量单位有:公升(liter, or l.),加仑(gallon, or gal.),蒲式耳(bushel, or bu.)等。

二、计算重量的方法

在国际货物贸易中,很多商品采用按重量计量,根据一般商业习惯,计算重量的方法有以下五种:

(一)毛重(Gross weight)

毛重指商品本身的重量加上包装的重量,一般适用于低值商品。

(二)净重(Net weight)

净重指商品本身的重量,即除去包装后的商品的实际重量。在国际货物买卖中,大多以净重作为计算价格和交付货物的计量基础。但某些单价不高的商品,尤其是农产品,例如用麻袋装的大米,采用"以毛作净"的方法计重,即以货物的毛重当做净重计算商品的价格。如大米100公吨,单层麻袋包装以毛作净。

在采用净重计量时,如何计算皮重国际上有四种常用做法:

1. 实际皮量(Real tare):指包装的实际重量,即将整批商品的包装逐一过秤所得的重量。

2. 平均皮量(Average tare):在包装重量大体相同的情况下,从整批货物中抽出几件,秤出其皮重,然后除以抽取的件数,算出每件包装的平均重量,最后再乘以总件数得出包装的总重量。随着技术的发展和包装材料及规格的标准化,用平均皮重计算净重的方法日益普遍。

3. 习惯皮量(Customary tare):某些商品的包装材料和规格已形成一定标准,按标准公认的皮重乘以总件数即可。

4. 约定皮量(Computed tare):买卖双方事先约定的包装重量。

采用哪种计算皮重的方法,应依据商品的特点和商业习惯,由交易双方事先约定并列入合同，以免事后引起争议。《公约》规定，如果在合同中没有明确采用何种方法计算重量，则按净重计量。

（三）公量（Conditioned weight）

指用科学方法抽取商品中所含水分，再加上标准含水量所得的重量。此种方法主要适用于羊毛、生丝、棉花等少数经济价值高而水分含量又极不稳定的商品。在计算上述商品的总价时一般以公量为参考依据，与实际交货数量无关。

公量＝干量＋标准含水量＝干量×（1＋标准回潮率）

实际重量＝干量＋实际含水量＝干量×（1＋实际回潮率）

（四）理论重量（Theoretical weight）

一些按固定规格和尺寸生产的商品，每件重量大致相等，可以根据件数推算出总重量，如马口铁、铝锭等。

（五）法定重量（Legal weight）

指商品重量加上直接接触商品的包装材料的重量。法定重量是海关征收从量税时的征税基础。

三、商品数量在国际贸易中的重要性

商品的数量是国际货物买卖合同中不可缺少的主要条件之一，也是构成有效合同的必备条件，同时也是决定商品总价的主要依据。

《联合国国际货物销售合同公约》规定，卖方必须按合同数量条款的规定如数交付货物。如果卖方交货数量多于约定数量，买方可以收取，也可以拒绝收取多交部分货物的全部或一部分；如果卖方交货数量少于约定数量，卖方应在规定的交货期届满前补交，但不得使买方遭受不合理的不便或承担不合理的开支，然而，买方保留要求损害赔偿的任何权利。

许多国家的法律都把数量条件作为合同的要件，规定卖方必须按约定数量交货，否则买方有权要求赔偿损失，甚至拒收货物。因此，正确订立合同中的数量条款，对买卖双方都是十分重要的。

四、合同中商品的数量条款的主要内容

（一）基本内容

合同中的数量条款通常包括成交商品的具体数量和计量单位。如衬衫1 000件。按重量成交的商品一般还需订明计算重量的方法，如毛重、净重等。

（二）数量机动幅度（More or Less Clause）

在国际贸易中，按合同规定的数量交货是卖方应尽的基本义务。但有些

商品是可以加以精确计量的，如金银、药品、生丝等；也有许多商品受本身的特点、生产、包装、运输条件以及计量工具的限制，在交货时不易精确计算，如散装谷物、油类、水果、粮食、矿砂、钢材以及一般的工业制成品等，交货数量往往难以完全符合合同规定的某一确定数量，此时使用具体的数字制定数量条款极易引起争议。

为了保障双方的利益通常对不宜精确计算的商品数量，买卖双方应事先谈妥并在合同中订明交货数量的机动幅度，即在合同中明确规定货物数量可以多交或少交，但以不超过合同规定的百分比为限，也叫溢短装条款。如100M/T，5% More or Less at Seller's(or Buyer's)Option，卖方交货就比较灵活，只要在95M/T至105M/T范围内交货均不算违约，而无需硬凑100公吨。数量机动幅度的另一好处在于硬凑合同规定的某一具体数量，有时可能出现包装不成整件的情形，这对出口人交货和进口人收货都会带来不便。

商品数量机动幅度规定本身是为了双方共同的利益，在机动幅度范围内，多装或少装货物，一般都按合同价格结算货款，多交多收，少交少收。但是，由于数量是计算货款的基础，数量机动幅度的运用在一定程度上关系着买卖双方的商业利益，个别拥有数量增减选择权的当事人(出口商或进口商)利用行市的变化，有意多装或少装以获取额外的好处。作为买方，为了避免买方利用市价变动获取额外利润，在成交不以精确计算的商品时，应在在合同中明确规定，短溢装部分以装船时或到货时的市场价格计算。这比较符合公平合理的原则，且不易引起卖方的故意短装或溢装的行为。

值得注意的是，国际市场上存在着许多商品的价格类型。文中所提及的市场价格特指世界自由市场价格，即不受垄断或国家力量干预、由独立经营的买卖双方通过自由竞争而形成的价格，基本上能客观地反映国际市场上商品的供求状况、在一定时期内具有代表性并且得到各国普遍承认。一般有以下几种方式：国际上较有代表性的交易所的销售价格，大宗商品的进出口交易的价格，输往(入)国或地区的当地市场价格，博览会价格等。此外，在合同中最好明确规定作价方式，如双方对装船时或到货时的市场价格不能达成协议，则可交由仲裁机构裁决。

(三)约

《UCP600》规定，凡“约”、“近似”、“大约”或类似意义的词语用于涉及信用证规定的数量时，应允许解释为允许有关数量可有10%的增减。除非信用证规定货物规定的货物数量不得增减，只要支取的金额不超过信用证金额，则可有5%的增减幅度。但当信用证规定的数量按包装单位或以个数计数时，则此增减幅度不适用。

第四节 商品的包装

一、商品包装在国际贸易中的重要性

在国际贸易中除了少数商品难以包装或不值得包装而采取裸装或散装的方式外,绝大多数商品都需要有一定的包装。

在国际货物买卖中,包装条款是合同中的一项主要条款,是货物说明的重要组成之一,按合同约定的要求提交货物是卖方的主要义务之一。

《公约》规定:卖方必须按照合同规定的方式装箱或包装,如果合同未规定,货物按照同类货物通用方式装箱或包装,如果没有此种通用方式,则按照足以保全和保护货物的方式装箱或包装。如果卖方不按照合同规定方式装箱或包装,即为违约。

商品的包装是合同主要交易条件之一,是保证商品品质完好和数量完整的措施之一,能增加商品的价值和保证使用价值,同时还可以进行信息传递。

二、商品包装的种类

商品包装的分类方法很多,按包装在流通过程中所起的作用不同可以分为运输包装和销售包装;按包装容器形状分为箱、桶、捆、瓶等;按包装材料分为木制品、纸制品、塑料制品、陶瓷制品等;按包装货物种类分为医药、食品、家用电器等;按包装安全性能分为一般货物包装和危险货物包装等。

本书主要介绍运输包装和销售包装的相关内容。

三、运输包装(Transport Package)

又称大包装或外包装,主要作用在于保护商品、方便运输、装卸和储存。

(一)运输包装的种类

根据包装方式的不同,运输包装可以分为:

1. 单件运输包装

单件运输包装是指运输过程中作为一个计件单位的包装,如箱、桶、袋、包等。目前常用的是瓦楞纸箱和木箱。

2. 集合运输包装

集合运输包装是指将若干单件运输包装组合成一件大包装或装入一个大的包装容器内,可提高装卸效率、保护商品和节省费用。

(1)集装包和集装袋:由复合材料或合成纤维编制而成,容量 1 ~ 13 公吨。

(2)集装箱:使用更为广泛。一般有金属板材支撑,可装载5~40公吨货物。

(3)托盘:由木材、金属或塑料制成,承载力一般为0.5~2公吨。

(二)运输包装的标志

运输包装的标志是指在运输包装外部制作的特定记号或说明,通常由文字、图形、数字等内容组成。运输包装一般为密封容器,在商品的交接、运输和商检过程中,需要依靠标志来识别货物,了解内装产品的特性,以便运输、仓储和装卸。

运输包装上的标志按其作用不同可分为运输标志、指示性标志、警告性标志和附属标志。

1. 运输标志(Shipping mark)

又称唛头,由一个简单的几何图形和一些字母、数字及简单的汉字组成,其作用在于使有关人员在运输过程中便于识别货物,避免错发错运和便于核对单据。它一般刷在运输包装的明显部位,是货运单据中有关事项的基本内容之一,也是唯一体现在货物单据中的运输包装的标志。商品由集装箱方式运输时,运输标志可被集装箱号码和封口号码取代。

按照国际标准化组织的建议,运输标志应由四项内容组成,每项不得超过17个英文字母。

(1)收货人或买方的名称字首或简称。

(2)参照号码,如买卖合同号码、订单、发票或运单号码、信用证号码等。

(3)目的港或目的地的名称,货物运送的最终目的地或目的港,一般写全称,不用简称或缩写,如有重名则须列明国别或地区名称。

(4)货物的件数号码。

有时会多了简单的几何图形,或少了合同号或信用证号码或发票号码。

ABC————————————收货人代号
SC200801————————————参考号
NEWYORK————————————目的地
NO. 1-20————————————件数号码

制作运输标志时应注意唛头要简明清晰,易于辨认,要与信用证一致,并在每件商品相对应的两个侧面上都要刷上相同的标志,以便装卸时容易看见。

按照国际习惯,唛头一般由卖方决定,并无必要在合同中作具体规定,如买方要求指定唛头,也可在合同中做出具体规定。

2. 指示性标志(Indicative mark)

指示性标志是指示有关人员在装卸、运输和保管过程中需要注意的事项,目的是引起人们的注意,一般用简便、醒目的图形和文字在包装上显示。例如:“怕湿”、“向上”、“小心轻放”、“由此吊起”等。

易碎物品

禁用手钩

向上

怕晒

怕雨

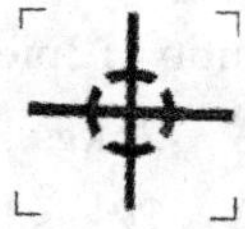

重心

3. 警告性标志(Warning mark)

警告性标志是指在装有爆炸品、易燃物品、腐蚀物品、氧化剂和放射性物质等危险货物的运输包装上标明危险性质的图形或文字说明,以示警告有关人员装卸。运输和保管人员在采取对应措施时要保障人身和物资安全。

我国危险品标志目前尚未与国际接轨,因此在我国出口危险品的运输包装上使用警告性标志时,要同时刷制两套危险品标志,一套是我国颁布的《包装储运标志》和《危险货物包装标志》,另一套是联合国海事协商组织规定的《国际海上危险运输规则》。

爆炸品标志
底色:橙红色
图形:正在爆炸的炸弹(黑色)
文字:黑色

易燃气体标志
底色:正红色
图形:火焰(黑色或白色)
文字:黑色或白色

氧化剂标志
底色:柠檬黄色
图形:从圆圈中冒出的火焰(黑色)
文字:黑色

有毒气体标志
底色:白色
图形:骷髅头和交叉骨形(黑色)
文字:黑色

4. 附属标志(Subsidiary mark)

附属标志是根据出口国或进口国的规定或收货人的要求而刷制的一些附加图案、文字和字母,如重量、体积、产地等。我国规定出口商品的内外包装上均应注明"中华人民共和国制造"或"中国制造"。

如: Article No.:TL008
Quantity:12pieces
G. W.:25kgs
N. W.:22kgs
MEANS:25×30×40cm
MADE IN CHINA

(三)运输包装的注意事项

1. 不同特性的商品应采用不同的包装

每种商品都有自己的特性,如玻璃容易破碎,所以玻璃制品的运输包装就要具有防震的性能。不同运输方式对同一种商品也有一定的影响,如水泥怕潮湿,又使用海运,则包装就必须具有防潮和牢固的性能。

2. 注意外国对包装的特殊规定

各国法律对运输包装的规定不一,并且对包装标志和每件包装的重量也有可能会有特殊的规定和要求,卖方在准备货物包装时需要及时了解相关政策和规定。

3. 在保证包装牢固的情况下节约费用

尽量采用物美价廉的包装材料,避免用料过多,应科学包装。

四、销售包装(Inner package)

又称内包装或小包装,是直接接触商品并随商品进入零售市场和消费者见面的包装,主要作用是保护商品、美化商品和宣传商品。

(一)销售包装的种类

销售包装的种类很多,按商品的不同特性和形状可以分为:挂式包装,堆叠式包装,透明包装,开窗包装,习惯包装,便携式包装,易开包装,喷雾包装,配套包装,礼品包装,复用包装,一次用量包装等。

(二)销售包装的条形码标志

条形码(Product code)是由一组粗细间隔不等的平行线条及其相应的数字组成的,是利用光电扫描阅读设备为计算机输入数据的特殊的代码语言,只需将光电扫描器对准条形码,计算机即可判断出该种货物品名、规格、数量、生产日期,生产厂商、生产国别等一系列信息。条形码是商品能够流通于国际市场的一种通用的国际语言和统一编码，是商品进入超级市场和大型百货商品的先决条件。

国际流行通用的条形码是由欧洲12国成立的欧洲物品编码协会（后改为国际物品编码协会）编制的EAN码（European Article Number），它包括标准版商品条码（EAN-13条码）和缩短版（EAN-8条码）。其中EAN-13条码使用最广，它由12位数字的产品代码和1位校验码组成，前3位为国别码，中间4位数字为厂商商号，后5位数字为产品代码，见图1-1。

1991年4月中国物品编码中心代表中国加入国际物品编码协会，成为正式会员，该会分配给中国的国别号为“690”、“691”、“692”，凡前三位数字为“690”、“691”、“692”的商品即表示是中国生产的货物。1998年9月国家质量技术监督局颁布了《商品条码管理办法》，该法规规定凡依法取得营业执照的生产者、销售者均可以申请注册厂商识别代码。系统成员对其注册的厂商识别代码和相应的商品条码享有专用权，不得擅自转让他人使用。任何单位或个人不得冒用他人注册的厂商识别代码。其他主要地区和国家的国别码如表1-1。

0 123456 789005

图1-1　条形码图例

表1-1　各国EAN国家代码

代码	国家（或地区）	代码	国家（或地区）
00-09	美国、加拿大	50	英国．爱尔兰
30-37	法国	690-692	中国大陆
40-44	德国	88	韩国
460-469	苏联	885	泰国
955	马来西亚	888	新加坡
49	日本		

（三）销售包装的装潢工作

销售包装的装潢工作包括图案、色彩和文字。包装的设计除了讲究外观美，有艺术吸引力外，还要注意进口国或销售地区的民族习惯和爱好，特别要了解一些国家所忌讳的包装图案、色彩和文字。当然装潢内容和商品的特性一定要紧密结合、和谐统一。

五、中性包装和定牌

(一)中性包装(Neutral packing)

中性包装是指既不标明生产国别、地名和厂商以及原有注册商标、牌号等有可能导致识别商品来源的内容。

中性包装包括无牌中性包装和定牌中性包装两种。前者指中性包装上无商品品牌,须经买方重新包装再销售往最终的销售市场;后者指中性包装上仅有买方指定的商标、牌号。

采用中性包装是为了打破某些国家的贸易壁垒,从而扩大出口,尤其是那些暂无直接外交关系,正在交战之中或出于对方经济制裁中的国家或地区,中性包装已成为他们相互出口商品的一种必要手段。

(二)定牌包装(Packing of nominated brand)

定牌包装是指卖方应买方要求在其出售的商品或包装上不采用自己的商标牌号而采用买方指定的商标和牌号。

定牌的原因是为了打开销路,当前许多国家的超级市场、大百货公司和专业商店,都要求其出售的商品或包装上标上自己的商标和牌号以扩大自身的知名度。但使用定牌也可能造成侵犯他人知识产权或丢失自己创立品牌的市场机会。

六、合同中商品包装条款的主要内容

(一)基本内容

包装条款一般包括包装材料、包装方式、包装费用和运输标志等内容。

例1:纸箱装,每箱24公斤。

In carton of 24kg each.

例2:单层新麻袋,每袋净重25千克。

In new single gunny bags of 25kilos net.

例3:每台装1个出口纸箱,810纸箱装1个40英尺集装箱运送。

Each set packed in one export carton, each 810 cartons transported in one40ft container.

(二)注意事项

1. 对包装的规定要明确具体。一般不宜采用“适合海运包装”、“习惯包装”之类的笼统规定。

2. 包装费用一般包括在货价之内。如果买方有额外要求,包装费用和支付方式应在合同中规定。

3. 按国际贸易惯例,唛头一般由卖方决定。

关键名词：

品名　品质　样品　对等样品　规格　等级　标准　FAQ　GMQ　商标　地理标志　品质机动幅度　品质公差　品质增减价条款　数量　度量衡制度　计量单位　毛重　净重　皮重　公量　以毛作净　溢短装条款　运输包装　销售包装　运输标志　条形码　中性包装　定牌

思考题：

1. 试述商品品名的条款内容及其应注意的问题。
2. 试述品质的表示方法。
3. 试述凭买方样品买卖时应注意的问题。
4. 试述质量机动幅度和质量公差的规定方法。
5. 试述我国法律对进出口商品所使用的计量单位的规定。
6. 试述合同中数量机动幅度条款的含义。如何规定溢短装条款？
7. 试述运输包装标志的种类。其中运输标志包括哪些内容？
8. 试述进出口商品包装的种类。
9. 试述中性包装和定牌包装的含义和使用场合。
10. 试述买卖合同中的包装条款的主要内容。

操作题：

1. 我国出口羊毛10公吨，每公吨3 000美元CIF纽约，买卖双方约定标准回潮率为11%，抽取10公斤羊毛，采取科学仪器取出水分后剩8公斤，计算公量、总价和实际回潮率。

2. 合同中数量条款规定"10000M/T 5% MORE OR LESS AT SELLER'S OPTION 。"卖方正待交货时，(1)该货物国际市场价格大幅度上涨(短溢装数量计价以合同价为准，假设合同价是每吨2元，市价每吨3元)，问：如果站在卖方立场上，拟交多少货？为什么？那该货物国际市场价格若大幅度下降(市价每吨1元)，问：卖方拟交多少货？为什么？(2)若短溢装数量计价以市价为准，假设合同价仍是每吨2元，该货物国际市场价格大幅度上涨，市价变为每吨3元，问：如果站在卖方立场上，拟交多少货？为什么？那该货物国际市场价格若大幅度下降(市价每吨1元)，问：卖方拟交多少货？为什么？(3)考虑上述两种情况，买方在磋商合同条款时，应注意什么？

3. 上海晨星贸易公司(Shanghai Morning Star Trading Corp.)与德国汉堡Hensen Co. Ltd. 订立购货合同，进口一批货物，目的地上海。该批货物共600件，纸箱装，每箱30件。请制作一个运输标志。

案例分析题：

1. 我国出口公司与美商凭样品成交一批高级瓷器，复验期60天，货到国外，经美商复验，未提出任何异议。但事隔一年，买方来电称：瓷器全部出现“釉裂”，只能削价处理销售，因此要求我方按成交价赔偿60%，我方接电后立即查看留存的复样，发现其釉下也有裂纹。问题：我方应如何处理？

2. 出口合同规定的商品名称为“手工制造书写纸”，买方收到货物后，经检验发现货物部分制造工序为机械操作，而我方提供的所有单据均表示为手工制造，对方要求我方赔偿，而我方拒赔，主要理由是：

(1) 该商品的生产工序基本是手工操作，而且关键工序完全采用手工；

(2) 该交易时经买方当面先看样品成立的，并且实际货物品质又与样品一致，因此，应该认为所交货物与商定的品质一致。

请分析：该争议责任在谁？应如何处理？

3. 我国进出口公司向国外某客户出口榨油大豆一批，合同中规定大豆的具体规格为含水分14%、含油量18%、含杂质1%。国外客户收到货物不久，我方便收到对方来电称：我方的货物品质与合同规定的相差较远，具体规格为含水分18%、含油量10%、含杂质4%，并要求我方给予合同金额40%的损害赔偿。请问，对方的索赔要求是否合理？合同中就这一类商品的品质条款应如何规定为宜？

4. 国内某公司出口至俄罗斯黄豆一批，合同的数量条款规定：每袋净重100公斤，共1 000袋，合计100公吨。货抵俄罗斯后，经检验，黄豆每袋仅重96公斤，1 000袋合计96公吨。适值黄豆价格下跌，俄罗斯客户以单货不符为由提出降价5%的要求，否则拒收。请问买方的要求是否合理，为什么？

5. 出口彩电4 000台，装运时发现仅存3 900台，请问卖方能否援引5%的增减幅度以3 900台彩电交货，为什么？

6. 某外商欲购我方“菊花”名牌电钻1 500台，但要求改用外商的“鲨鱼”牌商标，并不得注明“Made in China”字样。我方是否可以接受？应注意什么问题？

实训一：

1. 两位同学一组，每组同学选择一种商品：(1) 面粉；(2) 电视机；(3) 绒毛玩具。

2. 每组同学选择以下一个角色：出口商；进口商。

(1) 以每个角色登录并注册公司名称，输入必要的资料。

(2) 进入角色的画面，熟悉操作环境和每个角色的具体工作。

(3) 寻找业务合作伙伴，使用邮件系统建立初步的业务联系，要求出口商和进口商之间的往来业务函电必须使用英文。

3. 每位同学在1和2的基础上为所选的商品制定品名条款、品质条款、数量条款和包装条款。

第二章 商品的价格

1. 本章学习目的与要求

掌握贸易术语的含义和作用，了解与国际贸易有关的国际惯例，掌握国际商会《2000 年国际贸易术语解释通则》的相关规定，掌握 FOB、CFR、CIF 三种传统贸易术语的含义、变形以及使用中的注意事项，掌握 FCA、CPT、CIP 三种新型贸易术语的含义以及使用中的注意事项，了解其他七种贸易术语的含义、使用中应注意的问题。掌握合同标的的价格条款的构成、规定方法以及订立合同时的注意事项，掌握含佣价、佣金和净价的换算，掌握出口换汇成本的计算。

2. 本章教学重点和难点

(1)《2000 年国际贸易术语解释通则》中英文全称；

(2) FOB、CFR、CIF 三种传统贸易术语的含义、变形以及使用中的注意事项；

(3) FCA、CPT、CIP 三种新型贸易术语的含义以及使用中的注意事项；

(4) 我国进出口贸易作价方法；

(5) 出口商品的外汇成本核算；

(6) 佣金和折扣。

第一节 贸易术语的含义和作用

国际贸易是在两个国家或地区进行的商品和服务的交换活动，从出口国到进口国距离遥远，涉及许多手续、费用，货物运输过程中可能遭受的损失和风险几率大，如果每一笔交易买卖双方都要就以上问题进行协商，势必影响交易进程。因此如何在买卖双方之间划分手续、费用和责任就是一个十分重要的问题。

贸易术语是在长期贸易实践中形成的产物，用来明确交易双方在货物交接过程中风险、责任和费用的划分，并表示商品价格的构成。因此贸易术语是国际货物买卖合同中不可缺少的重要内容，外贸经营者必须了解和掌握国际贸易中现行的各种贸易术语的含义及用法及与其有关的国际贸易惯例，以便正确选择和使用各种贸易术语。同时正确理解和把握国际贸易术语对于国际贸易的磋商、履行、争议的处理、索赔的办理等都至关重要。

一、贸易术语的含义

贸易术语（Trade Terms）又称贸易条件、价格术语和交货条件等，是用一个简短的概念（如 FREE ON BOARD 或装运港船上交货）或三个英文字母的缩写（如 FOB）表明商品价格构成、买卖双方的有关责任、风险、费用的划分。

贸易术语具有两重性：一方面表示交货条件，另一方面又表示成交价格的构成因素。例如 FOB 术语中卖方负责按时把约定的货物交到买方指定的船上，并承担货物越过船舷以前的一切费用和风险。而 DES 术语中卖方负责派船将约定的货物运至指定的目的港，并承担货物在目的港船上交货前的一切费用和风险。同时 DES 价格卖方负责送货至目的港，至少包括从装运港到目的港的运费和保险费，而 FOB 价格不包括此运费和保险费，所以买卖双方确定成交价格时，DES 价比 FOB 价高。

二、贸易术语的作用

（一）有利于买卖双方洽商交易和订立合同

贸易术语代表特定的交货条件和价格构成，而且各种贸易术语内容的一般解释已成为国际惯例，并被国际贸易界从业人员和法律界人士所理解和接受。因此，买卖双方只要约定按何种贸易术语成交，即可明确彼此在货物交接方面所应承担的责任、费用和风险，这就简化了交易手续，缩短了洽商的时间，节约了买卖双方的费用开支。

（二）有利于买卖双方核算价格和成本

买卖双方因承担义务而产生的费用，如运费、保险费、装卸费、关税、增值税和其他费用清楚地体现在贸易术语中，采用哪个贸易术语，商品的价格构成一目了然，便于买方了解卖方所报价格构成，并进行比价和成本核算。

（三）有利于买卖双方解决贸易争议

买卖双方签订合同时，如对一些合同条款规定不明确或不完备，会产生争议，此时可以援引国际贸易惯例中有关贸易术语的一般解释来处理，这样可以避免争议的发生并有助于合同的履行和贸易的开展。

第二节 有关贸易术语的国际贸易惯例

国际贸易惯例是指在贸易的长期实践中所形成的具有普遍意义的习惯性做法及其解释。《公约》第 9 条对国际贸易惯例的解释为："在国际贸易上已经为有关特定贸易所涉同类合同的当事人所广泛知道并为他们所经常遵守。"贸易惯例已被大多数贸易从业人员理解和接受，因而能够对不同国家贸易当事人的同一问题做出的统一解释和规定，从而能够避免或消除贸易争议。

目前国际上有关贸易术语方面较有影响力的国际贸易惯例主要有以下三种：

一、《1932 年华沙—牛津规则》(Warsaw—Oxford Rules 1932)

1928 年国际法协会在波兰华沙举行会议，制定了有关 CIF 买卖合同的统一规则，共 22 条，称为《1928 年华沙规则》。此后经 1930 年纽约会议、1931 年巴黎会议和 1932 年牛津会议相继将此规则修订为 21 条，定名为《1932 年华沙—牛津规则》。

《1932 年华沙—牛津规则》主要规定和说明 CIF 合同的性质、特点以及买卖双方对费用、责任和风险的划分进行了比较详尽的解释，为按 CIF 贸易术语成交的买卖双方提供了一套易于使用的统一规则，供买卖双方自愿采用。

二、《1941 年美国对外贸易定义修订本》(Revised American Foreign Trade Definitions 1941)

1919 年美国九个大商业团体共同制定了《美国出口报价及其缩写》，对有关对外贸易定义进行统一解释，供对外贸易人员参考使用，得到了世界各国买卖双方的广泛承认和使用。但随着贸易习惯和实际做法的变化，在 1940 年第 27 届全国对外贸易会议上强烈要求对它作进一步修改。1941 年 7 月 30 日，美国商会、美国进出口协会和全国对外贸易协会组成的联合委员会正式通过《1941 年美国对外贸易定义修订本》。

《1941 年美国对外贸易定义修订本》对 EX(Point of Origin)、FAS、FOB、C&F、CIF、Ex Dock 等 6 种贸易术语作了解释。其中对 FOB 术语的解释与国际上一般的通用解释有较大差异，该修订本将 FOB 术语分为下列六种：

1. FOB (named inland carrier at named inland point of departure)，指在指定内陆发货地点的指定内陆运输工具上交货。按此术语，由卖方在内陆装运地点将货物装于火车、卡车、驳船、拖船、飞机或其他内陆运输工具上，并承担相应的装货费。

2. FOB (named inland carrier at named inland point of departure) freight prepaid to (named point of exportation),指在指定内陆的发货地点的指定内陆运输工具上交货,运费预付到指定的出口地点。

3. FOB (named inland carrier at named inland point of departure) freight allowed to (named point),指在指定内陆发货地点的指定内陆运输工具上交货,减除至指定地点的运费。按此术语,卖方所报价格包括货物至指定出口地点的运输费用,但注明运费到付,并由卖方在价金内减除。卖方在指定内陆起运地点将货物装上运输工具,并取得清洁提单或其他运输单据后,即完成交货义务。

4. FOB (named inland carrier at named point of exportation),指在指定的出口地点的指定内陆运输工具上交货。

5. FOB Vessel (named port of shipment),指指定装运港船上交货。按此术语,卖方必须在规定的日期或期限内,将货物实际装上买方提供的轮船上,负担货物装于船上为止的一切费用和沉淀任何灭失、损坏的责任,并提供清洁轮船收据或已装船提单;在买方请求并由其负担费用的情况下,协助买方取得货物出口或在目的地进口所需的各种证件。

6. FOB (named inland point in country of importation),指在指定的进口国内陆地点交货。

《1941 年美国对外贸易定义修订本》主要适用于美洲国家,其中很多解释和《2000 通则》不同。因此,我国外贸企业在与美洲国家进出口商进行交易时,应明确规定贸易术语适用的国际惯例,以避免不必要的纠纷和争议的产生。

三、《2000 年国际贸易术语解释通则》(INCOTERMS 2000)

1936 年,国际商会制定了《1936 年国际贸易术语解释通则》(INCOTERMS1936),对部分重要的贸易术语作了解释。之后随着国际贸易实践的发展和形势的变化,在 1953 年、1967 年、1976 年、1980 年、1990 年对 INCOTERMS 进行了五次修订和补充。1999 年 9 月国际商会再次对 INCOTERMS1990 进行修订,公布了新版本《2000 年国际贸易术语解释通则》(以下简称《2000 通则》),2000 年 1 月 1 号生效,是国际商会第 560 号出版物,它是当前包括内容最多、使用范围最广和影响最大的有关贸易术语的国际惯例。

《2000 通则》的公布和生效,标志着国际贸易惯例的重大发展,不仅具有重要的现实意义,而且会产生深远的影响。随着《2000 通则》的实施和推广,不仅有利于国际贸易的发展,而且对国际贸易法律的进一步发展亦有促进作用。

（一）《2000 通则》买卖双方义务的划分

每种术语对买卖双方各列出 10 项义务，将卖方 A1 ~ A10 义务和买方 B1 ~ B10 义务逐项间隔排列左右对照，并在 10 项义务之前注明“A 卖方义务”和“B 买方义务”的词句，在每条具体义务前则分别加注“卖方必须”和“买方必须”。但以下逐项义务前则省略词句，如：

A 卖方义务	B 买方义务
A1 提供符合合同规定的货物	B1 支付货款
A2 许可证、批准文件及海关手续	B2 许可证、批准文件及海关手续
A3 运输合同与保险合同	B3 运输合同和保险合同
A4 交货	B4 受领货物
A5 风险转移	B5 风险转移
A6 费用划分	B6 费用划分
A7 通知买方	B7 通知卖方
A8 交货凭证、运输单据或相等的电子信息	B8 交货凭证，运输单据或相等的电子信息
A9 核查、包装及标记	B9 货物检验
A10 其他义务	B10 其他义务

（二）《2000 年通则》中的贸易术语

《2000 通则》解释了 13 种贸易术语，按照买卖双方的权利和义务不同，将 13 种贸易术语分为 E、F、C、D 四组。

E 组（启运）：本组术语只有 EXW 一种，是卖方承担义务最小的术语。按此种术语签订的合同，卖方在他自己的处所或合同指定的其他地点将货物提供给买方，即完成交货义务。卖方不负责办理货物出口清关手续或将货物装上任何运输工具。

F 组（主运费未付）：包括 FCA、FAS、FOB 三种贸易术语。按此组术语签订的合同属于装运合同，卖方在主要运费未付的情况下于出口国完成交货义务，买方订立运输合同或指定承运人，支付从交货地到目的地的运费及承担货物此段路程发生灭失或损坏的风险。

C 组（主运费已付）：包括 CFR、CIF、CPT、CIP 四组贸易术语。按此组贸易术语签订的合同和 F 组一样也属于装运合同，卖方在装运地将货物交给承运人，即完成交货义务。CFR、CPT 两种贸易术语卖方必须支付按通常路线和惯常方式运送货物至指定目的地的正常运费，而 CIF、CIP 两种贸易术语还应办理有关的保险并负担保险费用。C 组贸易术语与其他组贸易术语最大的区别在于：风险划分点和费用划分点分离。

D 组(到达):包括 DAF、DES、DEQ、DDU 和 DDP 五种贸易术语。按该组术语签订的合同属于到货合同或到达合同,卖方必须负责将货物运送到约定的目的地,并负担货物交付至该处为止的一切风险和费用。

为了便于查找和记忆各种贸易术语,特将 13 种贸易术语分类排列如表 2-1 所示。

表 2-1　13 种贸易术语的分类

	英文缩写	英文名称	中文名称
E 组	EXW	EX Works	工厂交货
F 组	FCA	Free Carrier	货交承运人
	FAS	Free Alongside Ship	装运港船边交货
	FOB	Free On Board	装运港船上交货
C 组	CFR	Cost and Freight	成本加运费
	CIF	Cost、Insurance and Freight	成本、保险费加运费
	CPT	Carriage Paid To	运费付至
	CIP	Carriage and Insurance Paid To	运费、保险费付至
D 组	DAF	Delivered At Frontier	边境交货
	DES	Delivered Ex Ship	目的港船上交货
	DEQ	Delivered Ex Quay	目的港码头交货
	DDU	Delivered Duty Unpaid	未完税交货
	DDP	Delivered Duty Paid	完税交货

(三)关于贸易术语的国际惯例的法律效力问题

国际惯例不是法律,也不具有普遍的约束力,对贸易双方没有强制性。首先,国际货物买卖双方有权自愿选择采用某种国际惯例,并在合同中做出明确规定。其次,买卖双方也可在合同中做出与惯例某项解释或规则不同的规定,且其效力将超越惯例的任何规定。最后,双方如果在合同中没有排除或明确规定适用何种惯例,则在履行合同过程中发生争议而提起诉讼或仲裁时,法院或仲裁机构往往会引用某一公认的或影响较大的有关贸易术语的国际惯例如 INCOTERMS2000 来进行判决或裁决。

我国法律规定,凡中国法律没有规定的,适用于国际贸易惯例。《公约》规定,合同没有排除的惯例、已经知道或应当知道的惯例、经常使用反复遵守的惯例适用于合同。

第三节 《2000 通则》13 种贸易术语的解释

在我国对外贸易中，经常使用的主要术语为 FOB、CFR 和 CIF 三种，近年来随着集装箱运输和国际多式联运业务的发展，采用 FCA、CPT 和 CIP 贸易术语的也日益增多。因此，熟悉此六种贸易术语的含义、买卖双方的义务，以及在使用过程中就注意的问题，特别重要。

一、EXW

(一) EXW 术语的含义

EXW 术语的英文全称是 EX Works(... named place)，中文名称工厂交货(...... 指定地)，是指卖方将货物在其所在工厂(工场、仓库等)交付买方时，即完成交货义务。按此贸易术语成交，除另有规定外，卖方既不负责将货物装上买方备妥的运输工具，也不负责办理货物出口清关手续，买方应承担货物自卖方工厂到预期目的地的全部费用和风险。因此，工厂交货是卖方承担责任、费用和风险最小的贸易术语。买方如果不能直接或间接地办理货物出口清关手续，就不宜采用此术语，而应选用 FCA 术语。

EXW 术语适用于任何运输方式。

(二) EXW 术语下买卖双方的义务

根据《2000 年通则》，买卖双方各自承担的基本义务可概括如下。

1. 卖方义务

(1) 在合同规定的日期和地点，将未置于任何运输工具上的符合合同规定的货物交给买方。

(2) 承担货物在其所在工厂(工场、仓库等)交付买方之前的一切费用和风险。

(3) 负责提供商业发票或具有同等效力的 EDI 信息。

2. 买方义务

(1) 负责办理货物出口和进口清关。

(2) 承担受领货物之后的一切费用和风险。

(3) 接受卖方提交的与合同相符的单据，受领与合同相符的货物并支付货款。

二、FCA

(一) FCA 术语的含义

FCA 术语的英文全称是 Free Carrier(... named Place)，中文名称货交承运人(...... 指定地点)。根据《2000 通则》，FCA 术语是指卖方在指定地点将货物交给买方指定的承运人照管并办理出口清关手续,即完成交货。

FCA 术语中的承运人是指受托运人委托,在运输合同中承诺通过铁路、公路、海洋、航空、内河运输或多式联运履行运输的人,或承担取得上述运输履行的订约承运人,如货运代理商。如买方指定承运人以外的人收取货物,则货物被交给此人时,视为卖方已经履行了交货义务。

风险转移界限于货交承运人时转移,买方必须负担自该点起的一切费用和货物灭失、损坏的风险。

FCA 术语实际是在 FOB 的基础上发展起来的,但在实际业务中由于 FCA 在使用的运输方式上不只局限于水上,而是各种运输方式,尤其是随着集装箱运输和多式联运的发展,FCA 术语的使用更为广泛,并对卖方更为有利。

(二)FCA 术语下买卖双方的义务

根据《2000 年通则》,买卖双方各自承担的基本义务可概括如下。

1. 卖方义务

(1)在合同规定的日期内,在指定地点将符合合同规定的货物交给买方指定的承运人,并给予买方充分通知。

(2)负责办理货物出口清关。

(3)承担货交承运人之前的一切费用和风险。

(4)负责提供商业发票和通常的交货凭证或具有同等效力的 EDI 信息。

2. 买方义务

(1)签订将货物从指定地点到目的地的运输合同,支付货物运至目的地的运费,并给予卖方承运人名称及有关情况的充分通知。

(2)负责办理货物进口清关。

(3)承担货交承运人之后的一切费用和风险。

(4)接受卖方提交的与合同相符的单据,受领与合同相符的货物并支付货款。

(三)使用 FCA 术语时应该注意的问题

1. 交货地点

FCA 术语适用于各种运输方式,其交货点的规定影响买卖双方装卸货义务。《2000 年通则》规定如下:

(1)交货地点为卖方所在住所,则当货物被装上买方指定的承运人或代表买方的其他人提供的运输工具上,卖方完成交货义务。

(2)其他情况下,卖方只需将装载于自己运输工具上的货物交由买方指定的承运人处置时,卖方即完成交货义务。

由此可见,当卖方按合同规定,在卖方所在处将货物装上承运人的运输工具,或者在其他指定交货点,或在卖方的送货运输工具上将货物置于承运人处置之下时,货物灭失或损坏的风险即从卖方转移到买方。

2. 卖方代办运输的问题

FCA术语成交,应由买方订立从指定地点承运货物的合同,并指定承运人,卖方并无订立运输合同义务。但《2000通则》中规定如买方提出请求,要求卖方协助与承运人订立运输合同时,只要买方承担相关费用和风险,卖方可代办理运输。反之,如卖方拒绝买方请求必须及时通知买方,否则因遗漏安排运输而引起的额外费用和风险,应由卖方承担。

三、FAS

(一)FAS术语的含义

FAS术语的英文全称是Free Alongside Ship (... named port of shipment),中文名称装运港船边交货(......指定装运港)。是指卖方在指定装运港将货物放置在船边(靠近船只的码头或驳船),即完成交货义务。按FAS条件成交,卖方承担货物交至船边前的一切费用和风险,包括驳运费用和驳运过程中发生的货物风险损失。

FAS术语适用于海运或内河航运。

(二)FAS术语下买卖双方的义务

根据《2000年通则》,买卖双方各自承担的基本义务可概括如下。

1. 卖方义务

(1)在合同规定的日期和地点将符合合同规定的货物交到买方所派船只的旁边,并给予买方充分通知。

(2)负责办理货物出口清关。

(3)承担货交船边之前的一切费用和风险。

(4)负责提供商业发票和交货的通常凭证或具有同等效力的EDI信息。

2. 买方义务

(1)签订将货物从指定装运港到目的地的运输合同,支付货物运至目的地的运费,并给予卖方关于船名、装船地点和要求交货时间的充分通知。

(2)负责办理货物进口清关。

(3)承担受领货物之后的一切费用和风险。

(4)接受卖方提交的与合同相符的单据,受领与合同相符的货物并支付货款。

四、FOB

（一）FOB 术语的含义

FOB 术语的英文全称是 Free On Board(…named port of shipment)，中文名称装运港船上交货(…指定装运港)。根据《2000 通则》，FOB 术语是指卖方在合同规定的日期内在指定的装运港当货物越过船舷即完成交货义务，买方必须负担自该点起的一切费用和货物灭失、损坏的风险。

此术语只能适用于海运和内河运输。但是在海运和内河运输中，如要求卖方在船舶到达前即将货物交到港口货站，或者不想以越过船舷作为完成交货则不宜采用 FOB 术语，而应改用 FCA 术语。

（二）FOB 术语下买卖双方的义务

根据《2000 年通则》，买卖双方各自承担的基本义务可概括如下：

1. 卖方义务

(1)负责在合同规定的日期内，在指定装运港，将符合合同规定的货物按惯常方式交至买方指派的船上，并给予买方充分通知。

(2)负责办理货物出口清关。

(3)承担货物在装运港越过船舷之前的一切费用和风险。

(4)负责商业发票和证明货物已交至船上的通常单据，或具有同等作用的电子信息。

2. 买方义务

(1)负责租船订舱，支付运费，并给予卖方关于船名、装船地点和要求交货时间的充分通知。

(2)负责办理货物进口清关。

(3)承担货物在装运港越过船舷之后的一切费用和风险。

(4)接受卖方提交的与合同相符的单据，受领与合同相符的货物并支付货款。

（三）使用 FOB 术语时应注意的问题

1. “船舷为界”与“船上交货”的确切含义

按《2000 年通则》规定，使用 FOB 术语的卖方必须及时在装运港将货物“交至船上”或“装上船”，其风险划分点为船舷。当货物在装运港越过船舷时，货物灭失或损坏的风险从卖方转移至买方。

然而在实际业务中，FOB 合同的买方往往要求卖方提交“已装船清洁提单”，而卖方一般也应该提供此种运输单据，如前所述，《2000 年通则》作为惯例的规定并不具有强制效力，允许买卖双方按实际业务的需要，对该规则的任何规定作必要的改变。因此，该 FOB 合同的风险划分点可以从“船舷”延伸至“船舱”。即卖方必须负责在装运港将货物安全地装入船舱，并负担货物装入船舱为止的一切灭失、损坏的风险。

2. 船货衔接

FOB 合同的买方负责租船和订舱，并将船名和装船时间通知卖方，而卖方负责在合同规定的装船期和装运港，将货物装上买方指定的船只。这就存在船货衔接的问题。如果买方船只按时到达装运港并给予卖方充分通知，而卖方因货未备妥未能及时装运，则卖方应承担由此造成的空舱费或滞期费；如果买方延迟派船，使卖方不能在合同规定的装运期内将货物装船，则由此引起的卖方仓储、保险等费用支出的增加，以及因迟收货款而造成的利息损失，均须由买方负责。

3. FOB 的变形

FOB 合同的买方如果用班轮运输货物，则装船费用由买方承担。但在租船运输时，FOB 合同的买卖双方就须对装船费用的负担问题进行洽商，在合同中做出明确规定，也可采用在 FOB 术语后加列加列附加条件，即用 FOB 变形来表示。

(1) FOB 班轮条件(FOB Liner Terms or FOB Gross Terms)，是指装船费用按照班轮运输的做法由支付运费的一方(即买方)承担。

(2) FOB 吊钩下交货(FOB Under Tackle)，是指卖方将货物置于轮船吊钩所及之处，从货物起吊开始的装货费用由买方承担。

(3) FOB 包括理舱费(FOB Stowed, FOBS)，理舱是指货物装船后进行垫隔和整理，从而使船上装载的货物放置妥善和分布合理。FOB 包括理舱费是指卖方负责将货物装入船舱并支付包括理舱费在内的装货费用。

(4) FOB 包括平舱费(FOB Trimmed, FOBT)，平舱是指货物装船后，为保持船舶承受压力均衡和航行安全，对成堆装入船舱的散装货物，如煤炭、粮谷等，进行的调动和平整。FOB 包括平舱费是指卖方将货物装入船舱并支付包括平舱费在内的装货费用。

(5) FOB 包括理舱、平舱(FOB Stowed and Trimmed, FOBST)，卖方将货物装入船舱并支付包括平舱费和理舱费在内的装货费用。

按一般惯例，凡 FOB 后未加“理舱”和“平舱”字样者，则理舱和平舱的费用卖方不予负担。

须注意，对贸易术语变形国际上并无统一和权威性的解释。因此，在实际业务中，除非买卖双方对贸易术语的变形有一致的理解，否则在使用贸易术语变形时，应在合同中明确规定买方所需承担的额外费用，以防止履约过程中由于理解差异而产生争议。另外使用贸易术语变形明确了买卖双方的装船费用问题,但并不改变交货地点和风险的划分。

五、CFR

(一)CFR术语的含义

CFR术语的英文全称是Cost and Freight(…named port of destination),中文名称成本加运费(……指定目的港)。根据《2000通则》,CFR术语是指卖方负责租船订舱,在合同规定的日期内将货物装上船,运至约定目的港,并负担货物从装运港至目的港的通常运费。风险转移界限为货物越过船舷,买方必须负担自该点起的一切费用和货物灭失、损坏的风险。

按照《2000年通则》规定,此术语只适用于海运和内河运输。如果双方当事人不想以越过船舷作为完成交货,则应采取CPT术语。

(二)CFR术语下买卖双方的义务

根据《2000年通则》,买卖双方各自承担的基本义务可概括如下:

1. 卖方义务

(1)负责租船订舱,支付货物运至目的地的运费;在合同规定的日期内,在指定装运港将符合合同规定的货物装上船,并给予买方充分通知。

(2)负责办理货物出口清关。

(3)承担货物在装运港越过船舷之前的一切费用和风险。

(4)负责提供商业发票和证明货物已交至船上的通常单据,或具有同等效力的EDI信息。

2. 买方义务

(1)负责办理货物进口清关。

(2)承担货物在装运港越过船舷之后的一切费用和风险。

(3)接受卖方提交的与合同相符的单据,受领与合同相符的货物并支付货款。

(三)使用CFR术语时应注意的问题

1. 风险划分点

因为CFR术语和FOB术语相同,都是以装运港船舷作为风险划分点,所以FOB术语下关于船舷为界的理解同样适用于CFR术语。

2. 装船通知的重要性

按CFR订立合同,特别注意的是装船通知问题。因为在CFR术语下,卖方负责租船订舱,买方自行办理货物运输保险。因此,在货物越过船舷船前,即风险转移至买方前,买方及时向保险公司办理保险。《2000年通则》中规定:使用 CFR 术语,卖方必须给予买方关于货物已经交到船上的充分通知。如果出现卖方未及时通知而导致买方不能及时投保,那么卖方就必须承担因此而产生的全部损失。

在实际业务中,我出口企业应事先与国外买方就如何装船通知商定具体做法,如果事先未曾商定,则应根据双方已经形成的习惯做法,或根据订约后装船前买方提出的具体要求对装船通知所做规定,及时用电信向买方发出装船通知。

3. CFR 的变形

如果用班轮运输货物,CFR 合同的卖方承担装船费用和卸货费用。但在租船运输时,装船费用由卖方支付,但卸货费用须由 CFR 合同的买卖双方在合同中做出明确规定,也可采用在 CFR 术语后加列加列附加条件,即用 CFR 变形来表示。

(1)CFR 班轮条件(CFR Liner Terms),是指卸货费用按班轮条件处理,由支付运费的一方(卖方)负担卸货费用。

(2)CFR 舱底交货(CFR Ex Ship's Hold),是指货物到目的港后,由买方负担将货物从舱底起吊卸到码头的费用。

(3)CFR 吊钩下交货(CFR Under Tackle),是指卖方负责将货物从船舱吊起至船舶吊钩所及之处的费用。在船舶不能靠岸的情况下,租用驳船的费用和货物从驳船卸到岸上的费用,概由买方负责。

(4)CFR 卸到岸上(CFR Landed),是指卖方负责将货物从船舱吊到目的港岸上为止的费用;在船舶不能靠岸的情况下,租用驳船的费用和货物从驳船卸货到岸上的费用,概由卖方负担。

六、CIF

(一)CIF 术语的含义

CIF 术语的英文全称是 Cost 、Insurance and Freight(… named port of destination),中文名称成本、运费加保险费(……指定目的港)。根据《2000 通则》,CIF 术语是指卖方负责租船订舱,在合同规定的日期内将货物装上船,运至约定目的港,并负担货物从装运港至目的港的通常运费和保险费。风险转移界限为货物越过船舷,买方必须负担自该点起的一切费用和货物灭失、损坏的风险。

按照《2000 年通则》规定,此术语只适用于海运和内河运输。如果双方当事人不想以越过船舷作为完成交货,则应采取 CIP 术语。

(二)CIF 术语下买卖双方的义务

根据《2000 年通则》,买卖双方各自承担的基本义务可概括如下。

1. 卖方义务

(1)负责租船订舱,支付货物运至目的地的运费;在合同规定的日期内,在指定装运港将符合合同规定的货物装上船,并给予买方充分通知。

(2)负责办理货物运输保险,并支付保险费。

(3)负责办理货物出口清关。

(4)承担货物在装运港越过船舷之前的一切费用和风险。

(5)负责提供商业发票、保险单和证明货物已交至船上的通常单据,或具有同等效力的 EDI 信息。

2. 买方义务

(1)负责办理货物进口清关。

(2)承担货物在装运港越过船舷之后的一切费用和风险。

(3)接受卖方提交的与合同相符的单据,受领与合同相符的货物并支付货款。

(三)使用 CIF 术语时应该注意的问题

1. CIF 属于"装运合同"

按照 CIF 术语成交,卖方负责装船,并负担货物从装运港至目的港的运费和保险费,所以 CIF 合同常被误解为到货合同,称其为"到岸价"。其实 CIF 术语的交货点和风险划分点与 FOB 术语的完全相同,卖方承担风险的责任在货物越过船舷后就结束了。

2. 保险险别问题

CIF 合同由卖方办理保险,但货物在装运港越过船舷后,与货物有关的一切风险和费用就转移到买方,因此如果发生损失,由买方凭卖方提交的保险单向保险公司索赔。因此 CIF 合同是卖方为了买方的利益办理货物保险,属于代办性质。

根据《2000 通则》规定,卖方只需投最低保险险别,保险金额为合同规定的价格加成 10%,并且以合同货币投保。

3. 象征性交货问题

象征性交货是相对于实际交货而言的,象征性交货指卖方只要按期在约定地点完成装运,并向买方提交合同规定的全套的单据,哪怕货物在运输途中损坏或灭失,也算完成交货义务,买方就必须履行付款义务。而实际交货是指卖方必须按照合同规定的时间和方式将符合合同的货物交给买方或其指定人,不能凭单交货。

但 CIF 的象征性交货并不意味着可以减轻卖方交货方面的责任,如果货物到达目的港后存在不符合合同规定的情况,且其明确属于卖方责任,则买方可凭借买卖合同向卖方进行索赔,而卖方也必须承担相应责任。

4. 卸货费用负担问题

CFR 术语的变形同样使用于 CIF 术语。

(1)CIF 班轮条件(CIF Liner Terms),是指卸货费用按班轮条件处理,由支付运费的一方(卖方)负担卸货费用。

(2)CIF 舱底交货(CIF Ex Ship's Hold),是指货物到目的港后,由买方负担将货物从舱底起吊卸到码头的费用。

(3) CIF 吊钩下交货(CIF Under Tackle),是指卖方负责将货物从船舱吊起至船舶吊钩所及之处的费用。在船舶不能靠岸的情况下,租用驳船的费用和货物从驳船卸到岸上的费用,概由买方负责。

(4)CIF 卸到岸上(CIF Landed),是指卖方负责将货物从船舱吊到目的港岸上为止的费用;在船舶不能靠岸的情况下,租用驳船的费用和货物从驳船卸货到岸上的费用,概由卖方负担。

七、CPT

(一)CPT 术语的含义

CPT 术语的英文全称是 Carriage Paid to(…named place of destination),中文名称运费付至(……指定目的地)。根据《2000 通则》,CPT 术语是指卖方在指定地点将货物交给买方指定的承运人照管并支付货物运至指定目的地时所需的运费,即完成交货。货物交付给承运人处置后货物灭失或损坏的风险以及任何额外费用,都由买方承担。

CPT 术语适用于任何运输方式,卖方交货点可以在出口国内陆任何地点,也可以在出口国港口,但不论在何处交货,卖方都要办理货物出口的结关手续,并承担相应的费用。

(二)CPT 术语下买卖双方的义务

根据《2000 年通则》,买卖双方各自承担的基本义务可概括如下。

1. 卖方义务

(1)签订将货物从指定地点到目的地的运输合同,支付货物运至目的地的运费,在合同规定的日期内,在指定地点将符合合同规定的货物交给买方指定的承运人,并给予买方充分通知。

(2)负责办理货物出口清关。

(3)承担货交承运人之前的一切费用和风险。

(4)负责提供商业发票和交货的通常凭证或具有同等效力的 EDI 信息。

2. 买方义务

(1)负责办理货物进口清关。

(2)承担货交承运人之后的一切费用和风险。

(3)接受卖方提交的与合同相符的单据,受领与合同相符的货物并支付货款。

(三)使用 CPT 术语时应该注意的问题

1. 装运通知

与 CFR 术语需要及时发出交货通知一样,CPT 术语中的卖方也要在货物交给承运人或第一承运人照管时起,及时向买方发出货已交付的充分通知,以便买方及时办理货物投保手续。

2. 风险划分的界限问题

在使用多式联运情况下,需要利用后续承运人将货物运至指定目的地,风险自货物交付第一承运人处置时转移。

八、CIP

(一)CIP 术语的含义

CIP 术语的英文全称是 Carriage Insurance Paid to(… named place of destination),中文名称运费、保险费付至(……指定目的地)。根据《2000 通则》,CIP 术语是指卖方在指定地点将货物交给买方指定的承运人照管并支付货物运至指定目的地时所需的运费和保险费,即完成交货。货物交付给承运人处置后货物灭失或损坏的风险以及任何额外费用,都由买方承担。

CIP 术语和 CPT 术语一样适用于任何运输方式。

(二)CIP 术语下买卖双方的义务

根据《2000 年通则》,买卖双方各自承担的基本义务可概括如下。

1. 卖方义务

(1)签订将货物从指定地点到目的地的运输合同,支付货物运至目的地的运费,在合同规定的日期内,在指定地点将符合合同规定的货物交给买方指定的承运人,并给予买方充分通知。

(2)负责办理货物运输保险,并支付保险费。

(3)负责办理货物出口清关。

(4)承担货交承运人之前的一切费用和风险。

(5)负责提供商业发票、保险单和交货的通常凭证或具有同等效力的 EDI 信息。

2. 买方义务

(1)负责办理货物进口清关。

(2)承担货交承运人之后的一切费用和风险。

(3)接受卖方提交的与合同相符的单据,受领与合同相符的货物并支付货款。

与 CIF 术语一样,CIP 术语中的卖方投保也属代办性质。根据《2000 通则》的解释,一般情况下,买卖双方应协商确定保险险别,如果合同没有明确规定则卖方可按惯例投保最低险别,保险金额为发票金额基础上加 10%,保险货币为合同货币。

九、DAF

(一)DAF 术语的含义

DAF 术语的英文全称是 Delivered At Frontier (…named place),中文名称边境交货(……指定地点),是指卖方将货物运至买方指定的边境地点,将其仍在送货运输工具上尚未卸下的货物,置于买方处置之下,并办妥出口清关时,即完成交货义务。按 DAF 条件成交,卖方承担货物运抵边境指定地点交买方处置前的一切费用和风险,买方则承担之后所发生的一切费用和风险。

虽然 DAF 术语适用于任何运输方式,但主要是铁路和公路运输。当边境上有几个可供交货的地点时,双方当事人应在合同中明确规定某一边境交货地点,并且在 DAF 之后列明,以免在履约时引起争议。按《2000 通则》如果双方在订约时未能就具体的交货地点做出明确规定,卖方有权在指定交货地点自行选择最适宜的具体地点。

(二)DAF 术语下买卖双方的义务

根据《2000 年通则》,买卖双方各自承担的基本义务可概括如下。

1. 卖方义务

(1)在合同规定的日期和地点将符合合同规定的货物交到买方指定的边境地点,并给予买方充分通知。

(2)负责办理货物出口清关。

(3)承担货交边境由买方处置之前的一切费用和风险。

(4)负责提供商业发票和交货的通常凭证或具有同等效力的 EDI 信息。

2. 买方义务

(1)签订将货物从指定边境地点到目的地的运输合同,支付货物运至目的地的运费。

(2)负责办理货物进口清关。

(3)承担受领货物之后的一切费用和风险。

(4)接受卖方提交的与合同相符的单据,受领与合同相符的货物并支付货款。

十、DES

(一) DES 术语的含义

DES 术语的英文全称是 Delivered Ex Ship (…named port of destination),中文名称目的港船上交货(……指定目的港),是指卖方在指定的目的港船上向买方提供未经进口清关的货物时,即完成交货义务。

按 DES 条件成交,卖方承担货在目的港船上交买方处置前的一切费用和风险;买方则承担自货物在目的港船上交由其处置后(即从船上开始卸货起)的一切费用和风险,其中包括负责卸货和办理货物进口清关手续。

DES 术语适用于海运和内河航运。

(二) DES 术语下买卖双方的义务

根据《2000 年通则》,买卖双方各自承担的基本义务可概括如下。

1. 卖方义务

(1)签订将货物从指定地到目的港的运输合同,支付货物运至目的地的运费和保险费,在合同规定的日期和地点将符合合同规定的货物交到目的港,不卸离船只,并给予买方充分通知。

(2)负责办理货物出口清关。

(3)承担货交目的港船上由买方处置之前的一切费用和风险。

(4)负责提供商业发票和交货的通常凭证或具有同等效力的 EDI 信息。

2. 买方义务

(1)负责办理货物进口清关。

(2)承担受领货物之后的一切费用和风险。

(3)接受卖方提交的与合同相符的单据,受领与合同相符的货物并支付货款。

DES 术语中卖方不仅要负责正常的运费、保险费,还要负担诸如转船、绕航等产生的额外费用,以及根据需要加保各种特殊附加险而支付的费用。由此可见 DES 术语是真正的到岸价。它和 CIF 术语在交货地点、风险划分、责任和费用负担等问题上都有所区别。

十一、DEQ

(一) DEQ 术语的含义

DEQ 术语的英文全称是 Delivered Ex Quay (…named port of destination),中文名称目的港码头交货(……指定目的港),是指卖方将货物运至买方指定的目的港码头交付给买方,但不办理进口清关手续,即完成交货义务。

按 DEQ 条件成交，卖方承担货物运抵目的港并卸至码头交买方处置前的一切费用和风险。

DEQ 术语适用于海运和内河航运。

（二）DEQ 术语下买卖双方的义务

根据《2000 年通则》，买卖双方各自承担的基本义务可概括如下。

1. 卖方义务

（1）签订将货物从指定地到目的港的运输合同，支付货物运至目的地的运费和保险费，在合同规定的日期和地点将符合合同规定的货物交到目的港，卸离船只，并给予买方充分通知。

（2）负责办理货物出口清关。

（3）承担货交目的港码头由买方处置之前的一切费用和风险。

（4）负责提供商业发票和交货的通常凭证或具有同等效力的 EDI 信息。

2. 买方义务

（1）负责办理货物进口清关。

（2）承担受领货物之后的一切费用和风险。

（3）接受卖方提交的与合同相符的单据，受领与合同相符的货物并支付货款。

十二、DDU

（一）DDU 术语的含义

DDU 术语的英文全称是 Delivered Duty Unpaid（… named place of destination），中文名称未完税交货（……指定目的地），是指卖方将货物运至进口国指定的目的地，不从运输工具上卸下交付买方，不办理进口清关手续，即完成交货义务。

按 DDU 条件成交，卖方承担货物运至进口国指定地点交买方处置前的一切费用和风险，不包括关税和进口时所需要支付的其他费用，以及办理海关手续的费用和风险；买方则承担上述费用，并负责因其未及时办理货物进口清关而引起的额外费用和风险。

DDU 术语适用于任何运输方式。

（二）DDU 术语下买卖双方的义务

根据《2000 年通则》，买卖双方各自承担的基本义务可概括如下。

1. 卖方义务

（1）签订将货物从指定地到目的地的运输合同，支付货物运至目的地的运费和保险费，在合同规定的日期和地点将符合合同规定的货物交到进口国指定地点，并给予买方充分通知。

(2)负责办理货物出口清关。

(3)承担货交买方处置之前的一切费用和风险。

(4)负责提供商业发票和交货的通常凭证或具有同等效力的 EDI 信息。

2. 买方义务

(1)负责办理货物进口清关。

(2)承担受领货物之后的一切费用和风险。

(3)接受卖方提交的与合同相符的单据,受领与合同相符的货物并支付货款。

十三、DDP

(一)DDP 术语的含义

DDP 术语的英文全称是 Delivered Duty Paid (… named place of destination),中文名称完税后交货(……指定目的地),是指卖方完成进口清关手续并将货物运至进口国指定的目的地,将在运输工具上尚未卸下的货物交付买方,即完成交货义务。

按 DDP 条件成交,卖方承担的责任、费用和风险是最大的一种,等于送货上门,卖方承担在货物交由买方处置前的所有责任、费用和风险,包括进口报关手续、关税以及在进口时所需要支付的其他费用。

如果当事人希望买方办理货物进口清关并支付关税,或卖方不能直接或间接取得进口许可证则应使用 DDU 术语。如果在卖方承担费用和风险的情况下,买方可协助间接取得进口许可证或其他官方批准证件。

DDP 术语适用于任何运输方式。

(二)DDP 术语下买卖双方的义务

根据《2000 年通则》,买卖双方各自承担的基本义务可概括如下。

1. 卖方义务

(1)签订将货物从指定地到目的地的运输合同,支付货物运至目的地的运费和保险费,在合同规定的日期和地点将符合合同规定的货物交到进口国指定地点,并给予买方充分通知。

(2)负责办理货物出口清关和进口清关。

(3)承担货交买方处置之前的一切费用和风险。

(4)负责提供商业发票和交货的通常凭证或具有同等效力的 EDI 信息。

2. 买方义务

(1)承担受领货物之后的一切费用和风险。

(2)接受卖方提交的与合同相符的单据,受领与合同相符的货物并支付货款。

第四节　商品的价格

一、我国进出口商品的作价原则

我国进出口商品的作价原则是在贯彻平等互利的基础上，根据国际市场价格水平，结合国别或地区政策，参照购销意图确定适当的价格。

（一）出口货物的价格构成

出口商品的价格构成主要取决于三大因素：成本、费用和利润。

1. 成本（Cost）

主要指采购成本，即外贸企业从生产厂家采购商品的价格，或者是生产企业的实际成本。

计算公式：

采购成本=出口商品购货成本（含增值税）—出口退税

出口商品购货成本（含增值税）=不含税的购货成本×（1+增值税率）

出口退税=不含税的购货成本×出口退税率

2. 费用（Expenses or Charges）

主要指出口商品所发生的一切国内费用，如包装费、仓储费、国内运输费、认证费、港区港杂费、商检费、捐税、业务费用、银行费用、预计损耗等。通常由各企业按照购货成本的5%～10%不等的定额费用率自行核定，也可称为定额费用。

计算公式：

定额费用=购货成本（含增值税）×费用率

3. 预期利润（Expected profit）

出口商的预期收入。核算是可以某一固定数额作为单位商品的利润，也可用一定的百分比作为经营的利润率来核算利润额。

出口利润一般表现为出口销售外汇净收入，是指按FOB价格出售商品的外汇净收入，一般用美元表示。

计算公式如下：

出口销售外汇净收入=FOB=CIF-I-F

例1：我公司出口碳刷12 000只，出口价每只2美元CIF纽约，其中运费3200美元，保险费800美元。国内采购价每只10人民币元（不含增值税17%），费用定额率10%，出口退税率10%，问，该批碳刷的成本、费用和利润。

解：　　采购成本 $=12\ 000\times10\times(1+17\%)-12\ 000\times10\times10\%$

$=128\ 400$ 人民币元

费用 $=12\ 000\times10\times(1+17\%)\times10\%=14\ 040$ 人民币元

利润 $=12\ 000\times2-3\ 200-800=20\ 000$ 美元

答：碳刷成本为 128 400 人民币元，费用为 14 040 人民币元，利润为 20 000 美元。

(二)进口货物的价格构成

进口商品的价格构成也主要取决于三大因素：成本、费用和利润。

1. 成本

主要指进口合同价格，即买卖双方通过磋商取得一致意见的合同价格。

2. 费用

主要指进口商品所发生的一切费用。由于实际业务中采用贸易术语的不同，费用的构成也不相同，如以 CIF 条件从国外装运，进口费用由以下内容构成：进口关税、产品税、增值税、检验费、公证费、银行费用、国内运输费、仓租费、利息支出和可能发生的卸货费、驳船费等。通常也由各企业进行估价。

3. 预期利润

进口商的预期收入。进口商的预期收入一般表现为进口商品在国内的销售价格，用人民币表示。

(三)影响价格的因素

进出口价格除了遵循上述原则外还应考虑以下因素：商品质量，运输距离，交货地点和交货期，贸易术语，季节需求，成交数量，支付条件，汇率，原材料，品牌，国际市场价格走势和国际市场供求关系等。

(四)合同中的作价方法

1. 固定价格(Fixed Price)

国际货物买卖的常见作价方法是固定价格，即买卖双方约定的成交价格。在合同执行过程中，不论市价发生什么变化，任何一方不得擅自更改价格。如每公吨 500 美元 CIF 纽约。

使用固定价格作价，当市场价格发生变化会给买卖一方带来损失，因此它适合于交易量不大，市价变动不频繁，交货期短的买卖。在大宗商品买卖时一般应加订保值条款。

2. 非固定价格(Open Price)

非固定价格即一般业务上所说的“活价”，适用于行情频繁变动，价格涨落不定且交货期较长的合同。

（1）暂不固定价格

对价格暂不固定而约定将来如何确定价格的方法，具体有两种做法：一是规定作价时间和作价方法，如“以 2008 年 3 月 30 日伦敦商品交易所该商品的收盘价为准”；二是指规定作价时间不规定作价方法，如“由买卖双方在 2008 年 3 月 30 日协商确定价格”。

（2）暂定价格

在合同中先订立一个初步价格，作为开立信用证和初步付款的依据，待双方确定最后价格后再多退少补。

如：“每公吨 500 美元 CIF 纽约

备注：上列价格为暂定价，于装运月份 15 天前，由买卖双方参照当地及国际市场价格水平，另行协商确定价格。”

（3）部分固定价格、部分非固定价格

主要适用于分期交货的合同，交货期近的采取固定价格，交货期远的采用非固定价格。

非固定价格一定程度上能暂时解决买卖双方在价格方面的分歧，避免价格风险，但由于先订约后作价导致合同的较大不确定性，如果事后双方在作价时不能取得一致意见，可能导致合同无法执行。

3. 价格调整条款（Price Adjustment Clause）

价格调整条款又称“滑动价格”，主要适合于成套设备、大型机械的买卖合同，因此类合同交货期长和国家通货膨胀的影响，原材料、工资价格会产生变动，为了避免承受过大的价格风险，买卖双方在合同中规定一个初步价格，交货前或交货时一定时间按工资和原材料价格变动的指数作相应的调整，以确定最后价格。

调整公式为

$P=P'(a+b\times M/M'+c\times W/W')$

P：调整后的最后价格

P′：订约时的初步价格

M：交货时引用的原材料的平均价格或指数

M′：订约时的原材料平均价格或指数

W：交货时引用的工资平均价格或指数

W′：订约时的工资平均价格或指数

a：管理费用在价格中所占的比重

b：原材料成本在价格中所占的比重

c：工资成本在价格中所占的比重

此外,买卖双方还可在合同中规定:"按调整公式计算出来的最后价格和初步价格相差不超过百分之若干,买卖双方可不调整初步价格。"

二、佣金和折扣

(一)佣金(Commission)

佣金指买方或卖方付给中间商代为介绍交易或代买代卖的报酬。

1. 表示方法

用文字说明,如"每公吨 500 美元 CIF 纽约包括佣金 2%";用英文字母"C"表示,如"每公吨 500 美元 CIFC2% 纽约";用绝对数表示,如"每公吨付佣金 10 美元"。

凡在价格中包括佣金的称为"含佣价",不含佣金的价格即为净价,佣金在合同中明确规定的称为明佣,佣金没有在合同中明确规定称为暗佣。

2. 计算方法

按国际贸易习惯,一般以成交金额或发票金额为基础计算,也有按 FOB 计算佣金。不管选用什么价格作为计佣基数,最好事先明确,以免事后发生纠纷。

计算公式如下:

$$佣金=含佣价\times佣金率$$

$$净价=含佣价-佣金$$

3. 支付方法

佣金往往是出口商收到全部货款后将佣金另行支付给中间商,也可由中间商在付款时直接从货价中扣除佣金,中间商有时还会要求买卖双方交易达成后立即支付佣金。一般来说第一种方法比较常用。

(二)折扣(Discount or Rebate)

折扣是卖方给予买方一定的价格减让或价格优惠。

1. 表示方法

用文字说明,如"每公吨 500 美元 CIF 纽约减 2% 折扣";用英文字母"R"表示,如"每公吨 500 美元 CIFR2% 纽约";用绝对数表示,如"每公吨折扣 10 美元"。

2. 计算方法

按国际贸易习惯,一般以成交金额或发票金额为基础计算。

计算公式如下:

$$折扣=含折扣价\times折扣率$$

$$净价=含折扣价-折扣$$

3. 支付方法

折扣一般在买方支付货款时预先扣除。

三、合同中商品价格条款的主要内容

在国际货物买卖中，进出口商通常采用固定作价方法，因此合同中的价格条款包括单价和总值两项基本内容。

（一）单价（Unit Price）

单价包括计量单位、计价货币、单位价格金额和贸易术语四部分，缺一不可。

如：

每公吨	500	美元	CIF 纽约
计量单位	单位价格金额	计价货币	贸易术语

（二）总值（Total Amount）

总值是单价和数量的乘积。总值所使用的货币应与单价所使用的货币一致。

四、出口商品的盈亏核算

出口商品盈亏核算是考核企业经营管理水平的重要指标，一般只有在有盈利的情况下才能对外组织成交。

（一）出口商品换汇成本（Cost of export exchange）

出口商品换汇成本即出口商品每得到 1 美元净收入需支出的人民币总成本。如换汇成本高于银行外汇牌价则出口亏损；反之则出口盈利，所以，对我出口公司而言，出口换汇成本越低越好。

其公式为：

出口换汇成本＝出口总成本（人民币元）/出口销售外汇净收入（美元）

出口总成本（人民币元）＝出口商品购货成本（含增值税）+定额费用－出口退税

例：我公司出口碳刷 12 000 只，出口价每只 2 美元 CIF 纽约，其中运费 3 200 美元，保险费 800 美元。国内采购价每只 10 人民币元（不含增值税 17%），费用定额率 10%，出口退税率 10%，当时银行美元买入价为 6.9 元，问该批碳刷的出口换汇成本。

解：出口换汇成本＝（128 400+ 14 040）/20 000

＝142 440/20 000＝7.122（人民币元/美元）

7.122<6.9，所以出口亏损。

答：碳刷出口换汇成本为 7.122 人民币元/美元。

在计算出口换汇成本时还必须注意:使用正确的运价标准计算运费;准确掌握整集装箱所能装商品数量,避免交付空载运费;注意计算托盘加集装箱的装运方式的额外费用;正确计算高投保加成发生的额外保险费;不能漏算指明货物需要加计的保费;重视出口商品保险免赔问题;正确估算正常的银行费用;适当预计非正常银行费用的支出;注意减去佣金;远期放账所产生的利息应记入成本等。

(二)出口商品盈(亏)额

出口商品盈(亏)额为出口销售人民币净收入与出口总成本的差额,净收入大于总成本为盈利,反之为亏损。

其公式为:

出口盈(亏)额=出口外汇净收入×银行外汇买入价-出口商品总成本(退税后)

在上面例子中,出口为亏损则出口亏损额为:

出口亏损额=20 000×6.9-142 440=-4 440 人民币元

(三)出口商品盈(亏)率

出口商品盈(亏)率指出口盈亏额与出口总成本的比例,用百分比表示出口商品的盈亏程度。

其公式为:

出口商品盈(亏)率=出口盈(亏)额/出口总成本×100%

上一例中出口亏损率为:-4 440/142 440×100% =-3.12%

五、三种贸易术语的换算

在国际贸易中,不同的贸易术语价格构成的因素不同,有时我方按某种价格术语报价,而对方要求使用其他贸易术语,如按 FOB 报价,对方要求改为 CIF 价,这就涉及价格术语的换算问题。下面介绍最常用的 FOB、CFR、CIF 三种价格术语的换算方法:

1. FOB 价格换算成 CFR 和 CIF 价格

(1)CFR= FOB+F

(2)CIF=(FOB+F)/(1-投保加成×保险费率)

2. CFR 价格换算成 FOB 和 CIF 价格

(1)FOB = CFR-F

(2)CIF= CFR /(1-投保加成×保险费率)

3. CIF 价格换算成 FOB 和 CFR 价格

(1)FOB = CIF×(1-投保加成×保险费率)-F

(2) CFR = CIF−I = CIF×(1−投保加成×保险费率)

注:F代表运费,I代表保险费。

例:中国出口一批商品到英国,报价每公吨460美元CIF伦敦,英商要求改报英镑FOB价格条件,报价为每公吨187英镑FOB上海,设100英镑=223美元,运费保险费占货价的10%。问那种价格对我方有利。

解:(1)将CIF价改为FOB价:

$$FOB = CIF - I - F = 460 - 460 \times 10\% = 414 \text{ 美元}$$

(2)将每公吨414美元FOB大阪换算为英镑:

$$FOB = 414 \times 100/223.35 = 185.36 \text{ 英镑}$$

将FOB价对比可知:

每公吨187英镑FOB上海对我方有利,可以接受。

答:英商报价对我方有利。

关键名词:

贸易术语 《2000通则》 国际贸易惯例 象征性交货 实际交货 FOB CFR CIF FCA CPT CIP 采购成本 定额费用 固定价格 单价 总值 佣金 折扣 出口换汇成本 出口盈亏额

思考题:

1. 试述有关国际贸易术语的国际贸易惯例的种类及其内容。

2. 试述贸易术语的含义和作用。

3. 试述《2000通则》中包括多少种贸易术语?如何分组?

4. 试述FOB贸易术语的变形,并解释它是否改变了买卖双方风险划分的界限和交货地点。

5. 试述CFR贸易术语的变形。

6. 试述CIF贸易术语的变形。

7. 试述FOB、CFR、CIF三种贸易术语的异同点。

8. 试述FCA、CPT、CIP三种贸易术语的异同点。

9. 试述FOB、CFR、CIF和FCA、CPT、CIP两组贸易术语的异同点。

10. 试述按DDU贸易术语成交时买卖双方承担的基本义务。

11. 试述到达合同与装运合同的区别。

12. 试根据《2000通则》的规定,在下表各栏中填写"买方"或"卖方"等字样。

贸易术语	运输方式	出口清关	进口清关	交货地点	风险划分点	运输责任	保险责任
EXW							
FCA							
FAS							
FOB							
CFR							
CIF							
CPT							
CIP							
DAF							
DES							
DEQ							
DDU							
DDP							

13. 试述我国出口商品作价原则和出口作价考虑的因素。

14. 试述国际货物买卖的作价方法。

15. 试述价格条款的内容及其注意事项。

16. 试述合同中佣金和折扣的表示方法。

17. 试述下列我方出口单价的写法是否正确？如有错误或不完整，请更正或补充。

(1)每公吨 100 元 FOB 上海

(2)每公吨 500 美元 CFR 大连

(3)每公斤 1 000 日元 FOB 东京

(4)每打 100 美元 FOB 昆明

(5)每公吨 2 000 美元 CIF 上海净价包含佣金 2%

(6)每包 25 美元 FCA 上海净价

计算题：

1. 我国某出口商与国外签订一出口合同，合同规定每公吨 1000 美元 CIF 伦敦，含 2% 佣金，但代理商要求将佣金提高到 5%，试求我方在不减少外汇收入的前提下，应该报的价格是多少，并写出完整的报价。

2. 出口某商品 100 公吨，每公吨 1 500 美元 FOB 上海，现客户要求改报 CFRC4% 伦敦价，已知该货每公吨运费为 180 美元。试问应如何报价。

3. 某出口企业以每公吨2 000人民币元的价格收购了20公吨的货物，现假设该货物的出口退税率为13%，国内费用水平为10%，客户要求2%的佣金，如果将换汇成本控制在7.8元以内，最低的FOB价应报多少美元？

4. 出口一个20英尺集装箱的内衣，纸箱装，每箱20套，纸箱尺码和毛重分别为65×60×59cm和18公斤，供货价格为每套52人民币元(含17%的增值税，出口退税率为13%)，出口包装费每纸箱为15人民币元，商检费、仓储费、报关费、国内运杂费、业务费、港口费及其他各种税费每个集装箱约为1 950人民币元，20英尺集装箱的国外运费约为每箱1 200美元，如果按CIF成交，我方按成交金额的110%投保一切险，费率为0.5%。现假设汇率为8.3人民币元兑换1美元，试回答：

(1)我方欲获得10%的利润(按成交金额计算)，试计算该货物的FOB和CIF价。

(2)如果外商欲获得3%的佣金，CFRC3%价应为多少美元？

(3)如果外商在我方所报的CIF价基础上还价10%，我方利润还有多少？

(4)如果外商坚持所还价格，而我方又想保持10%的利润不变，供货价不高于每套多少元？

5. 出口衣服36 000件，出口价每件0.6美元CIF伦敦，海运运费3 400美元，保险费160美元。进货成本每件4人民币元(含17%的增值税)，出口退税率13%，费用定额率10%。当时银行美元买入价1美元兑换7.2人民币元。问衣服的出口换汇成本、盈利额及盈利率分别为多少？

案例分析题：

1. 我国某公司以CFR上海条件从国外进口一批货物，由国外卖方负责租船运输。支付方式为不可撤销即期信用证。卖方在信用证规定的期限内交付了符合要求的单据，我方开证银行按规定向其支付了货款，并通知某公司前来付款交单。某公司付了款取得单据后，却迟迟得不到有关货物的消息。后来得知，该批货物的承运人是一家小公司，船离港后不久就宣告破产了，船货均告失踪。请分析：这种事件的发生说明了什么问题？在海运进出口业务中，应怎样选择贸易术语？

2. 我方B公司以CFR贸易术语与英国的A公司成交一批消毒碗柜的出口合同，合同规定装运时间为4月15日前。我方备妥货物，并于4月8日装船完毕。由于遇星期日休息，我公司的业务员未及时向买方发出装运通知，导致买方未能及时办理投保手续，而货物在4月8日晚因发生了火灾被火烧毁。请问，货物损失责任由谁承担，为什么？

3. 我国某公司按CIF条件向欧洲某国进口商出口一批草编制品，向中国人民保险公司投保了一切险，并规定了用信用证方式支付。我出口公司在规定的期限、指定的我国某港口装船完毕，船公司签发了提单，然后去中国银行议付款项。第二天，出口公司接到客户来电，称装货的海轮在海上失火，草编制品全部烧毁，客户要求我公司出面向中国人民保险公司提出索赔，否则要求我公司退回全部货款。问：对客户的要求我公司该如何处理？为什么？

4. 我国某出口公司与外商按CIF Landed London条件成交出口一批货物，合同规定，商品的数量为500箱，以信用证方式付款，5月份装运。买方按合同规定的开证时间将信用证开抵卖方。货物顺利装运完毕后，卖方在信用证规定的交单期内办好了议付手续并收回货款。不久，卖方收到买方寄来的货物在伦敦港的卸货费和进口报关费的收据，要求我方按收据全额将款项支付给买方。请问，我方是否需要支付这笔费用，为什么？

5. 某进出口公司以CIF伦敦向英国某客商出售供应圣诞节的应节杏仁一批，由于该商品的季节性较强，买卖双方在合同中规定：买方必须于9月底以前将信用证开抵卖方，卖方保证不迟于12月5日将货物交付买方，否则，买方有权撤销合同。如卖方以结汇，卖方须将货款退还买方。请问，该合同是否还属于CIF合同，为什么？

6. 我国东北地区某外贸公司于2002年9月按照DAF满洲里条件与某俄罗斯商人签订了一笔矿产品的买卖合同。合同规定的数量为8 000吨，可分批装运，交货期为当年12月底之前。签约后，卖方即开始备货，安排铁路运输，并于12月30日之前将8 000吨产品分批发运出去。买方在满洲里接受了货物，经检查发现有短量现象，同时发现有一部分货物是在2003年1月份到达满洲里的。于是，买方向卖方提出异议，指出卖方违反交货期和短交货物，并就此提出索赔。但卖方以铁路承运人出具的运输单据证明自己按时交了货，并以商检证和铁路运单上所载明的数量说明自己是按量交货的。请问，在本案中卖方有无违约情况？为什么？

7. 我国某公司按每公吨242美元FOB Vessel New York进口200公吨钢材，我方如期开出48 400美元的信用证，但美商来电要求增加信用证金额至50 000美元，不然，有关出口捐税及签证费用应由我另行电汇，试分析美方此举是否合理？

实训二：

1. 在实训一的基础上，对所选的商品进行成本核算。

(1) 采购成本核算

通过邮件和供应商联络，询问采购价格，用以成本核算。

(2)国内费用核算

国内费用包括:内陆运费、报检费、报关费、核销费、公司综合业务费、快递费。

(3)出口退税收入核算

查询产品的海关编码、增值税率和出口退税率。

2. 制定所选商品的价格条款。

3. 对该商品进行出口商品成本核算,得出该笔交易的预利润。

发票号:　　　　　　　　报价日期:　　　　　　　　预计出运日期

________公司商品成本测算表

集装箱运费 USD:

退税系数:　　%

国内杂费:　　%

价格条款:　　　结汇方式:　　天

公司费用:　　%

利　　息:　　%

保　　费:　　%

佣　　金:　　%

品名及型号规格				
总数量				
每箱数量				
箱数				
毛重				
净重				
包装箱尺码				
体积				
运费				
人民币单价				
人民币总价				
美元单价				
美元总价				
换汇成本				

第三章 国际货物运输和保险

1. 本章学习目的与要求

了解货物运输的方式、特点,掌握海洋运输方式、基本运费的计算标准、海上运输单据的种类、内容及其适用范围,了解国际货物公路运输、铁路运输的含义及其适用范围,了解国际航空运输、公路运输、内河运输、管道运输等的含义及其适用范围,掌握国际多式联运的含义及相关内容,掌握集装箱运输方式的内容,掌握合同中装运条款的内容,掌握海上运输货物保险的风险、损失、险别等基本概念,了解其他运输方式下的货物保险相关内容,掌握保险费的计算方法,掌握合同中保险条款的内容,了解伦敦保险协会的 CIC 条款下的险别,了解保险索赔的程序。

2. 本章教学重点和难点

(1) 班轮运输;

(2) 租船运输;

(3) 海运提单;

(4) 海上货物运输保险的风险、损失、险别。

第一节 海洋运输

国际货物运输是国际贸易的一个重要组成部分,包括海洋运输、铁路运输、航空运输、内河运输、邮包运输等方式,其中海洋运输运用最广泛。

一、海洋运输的特点

1. 优点

在国际货物运输中,海洋运输运量占国际货物运输总量的80%以上。与其他运输方式相比,具有下列明显的优点:

(1)通过能力大

海洋运输可以利用四通八达的天然航道,它不像火车、汽车那样受到轨道和道路的限制，其通过能力很大。如果因政治、经济、军事等条件的变化，还可随时改变航线驶往便于装卸的目的港。

(2)运量大

目前，船舶向大型化发展，如一艘万吨船舶的载重量一般相当于250～300个车皮的载重量。海洋运输船舶的载运能力远远大于火车、汽车和飞机，它是载运能力最大的运输工具。

(3)运费低

海洋运输量大，航程远，分摊于每货运吨的运输成本就少，所以货物的单位运输成本相对低廉。

2. 缺点

海洋运输虽具有上述优点，但也存在很多不足之处。

(1)受气候影响大。海洋环境复杂，气象多变，船舶在航行途中，随时都可能遇上狂风、巨浪、暴风、雷电、海啸等人力不可抗拒的海洋自然灾害的袭击，遇险的可能性比陆路、江河运输要大。

(2)受社会风险的影响。战争、罢工、贸易禁运等因素对海洋运输的影响也不容忽视。

(3)海运速度相对较低。

二、海洋运输方式

按照船舶经营方式的不同，海洋运输可分为班轮运输和租船运输。

(一)班轮运输(Liner Transport)

班轮运输又称定期船运输，是指按照预定航行时间表和运费率，在规定的航线和固定港口往返运输货物的船只。一般而言，小批数量的商品应使用班轮运输，大宗货物适合使用整船运输。

1. 班轮运输的特点

班轮运输的特点可以概括为"四固定一负责"。

(1)四固定：指固定航线、固定停靠港口、固定船期表以及相对固定的运费率。

(2)一负责：由承运人负责货物的装船、卸载，装卸费用计入运费，承运人和托运人双方也不计算滞期费、速遣费。

(3)船货双方的权利、义务与责任豁免，以船方签发的提单条款为依据。

总之，班轮承运货物的品种、数量相对比较灵活，货运质量比较有保证，而且一般在班轮码头仓库交接货物，为货主提供了便利和良好的服务。

2. 班轮运输的运费计算

班轮运费是指班轮承运人根据运输合同完成货物运输后,按照班轮运价表从托运人处收取的运送费用。不同的班轮公司有不同的班轮运价表。班轮运价表一般包括货物分级表、各航线费率表、附加费率表、冷藏货及活牲畜费率表等。目前,我国海洋班轮运输公司使用的是“等级运价表”,即将承运的货物分成若干等级,一般分为 20 个等级,每一个等级的货物有一个基本费率。其中 1 级费率最低,20 级费率最高。

班轮运费由基本运费和附加费用构成。基本运费是指货物从装运港到卸货港所应收取的费用,它是构成全程运费的主要部分;附加费是指对一些需要特殊处理的货物,或者由于燃油、货物等原因而需另外加收的费用。

(1)基本运费

在班轮运价表中,不同的商品,运费的计收标准不同,通常有以下八种。

① 按货物毛重为计费单位,又称货物重量吨(Weight Ton, W/T),一般在班轮运价表中用“W”表示。1 重量吨为 1 公吨或者 1 长吨。

② 按货物体积为计费单位,又称货物尺码吨(Measurement Ton, M/T),一般在班轮运价表中用“M”表示。1 尺码吨为 1 立方米或者 40 立方英尺。

③ 按重量或体积为计费单位,一般在班轮运价表中标注“W/M”字样。收费时由船公司选择两种标准中较高的收费。这种计收标准在国际贸易业务中使用较多。

值得注意的是,上述计算运费的重量吨和尺码吨统称为运费吨。

④ 按货物的价值为计费单位,即以货物的 FOB 总价值按一定的百分率收费。一般在班轮运费表中用 “A. V”或者“Ad. Val”表示。一般贵重物品按此计收。

⑤ 在货物重量或尺码或价值三者中选择最高的一种计收,运价表中用“W/M or Ad. Val”表示。

⑥ 按货物重量或尺码选择其高者,再加上从价运费计算,运价表中用“W/M and Ad. Val”表示。

⑦ 按照货物的件数收费,一般只对包装固定、包装内的数量和重量、体积也是固定不变的货物,按每箱、每捆或每件等特定的运费额计收。

⑧ 由船公司和货主临时协商确定价格。主要用于运输粮食、农产品、矿石等大宗货物,议价货物的运费一般较低。

(2)附加运费

班轮运费中的附加费名目繁多,而且会随着航运情况的变化而变动。附加费的计算办法,有的是在基本运费的基础上,加收一定百分比;有的是每运费吨加收一个绝对数计算。

在班轮运输中，常见的附加费有下列几种：

① 燃油附加费（Bunker Adjustment Factor）。指在燃油价格突然上涨时加收的费用。

② 超长附加费（Long Length Additional）。指由于单件货物的长度超过一定限度而加收的一种附加费。

③ 超重附加费（Heavy Lift Additional）。指由于货物单件重量超过一定限度而加收的一种附加费。

④ 直航附加费（Direct Additional）。如一批货达到规定的数量，托运人要求将一批货物直接运达非基本港口卸货，船公司为此加收的费用。

⑤ 转船附加费（Transshipment Additional）。指由于正常航道受阻不能通行，船舶必须绕道才能将货物运至目的港时加收的附加费。

⑥ 港口拥挤费（Port Congestion Surcharge）。有些港口由于压港压船，以致停泊时间较长，一般按基本运价收取附加费。通常此项费用比较大，遇有这种费用，卖方应设法由买方负担。

⑦ 货币贬值费（Currency Adjustment Factor）。当运价表中规定的货币贬值时，轮船公司为弥补其损失便按基本运价加收一定百分比的货币贬值附加费。

⑧ 港口附加费（Port Surcharge）。由于某些港口的情况比较复杂，装卸效率较低或港口收费较高等原因，船公司特此加收的费用。

除以上各项附加费外，还有一些附加费如洗舱费、熏蒸费等须由船方和货方临时议定。

3. 班轮运费的计算方法

（1）根据货物名称，在运价表中的货物分级表上查到货物的等级（Class）和运费计算标准（Basis）；

（2）根据货物的装运港、目的港，找到相应的航线、起运港和目的地，按货物的等级查到基本运价；

（3）从航线费率表附加费部分查出所要收取的附加费项目和数额（或百分比）及货币种类；

（4）根据基本运价和附加费计算出实际运价（单位运价）；

（5）根据货物的托运数量计算出应付的运费总额。

例：上海某公司出口电器一批，共 20 箱，总毛重为 20 吨，总体积为 30 立方米。由青岛装中国远洋运输公司轮船至南亚某港，试计算运费。

解：按电器的英文名称，查阅货物分级表，属于 10 级货，计算标准为 W/M；然后在中国内地—红海航线费率表中查出 10 级货的基本费率为 95 美元；最后查附加费率表，了解到目的港要收取港口拥挤附加费，费率为基本运费的 10%。

运费=重量吨(或尺码吨)×等级运费率×(1+附加运费率)

$$FW=20\times95\times(1+10\%)=2090 \text{ 美元}$$

$$FM=30\times95\times(1+10\%)=3135 \text{ 美元}$$

因为 W/M,又因为 M>W

所以运费=3135 美元

答:应付船公司 3135 美元运费。

(二)租船运输(Shipping by Charter)

租船运输又称不定期船运输,是指船舶所有人为了赚取运费,把船舶按照事先商定的条件,租给租船人,租船人支付租金,以完成特定的海上货运任务。根据运输货物数量的多少,可以分为整船运输和订舱方式。其中整船运输最为常用。

它与班轮运输有很大差别:在租船运输业务中,没有预定的船期表,航线、停靠的港口和运费也不固定,须按船租双方签订的租船合同来安排。

1. 租船运输的方式

(1)定程租船(Voyage Charter)

定程租船又称航次租船,是指由船舶所有人提供船舶或者仓位给租船人,在指定港口之间进行一个或数个航次。定程租船就其租赁方式的不同可分为单程租船、往返租船以及续程租船。船舶所有人与租船人双方的责任、义务以定程租船合同为准。

程租船合同中明确规定定程租船运费的计算方式与支付时间,程租船运费主要包括租船运费和装卸费。此外,还有速遣费、滞期费等。

① 程租船运费

程租船运费有预付或到付之分。预付有全部预付和部分预付之分,到付有船到目的港开始卸货前付的、边卸边付的,也有货物卸完后支付的方式。

其计算方式主要有两种:一种是按运费率,即按每单位重量或单位体积规定的运费额计算,同时还要规定是按装船时的货物重量还是按卸船时的货物重量来计算总运费;另一种是整船包价,即规定一笔整船运费,船东保证船舶能提供的载货重量和容积,不管租方实际装货多少,都照整船运费,费率的高低主要取决于租船市场的供求关系,但也与运输距离、货物种类、装卸率、港口使用等有关。

② 程租船的装卸费

货物的装卸费用具体做法主要有以下四种:

第一,Gross Terms(或 liner term)。船方负担装货费和卸货费。

第二,Free out(简称 F. O.)。船方管装不管卸,即船方负担装货费,但不负担卸货费。

第三,Free in(简称 F. I.)。船方管卸不管装,即船方负担卸货费,而不负担装货费。

第四,Free in and out(简称 F. I. O.)。船方不管装也不管卸,即船方既不负担装货费,也不负担卸货费,一般不适用于散装货。有时还规定理舱费和平舱费由谁负担,如规定由租方负担,则称为"船方不管装卸、理舱和平舱"(Free in and out, stowed and trimmed,F. I. O. S. T.)条款。

③ 速遣费和滞期费

滞期费(Demurrage)又称延期费,是指在规定的装卸期限内,租船人未能完成装卸作业,为了弥补船方的损失,对超过的时间租船人向船方支付的罚款。反之,速遣费(Dispatch Money)指租船人在规定的装卸期限内,提前完成装卸作业,对所节省的时间船方要向租船人支付一定的奖金。按惯例,后者一般为前者的二分之一。

速遣费和滞期费与装卸期限有很大的关系,以下介绍装运期限的规定方法。

装卸时间又称装卸期限,是指允许完成装卸作业的时间。因为装卸时间直接关系到船舶的周转与出租人的营运成本,因此,它是租船合同的一项重要内容。装卸期限可用若干日表示;也可以用装卸率表示,即平均每天装卸若干吨。

规定装卸时间的方法主要如下:

第一,日或连续日:时间连续满 24 小时就算一日或连续日。

第二,工作日:按港口习惯扣除法定假日,属于正常工作的日子。

第三,连续 24 小时晴天工作日:在适宜装卸的工作日内连续 24 小时。

工作日通常要订明星期日、节假日除外,为明确起见,最好还要说明星期日、节假日作业算不算装卸时间。

(2)定期租船(Time Charter)

定期租船又称期租船,是指船舶所有人提供有船员的船舶给租船人,供其在一定的期限内运输货物的方式。在租赁期内,租船人可以使用船只用于货物运输,也可以用作转租。船舶所有人与租船人双方的责任、义务以定期租船合同为准。

定期租船运费取决于船舶的装载能力和租期的长短,通常规定为按月每载重吨若干金额或整船每天若干金额,不规定装卸期限或装卸率,也不计算滞期费和速遣费。

(3)光船租船(Bareboat Charter)

光船租船是船舶所有人将空船出租给承租人使用一段时期,它也是期租船的一种特殊方式。承租人需要自行安排船长、船员,并负责船上给养和船舶运营管理所需的一切费用。这种租船方式,在当前国际贸易中很少使用。

三、海洋运输的单据

运输单据是承运人收到承运货物后签发给托运人的证明文件,它是交接货物、处理索赔与理赔以及向银行结算货款或进行议付的重要单据。海洋货物运输单据主要分为海运提单和不可转让海洋运单。

(一)海运提单(Bill of Lading,B/L)

海运提单简称提单,是指由承运人在收到特定货物后签发给托运人的一种凭证,并允诺将货物运到特定的目的地交付收货人。同时,海运提单也是收货人在目的港向船公司或其代理提取货物的凭证。

1. 海运提单的性质和作用

海运提单的性质和作用可以概括为以下三个方面:

(1)承运人签发的货物收据

提单是船方或船公司或其代理人签发的货物收据,证明承运人已按提单的记载收到或接管货物。

(2)货物所有权的凭证

提单是一种货物所有权的凭证,在船货抵达目的港后,提单持有人可以凭借提单要求承运人交货,承运人也必须凭此向持单人交货。提单可以通过背书转让,从而转让货物的所有权。

(3)充当承运人、托运人之间订立运输合同的证明

提单条款明确规定了承运人和托运人之间的权利、责任和豁免,一旦发生争议,双方据此进行解决,但提单是在装货后签发的,所以只是运输合同的证明。

2. 海运提单的种类

从不同角度,海运提单可以分为以下几种:

(1)按照货物是否装船,分为已装船提单和备运提单

① 已装船提单(On Board B/L)

已装船提单指承运人已将货物装上指定船舶后所签发的提单。已装船提单的特点是提单上必须以文字表明货物已装某某船,并记载装船日期,同时还应由船长、船东、承运人或其代理人签字。根据《跟单信用证统一惯例》规定,如信用证要求海运提单作为运输单据,银行将接受注明货物已装船或已装指名船舶的提单。所以,在国际贸易中,一般都要求卖方提供已装船提单。

② 备运提单(Received for Shipment B/L)

备运提单指承运人已经收到货物等待装运期间签发的提单。在签发备运提单的情况下,发货人可在货物装船后凭以调换已装船提单,也可经承运人或其代理人在备运提单上批注货物已装上某具名船舶及装船日期,并签署后使之成为已装船提单。

(2)按照提单上对货物外表状况是否有不良批注,分为清洁提单和不清洁提单

① 清洁提单(Clean B/L)

清洁提单是指货物在装船时表面状况良好,承运人未加注货物及/或包装破损或有缺陷之类批注的提单。根据《跟单信用证统一惯例》,除非信用证中明确规定可以接受的条款或批注,银行只接受清洁提单。

② 不清洁提单(Unclean B/L)

不清洁提单是指承运人明确加上货物及/或包装状况不良或存在缺陷等批注的提单。例如,提单上批注"2 件损坏"、"铁条松散"等。

(3)按照提单收货人抬头不同,分为记名提单、不记名提单以及指示提单

① 记名提单(Straight B/L)

记名提单是指提单上的收货人栏内填明特定收货人名称,只能由该特定收货人提货。由于这种提单不能通过背书方式转让给第三方,不可转让,故其在国际贸易中很少使用。

② 不记名提单(Bearer B/L)

不记名提单是指收货人栏内只注明货交持单人(to holder)或者空缺。谁持有提单,谁就可以提货。承运人交货,只凭单不凭人。不记名提单无须背书转让,流通性极强,采用这种提单风险很大,故其在国际贸易中很少使用。

③ 指示提单(Order B/L)

指示提单是指收货人栏内注明"凭指示"(to order)或者"凭……指示"(to the order of……)字样。这种提单可以经过背书转让,故其在国际贸易中广为使用。

背书的方式又有"空白背书"和"记名背书"之分。空白背书是指背书人在提单背面签名,而不注明被背书人名称;记名背书指背书人除在提单背面签名外,还列明被背书人名称。记名背书的提单受让人如需再转让,必须再加背书。

目前,在实际业务中使用最多的是凭指定并经空白背书的提单,习惯上称其为"空白抬头、空白背书"提单。

(4)根据运输方式不同,分为直达提单、转船提单和联运提单

① 直达提单(Direct B/L)

直达提单是指轮船中途不经过换船而驶往目的港所签发的提单。凡合同和信用证规定不准转船者,必须使用这种直达提单。

② 转船提单(Transshipment B/L)

转船提单是指从装运港装货的轮船,不直接驶往目的港,而需在中途换装另外船舶所签发的提单。这种提单上应注明“转船”或“在某某港转船”的字样。

③ 联运提单(Through B/L)

联运提单是指经过海运和其他运输方式联合运输时,由第一程承运人所签发的包括全程运输的提单。它如同转船提单一样,货物在中途转换运输工具和进行交接,由第一承运人或其代理人向下一程承运人办理。应当指出,联运提单虽包括全程运输,但签发联运提单的承运人一般都在提单中规定,只承担他所负责的运输航程内的货损责任。

(5)根据船舶营运方式不同,分为班轮提单和租船提单

① 班轮提单(Liner B/L)

班轮提单是指由班轮公司承运货物后所签发给托运人的提单。

② 租船提单(Charter Party B/L)

租船提单是承运人根据租船合同而签发的提单。租船提单上应注明“一切条件、条款和免责事项按照某年某月某日的租船合同”或批注“根据某某租船合同出立”字样。

(6)根据提单内容的繁简,分为全式提单和略式提单

① 全式提单(Long From B/L)

全式提单是指提单背面列有承运人和托运人权利、义务条款的详细提单。

② 略式提单(Short Form B/L)

略式提单是指提单背面无条款,而只列出提单正面的必须记载事项。这种提单一般都列有“本提单货物的收受、保管、运输和运费等项,均按本公司提单上的条款办理”字样。此外,租船合同项下所签发的提单,通常也是略式提单,在这种略式提单上应注明:“所有条件根据某年某月某日签订的租船合同。”这种提单与全式提单在法律上具有同等效力。但租船合同项下的略式提单,除非信用证另有规定,银行一般不予接受。

(7)根据提单使用效力不同,分为正本提单和副本提单

① 正本提单(Original B/L)

正本提单是指提单上有承运人、船长或其代理人签名盖章并注明签发日

期的提单。正本提单上必须标明"正本"(Original)字样。正本提单一般签发一式两份或三份,以防提单的遗失、被窃或迟延到达或在传递过程中发生意外造成灭失。单凭其中的任何一份提货后,其余的即作废。因此买方与银行通常要求卖方提供船公司签发的全部正本提单,即所谓的"全套"(Full Set)提单。

② 副本提单(Copy B/L)

副本提单是指提单上没有承运人、船长或其代理人签字盖章,而仅供工作上参考之用的提单,没有法律效力,不能据以提货,但却是装运港、中转港及目的港的代理人和载货船舶不可缺少的货运补充文件,可以补充舱单上不足的内容和项目。副本提单上一般都标明"Copy"或"Nonnegotiable"字样,以示与正本提单有别。

(8)其他提单

在实际业务中经常遇到的其他提单有:

① 过期提单(Stale B/L)

过期提单是指签发的提单超过信用证规定期限才交到银行的提单,或者晚于货物到达目的港日期的提单。

按照《跟单信用证统一惯例》规定,银行拒绝接受第一种情况下的过期提单。但第二种情况下的过期提单,在近邻国家的贸易实践中难免会发生,为便于进口人及时提货,买卖双方往往事先商定在买卖合同或信用证中规定"过期提单也可接受"的条款。

② 舱面提单(On deck B/L)

舱面提单又称甲板提单,是指承运人签发的表明货物装于船舶甲板上的提单。货物装在甲板上受损的风险较大,进口人一般不愿意接受货物装在甲板上的提单。但有些货物如危险品、活动物等,只能装在甲板上;有些货物因体积过大或舱位不够而装在甲板上。根据《跟单信用证统一惯例》的规定,除非信用证另有规定,银行不接受甲板提单。

③ 倒签提单(Anti-dated B/L)

倒签提单是指在货物装船后,托运人为了得到符合信用证规定的装运日期的提单,请求承运人或其代理人签发提单时将提单记载的装运日期提前。一般来说,倒签提单是一种欺诈行为。

3. 海运提单的格式和内容

国际贸易中通常使用的班轮提单,其内容包括正文及背面条款两部分。

提单正面内容一般包括:承运人名称、托运人名称、被通知方名称、收货人名称、船名和航次、装运港、目的港、货物名称、唛头及件号、重量或体积、运费和其他费用、提单签发日期、地点及份数、承运人或其代理人签字。上述内容分别由托运人和承运人填写。

提单背面条款内容则以《海牙规则》规定为多。通常包括定义条款、管辖权条款、责任期限条款、包装和标志、运费和其他费用、自由转船条款、错误申报、承运人责任限额、共同海损、美国条款、舱面货、活动物和植物等。

4. 有关海运提单的国际公约

目前,有关海上货物运输的国际公约主要有《海牙规则》、《维斯比规则》和《汉堡规则》。现简要介绍如下:

(1)《海牙规则》(Hague Rules)

1924 年 8 月国际法协会在比利时召开由 26 国代表出席的外交会议,会议通过了《统一提单的若干法律规则的国际公约》(International Convention for Unification of Certain Rules of Law Relating to Bills of Lading),简称《海牙规则》,该公约于 1931 年生效,共 16 条。目前,它是海上货物运输领域影响最为广泛的国际公约。

《海牙规则》主要规定了承运人的义务、承运人的免责和责任限制、货物灭失或损坏的通知时间与诉讼时效、托运人的义务等内容,在一定程度上调解了船货双方的风险责任关系。

随着国际航运业的发展,《海牙规则》渐渐显露出部分内容落后、规定不全面、适用范围过于狭窄、较多地维护了承运人的利益、未考虑集装箱运输形式的需要、单位赔偿限额太低、诉讼时效期间过短等缺陷。

我国未加入该公约,但在提单运输方面我国参照这一公约的规定。

(2)《维斯比规则》(Visby Rules)

1968 年国际海事委员会在布鲁塞尔召开第 12 届海洋法外交会议,该会议通过了《修改统一提单的若干法律规则的国际公约》(Protocol to Amend the International Convention for the Unification of Certain Rules of Law Relating to Bills of Lading),简称《维斯比规则》,对《海牙规则》作出了一些修改。该公约于 1977 年生效,共 17 条,它是目前国际海上货物运输方面的重要公约。目前参加该规则的国家有 30 多个,包括英国、法国、德国和日本等主要航运国家。

《维斯比规则》主要对《海牙规则》的相关方面进行了修改,如扩大了适用范围、明确了提单的证据效力、延长了诉讼时效、提高了承运人对货物损害赔偿的限额、增加了集装箱运输的赔偿计算单位以及承运人的责任限制等,但对于承运人的不合理免责条款等实质性问题没有改动。

(3)《汉堡规则》(Hamburg Rules)

1978 年 6 月在德国汉堡召开联合国海上货物运输公约外交会议,通过了《联合国海上货物运输公约》(United Nations Convention on the Carriage of

Goods by Sea)，简称《汉堡规则》，该公约于1992年11月生效，共34条。汉堡规则的制定对国际贸易、国际航运等业务的发展都产生了较大的影响。

《汉堡规则》对《海牙规则》和《维斯比规则》进行了全面的修改，废除了一些对货主的不合理的条款，比较合理地制定了托运人和承运人之间对货物运输所承担的责任。

（二）不可转让海洋运单（Non-negotiable Sea Waybill）

不可转让海洋运单，又称海运单，是证明货物已由承运人接管或装船，以及承运人保证将货物交给海运单所载明的实际收货人的一种不可流通的海上货运单据，因此，它又称为"不可转让海运单"。

海运单的前身是1974年SWEPRO格式。1977年，联合王国标准班轮运单在大西洋航线上被22家英国航运公司首用。1990年6月，国际海事委员会在第34届大会上，通过了《1990年国际海事委员会海运单统一规则》。该规则共八条，包括适用范围、定义、代理、承运人的权利和责任、货物的说明、支配权、交付以及效力等。目前欧洲、北美以及亚洲部分地区开始广泛使用这种相对简便的运输单据。

1. 不可转让海洋运单的基本性质和作用

（1）承运人签发的货物收据。

（2）不是货物所有权的凭证，不可背书转让。

《中华人民共和国海商法》第80条规定：承运人签发提单以外的单证用以证明收到待运货物的，此项单证即为订立海上货物运输合同和承运人接收该单证中所列货物的初步证据。承运人签发的此类单证不得转让。因此，不可转让海洋运单不是货物的物权凭证，不得转让。

收货人不凭"不可转让海洋运单"提货，而是凭到货通知提货。因此，不可转让海洋运单收货人一栏不可签"to order"或"to order of ××"字样，而应填写实际收货人的名称和地址，因此无需担心运单被盗用或遗失。

（3）承运人和托运人之间订立的海上运输合同的证明。

2. 不可转让海洋运单的适用范围

在国际贸易业务中，此运单一般适用于下列货物运输：中途不被转售的货物的班轮运输；出售给跨国公司的一家分公司或卖给一家联营公司、相关公司的货物贸易；以记账贷款为基础的买卖；结算方式为直接汇付、往来账户、现金的贸易；其他不需要信用证的贸易。

3. 不可转让海洋运单的优缺点

不可转让海洋运单适用于近洋运输，对收货人来说能够及时提货、简化手续、减少费用和提高效率；对承运人来说可免除保函付货后可能承担错误交货的责任和难以向担保人追偿的风险；对托运人来说能够始终拥有货物的控制权，风险较小。

但因为发货人可以要求承运人改变货物目的地，进口商的权益将受到威胁；另外进口商是海运单的收货人但不是运输合同的签订人，因此在货物运输途中遭到损失时收货人无权索赔。

四、进出口租船订舱流程

进出口租船订舱流程如下：

1. 进出口公司委托外运公司办理托运手续，填写托运单(Shipping Note)，亦称“订舱委托书”递送外运公司作为订舱依据。

2. 外运公司收到托运单后，审核托运单，确定装运船船舶后，将托运单的配舱回单退回，并将全套装货单(Shipping Order)交给进出口公司填写，然后由外运公司代表进出口公司作为托运人向外轮代理公司办同物托运手续。

3. 货物经海关查验放行后，即由船长或大副签收“收货单”(又称大副收据，Mate’s Receipt，M/R)。收货单是船公司签发给托运人的表明货物已装妥的临时收据。托运人凭收货单向外轮代理公司交付运费并换取正式提单。

进出口报关流程如图 3－1 所示：

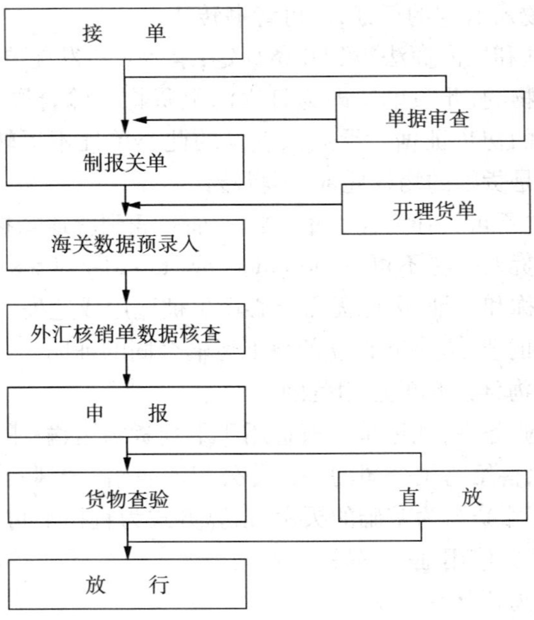

图 3－1　进出口报关流程

第二节 其他运输方式

一、铁路运输(Railway Transportation)

(一)铁路运输的特点

1. 铁路运输是一种仅次于海洋运输的主要运输方式。

在国际货物运输中,海洋运输的进口货物也大多是靠铁路运输进行货物的集中和疏散的。

2. 一般不受气候条件的影响,可保障全年的正常运输。

3. 运量较大,速度较快,有高度的连续性,运输过程中可能遭受的风险也比较小。

铁路货运速度每昼夜可达几百公里。一般货车可达100km/h左右,远远高于海上运输。

4. 办理铁路货运手续比海洋运输简单,而且发货人和收货人可以在就近的始发站和目的站办理托运和提货手续。

5. 铁路运输成本较低。运输费用仅为汽车运输费用的几分之一到十几分之一;运输耗油是汽车运输的1/20。

但铁路运输也有缺点,如铁路建设初期的投资大大超过其他运输方式,铁路运输需要铺设轨道、建造桥梁;建设工程艰巨复杂,需要消耗大量原材料等。

(二)铁路运输的类型

我国对外贸易货物使用的铁路运输可分为国际铁路货物联运和国内铁路货物运输。

1. 国际铁路货物联运

国际铁路货物联运是指两个或两个以上不同国家的铁路当局联合起来,使用一份统一的国际联运票据,由铁路当局负责全程运送的运输方式。在两国铁路方进行货物移交时,无需发货人、收货人参与。采用国际铁路货物联运,有关当事国事先必须有书面的约定。

(1)国际铁路货物联运出口货物的一般程序

① 托运

托运货物时,发货人向车站填报铁路运单一式五联。车站接到运单后,审核运单和有无批准的用车计划,在运单上签署货物进站日期或装车日期表示受理托运。

② 承运

发货人按指定的日期将货物运到指定的货位和车站。车站根据运单查对货物,如无问题,待装车完毕,发货站在货物运单上加盖承运日期。

③ 发运

对车加固和密封。

(2)铁路运单

国际铁路联运运单是国际铁路联运的主要运输单据,它是国际联运中铁路承运人与发货人之间订立的运输契约,对收、发货人和铁路都具有法律约束力。国际铁路联运运单一般为一式五联,当发货人向货物装运站发运货物、支付运费后,车站方加盖承运章,合同正式成立。

运单正本随货物自始发站运到终点站,并交给收货人,它是铁路承运货物出具的凭证,也是铁路与货主交接货物、核收运杂费和处理索赔与理赔的依据。运单副本由始发站签发给发货人作为运输合同的证明,是卖方凭以向收货人结算货物的主要证件。收货人向铁路领取货物时无需提交铁路运单,因此铁路运单并非物权凭证,不能通过背书进行转让和作为抵押品向银行融通资金。

(3)有关的国际铁路运输公约

1951 年 11 月,前苏联和东欧各国签订了《国际铁路货物联运协定》,简称《国际货协》。1954 年 1 月我国参加了《国际货协》,朝鲜、蒙古和越南也相继加入国际铁路联运,1990 年 10 月德国统一,原民主德国终止《国际货协》,1991 年 1 月匈牙利、捷克终止《国际货协》,但铁路联运业务并未终止。目前我国与许多邻国都有铁路相通连,对我国的国际铁路联运非常有利。

2. 国内铁路货物运输

国内铁路货物运输是指仅在本国范围内按《国内铁路货物运输规程》的规定办理的货物运输。我国出口货物经铁路至港口装船及进口货物卸船后经铁路运往各地,均属国内铁路运输的范畴。

供应港、澳地区的物资经铁路运往香港、九龙,也属于该国内铁路运输的范围。对港铁路运输是由大陆段运输和港段铁路运输两部分构成。具体做法是:内地货主填写内地铁路运单,将货物发运至深圳北站,收货方为中国外贸运输公司深圳分公司,完成大陆段运输;深圳分公司负责在深圳与铁路局办理货物运输单据的交换,并向深圳铁路局租车,然后申报出口,经查验放行后,将货物运输至九龙港,由深圳外运分公司在香港的代理人——香港中国旅行社办理港段铁路运输的托运,报关,并交付香港收货人,完成港段铁路运输。

对港、澳铁路运输的单据为承运货物收据。该收据包括大陆段和港段两段运输，是承运人和托运人之间的运输契约，也是出口人办理结汇手续的凭证。

（三）铁路运输的运费

货物运送费用包括货物运费、押运人乘车费、杂费和其他费用。具体费用遵循《国际货协》、《统一货价》和中国铁道部《铁路货物运价规则》的规定。

二、航空运输（Air Transportation）

航空运输是一种现代化的运输方式，它与海洋运输、铁路运输相比，具有运送速度快、货物破损率低、安全性好、节省杂费、手续简便，且不受地面条件的限制等优点。因此，它最适宜运送急需物资、鲜活商品、精密仪器和贵重物品。近年来，随着国际贸易的迅速发展以及国际货物运输技术的不断现代化，航空运输方式在国际贸易运输中所的地位越来越重要。但航空运输还存在运价高、载量有限、易受气候影响等缺点。

1. 国际空运货物的运输方式

（1）班机运输（Scheduled Airline）

班机运输是指使用在固定时间、固定航线、固定始发站和目的站飞行的飞机所进行的货物运输。一般航空公司使用的班机是客货混合型飞机，舱容有限，难以满足大批量的货物运输。因此，适用于运送小批量的急需物品、鲜活商品以及季节性商品。

（2）包机运输（Chartered Carrier）

包机可以分为整架包机和部分包机两种形式。整架包机指租整架飞机来运送货物的运输，适用于运送数量较大的商品。部分包机指由几个发货人或航空货运代理公司联合包租一架飞机来运送货物的运输，适用于多个发货人、且货物到达站又是同一地点的货物运输。

（3）集中托运（Consolidation）

集中托运是指航空货运公司把若干单独发运的货物（每一货主货物要出具一份航空运单）组成一整批，用一份总运单（附分运单）集中发送到预定目的地，由航空货运代理公司在目的地的指定代理人收货、报关、分拨后交给实际收货人。集中托运的货物越多，支付的运费越低，而且集中托运的运价一般比国际空运协会公布的班机运价低7%～10%。因此，发货人较多采用集中托运的方法。

（4）航空急件传送（Air Express Service）

航空急件传送不同于一般的航空邮寄和航空货运，而是由一个专门经营此项业务的机构和航空公司密切合作，设专人用最快的速度在货主、机场、收货人之间传送急件，特别适用于图纸资料、单证及小件资料等，这种方式又被称为“桌到桌运输”。

2. 航空运单(Air Waybill)

航空运单是航空承运人与托运人之间在承运的航线上运输货物所签订的运输合同的凭证以及收货依据。货物到达目的地后，承运人向收货人发出到货通知，收货人凭到货通知和身份证明提取货物。所以航空提单并非物权凭证，不能通过背书转让。在收货人栏内，必须详细填写收货人的名称和地址，而不能做成指示性抬头。

航空运单按其签发人的不同，可以分为两种：

(1)航空主运单

又称为总运单，由航空公司或其代理人签发的运单。每一批货物都必须具备总运单。

(2)航空分运单

航空货运公司办理集中托运、联运及门到门运输时签发给各批发货人的运单。

3. 航空运输的运价

航空运费是指航空公司将货物从起运机场至目的机场所应收取的运价，不包括其他额外费用如地面运输、制单、仓储费等。运价一般是按计费重量征收，计费重量或者是货物的实际毛重(kg)，或者是体积重量(6 000cm^3 折合 1kg)，或者以较高重量分界点的重量为准。

4. 有关的国际航空运输公约

较有影响力的国际航空运输公约有:《华沙公约》(1929 年)、《海牙议定书》(1955 年)、《瓜达拉哈拉公约》(1961 年)、《危地马拉议定书》(1971 年)、《蒙特利尔第一号附加议定书》(1975 年)等。其中《华沙公约》是最基本的，使用业也最为广泛，并已为世界大多数国家所认可。

1958 年我国参加了《华沙公约》，目前已有国际和国内航线 1 100 余条，其中国际航线 134 条，覆盖了欧美亚主要地区。

三、公路运输(Road Transportation)

公路运输是一种现代化的运输方式，是使用卡车或汽车作为工具完成国与国之间的短途货运。随着我国公路建设的扩展，特别是高速公路的修建，公路运输在对外贸易中将发挥更重要的作用。

1. 公路运输的特点

公路运输具有机动灵活、速度快和方便等特点，尤其是在实现“门到门”运输中，更离不开公路运输。但公路运输也有一定的不足之处，如载货量有限，运输成本高，容易造成货损事故。

2. 公路运输的适用范围

(1)与邻国直接运进或运出的对外贸易货物

我国同许多周边国家有公路相通，我国同这些国家可以经由国境公路运输。

(2)内地同港、澳地区的部分进出口货物。

(3)车站、港口和机场集散进出口货物。

3. 公路运输单据

《国际公路货物运输公约》对公路运单下的定义是：公路运输单据是运输合同，是承运人收到货物的初步证据和交货凭证。公路运输单据不是物权凭证，不可转让。

4. 公路运费

公路运费均以“吨/公里”为计算单位，一般有两种计算标准：货物等级和路面等级。

四、内河运输(Inland Waterway Transportation)

内河运输是利用船只进行国际间水上运送的运输方式，它是水上运输的重要组成部分。

我国拥有四通八达的内河航运网，长江、珠江等主要河流中的一些港口已对外开放，同一些邻国还有国际河流相通，这就为我国进出口货物通过河流运输和集散提供了十分有利的条件。

内河运输单据是内河运输合同和证明货物已经由承运人接管或者装船的运输单据。内河运输单据不是物权凭证，不可转让。

五、管道运输(Pipeline Transportation)

管道运输是现代五大运输方式之一。它是货物在管道内借助于高压气泵的压力输往目的地的一种运输方式，主要适用于运输液体和气体货物。它具有固定投资大、建成后运输成本低的特点。

管道运输在美国、欧洲的许多国家以及石油输出国的石油运输方面起到了积极的作用。我国管道运输起步较晚，但随着石油工业的发展，为石油运输服务的石油管道也迅速发展起来。迄今为止，我国不少油田均有输油管道直通港湾。我国至朝鲜也早已铺设管道，我国向朝鲜出口的石油，主要是通过管道运输。

管道运输运费计算比较简单，大多以桶或吨为单位，此外一般均规定每批最低托运量。

六、大陆桥运输(Land Bridge Transportation)

大陆桥运输是指使用横贯大陆的铁路(或公路)运输系统为中间桥梁，把大陆两端的海洋连接起来的集装箱连贯运输方式。

大陆桥运输一般以集装箱为运输单位，具有运费低廉、运输时间短、货损货差率小、手续简便等特点。因此，大陆桥运输是一种经济、迅速、高效的现代化的运输方式。

目前，有以下三条大陆桥运输路线：

1. 西伯利亚大陆桥运输

西伯利亚大陆桥是以俄罗斯西伯利亚铁路为桥梁，把太平洋远东地区与波罗的海和黑海沿岸以及西欧大西洋口岸连接起来，是世界上最长的运输陆桥。但受气候、运量不平衡和运力紧张等限制，西伯利亚大陆桥的地位正在下降。

2. 新亚欧大陆桥运输

新亚欧大陆桥于1992年正式通车，它东起我国连云港，穿越哈萨克斯坦、俄罗斯，与西伯利亚大陆桥重合，最终抵达荷兰鹿特丹、阿姆斯特丹等西欧主要港口。新亚欧大陆桥跨亚欧两洲，与西伯利亚大陆桥相比，总距离缩短2 000～2 500公里，缩短时间5天，减少运费10%以上。

3. 美国大陆桥运输

美国大陆桥是横贯美国东西两岸的铁路或公路大陆桥，包括两条路线，一条是从西部太平洋口岸至东部大西洋口岸的铁路或公路运输系统；另一条是西部太平洋沿岸至南部墨西哥湾口岸的铁路或公路运输系统。

4. 美国OCP运输条款

OCP全称是Overland Common Points，译作“内陆公共点地区”。内陆公共点地区是以落基山脉为界，其以东的内陆地区，约占美国2/3地区。

OCP费率是太平洋航运公会为争取运往美国内陆地区的货物途经美国西海岸港口转运而制定的一个比直达美国西海岸港口低的费率。按OCP运输条款规定，凡是经过美国西海岸港口转往上述内陆地区的货物，如按OCP条款运输，就可享受比一般只经大西海岸港口更为优惠的内陆运输费率，一般约低3%～5%。相反方向，凡从美国内陆地区启运经西海岸港口装船出口的货物，同样可按OCP运输条款办理，可享受比通常运费低的优惠海运运费。

采用OCP运输条款，必须满足以下条件：

(1)货物最终目的地必须属于 OCP 地区范围。

(2)货物必须经由美国西海岸港口中转。

(3)在提单备注栏内及货物唛头上应注明最终目的地 OCP 城市。

例如,我国向美国出口一批货物通过海运到美国西部港口西雅图,在通过陆路(主要是铁路)向东运至指定的内陆路地区(底特律)。西雅图是美国西海岸港口之一,底特律属于美国内陆地区城市,此笔交易就符合 OCP 规定。经双方同意,就可采用 OCP 运输条款。

七、邮政运输(Parcel Post Transportation)

邮政运输是一种较简便的运输方式,也是国际贸易运输不可缺少的方式,它是各种运输方式的综合运用。各国邮政部门之间订有协定和公约,通过这些协定和公约,各国的邮件包裹可以相互传递,从而形成国际邮包运输网。

邮政运输手续简便,费用也不高,适用于重量轻、体积小的货物的传递,如精密仪器、机器零件、金银首饰、药品等。

国际邮政运输具有国际多式联运和"门到门"运输的性质,托运人只需按邮局章程办理一次托运手续、一次付清足额邮资,取得邮政包裹收据,交货手续即告完成。邮件在国际间的传递由各国的邮政部门负责办理,邮件到达目的地后,收件人可凭邮局到件通知提取邮件,其余所有事宜均由各国邮局办理。

近年来,通过邮政运输进行的特快专递业务主要有:

1. 国际特快专递(International Express Mail Service)

国际特快专递简称 EMS,由世界各国邮政联合创办,是以高速度、高质量、高效率传递国际邮件的新业务。

到目前为止,我国邮政部门已与 80 多个国家和地区的邮政部门建立了业务联系,尚未与我国建立 EMS 业务联系的国家和地区的特快专递邮件,则通过与 TNT 的合作(中速快件)来补充 EMS 网络的不足,使国际特快专递邮件可通达 200 多个国家和地区。

2. DHL 信使专递(DHL Courier Service)

DHL 是指敦豪国际有限公司,它是国际信使专递行业中具有代表性的专递公司,总部设在美国纽约,由 Dalsey、Hibolom 和 Lind 三方组建,在世界 140 多个国家和地区设有分支公司和代理机构,传递范围遍及世界各地。

邮包收据是邮局收到寄件人的邮包后所签发的凭证,也是收件人凭以提取邮件的凭证。当邮包发生损坏灭失时,它还可以作为索赔和理赔的依据。但邮包收据不是物权凭证。

国际资费以重量为计算标准,由基本邮资和特别邮资组成。

八、国际多式联运(International Multimodal Transportation)

(一)国际多式联运的含义

国际多式联运是在集装箱运输的基础上产生和发展起来的,它一般是以集装箱为媒介,把海、陆、空各种传统的单一运输方式有机地结合起来形成的一种综合性的连贯运输方式。

《联合国国际货物多式联运公约》对国际多式联运所下的定义是:"国际多式联运是按照多式联运合同以至少两种不同的运输方式,由多式联运经营人把货物从一国境内接管货物的地点运至另一国境内指定交付货物的地点。"根据此定义,构成多式联运,应具备下列条件:

1. 必须是跨越国境的国际间的货物运输。

2. 必须是国际间两种或两种以上不同运输方式的连贯运输。

3. 必须签订一个多式联运合同,以明确规定多式联运经营人和托运人之间的权利、义务、责任和豁免和多式联运的性质。多式联运合同是指多式联运经营人与托运人之间订立的凭以收取运费、负责完成或组织完成国际多式联运的合同。

4. 必须使用一份包括全程的多式联运单据,证明多式联运合同和证明多式联运经营人已经接管货物并且负责按照合同条款交付货物。

5. 必须由一个多式联运经营人对全程运输负总的责任。多式联运经营人可以充任实际承运人,办理全程或部分运输业务,也可以是无船承运人,将全程运输交由各段实际承运人来履行。

6. 必须是全程单一运费费率,其中包括全程各段运费的总和、经营管理费用和合理利润。

(二)国际多式联运的优点

选择国际多式联运,不论货物运输环节多么复杂,托运人只要办理一次托运、付一次运费、取得一份多式联运单据即可。因此国际多式联运手续简便,缩短了货物运输时间、减少了中间环节、加快了货运速度、降低了运输成本,并提高了货运质量。最后货物的交接地点还可以做到门到门、门到港站、港站到港站、港站到门等。

(三)有关国际多式联运的公约

20 世纪 60 年代末国际多式联运首次出现于美国,试办后取得显著效果,受到贸易界和货运界的欢迎,随后,在北美、欧洲、非洲等地被广泛采用。1980 年 5 月在瑞士日内瓦召开的联合国国际多式联运会议上,包括我国在内的 68 个国家通过了《联合国国际货物多式联运公约》。该公约包括总则、多式联运经营人的赔偿责任、发货人的赔偿责任、索赔和诉讼、补充条款、海关事项以及最后条款等八大部分，共计 40 条。

（四）国际多式联运单据

《联合国国际货物多式联运公约》对多式联运单据下的定义是单据是用以证明国际多式联运合同成立及证明多式联运经营人接管货物，并负责按照多式联运合同条款交付货物的单据。

国际多式联运单据与海运中的联运提单有相似之处，但也有明显的区别：

1. 联运提单只有在海运与其他运输方式结合时才适用。多式联运单据必须是至少两种不同运输方式的联运，不一定包括海洋运输。

2. 联运提单由承运人或承运人的代理人签发，包括海洋运输在内的全程运输。多式联运单据则由多式联运经营人或经其授权的人签发，可以不包含海洋运输。

3. 联运提单的签发人仅对自己负责的第一程运输负责，而多式联运单据的签发人要对全程运输负责。

九、集装箱运输（Container Transportation）

（一）集装箱运输的含义

集装箱是一种容器，它的外形像一个箱子，人们可以将货物集中装入箱内，故称集装箱，又称“货柜”或“货箱”。集装箱具有足够的强度，能够作为运输辅助设备反复使用。

集装箱运输是以集装箱为运输单位进行货物运输的一种现代化的先进运输方式，它可以适用于海洋运输、铁路运输等运输方式的独立运输和国际多式联运。

（二）集装箱的种类

国际标准化组织于 1970 年为了统一集装箱的规格，推荐了三个系列 13 种通用集装箱标准规格，1991 年在汉城又增加了四种集装箱标准规格，而在国际货物运输中经常使用的是 1A 型（8′×8′×40′）和 1C 型（8′× 8′× 20′）。20 英尺的重量吨和尺码吨分别为 17. 5 公吨、25 立方米，40 英尺的重量吨和尺码吨分别为 25 公吨和 55 立方米。通常使用重量吨计算货物适合使用 20 英尺集装箱，使用尺码吨计算的货物适合使用 40 英尺集装箱。

为了适应运输各类货物的需要，集装箱除了通用的干货集装箱外，还有杂货集装箱、冷藏集装箱、散装集装箱、开顶集装箱、框架集装箱、罐装集装箱、散装集装箱、挂式集装箱等种类。

（三）集装箱货物运输交接方式

集装箱运输由整箱货（Full Container Load，简称 FCL）和拼箱货（less than

Container,简称 LCL)之分。整箱货由货方在工厂和仓库进行装箱后直接交运集装箱堆场(Container Yard,CY)。拼箱货是指货量不足一整箱,需要承运人在集装箱货运站(Container Freight Station,即 CFS)负责将不同发货人的少量货物拼装在一个集装箱内,货到目的地(港)后,由承运人拆箱后分拨给各收货人。

通用的集装箱货物运输交接方式可以分为下列三种:

1. 整装整接(FCL/FCL)。交货地点为"门到门",由发货人的货仓或工厂仓库至收货人的货仓或工厂仓库。

2. 拼箱拆接(LCL/LCL)。交货地点为"站到站",由起运地或装箱港的集装箱货运站至目的地或卸货港的集装箱货运站。

3. 整装拆接(FCL/LCL)。交货地点为"门到站"。

4. 拼装整接(LCL/FCL)。交货地点为"站到门"。

(四)集装箱货物运输的费用

在交易中,集装箱类型的选用和货物的装箱方法对于托运人降低运费成本起着重要的作用。

集装箱货物海运运费根据货量的大小,即拼箱货和整箱货分为以下两种不同的计算方法:

1. 按杂货的基本费率加收附加费

即以每吨运费为计量单位,按照传统的杂货等级费率收取基本运费外,再加收一定的附加费。拼箱货运输运费通常采用这种方法。

2. 包箱费率(Box Rate)

以每一集装箱为计费单位收取的费率。整箱货运输运费通常采用这种方法。现在包箱费率正逐渐取代第一种计算方法。

包箱费率由三种规定的方法:

(1)FAK 包箱费率(Freight for all kinds),是不分货物种类,也不计货量,只规定统一的每个集装箱收取的费率。

(2)FCS 包箱费率(Freight for Class),是按不同货物等级制定的费率。

(3)FCB 包箱费率(Freight for Class and Basis),是按不同货物等级以及计量单位标准制定的费率。

海运集装箱货物运输通常还会发生以下费用:

① 内陆运输费用(Inland Transportation Charge)

② 堆场服务费(Terminal Handling Charge)

③ 拼箱服务费(LCL Service Charge)

④ 设备使用费(Fee for Use Container and Other Equipments)

⑤ 海运运费(Ocean Freight)

(五)集装箱货物运输单据

集装箱运输单证不同于传统的货运单据,出口单据主要有托运单(含场站收据)、集装箱装箱单、设备交接单和提单或集装箱联运提单或多式运输单据等;进口单据主要有提货单。

第三节　合同中的装运条款

在国际贸易中,装运条款是进出口合同的重要条款之一,它直接关系到货物的运输和买卖双方的责任和风险,同时它也是进出口合同顺利履行的重要保证。

货物的装运和交货从严格意义上讲是两个完全不同的概念,装运通常是指出口商将货物装上指定的运输工具上,而交货则是指出口商将货物交给买方或置于买方的控制之下。但是,运输常用的方式是海洋运输,海运一般使用FOB、CFR和CIF三种贸易术语,在这三种贸易术语下,交易双方交货地点就是装运港港口。

出口合同中装运条款一般包括装运时间、装运地(港)、目的地(港)、货物运输方式、分批装运和转运、装运通知、滞期和速遣等方面的内容。

一、装运时间(Time of Shipment)

装运时间又称装运期,是指卖方将合同规定的货物装上运输工具或交给承运人的期限。装运时间是国际货物买卖合同的主要交易条款,卖方必须严格按规定时间交付货物,不得任意提前和延期。如果卖方未在装运期内将货物实际装上船,则属于违约,买方有权拒收货物,解除合同,并要求损害赔偿。

装运时间的规定是合同装运条款的核心,其规定的方法有:

1. 明确规定具体的装运时间

(1)规定具体的装运月份

如:11月装运

Shipment during Nov. 2008

如:11/12月间装运

Shipment during Nov. /Dec. 2008

(2)规定最迟装运期限

如:11月25日或25前装运

Shipment on or before/not later than/latest on Nov. 25th

2. 规定收到信用证后一定时间内装运

如：收到信用证30天内装运

Shipment to be effected within 30 days after receipt of L/C

在采用此方法时，最好同时规定有关信用证的开到期限或开出期。

如：收到信用证30天内装运，买方必须不迟于某月某日将信用证开到卖方。

Shipment to be effected within 30 days after receipt of L/C, the relevant must reach the seller not later than……

3. 规定近期装运术语

如“立即装运”、“即期装运”、“尽快装运”等术语，此类术语的解释在各国、各行业中各不相同，不宜使用。国际商会制订的《跟单信用证统一惯例》也明确规定不宜使用此类用语，如果使用，银行将不予置理。

二、装运地（Place of Shipment）和目的地（Place of Destination）

装运地是指货物起始装运的地点。目的地是指最终卸货的地点。在国际贸易中，装运地一般由卖方提出，经买方同意后确认；目的地一般由买方提出，经卖方同意后确认。

装运地通常由出口商根据便利货物出口的原则提出，经进口商同意后确定。一般装运港只规定一个，必要时还可以作笼统规定，装运时由出口商决定后通知进口商。目的地通常由买方根据便利货物使用或转售的原则提出，经卖方同意后确定。

进出口合同中表示装运地、目的地的方式如下：

1. 在一般情况下，只分别规定一个装运地和目的地

如装运港：上海

Port of loading: Shanghai

如目的港：伦敦

Port of destination: London

2. 分别规定两个或两个以上的装运地或目的地

如装运港：上海/南京/南通

Port of loading: Shanghai/Nanjing/Nantong

如目的港：伦敦/汉堡/鹿特丹

Port of destination: London/Hamburg/Rotterdam

在成交数量大而货源又分散几处，或在达成合同时出口商还无法确定在何处发运货物的情况下，可以规定几个港口和地点作为装运地。目的地通常

也只规定一个,必要时也可以规定两个或两个以上,在合同规定的装运期前若干天由买方确定并通知卖方或由买方在其申请开立的信用证中做出明确规定。

3. 笼统规定

如装运港:欧洲主要港口

Port of loading: European Main Ports

在磋商交易时,如果国外商人笼统规定"欧洲主要港口"或"中国主要港口"为装运港或目的港时,不宜轻易接受。因为,欧洲或中国港口众多,究竟哪一个港口为主要港口,并无统一解释,而且各港口距离远近不一,港口条件也有区别,运费和附加费可能有极大差别,所以,我们应避免采用此种规定方法。

此外,世界各国港口重名的很多,例如维多利亚港全世界有 12 个之多,为防止发生差错,在买卖合同中应明确注明装运港或目的港所在国家和地区的名称。

三、运输方式(Means of Shipment)

合同的装运条款中,运输方式可以定在装运地和目的地之后。

如:货物由上海海运至伦敦。

Shipment from Shanghai to London by sea transportation.

如果交易双方在合同中未明确规定采用何种运输方式时,一般理解为海运方式。

四、分批装运(Partial Shipment)

分批装运是指一笔成交的货物分若干批交付装运。货物是否可以分批装运,对交易双方都有影响,因此往往需要在合同中加以明确规定。

如:6 月间由上海装运至伦敦,不允许分批装运。

Shipment from Shanghai to London during June with partial shipment not allowed.

如:2008 年 7/12 月装,分三个月,每月装一批且数量相等。

Shipment during July/December 2008, in three equal monthly lots.

《跟单信用证统一惯例》第 31 条规定除非信用证另有规定,允许分批装运。《跟单信用证统一惯例》第 32 条规定,如信用证规定在指定的时间内分期支取货款或分期装运,任何一期未按信用证规定支取或发运时,信用证对该期以及以后各期均告失效。

五、转运(Transshipment)

转运是指货物在运输中的转船、转机以及从一种运输工具上卸下再装上另一种运输工具的行为。

从装运港运至目的港如果没有直达运输工具或无固定装运期,或是为了防止赶不上直达运输工具而造成迟延装运,卖方会在合同中做出允许转运的规定。但转运会增加费用且容易造成货损货差,买方一般不希望货物经过转运。根据《跟单信用证统一惯例》规定,除非信用证禁止禁运,只要统一提单包括了海运全过程,银行将接受注明货物转运的提单。

如:禁止转运。

Transshipment prohibited.

如:货物自上海经香港转运至伦敦。

Shipment from Shanghai to London with transshipment at Hong Kong.

六、装运通知(Shipment Advice)

装运通知指卖方将货物装上船后及时向卖方发出的通知,目的是保证买方及时安排接货和投保。

如:兹通知你方,我们 0718 号订单下彩电已经装上“沱河”轮,该轮预计 2008 年 9 月 15 抵达伦敦。有关交货的详情请与中远集装箱运输有限公司联络。

We are pleased to inform you that we have delivered our order No. 0718 for color TV set to per S. S. “Tuohe” on Sep 15th, 2008 at London. For delivery instructions, please contact Messers Cosco container lines.

七、速遣和滞期条款

在国际贸易中,大宗商品大多使用程租船运输。采用程租船时,程租船合同中往往要明确装卸时间、滞期费和速遣费。

如:装卸货时间为 5 个连续 24 小时好天气工作日,星期六、日、节假日除外,用了也不算。滞期费每天 4 000 美元,速遣费每天 2 000 美元。

Laytime is five weather working days of consecutive 24 hours, Saturdays、Sundays and holidays excepted even if used. Demurrage is USD4000 per day, and dispatch money is USD2000 per day.

第四节　货物运输保险

在国际贸易中，货物由卖方转到买方手中，需要经过跨越国境的长途运输以及多次的装卸、存储和搬运。在整个运输过程中，货物可能遭遇自然灾害或意外事故而受损或灭失。买方或卖方为了保障货物在遭受损失后得到一定的经济补偿，就需要办理货物运输保险。可见，办理国际货物运输保险是人们同自然灾害和意外事故作斗争的一种经济措施，卖方或买方一般都在货物装运之前向保险公司投保。

国际货物运输保险是以运输途中的货物作为保险标的保险。买方或卖方向保险人交纳保险费取得保险单证，保险人对运输过程中的投保货物遭受保险单承保风险内的损失给予被保险人经济上的补偿。

一、保险基本原则

1. 保险利益原则(Insurable Interests)

保险标的是保险要保障的对象，它可以是财产及其有关利益或者人的寿命和身体。保险利益也称可保利益，是指投保人或被保险人对保险标的所具有的合法的经济利益，简单地讲就是可以保险的利益。保险利益原则就是投保人对保险标的具有保险利益才能投保。

国际货物运输保险是财产保险的一种，买卖双方对货物具有可保利益是由买卖双方所承担的货物在运输途中的风险决定的；而国际贸易中采用的贸易术语又具体规定买卖双方对运输中的货物承担的责任、费用和风险。所以不同贸易术语的风险划分点决定了可保利益在买方还是买方。如 FAS 术语下买方负责的风险是从货物有效地交到船边开始的，买方也在此时对货物享有可保利益。

但国际货物运输保险还有个特殊规定：投保时被保险人不一定要求具有保险利益，仅要求在保险标的发生损失时必须具有保险利益。如 FOB 贸易术语在货物越过船舷前买方不具有保险利益，在货物装船前就不能及时对该货物办理保险，变通的方法就是保险人认为买方具有预期保险利益而同意其投保。

2. 最大诚信原则(Utmost Good Faith)

最大诚信原则指投保人和保险人在签订保险合同以及合同的履行过程中，必须保持最大限度的诚意，任何一方都不得有隐瞒、欺骗行为，双方都应讲求信用。

最大诚信原则源于古老的海上保险的习惯做法，当时投保人投保时，船舶和货物往往在很远的港口和仓库，保险人无法亲自察看，因此要求投保人诚实填单。

最大诚信原则主要有三方面的要求：一是告知。告知指投保人将有关保险标的的重要情况如实告诉保险人。如果投保人对重要情况故意不告知或告知有错误或不全面，则构成隐瞒，保险人可据此宣布合同无效。二是陈述。陈述指保险合同签订之前或签订时，投保人对保险标的的全面、详细的说明。如果陈述是错误的，不论其内容是否重要，保险人都有权解除保险合同。三是保证。被保险人在保险合同中所做出保证义务（如保证不做某事）是否履行。违反了保证条款，保险人有权解除合同，但对被保险人在违反保证之前的损失仍需承担赔偿责任。

3. 补偿原则(Principle of Indemnity)

补偿原则指当保险标的发生了保险责任范围内的损失时，保险人按照保险标的的实际损失对被保险人进行损失补偿，保险人的赔偿金额不得超过保险单上的保险金额或被保险人遭受的实际损失。保险补偿的目的是使被保险人恢复到损失发生之前的经济状况，被保险人不能因保险赔偿而获额外利益。

4. 近因原则(Proximate Cause)

近因指造成损失的最主要、最有效和最有影响的原因。近因原则指保险人对直接由于承保风险引起的任何损失负赔偿责任。

二、海洋货物运输保险

根据国际货物运输方式的不同，国际货物运输保险有海上运输货物保险、陆上运输货物保险、航空运输货物保险、邮包运输保险等。其中海上运输货物保险在各类保险中起源最早，历史最久，其余运输方式下的货物保险都是在海运货物保险的基础上发展起来的。

保险公司不是对所有的风险都给予承保，也不是对所有的损失都给予补偿，而是按照不同险别包括的风险所造成的损失和发生的费用承担赔偿责任，因此，我们必须准确的理解风险、损失和险别三者的联系。

（一）风险

海上货物运输保险的风险分为海上风险和外来风险两类。

1. 海上风险(Perils of Sea)

海上风险又称海难，指的是海上航行中发生的以及海上与陆上、内河或驳船相连接的地方所发生的自然灾害和意外事故，但并不包括一切的海上危险。

(1)自然灾害(Natural Calamity)

自然灾害是指由于自然界的变异引起破坏力量所造成的灾害。如恶劣气候、雷电、海啸、地震、洪水等。这些灾害在保险业务中都有其确定的含义。

(2)意外事故(Fortuitous Accidents)

意外事故不同于一般的事故,它指由于偶然的、外来的和非意料中的原因造成的事故,它专指运输工具搁浅、触礁、沉没、失踪、互撞或与其他固定物如流冰、码头碰撞,以及失火、爆炸等原因造成的事故。

2. 外来风险(Extraneous Risks)

外来风险是指由于自然灾害和意外事故以外的其他外来原因引起的风险,包括一般外来风险和特殊外来风险两种。

(1)一般外来风险

一般外来风险指由于一般外来原因所造成的风险,如偷窃、雨淋、短量、玷污、渗漏、破碎、串味、受潮、受热、锈损和钩损等。

(2)特殊外来风险

特殊外来风险指由于一般外来原因以外的其他外来意外因素造成的风险,一般与政治、军事、社会动荡以及国家行政措施和政策法令等有关,如战争、罢工和交货不到、拒收等。

(二)损失

有风险就会有损失,按照损失的程度可以分为全部损失和部分损失。

1. 全部损失(Total Loss)

全部损失简称全损,指整批保险货物或不可分割的一批保险货物的全部灭失或可视同为全部灭失的损害,全部损失又分为实际全损和推定全损。

(1)实际全损(Actual Total Loss)

实际全损是指该批被保险货物完全灭失或完全变质失去原有的用途,即货物完全损失已经发生或者不可避免。主要有四种情况:被保险货物完全灭失;被保险货物完全变质失去原有的形态和使用价值;被保险货物丧失已无法挽回;船舶失踪达到一定时期仍无音讯。

(2)推定全损(Constructive Total Loss)

推定全损是指被保险货物遭受严重损害后,实际全损已经不可避免;或者恢复、修复受损货物超过货物修复后的价值;或者是将其运送到原定目的地所需的费用将超过货物到达目的地的价值;或者是被保险人失去被保险货物的所有权,而收回这一所有权所需费用超过收回被保险货物的价值。

发生推定全损情况时,被保险人可以要求保险人按部分损失赔偿,也可以要求作为推定全损赔偿全部损失,如果要求按推定全损赔偿,被保险人必须向保险人发出委付通知。委付是指被保险货物发生推定全损时,被保险人表示愿意将保险标的物的全部权利和义务转移给保险人,并要求保险人按全损赔偿的一种行为。委付必须经保险人同意接受后方能生效,委付一旦经保险人接受就不得撤回。

2. 部分损失(Partial Loss)

部分损失是指货物的损失没有达到全部损失的程度,因损失产生性质不同,部分损失可分为共同海损和单独海损。

(1)共同海损(General Average)

共同海损是指载货船舶在运输途中遇到危及船、货的共同危险,为了船、货共同安全或使航程继续完成,人为、有意识地并且合理地做出某些行为而产生的牺牲或特殊费用,这些特殊牺牲和费用叫做共同海损。

共同海损的成立,必须具备下列条件:

① 船方在采取紧急措施时,船、货共同安全的危险必须是真实存在的,不能主观臆测可能有危险发生。

② 船方采取的措施必须是有意而合理的。

③ 所做的牺牲是非常性质,支付的费用是额外的。

④ 采取的共同海损措施最终是有效的。

共同海损的牺牲和费用应由船舶、货物或运费三方按最后获救的价值多少按比例进行分摊,这种分摊叫做共同海损分摊。

(2)单独海损(Particular Average)

单独海损是指除共同海损以外,由海上风险直接导致的船舶或货物的部分损失,这种损失由受损方单独承担。

单独海损和共同海损的区别主要在于:第一,造成海损的起因不同。共同海损是人为有意识造成的损失,单独海损是承保风险直接导致的货物损失。第二,损失的承担者不同。共同海损由船、货、运费三方在获救价值的基础上按比例分摊,单独海损由受损方自行承担损失。第三,损失构成不同。共同海损既包括货物损失又包括因采取行动而引发的费用,单独海损一般指货物本身的损失,不包括费用。

(3)费用(Expenses)

船方为营救或减轻被保险货物的损失也会引发相关费用的支出,主要有三种:

① 施救费用(Sue and Labor Expenses)

施救费用是指在遭遇保险责任范围内的灾害事故时,被保险人或他的代理人、雇佣人员和保险单受让人等为避免或减少标的物的损失所采取的措施而产生的费用,保险人对这种施救费用负责赔偿。

② 救助费用(Salvage Charges)

救助费用是指保险标的物遭遇保险责任范围内的灾害事故时,由保险人和被保险人以外的第三者采取救助行为而向其支付的报酬,保险人对这种费用也负赔偿责任。

③ 额外费用(Extra Charges)

额外费用指保险货物发生损失后,对其进行查勘、公证、理算或拍卖等支付的费用以及运输在中途终止时所支付的货物卸下、存仓及续运至目的地的费用等。如果保险标的遭遇保险责任范围内的事故,额外费用可由保险人负责赔偿;反之,如果保险标的损失的索赔不能成立,额外费用也不能获赔。

(三)中国海洋运输货物保险险别

世界上主要国家都有自己的保险条款,中国人民保险公司根据我国保险业务的实际情况,并参照国际保险市场的习惯做法,分别制定了海洋、陆上、航空、邮包运输方式的货物运输保险条款以及适用于上述各种运输方式的货物保险的各种附加险条款,总称为"中国保险条款"(China Insurance Clause, C. I. C.)。

根据中国人民保险公司(PICC)1981 年 1 月 1 日修订的《海洋运输货物保险条款》的规定,海洋运输货物保险条款包括基本险和附加险。基本险分为平安险、水渍险和一切险三种,附加险可以分为一般附加险和特殊附加险两种。附加险只有在投保一种基本险的基础上才能加保。

1. 基本险

(1)平安险(Free from Particular Average, F. P. A.)

保险公司对平安险的责任范围如下:

① 被保险货物在运输途中由于恶劣气候、雷电、海啸、地震、洪水等自然灾害造成整批货物的全部损失或推定全损。

② 由于运输工具遭遇搁浅、触礁、沉没、互撞、与流冰或其他物体碰撞以及失火、爆炸等意外事故造成货物的全部或部分损失。

③ 在运输工具已经发生搁浅、触礁、沉没、焚毁意外事故的情况下,货物在此前后又在海上遭受恶劣气候、雷电、海啸等自然灾害所造成的部分损失。

④ 在装卸或转运时由于一件或数件货物落海造成的全部或部分损失。

⑤ 被保险人对遭受承保责任内危险的货物采取抢救、防止或减少货损的措施而支付的合理费用,但以不超过该批被救货物的保险金额为限。

⑥ 运输工具遭遇海难后,在避难港由于卸货所引起的损失以及在中途港、避难港由于卸货、存仓以及运送货物所产生的特别费用。

⑦ 共同海损的牺牲、分摊和救助费用。

⑧ 运输契约定有“船舶互撞责任”条款，根据该条款规定应由货方偿还船方的损失。

(2)水渍险(With Average 或 With Particular Average, W. A 或 W. P. A)

保险公司对水渍险的责任范围除包括上述平安险的各项责任外，还负责被保险货物由于恶劣气候、雷电、海啸、地震、洪水等自然灾害所造成的部分损失。

(3)一切险(All Risks)

一切险是除包括平安险和水渍险的各项责任外，还包括被保险货物在运输途中由于一般外来原因所致的全部或部分损失。

一切险的承保范围比平安险和水渍险的承保范围大，但保险人并不是对所有风险所致的损失都负责。

对海洋运输货物保险的三种基本险别，保险公司规定有以下除外责任：被保险人的故意行为或过失所造成的损失；属于发货人责任所引起的损失；在保险责任开始前，被保险货物已存在的品质不良或数量短缺所造成的损失；被保险货物的自然损耗、本质缺陷、特性以及市价跌落、运输延迟所引起的损失或费用；属于海洋运输货物战争险和罢工险条款规定的责任范围和除外责任。

我国海运货物基本险的保险责任起讫期限同国际保险市场的习惯做法一样，采取“仓至仓条款”(Warehouse to Warehouse Clause, W/W Clause)。保险责任起讫期限指保险人承担责任的起讫时限，不在保险期间内发生的保险责任范围内的风险损失，被保险人无权索赔。仓至仓条款指保险人的保险责任自被保险货物运离保险单所载明的起运地仓库或存储处所开始运输时生效，包括正常运输过程中的海上、陆上、内河和驳船运输在内，直至该项货物到达保险单所载明目的地收货人的最后仓库或存储处所，或被保险人用作分配、分派或非正常运输的其他存储处所为止。如未抵达上述仓库或存储处所，则以被保险货物在最后卸载港全部卸离海轮后满 60 天为止。如在上述 60 天内被保险货物需转运至非保险单所载明的目的地时，则以该项货物开始转运时终止。

以上三种险别的索赔时效，从被保险货物在最后卸载港全部卸离海轮后起算，最多不超过两年。

2. 附加险

附加险是对基本险的补充和扩展，它不能单独投保，只能在投保了基本险的基础上加保。附加险可以分为一般附加险和特殊附加险。

(1)一般附加险(General Additional Risk)

一般附加险承保由于一般外来风险所造成的损失，共有 11 种险别：

① 偷窃、提货不着险(Theft,Pilferage and Non-Delivery,TPND)

偷窃、提货不着险是承保被保险货物因偷窃行为所致的损失和整件提货不着等的损失。

② 淡水雨淋险(Fresh Water and/or Rain Damage,FWRD)

淡水雨淋险是承保被保险货物在运输过程中因雨淋或淡水所致的损失。

③ 短量险(Shortage)

短量险是承保被保险货物因外包装破裂或散装货物发生数量散失和实际重量短缺的损失。

④ 混杂、沾污险(Intermixture and Contamination)

混杂、沾污险是承保被保险货物因混杂、沾污所致的损失。

⑤ 渗漏险(Leakage)

渗漏险是承保液体或半液体的物质和油类物质在运输过程中因容器损坏而引起的渗漏和腐烂损失。

⑥ 碰损、破碎险(Clash and Breakage)

碰损、破碎险是承保被保险货物因震动、碰撞、受压造成的破碎和碰撞损失。碰损主要是对金属、木质等货物而言的,破碎则主要针对易碎物质。

⑦ 串味险(Taint of Odour)

串味险是承保被保险的食用物品、中药材、化妆品原料因受其他带异味的物品影响而引起的串味损失。

⑧ 受潮受热险(Sweating and Heating)

受潮受热险是承保被保险货物因气温突然变化或由于船上通风设备失灵致使船舱内水汽凝结、发潮或发热所造成的损失。

⑨ 钩损险(Hook Damage)

钩损险是承保被保险货物在装卸过程中因使用手钩、吊钩等工具而引起的损失,以及对包装进行修补或调换所支付的费用。

⑩ 包装破裂险(Breakage of Packing)

包装破裂险是承保被保险货物因包装破裂所造成的损失,以及为继续运输安全所需要对包装进行修补或调换所支付的费用。

⑪ 锈损险(Rust)

锈损险是承保被保险货物在运输过程中因生锈产生的损失。

由于一般附加险已包含在一切险的责任范围内,所以,如已投保了一切险,就不需要再加保一般附加险。

(2)特殊附加险(Special Additional Risk)

特殊附加险承保被保险货物因特殊外来风险所造成的损失,共有以下几种:

① 战争险(War Risk)

根据中国人民保险公司《海洋运输货物战争险条款》,战争险是保险公司负责承保由于战争、类似战争行为和敌对行为、武装冲突或海盗行为所致的损失,以及由此而引起的捕获、拘留、扣留、禁制、扣押所造成的损失;同时还负责各种常规武器(包括水雷、鱼雷、炸弹)所致的损失以及由于上述原因而引起的共同海损的牺牲、分摊和救助费用。但对使用原子或热核武器所造成的损失,保险公司不负赔偿责任。

战争险的保险责任起讫与基本险的"仓至仓"条款不同,它仅限于水上危险,即自货物装上保险单所载明的起运港的海轮或驳船时开始,直到保险单所载明的目的港卸离海轮或驳船时为止。如不卸离海轮或驳船,则从海轮到达目的港的当日午夜起算满 15 天保险责任自行终止;如在中途港转船,不论货物是否在当地卸载,则以海轮到达该港或卸货地点的当日午夜起算满 15 天保险责任终止,等再装上续运海轮时恢复有效。

② 罢工险(Strikes)

罢工险承保由于罢工者、被迫停工工人或参加工潮、暴动和民众斗争的人员的行动或任何人的恶意行为造成货物的直接损失以及由此引起的共同海损牺牲、分摊和救助费用。罢工险的保险责任起讫与基本险的"仓至仓"条款相同,已投保战争险后另加保罢工险,可不另增收保险费,如仅投保罢工险则按战争险费率收费。

③ 舱面险(On Deck)

舱面险是对存放于舱面的货物,保险人除按保险单所载条款负责外,还赔偿货物被抛弃或被风浪冲击落水的损失。

④ 进口关税险(Import Duty)

进口关税险是指当货物遭受保险责任范围以内的损失,而被保险人仍须按完好货物价值完税时,保险公司对损失部分货物的进口关税负责赔偿。

⑤ 拒收险(Rejection)

拒收险承保被保险货物在进口港被进口国的政府或有关当局拒绝进口或没收所产生的损失。

⑥ 黄曲霉素险(Aflatoxin)

黄曲霉素险是指对被保险货物因所含黄曲霉素超过进口国的限制标准,被拒绝进口、没收或强制改变用途而产生的损失负责赔偿。

⑦ 交货不到险(Failure to Deliver)

交货不到险是指从被保险货物装上船舶时开始,不论由于任何原因不能在预定抵达目的地日期起 6 个月内交货的,保险公司负责赔偿。

⑧ 货物出口到香港(包括九龙)或澳门存仓火险责任扩展条款(Fire Risk Extension Clause, FREC-For Storage of Cargo at Destination Hong Kong, Including Kowloon, or Macao)

货物出口到香港(包括九龙)或澳门存仓火险责任扩展条款承保被保险货物到达目的地卸离运输工具后,如直接存放于保险单载明的过户银行所指定的仓库,保险责任自运输责任终止时开始,直至银行收回押款解除货物的权益为止;或运输责任终止时起满30天为止。保险公司负责赔偿在此期间的火灾损失。

三、伦敦保险协会海运货物保险条款

英国伦敦保险协会制定的"协会货物条款"(Institute Cargo Clause, I. C. C)最早制定于1912年,后来经过几次修订,现在使用的是1982年1月1日公布新条款,1983年4月1日开始使用。目前世界上大多数国家在海上保险业务中直接采用该条款。"协会货物条款"共有六种险别:

1. 协会货物条款(A)(Institute Cargo Clauses(A), ICC(A))
2. 协会货物条款(B)(Institute Cargo Clauses(B), ICC(B))
3. 协会货物条款(C)(Institute Cargo Clauses(C), ICC(C))
4. 协会战争险条款(Institute War Clauses)
5. 协会罢工险条款(Institute Strikes Clauses)
6. 恶意损害险条款(Malicious Damage Clauses)

表3-1　ICC(A)、ICC(B)、ICC(C)的承保风险对照表

承保风险	ICC(A)	ICC(B)	ICC(C)
(1)火灾、爆炸	√	√	√
(2)船舶、驳船的搁浅、触礁、沉没、倾覆	√	√	√
(3)陆上运输工具的倾覆或出轨	√	√	√
(4)船舶、驳船或运输工具同除水以外的任何外界物体碰撞	√	√	√
(5)在避难港卸货	√	√	√
(6)共同海损牺牲	√	√	√
(7)抛货	√	√	√
(8)地震、火山爆发或雷电	√	√	×
(9)浪击落海	√	√	×

（续表）

(10)海水、湖水或河水进入船舶、驳船、运输工具、集装箱大型运箱或储存处所	√	√	×
(11)货物在船舶或驳船装卸时落海或跌落造成任何整件的全损	√	√	×
(12)海盗行为	√	×	×
(13)恶意损害行为	√	×	×
(14)一般外来原因所造成的损失	√	×	×

说明:“√”代表“承保风险”;“×”代表“不承保风险”。

ICC(A)、ICC(B)、ICC(C)三种险别是基本险,可以单独投保;协会战争险、协会罢工险和恶意损害险是附加险。但协会战争险和罢工险在需要投保时也可作为独立的险别进行投保。恶意损害险承保除被保险人以外的其他人如船长、船员的故意破坏行为所造成的被保险货物的灭失或损坏,但出于政治动机的人的行为则除外。

ICC(A)的承保范围广,采取“一切风险减除外责任”的方式,其除外责任有四条:(1)一般除外责任;(2)不适航、不适货除外责任;(3)战争除外责任;(4)罢工除外责任。

ICC(B)的承保范围采用“列明风险”方式,共11项风险。ICC(C)仅对“重大意外事故”风险负责,具体情况见表3-1。

ICC(B)、ICC(C)除了包括ICC(A)的除外责任之外,对海盗行为和恶意损害也不负赔偿责任。

ICC(A)、ICC(B)、ICC(C)三种险别的责任起讫同我国保险条款中的基本险一样也是“仓至仓”条款,但更为详细。

四、其他运输方式下的货运保险

(一)陆上货物运输保险

中国人民保险公司1981年1月1日修订的《陆上运输货物保险条款》规定:陆上运输货物保险的险别分为陆运险和陆运一切险两种基本险。

1. 陆运险和陆运一切险的责任范围

陆运险的承保范围是保险公司负责赔偿被保险货物在运输途中遭受暴风、雷电、地震、洪水等自然灾害,或由于陆上运输工具(主要是指火车、汽车)遭受碰撞、倾覆或出轨或在驳运过程中因驳运工具搁浅、触礁、沉没或由于遭受隧道坍塌、崖崩或火灾、爆炸等意外事故所造成的全部损失或部分损失。由此可见,陆运险的承保范围大致相当于海运货物保险中的"水渍险"。

陆运一切险除包括上述陆运险的责任外,保险公司对被保险货物在运输途中由于一般外来原因造成的短少、短量、偷窃、渗漏、碰损、破碎、钩损、雨淋、生锈、受潮、受热、发霉、串味、沾污等全部或部分损失,也负赔偿责任。由此可见,陆运一切险的承保责任范围大致相当于海运货物保险中的"一切险"。

2. 陆上货物运输保险的除外责任

陆运险、陆运一切险的除外责任与海洋运输货物保险条款的基本险的除外责任相同。

3. 陆上货物运输保险的责任起讫期限

陆上货物运输保险采用"仓至仓"条款,即自被保险货物运离保险单所载明的起运地仓库或储存处所开始运输时生效,包括正常陆运和其有关的水上驳运在内,直到该项货物运达保险单所载目的地收货人的最后仓库或储存处所,或被保险人用作分配、分派或非正常运输的其他储存处所为止。如未运抵上述仓库或储存处所,则以被保险货物运抵最后卸载的车站后满60天为止。

4. 陆上运输货物战争险条款

陆运货物在投保陆运险和陆运一切险的基础上,还可以加保一种或若干附加险。如投保陆运险,则可加保一般附加险和战争险等特殊附加险;如投保陆运一切险,就只能加保特殊附加险。此处重点介绍陆运货物战争险。

陆运货物战争险承保由于战争、类似战争行为和敌对行为、武装冲突或海盗行为所致的损失,保险人的具体责任同海运战争险基本相似。陆上运输货物战争险的保险责任自货物装上保险单所载明的陆上运输工具时开始到卸离保险单所载明的目的地的运输工具时为止。如不卸离运输工具,则从运输工具到达目的地的当日午夜起算满48小时终止。

(二)航空运输货物保险条款

中国人民保险公司1981年1月1日修订的《航空运输货物保险条款》规定:航空运输货物保险的险别分为航运险和航运一切险两种基本险。

1. 航运险和航运一切险的责任范围

航运险的承保范围是保险公司负责赔偿被保险货物在运输途中遭受雷电、火灾、爆炸或由于飞机遭受恶劣气候或其他危难事故而被抛弃,或由于飞机遭受碰撞、倾覆、坠落或失踪等意外事故所造成的全部损失或部分损失。由此可见,航运险的承保范围大致相当于海运货物保险中的"水渍险"。

航运一切险除包括上述航运险的各项责任外,保险公司对被保险货物在运输途中由于一般外来原因造成全部或部分损失也负赔偿责任。由此可见，航运一切险的承保责任范围大致相当于海运货物保险中的“一切险”。

2. 航空货物运输保险的除外责任

航运险、航运一切险的除外责任与海洋运输货物保险条款的基本险的除外责任相同。

3. 航空货物运输保险的责任起讫期限

航空货物运输保险也采用“仓至仓”条款，即自被保险货物运离保险单所载明的起运地仓库或储存处所开始运输时生效，直至该项货物运达保险单所载明的收货人的最后仓库或储存处所或被保险人用作分配、分派的其他储存处所为止，如未运抵上述仓库或储存处所，则以被保险货物运抵最后卸载地卸离飞机后满30天为止。

4. 航运运输货物战争险条款

航空货物战争险承保由于战争、类似战争行为和敌对行为、武装冲突或海盗行为所致的损失，保险人的具体责任同海运战争险基本相似。航空运输货物战争险的保险责任自货物装上保险单所载明的飞机时开始到卸离保险单所载明的目的地的飞机时为止。如不卸离飞机，则从载货飞机到达目的地的当日午夜起算满15天终止。

(三)邮政包裹运输保险条款

中国人民保险公司1981年1月1日修订的《邮包保险条款》规定：邮政运输货物保险的险别分为邮包险和邮包一切险两种基本险。

1. 邮包险和邮包一切险的责任范围

邮包运输不外乎采用陆、空、海等常用的运输方式，因此，邮政包裹运输保险责任范围包括海洋货物运输保险、陆路运输货物保险和航空运输货物保险的承保范围。

邮包险的承保范围是保险公司负责赔偿被保险包裹在运输途中遭受暴风、雷电、地震、洪水等自然灾害，或由于运输工具遭受搁浅、触礁、沉没、碰撞、倾覆或出轨，或由于火灾、爆炸等意外事故所造成的全部损失或部分损失。

邮包一切险除包括上述邮包险的责任外，保险公司对被保险邮包在运输途中由于一般外来原因造成的全部或部分损失，也负赔偿责任。

2. 邮政包裹运输保险的除外责任

邮包险、邮包一切险的除外责任与海洋运输货物保险条款的基本险的除外责任相同。

3. 邮政包裹运输保险的责任起讫期限

邮政包裹运输保险的责任范围自被保险邮包运离保险单所载明的起运地

点寄件人的处所运往邮局时开始,至目的地邮局签发到货通知书给收件人当日午夜起算满 15 天终止。但在此期限内邮包一经递交至收件人的处所时,保险责任即行终止。

4. 邮包战争险

邮包战争险的保险责任自被保险邮包经邮局收验后,从储存处所开始运送时生效,直至该项邮包运达本保单所载目的地邮局送交收件人为止。

五、我国进出口货物运输保险实务

(一)保险手续

1. 出口货物投保

我国出口货物一般按 CIF 和 CIP 条件成交,由出口企业向当地保险公司办理投保手续。首先,投保人应根据出口合同或信用证规定,在备妥货物并确定装运日期和运输工具后,按规定格式填制投保单,具体列明被保险人名称、保险货物项目、数量、包装及标志、保险金额、起止地点、运输工具名称、起止日期和投保险别;其次,保险公司对投保单进行审核;最后,保险公司同意后,收取保险费,签署保险单证。

2. 进口货物投保

凡按 FOB、CFR、CPT 和 FCA 条件成交的进口货物,均由买方办理保险,因此我国进口货物一般采取预约保险的做法。预约保险可以简化投保手续、防止出现漏保或来不及办理投保等情况,还可以减少被保险人资金占用情况、减轻财务负担。

按照预约保险合同的规定,各外贸公司进口货物前无需填制投保单,而仅以国外的装运通知代替投保单,作为办理了投保手续的凭证,保险公司则对该批货物负自动承保责任。

(二)保险单据

保险单据是保险公司和投保人之间订立的保险合同,也是保险公司出具的承保证明,是被保险人向保险人索赔或对保险人上诉的正式文件,也是保险人理赔的主要依据。在国际贸易中,保险单据是可以转让的,通常也是被保险人向银行进行押汇的单证之一。

1. 保险单(Insurance Policy)

保险单又称大保单,它是国际贸易中最常见的保险单据,也是正规的保险合同。它的内容除载明被保险人的名称、被保险货物的名称、数量或重量、唛头、运输工具、险别、责任起讫期限、保险金额等项目外,背面还附有有关保险人的责任范围以及保险人和被保险人的权利和义务等方面的详细条款。

保险单一式若干份，保险公司留一份，其余交给投保人，作为其议付货款单据。

2. 保险凭证（Insurance Certificate）

保险凭证又称小保单，是一种简化的保险合同，正面内容和保险单一致，区别在于保险凭证无背面条款。保险凭证具有与保险单同等的效力，但在信用证规定提交保险单时，一般不能以保险单的简化形式提交。

3. 联合凭证（Combined Certificate）

联合凭证比保险凭证更为简化，是将保险单和发票结合起来的一种单证。保险公司将承保的险别、保险金额以及保险编号加注在投保人的发票上，并加盖印戳，其他项目均以发票列明为准。这种凭证曾用于对港澳的交易中，现已很少使用。

4. 预约保险单（Open Policy）

在实际业务中，预约保险单适用于进口的货物保险，它是一种没有总保险金额限制的预约保险总合同，是保险公司对被保险人将要装运的属于约定范围内的一切货物自动承保的总合同，其目的是防止漏保或迟保而造成的损失。在承保范围内的被保险货物一经启运，保险公司即自动承保。

5. 批单（Endorsement）

批单是经保险公司同意对原有的保险单进行补充或变更其内容的凭证。保险单一经批改，保险公司即按批改后的内容承担责任。其批改内容如涉及保险金额增加和保险责任范围扩大，保险公司只有在证实货物未发生出险事故的情况下才同意办理。批单原则上须粘贴在保险单上，并加盖骑缝章，作为保险单不可分割的一部分。

（三）保险金额和保险费的计算

1. 保险金额（Insured Amount）的计算

保险金额是指一个保险合同项下保险公司赔偿的最高限额，即投保人对保险标的的实际投保金额，同时也是保险公司计算保险费的基础。

在出口业务中，出口货物的保险金额一般按 CIF 货价另加 10% 计算，这增加的 10% 即保险加成率，如果进口商提出的投保加成率大于 10%，经保险人同意也可。保险加成率是为了在货物发生损失时，适当补偿被保险人贸易过程中所支出的各项费用（开证费、电报费、手续费、利息、税款等）及预期利润。

出口保险金额计算公式为：

$$保险金额 = CIF \times 投保加成$$

在进口业务中，进口货物一般按 FOB、CFR 成交，由买方自行投保。保险金额有两种计算基础：一是 CIF 价格；二是 CIF 加成价格。具体采用哪种计算基础视买方的要求而定。

2. 保险费(Premium)的计算

保险费率是由保险公司根据一定时期、不同种类的货物的赔付率，按不同险别和目的地确定的。保险费是保险人根据保险费率表按保险金额计算，其计算公式为：

保险费＝保险金额×保险费率

例：某公司出口一批纺织品到美国纽约，单价为每打 100 美元 CIF 纽约，保险费率为 5%，按加成 10% 投保。问保险金额和保险费分别为多少？

解：

保险金额＝CIF×投保加成＝100×110%＝110 美元

保险费＝保险金额×保险费率＝110×5%＝5.5 美元

答：保险金额为 110 美元，应支付保险费 5.5 美元。

(四)办理保险索赔

被保险的货物在运输途中遭受损失，被保险人可以向保险公司提出索赔，保险公司按保险条款的内容进行理赔。

1. 索赔的条件

被保险人进行索赔应具备三个条件：被保险人的损失必须是承保责任范围内风险所造成的；被保险人必须拥有可保利益；被保险人是保险单的合法持有人。

2. 索赔的程序

(1)及时通知保险公司

被保险人获悉货损后，应立即通知保险公司或保险单上指明的代理人，并申请检验。保险公司或其指定的检验、理赔代表接到损失通知后应立即采取相应的措施，如检验损失，提出施救意见，确定保险责任和签发检验报告等。

(2)向承运人等有关方面提出索赔要求

被保险人除向保险公司报损外，还应向承运人、海关或港务局等索取货损货差证明，如系承运人等方面责任的，应及时以书面方式提出索赔，并保留追偿的权利，必要时还要申请延长索赔时效。

(3)采取合理的施救和整理措施

货物发生损失后，被保险人应及时采取合理的施救和整理措施以防止损失的扩大，保险公司对此提出处理意见的，应按保险公司的要求办理。因上述合理措施而支出的费用可由保险公司负责，但与理赔金额之和不得超过该批货物的保险金额。

(4)备妥索赔单证,提出索赔要求

被保险人在办理保险索赔手续时,一定要备妥索赔单证,索赔单证应包括正式的索赔函、检验报告、保险单证、运输单据、发票、装箱单或重量单、货损货差证明、向第三方责任方请求赔偿的函电或其他凭证、海事报告摘录等九种。保险索赔的时效一般为两年。

此外,在保险索赔业务中要掌握代位追偿权的含义,它是保险人在履行全损赔偿或部分损失赔偿后,为了防止被保险人获双重利益,在其赔付金额内,要求被保险人转让其对造成损失的第三者责任方要求全损赔偿或相应部分赔偿的权利。当然,保险人需首先向被保险人进行赔付,才能取得代位追偿权。

六、合同中的保险条款

(一)以 EXW、FAS、FOB、CFR、CPT 和 FCA 条件成交的货物保险条款

这六种贸易术语有个共同点:保险由买方办理。因此在合同中只需规定:

例:"保险:由买方办理。"

Insurance:To be covered by buyers.

(二)以 CIF 和 CIP 条件成交的货物保险条款

这两种贸易术语都由卖方代买方办理保险,因此合同保险条款中应规定投保人、保险险别、保险金额、保险条款以及该条款的生效时间等。

例:"保险由卖方按发票金额的110%投保一切险和战争险,按1981年1月1日中国人民保险公司海洋货物运输保险条款负责。"

Insurance is to be covered by Sellers for 110% of the invoice value against All Risks and War Risks as per Ocean Marine Cargo Clauses of the People's Insurance Company of China dated Jan. 1, 1981.

(三)以 DAF、DEQ、DES、DDU、DDP 条件成交的货物保险条款

这五种贸易术语均由卖方负责运输,并办理保险。合同中的保险条款可以如下规定:

"保险:由卖方办理。"

Insurance:To be covered by sellers.

关键名词:

班轮运输　租船运输　定程租船　定期租船　光船租船　滞期费　速遣费　装卸时间　海运提单　已装船提单　备运提单　清洁提单　不清洁提单　记名提单　不记名提单　指示提单　正本提单　副本提单　过期提单　倒签提单　不可转让海洋运单　国际铁路货物联运　铁路运单　班机运输　包机

运输　集中托运　航空运单　分批装运　转运　大陆桥运输　集装箱运输　OCP 条款　国际多式联运　LCL　FCL　自然灾害　意外事故　一般外来风险　特殊外来风险　实际全损　推定全损　共同海损　单独海损　平安险　水渍险　一切险　战争险　除外责任　仓至仓条款　保险单据

思考题：

1. 试述班轮运输的含义及其特点。
2. 试述班轮基本运费的计费标准。
3. 试述海运提单的性质和作用。
4. 试述海运提单的种类。
5. 试述记名提单、不记名提单和指示提单的使用情况。
6. 试述符合 OCP 条款的条件。
7. 试述国际多式联运单据和海运联运提单的区别。
8. 试述国际多式联运的含义和条件。
9. 试述国际铁路运单正本和运单副本的作用。
10. 试述我国内地经由铁路供应港、澳地区货物的办理手续。
11. 试述买卖合同中装运时间的规定方法。
12. 试述分批装运和转运的含义，以及《UCP600》中对此的规定。
13. 试述保险的基本原则。
14. 试述海运货物保险中保险人承保的风险、费用和损失。
15. 试述共同海损和单独海损的区别。
16. 试述 CIC 规定的平安险、水渍险和一切险的承保范围。
17. 试述伦敦保险协会的 ICC 条款的险别。
18. 我方按 CIF 贸易术语对外发盘，若按下列险别作为保险条款提出是否妥当？如有不妥，试予更正并说明理由。

(1) 一切险、偷窃提货不着险、串味险

(2) 平安险、一切险、受潮受热险、战争险、罢工险

(3) 水渍险、碰损破碎险

(4) 偷窃提货不着险、钩损险、战争险、罢工险

(5) 一切险、交货不到险

计算题：

1. 某商品用纸箱装，每箱毛重 25 公斤，体积 0.03 立方米，原报价是每箱 50 美元 FOB 上海，应客户要求改报 CFR 价，运费计收标准是 W/M，每吨运费

基本费率是200美元,到目的港附加费10%,请问在不减少收费额的条件下应报多少?

2. 我方出口商品共200箱,每箱的体积为30cm×40cm×50cm,毛重为50千克,查运费表得知该货为9级,计费标准为W/M,基本运费为每运费吨HK$100另加收燃油附加费20%,港口拥挤费20%,货币贬值附加费10%,试计算该批货物的运费是多少港元?

3. 我国以每千克150英镑CIF伦敦出口某商品2 000公吨。出口前,由我方向中国人民保险公司投保水渍险,并加保受潮受热险及淡水雨淋险,保险费率分别为0.6%、0.3%和0.3%,按发票金额110%投保。问该批货物的保险金额和保险费各是多少?

4. 某商品对伦敦的出口价格为每公吨30英镑CFR伦敦,如果客户要求报CIF价,并按发票的110%投保水渍险和战争险(水渍险费率为0.3%,战争险费率为0.05%),应报价多少?

案例分析题:

1. 某农产品进出口公司向国外某贸易公司出口一批花生仁,国外客户在合同规定的开证时间内开来一份不可撤销信用证,证中的装运条款规定"Shipment from Chinese Port to Singapore in May, Partial shipment prohibited"。农产品进出口公司按证中规定,于4月15日将200公吨花生仁在福州港装上"嘉陵"号轮,又由同轮在厦门续装300公吨花生仁,4月20日农产品进出口公司同时取得了福州港和厦门港签发的两套提单。农产品公司在信用证有效期内到银行交单议付,却遭到银行以单证不符为由拒付货款。请问,银行的拒付是否有理,为什么?

2. 我国某食品进出口公司向意大利出口3 000公吨冷冻食品,合同规定2008年4月至7月份交货,即期信用证支付。来证规定"Shipment during April/July, April Shipment 800M/T, May Shipment 800M/T, June Shipment 800M/T, July Shipment 600M/T"。我公司实际出口情况是:4、5月份交货正常,并顺利结汇,6月份因船期延误,拖延到7月12日才实际装运出口。7月15日我方在同轮又装上600M/T,付款行收到单据后来电表示拒绝支付这两批货的款项。请问,开证行拒付是否有理?

3. 有一批货物共1 000箱,由广州装运至纽约,船公司已签发了已装船清洁提单。但货到目的地,收货人发现下列情况:(1)5箱短少,收995箱;(2)10箱包装严重破损,内部货物已散失50%;(3)20箱包装外表良好,箱内货物由短缺。试分析上述三种情况中的责任归属。

4. 我国某外贸公司按 CIF 术语出口一批货物,装运前已向保险公司按发票总值的 110% 投保平安险。但载货船只在开航后十天在海上遇到暴风雨,致使部分货物受到水渍,损失 4200 美元。数天后,该船又突然触礁,致使该批货物又遭遇部分损失,价值 16 000 美元。试问,保险公司对该批货物的损失是否赔偿?为什么?

5. 我方按 CIF 出口冷冻食品一批,合同规定投保平安险加罢工险。货到目的港后适逢码头工人罢工,港口无人作业,货物无法卸载。不久货轮因无法补充燃料以致冷冻设备停机。等到罢工结束时,该批冷冻食品已变质。问这种由于罢工而引起的损失保险公司是否负责赔偿。

6. 我方向海湾某国出口花生糖一批,投保的是一切险。由于货轮陈旧、速度慢,加上该轮船沿途到处揽载,结果航行三个月才到达目的港。卸货后发生花生糖因受热时间过长已全部受潮软化,无法销售。请问在此情况下保险公司可否拒赔?

实训三:

在实训二的基础上,制定所选商品的运输和保险条款。

1. 按照实训二中的贸易术语和集装箱类型正确核算海运费。

2. 按照实训二中的贸易术语和不同保险险别下的保险费率正确核算保险费。

3. 每组同学选一位作运输方,分别填写托运单、提单;然后另一位同学作保险公司,分别填写投保单,保险单;每组恢复原有的身份,分别进口货物报关单,出口货物报关单。

承运货物收据

中国对外贸易运输公司上海分公司
承运货物收据
CARGO RECEIPT
第一联（凭提货物）

运编 No. ①
发票 No. ②
合约 No. ③

委托人：④ Shipper:	银行：⑤ Bank: 通知： Notify:

⑥ 自 from 上海 SHANGHAI 经由 Via 深圳 SHENZHEN 至 To 香港 HONGKONG

⑦发据 装车 日期：　　　　⑧ 车　号：Car No.

标　记 Marks & Nos	件　数 Packages	货物名称 Description of Goods	附　记 Remarks
⑨	⑩	⑪	

⑫ 运费交付地点 Freight Payable
全程运费在上海付讫

请向下列地点接洽提取货件
For Delivery apply to:
香港中国旅行社有限公司
CHINA TRAVEL SERVICE
(H. K.) LTD.
37. QUEEN'S ROAD CENTRAL
1ST. FLOOR HONGKONG

中国对外贸易运输公司上海分公司
⑬

押汇银行签收　　收货人签收
Bank's Endorsement　　Consignee's Signature

Shipper(发货人)	D/R NO(编号)
Consignee(受货人)	**集装箱货物托运单** 货主留底
Notify Party(通知人)	
Pre-carriaged by(前程运输) Place of receipt(收货地点)	
Ocean Vessel (船名) Voy No(航次) Port of Loading(装货港)	

Port of Discharge(卸货港)	Place of Delivery(交货地点)	Final Destination(目的地)

Container No (集装箱号)	Seal No (封志号) Marks & Nos. (标记与号码)	No. of Containers or P'kgs. (箱数或件数)	Kind of Packages; Description of Goods (包装种类与货名)	Gross Weight (毛重/千克)	Measurement (尺码/立方米)
TOTAL NUMBER OF CONTAINERS OR PACKAGES (IN WORDS) 集装箱数或件数合计(大写)					

FREIGHT & CHARGES (运费与附加费)	Revenue Tons (运费吨)	Rate (运费率) Per (每)	Prepaid (运费预付)	Collect (到付)

Ex Rate(兑换率)	Prepaid at(预付地点)	Payable at (到付地点)	Place of Issue(签发地点)
	Total Prepaid(预付总额)	No. Of Original B(S)/L (正本提单份数)	

Service Type on receiving □-CY □-CFS □-DOOR	Service Type on Delivery □-CY □-CFS □-DOOR	Reefer-Temperature Required (冷藏温度)	°F	℃

TYPE OF GOODS (种类)	□Ordinary, □Reefer, □Dangerous, □Auto. (普通) (冷藏) (危险品) (裸装车辆) □Liquid, □Live animal, □Bulk □ (液体) (活动物) (散货)	危险品	Class: Property: IMDG Code Page: UN No.

可否转船	可否分批
装　期	效　期
金　额	
制单日期	

Shipper （发货人）	D/R No.（编号）
Consignee （收货人）	场站收据 DOCK RECEIPT
Notify Party （通知人）	Received by the Carrier the Total number of containers or other packeges or units stated below to be transported subject to the terms and conditions of the Carrier's regular form of Bill of Lading (for Combined Transport or port to Port Shipment) which shall be deemed to be incorporated herein. Date （日期）:
Pre carriage by （前程运输） Place of Receipt （收货地点）	
Ocean vessel （船名） Voy. No.（航次） Port of Loading （装货港）	场站章

第六联

Particulars Furnished by Merchants

Port of Discharge （卸货港）	Place of Delivery （交货地点）				Final Destination for Merchant's References（目的地）	
Container No.（集装箱号）	Seal No.（封志号）Marks& Nos.（标记与号码）	No. of containers or P'kg.（箱数或件数）	Kind of Packages: Description of Goods	（包装种类与货名）	Gross Weight 毛重（千克）	Measurement 尺码（立方米）
TOTAL NUMBER OF CONTAINERS OR PACKAGES(IN WORDS) 集装箱数或件数合计（大写）						

Container No.（箱号） Seal No.（封志号） Pkgs.（件数） Container No.（箱号） Seal No.（封志号） Pkge.（件数）

Received（实收）	By Terminal clerk（场站员签字）

FREIGHT & CHARGES	Prepaid at（预付地点）	Payable at（到付地点）	Place of Issue(签发地点)
	Total Prepaid（预付总额）	No. of Original B(s)/L（正本提单份数）	BOOKING（订舱确认） APPROVED BY

Service Type on Receiving □－CY, □－CFS, □－DOOR	Service Type on Delivery □－CY, □－CFS, □－DOOR	Reefer Temperature Required.（冷藏温度）	°F	°C

TYPE OF GOODS（种类）	□ Ordinary,（普通）	□ Reefer,（冷藏）	□ Dangerous,（危险品）	□ Auto.（裸装车辆）	危险品	Glass: Property: IMDG Code Page: UN NO.
	□ Liquid,（液体）	□ Live Animal,（活动物）	□ Bulk（散货）	□ ____		

单证六

BILL OF LADING NO. [illegible]

GLOBAL LINES

OCEAN BILL OF LADING

(For Combined Transport and Port to Port Shipment)

SHIPPER
[illegible] LTD
[illegible] 107 NATIONAL
[illegible] PROVINCE

CONSIGNEE
TO ORDER

NOTIFY PARTY
[illegible]

[illegible]

PRE-CARRIAGE BY | PLACE OF RECEIPT: XINGANG CHINA

OCEAN VESSEL/VOYAGE: [illegible] V.0710 | PORT OF LOADING: XINGANG CHINA

PORT OF DISCHARGE: CASABLANCA PORT | PLACE OF DELIVERY: CASABLANCA PORT

FOR DELIVERY APPLY TO: INTERNATIONAL CARGO LOGISTICS
465, AV. AMBASSADEUR BEN AICHA [illegible]
NO. 1 CASABLANCA 20300 MOROCCO
TEL:+212 22 242110/11
FAX:+212 22 242112
TEL: 00212222242110

MARKS & NUMBERS, CONTAINER NUMBER, SEAL NUMBER | NUMBER AND KIND OF PACKAGES; DESCRIPTION OF GOODS | GROSS WEIGHT | MEASUREMENT

SHIPPER'S LOAD, COUNT & SEALED | KGS | CBM

[illegible]7560277/ CN1290766/ 40'HC (3UNITS/ 4230.000KGS/45.000CBM)
[illegible]/ CN1290767/ 40'HC (3UNITS/ 4230.000KGS/45.000CBM)
[illegible]7844181/ CN1290768/ 40'HC (3UNITS/ 4230.000KGS/45.000CBM)
[illegible]/ CN1290769/ 40'HC (3UNITS/ 4230.000KGS/45.000CBM)
[illegible]/ CN1290770/ 40'HC (3UNITS/ 4230.000KGS/45.000CBM)
[illegible]/ CN1290771/ 40'HC (3UNITS/ 4230.000KGS/45.000CBM)
[illegible]/ CN1290772/ 40'HC (3UNITS/ 4230.000KGS/45.000CBM)
[illegible]9647721/ CN1290773/ 40'HC (3UNITS/ 4230.000KGS/45.000CBM)

N/M | 24 UNITS | VEHICULES AUTOMOBILES | 33840.00 | 360.000

24 UNITS

CFS/CY
FREIGHT COLLECT

SHIPPED ON BOARD: 12-06-2007

TOTAL NO. OF CONTAINERS OR PACKAGES (IN WORDS): EIGHT(8)X40'HC CONTAINERS ONLY

Freight & Charges	PREPAID	COLLECT
FREIGHT COLLECT AS ARRANGED		
Total Payment		

NO. OF ORIGINAL: THREE (3) | [illegible]
PLACE OF ISSUE: SHANGHAI | DATE OF ISSUE: 11-06-2007

SIGNED BY: CSL FLYING FISH LOGISTICS (SHANGHAI) LTD.

TERMS CONTINUED ON REVERSE SIDE HEREOF

AS AGENT FOR THE CARRIER: GLOBAL LINES

中国太平洋财产保险股份有限公司
CHINA PACIFIC PROPERTY INSURANCE CO.,LTD.

AOAD0701003528

货物运输保险单
CARGO TRANSPORTATION
INSURANCE POLICY

[illegible]

被保险人(Insured): TRANS ASIA TRADING COMPANY

标记 Marks & Nos.	包装及数量 Quantity	保险货物项目 Description of Goods	保险金额 Amount Insured
As per Invoice No. [illegible]	[illegible] BAGS [illegible] CNTR. NO.: [illegible]	WOOD PELLETS	[illegible]

总保险金额 Total Amount Insured: [illegible]

保费 Premium: AS ARRANGED

开航日期 Sailing on or abt.: Sep. [illegible] 2007

运输工具 Per conveyance: [illegible]

目的地 To: GENOA, ITALY

承保险别 Conditions: COVERING ALL RISKS AS PER OCEAN MARINE CARGO CLAUSES (1/1/1981) OF THE PEOPLE'S INSURANCE COMPANY OF CHINA

[illegible]

赔款偿付地点 Claim payable at: GENOA, ITALY [illegible]

中国太平洋财产保险股份有限公司
CHINA PACIFIC PROPERTY INSURANCE CO., LTD.

[illegible]

签单日期: Sep. [illegible] 2007

第四章　国际结算

1. 本章学习目的与要求

通过对本章的学习，了解票据的概念、掌握票据的种类，内容、适用范围和主要区别，重点掌握汇票的主要内容；了解结算方式、结算程序以及国际惯例；掌握信用证定义、种类；学会在不同条件下选择适当的支付方式，达到收汇安全的目的。

2. 本章教学重点和难点

(1) 汇票；

(2) 托收的业务流程；

(3) 信用证的业务流程。

第一节　支付工具

在国际贸易中，作为支付的工具有货币和票据两种。目前，在国际货款结算中，货币作为支付工具较少使用，主要都以票据进行结算。票据是以支付金钱为目的，由出票人签名，约定自己或另一人无条件支付确定金额的有价证券。国际贸易中的票据一般指汇票、本票和支票。其中，汇票使用最多。

一、汇票

汇票（bill of exchange，简称 draft 或 bill）是最重要的一种票据，由于其最能反映票据的性质、特征和规律，最集中地体现票据所具有的信用、支付和融资等各种经济功能，从而成为票据的典型代表。

（一）汇票的含义

按照《中华人民共和国票据法》规定，汇票是出票人签发的，委托付款人在见票时或者指定日期无条件支付确定金额给收款人或持票人的票据。

英国票据法对汇票的定义是：汇票是一人向另一人签发的无条件的书面

命令，要求另一人在见票时或某一规定时间或可以确定的将来时间向特定的人或其指定人或持票人支付一定的金额。

（二）汇票的内容

汇票是一种要式证券，必须载明必要的法定事项，符合票据法的规定。我国票据法明确规定，汇票必须记载以下事项：

1. 注明“汇票”字样

汇票上注明“汇票”字样是为了和其他票据如本票、支票加以区别。如“exchange”、“bill of exchange”、“draft”。

2. 无条件支付命令

支付命令必须是无条件的，凡是附带条件的支付命令就违背了汇票的定义，汇票无效。

3. 确定金额

汇票记载的金额必须确定，并分别用大小写表示。大小写必须一致，否则汇票无效。

4. 收款人名称

收款人又称汇票的抬头，有三种写法：

（1）限制性抬头。这种汇票只能由特定的人收款，不得转让。如“Pay to A Co. only”或“Pay to A Co. not transferable”。

（2）指示性抬头。抬头人不唯一限定，而是凭指示支付。如“Pay to A Co. or order”或“Pay to the order of A Co.”这种汇票可经背书转让。

（3）来人抬头。不指定收款人名称，汇票可凭交付转让，无须背书。如“Pay to bear”。

5. 出票日期

汇票记载出票日期有以下作用：决定出票人的行为能力；决定汇票的有效日；决定出票后定期付款的到期日。

6. 付款时间

（1）即期付款（at sight / on demand）

（2）见票后定期付款（at ×× days after sight）

（3）出票后定期付款（at ×× days after date）

（4）定日付款。汇票上规定确切的到期日，付款人按期付款。

（5）运输单据出单日后定期付款（at ×× days after date of bill of lading）

7. 付款人名称及地址

8. 出票人名称和签字

出票人只有在汇票上签字后，才承担付款责任，否则汇票无效。

在实际业务中，汇票通常还需列明出票地点和付款地点等内容。如未记载出票地点的，以出票人的营业场所、住所、经常居住地等作为出票地点。未记载付款地点的，以付款人的营业场所、住所、经常居住地等作为付款地。此外，汇票还可能记载一些其他内容，如汇票编号、付一不付二和出票条款等。

EXCHANGE

No. ________　　　　　　　　　　　　　　　　________

For ________　　　　　　　　　　　　　　　　Date

At ____________ sight of this second exchange (First of the same tenor and date unpaid) pay to the order of ____________ the sum of ________

Drawn under ____________________________

L/C No. ____________________ Dated ________

To ____________

____

For ________

signature

图4-1　汇票票样

（三）汇票的种类

1. 按出票人的不同，汇票可分为银行汇票（banker' s draft）和商业汇票（commercial draft）

银行汇票的出票人和付款人都是银行。在国际结算中，银行签发汇票后，一般交汇款人，由汇款人寄交国外收款人向指定银行取款。出票行必须将付款通知书寄给国外付款行，以便付款行在收款人持票取款时进行核对。银行汇票一般为光票，不随附货运单据。

商业汇票的出票人是工商企业或个人，付款人可以是企业、个人或银行。在国际贸易中，更多地使用商业汇票。商业汇票由出口商开立，向国外进口商或银行收款时使用。商业汇票一般附有货运单据。

2. 按承兑人的不同，汇票可分为商业承兑汇票（commercial acceptance draft）和银行承兑汇票（banker' s acceptance draft）

商业承兑汇票是指由工商企业或个人承兑的远期汇票。商业承兑汇票的出票人也是工商企业或个人。

银行承兑汇票是指由银行承兑的远期商业汇票。银行承兑汇票后，就成为该汇票的主债权人，而出票人则成为次债务人。因此，银行承兑汇票有利于汇票的流通。

3. 按付款时间的不同，汇票可分为即期汇票（sight draft）和远期汇票（time bill or usance draft）

当即期汇票的持票人向付款人提示汇票，付款人见票时应立即付款。而远期汇票的付款日期分为定日付款、出票后定期付款和见票后定期付款。

4. 按是否附有商业单据，汇票可分为光票（clean draft）和跟单汇票（documentary draft）

光票是指不附带货运单据的汇票。光票的出票人和付款人可以是工商企业或个人，也可以是银行。在国际结算中，光票一般用于贸易从属费用、货款尾数、佣金等的托收或支付时使用。

跟单汇票是指附有货运单据的汇票。跟单汇票的付款以附交货运单据为条件，汇票的付款人要想取得货运单据，必须付清货款或提供一定的担保。在国际贸易结算中，大多采用跟单汇票作为结算工具。

（四）汇票的票据行为

1. 出票（issue）

出票包括两个动作，一个是出票人填写汇票并签字；另一个是将汇票交付收款人。只有经过交付的汇票才有效。

2. 提示（presentation）

持票人将汇票提交付款人要求承兑或要求付款的行为叫做提示。分为承兑提示和付款提示，提示行为都应在法定期限内实施。我国《票据法》规定，即期汇票自出票日起一个月内做付款提示；见票后定期付款的汇票自出票后一个月内作承兑提示；定日付款或出票后定期付款的汇票应在到期日前向付款人提示承兑；已经承兑的汇票自到期日起10日内做付款提示。

3. 承兑（acceptance）

承兑是指远期汇票的付款人以其签名表示同意按照出票人命令而付款的行为。承兑包括两个动作，一是写明“承兑”字样并签字；另一个是将已承兑汇票交付持票人。汇票一经承兑，承兑人就成为汇票的主债务人，并且承兑不可撤销。我国《票据法》规定，汇票付款人应自收到提示承兑的汇票之日起3日内承兑或拒绝承兑。同时还规定，有条件的承兑视为拒绝承兑。

4. 付款（payment）

即期汇票的持票人提示汇票时，付款人应马上付款；远期汇票则于到期日收款人提示付款时，付款人才付款。收款人在获得款项后应在汇票上签收，并将汇票退还给付款人。汇票经正当付款后，汇票上的一切责任即告解除。

5. 背书（endorsement）

背书是指在票据背面或粘单上记载有关事项，经签章后交付受让人的行为。其目的是持票人将票据权利转让给受让人。限制性抬头的汇票不得转让。汇票的背书有以下形式：

（1）限制性背书（restrictive endorsement），指背书人在汇票背面注明被背书人时，加上限制条件。如“Pay to A Co. only”，“Pay to A Co., not transferable”。凡做成限制性背书的汇票，只能由指定的被背书人凭票取款，而不能再转让。我国《票据法》规定，背书人在汇票上记载了“不得转让”字样后，其后手再背书转让的，原背书人对后手的被背书人不承担保证责任。

（2）特别背书（demonstrative endorsement），又称记名背书，是指背书人除了在票据背面签名外，还写明被背书人名称。如“Pay ＊＊＊ bank or order”。这种汇票的被背书人可进一步凭背书交付而将汇票再进行转让。

（3）空白背书（blank endorsement），又称为不记名背书，是指背书人只在票据背面签字，而不指定被背书人。这种汇票只凭交付就可转让。我国《票据法》规定，背书必须记载被背书人名称，这表明我国不允许对票据作不记名背书。按外国票据法，一般只需背书人签章，背书即有效。

6. 退票（dishonor）

退票又叫拒付，是指持票人向付款人提示汇票时，付款人拒绝付款或拒绝承兑，包括付款人死亡、逃匿和破产等事实上不能付款的情况。在付款人对票据不明确拒付，但迟迟不付款或承兑，持票人也可以认为票据已被拒付。付款人对于远期汇票拒绝承兑，或对即期汇票拒绝付款，并不使他对持票人负有法律责任。但是，远期汇票一经承兑，承兑人就成为汇票的第一债务人，必须承担到期付款的法律责任。汇票被拒付，持票人可向承兑人及其前手行使追索权。

7. 追索（recourse）

追索是指汇票遭到退票时持票人要求其前手或出票人偿还汇票金额和费用的行为。追索的对象是背书人、出票人、承兑人及其他债务人，他们对持票人负连带责任。持票人可对汇票上的任一债务人追索。被追索人清偿债务后，即享有持票人的权利，可再向其前手追索，直至承兑人最终清偿了汇票的债务。

持票人进行追索时，应做成退票通知（notice of dishonor）并及时通知其前手，以便债务人及早知道拒付，做好准备。退票通知发出的第一种方法是持票人将退票事实通知最近的前手背书人，前手再通知他的前手背书人，依次类推。第二种方法是持票人将退票事实通知所有前手。

持票人还应提供被拒付的证明或退票理由书。在国外，通常要求持票人提供拒绝证书（protest）。拒绝证书是一种由付款地的法定公证人或其他依法有权做这种证书的机构，例如法院、银行工会等所做的证明付款人拒付的文件。持票人请求公证人做成拒绝证书时，应交出汇票，由公证人持汇票向付款人再作提示，如遇拒付，公证人即做成证明书，连同汇票交给持票人，持票人凭以向前手追索。

追索的金额包括被拒付的汇票金额、自到期日或提示付款日起至清偿日止的利息、持票人取得拒绝证明和向前手发出拒付通知的费用。

8. 贴现（discount）

贴现是指远期汇票承兑后尚未到期，由银行或贴现公司从票面金额扣减按照一定贴现率计算的贴现息后，将净款付给持票人，从而取得票据的行为。贴现既是票据买卖业务，也是资金融通业务。

贴现息是按照贴现天数乘以贴现率计算出来的。贴现率一般用年率表示，美元按一年 360 天作为基础天数，而英镑则按 365 天作为基础天数。其计算公式为：

$$贴现息 = 票面金额 \times 贴现天数 \div 基础天数 \times 贴现率$$

$$贴现净款 = 票据面额 - 贴现息$$

例：一张见票后 90 天付款、面额 10000 美元的汇票于 4 月 1 日承兑。持票人要求承兑行于承兑当日贴现，该行按贴现率 6% 计算。

$$贴现息 = 10000 \times 90/360 \times 6\% = 150\ （美元）$$

$$净款 = 10000 - 150 = 9850\ （美元）$$

二、本票

（一）本票的含义

本票（Promissory note）是出票人签发的，承诺自己在见票时或确定的将来时间无条件支付确定金额给收款人或持票人的票据。

(二）本票的内容

按照我国《票据法》规定，本票必须记载以下事项：1. “本票”字样；2. 无条件支付承诺；3. 确定的金额；4. 收款人名称；5. 出票日期；6. 出票人签章。本票上未记载付款地的，以出票人的营业场所为付款地；未记载出票地的，以出票人的营业场所为出票地。

(三）本票的种类

1. 本票按出票人不同，可分为银行本票和商业本票

银行本票的出票人是银行；商业本票的出票人是工商企业或个人。

2. 商业本票按付款时间的不同，又分为即期本票和远期本票

银行本票则是即期的，我国只允许开立自出票日起，付款期限不超过2个月的银行本票。

Promissory Note for GBP1, 000. 00　　　　London, 8th Sep, 20_ _

At 60 days after date we promise to pay C Co. or order

The sum of one thousand pounds

For Bank of Europe, London

signature

图4-2　本票票样

(四）本票与汇票的比较

1. 本票与汇票的相同点

(1）许多必要项目相同，都包括付款时间、确定金额、出票地点和日期、收款人等项目，且这些项目的填写也相同。

(2）许多票据行为相同，都有出票、付款提示、背书、付款、拒付等。

2. 本票与汇票的不同点

(1）当事人不同。本票的当事人只有出票人和收款人，本票的付款人就是出票人；而汇票有出票人、付款人和收款人三个当事人。

(2）承兑不同。本票的出票人就是付款人，因此无需承兑；而远期汇票一般需要承兑。

(3）份数不同。本票只能一式一份；汇票可以一式两份，注明“付一不付二”或“付二不付一”。

(4）责任不同。本票自始至终由出票人负责；汇票在承兑前由出票人负

责，承兑后则由承兑人负主要责任，出票人负次要责任。

三、支票

（一）支票的含义

支票（check）是出票人签发的，委托办理支票存款业务的银行或者其他金融机构在见票时无条件支付确定金额给收款人或持票人的票据。简单来说，支票是以银行为付款人的即期汇票。

（二）支票的种类

1. 普通支票、现金支票和转账支票

根据我国《票据法》，支票可分为普通支票、现金支票和转账支票。普通支票可以支取现金，也可以转账；现金支票只能用于支取现金；转账支票只能用于转账。

2. 划线支票

在国际上，支票一般既可以支取现金，也可以通过银行转账，由持票人或收款人自主选择收款方式。但支票一经划线就只能通过银行转账，而不能支取现金，这就是划线支票。未划线支票在左上角划上两条平行线就成为划线支票。

3. 保付支票

按国际惯例，支票可由付款银行加“保付”字样并签字而成为保付支票。支票一经银行保付，银行就必须付款。

（三）支票与汇票的区别

1. 出票人和付款人的关系不同

支票的出票人必须是银行的存款户，同时与存款银行签订有使用支票的协议，并在银行有足够的存款。汇票的签发不需要出票人与付款人事先有资金关系。

2. 主债务人不同

支票的主债务人始终是出票人，银行只是接受付款委托。汇票的主债务人分承兑前后，承兑前是出票人，承兑后是承兑人。

3. 付款时间不同

支票均为见票即付；汇票有即期和远期之分。

4. 票据行为不同

支票有保付、划线、止付行为，没有承兑。而汇票有承兑，没有保付、划线、止付行为，汇票一经签发，一般不能撤销。

15th 200×	Check London, 15th May, 200× No. 652136
Payee	BANK OFEUROPE
United	LONDON
Trading Co.	Pay to the order of United Trading Co.
	The sum of ten thousand pounds £ 10, 000. 00
	For Sino-British Co.
£ 10, 000. 00	London
	Signature
	652156 60…2116 02211125 0000450000
652156	
	支票编号磁性编码 付款行代号磁性编码 出票人在付款行的支票专户账号磁码 根据支票面额加编的磁码

图 4-3 支票票样

第二节 支付方式

国际贸易货款结算的基本方式有汇付、托收和信用证三种。其中，汇付和托收是建立在商业信用基础上的，信用证则是建立在银行信用的基础上。在国际贸易中，多使用信用证支付方式。

一、汇付

（一）汇付的含义

汇付（remittance）又称汇款，是指付款人主动通过银行或其他途径将款项汇给收款人。在国际贸易中如果采用汇付方式，一般由进口方按合同约定，将货款通过银行汇给出口方。

（二）汇付的当事人

1. 汇款人（remitter）即付款人。在国际贸易中，通常是进口商。

2. 汇出行（remitting bank）是接受汇款人委托，汇出款项的银行，通常是进口商所在地的银行。

3. 汇入行（paying bank）又称解付行，是接受汇出行的委托，解付汇款的银行，通常是出口商所在地的银行。

4. 收款人（payee），通常是出口商或其他债权人。

（三）汇付的种类及业务流程

根据不同的汇款方式，汇付有电汇、信汇和票汇三种。

1. 电汇（T/T）

电汇是汇款人委托汇出行采用电报、电传或SWIFT等电讯手段发出付款委托书给汇入行，委托汇入行将款项解付给指定的收款人。电汇的优点是速度快、资金安全，但费用较高。

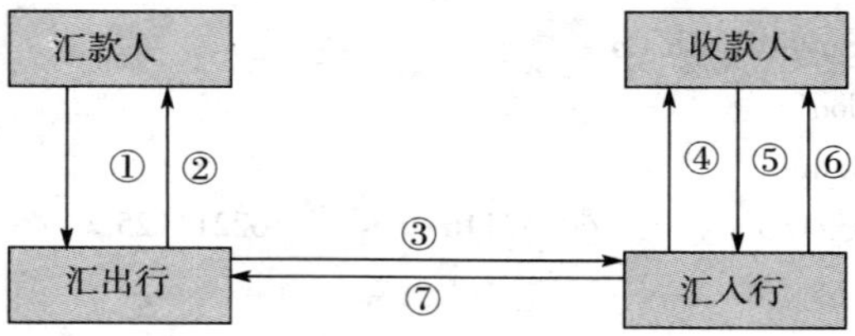

图4-4　电汇业务流程图

① 电汇申请、交款、付费。

② 电汇回执。

③ 通过加押电报、电传或SWIFT向汇入行发出汇款委托。

④ 核对密押后，发出电汇通知书。

⑤ 收款人收据。

⑥ 解付汇款。

⑦ 付讫借记通知书。

2. 信汇（M/T）

信汇与电汇相似，不同在于汇出行应汇款人的申请，以信汇委托书或支付通知书作为结算工具，通过航空邮件的方式寄发给汇入行。信汇的优点是费用较低，但收款人收汇时间较长。

① 汇款人填写汇款申请书，交款付费给汇出行，申请书上说明使用信汇方式。

② 汇款人取得信汇回执。

③ 汇出行根据申请书制作信汇委托书或支付委托书，经过两人双签，邮寄汇入行。

④ 汇入行收到信汇委托书或支付委托书，核对签字无误后，将信汇委托书的第二联信汇通知书及第三、第四联收据正副本一并通知收款人。

⑤ 收款人凭收据取款。

⑥ 汇入行借记汇出行账户，取出头寸，解付汇款给收款人。

⑦ 汇入行将借记通知书寄汇出行，通知其汇款解付完毕。

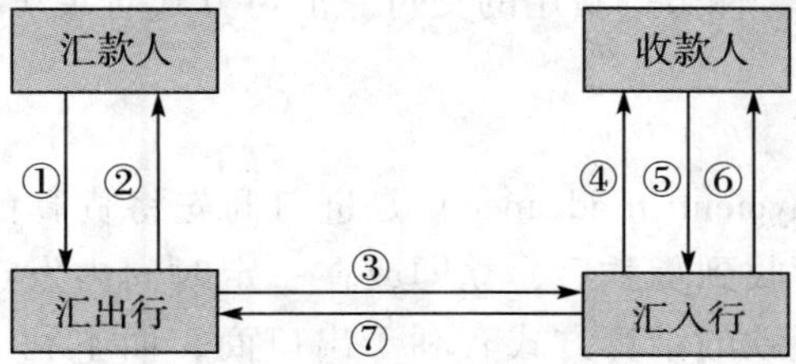

图 4－5　信汇业务流程图

3. 票汇（D/D）

票汇是指汇款人委托银行开立即期汇票，并自行寄交收款人，收款人凭此向指定的银行收款。

票汇是收款人主动持票索汇，而电汇和信汇的收款人要等到汇入行的通知才能收款；同时，票汇使用的是银行汇票，其收款权经背书可以转让，而电汇和信汇的收款人不能转让收款权。

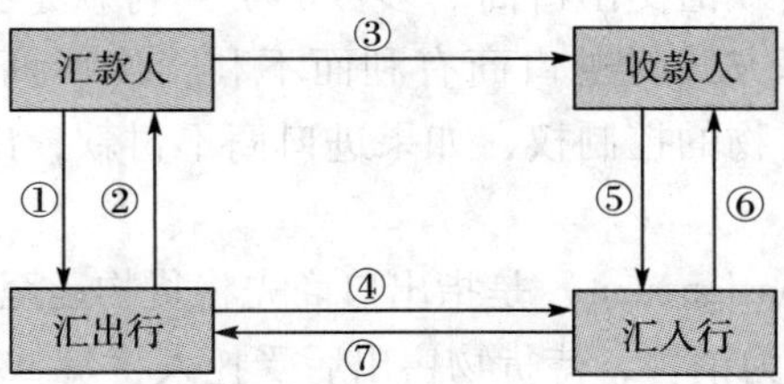

图 4－6　票汇业务流程图

① 汇款人填写汇款申请书，交款付费给汇出行，申请书上说明使用票汇方式。

② 汇出行开立银行即期汇票交给汇款人。

③ 汇款人将银行即期汇票寄收款人。

④ 汇出行将汇款通知书即汇票一式五联中的第二联寄汇入行，凭此将与收款人提交的汇票正本进行核对。今年来，银行为简化手续，汇出行已不寄汇款通知书了，汇票从一式五联改为一式四联，取消汇款通知书联。

⑤ 收款人向汇入行提示汇票，要求付款。

⑥ 汇入行借记汇出行账户，取出头寸，凭票解付汇款给收款人。

⑦ 汇入行将付讫借记通知书寄汇出行，通知其汇款解付完毕。

（四）汇付在国际贸易中的运用

汇付方式属于商业信用，银行只提供一些服务，而对于能否及时收款不负责任。在国际贸易中，汇付通常用于预付货款、货到付款、售定等业务，也用于定金、尾款、佣金等费用的支付。汇付方式对买卖双方来讲，承担的风险不对称。

1. 预付货款

预付货款（payment in advance）是进口商先将货款的一部分或全部汇交出口商，出口商收到货款后，立即或在一定时间内发运货物的一种汇款结算方式。预付汇款的结算方式有利于出口商，而不利于进口商。预付货款不仅占用了进口商的资金，还承担了出口商可能不履行交货和交单业务的风险。

2. 货到付款

货到付款（payment after arrival of goods）是指出口商先发货，待进口商收到货物后，立即或在一定期限内将货款汇交出口商的一种汇款结算方式。这种方式还可分为售定和寄售两种。

（1）售定

售定（goods sold）是指买卖双方已经成交，货物售妥发运，并经进口商收到后一段时间将货款汇交出口商。多数的货到付款是指售定，主要适用于鲜活商品。这种结算方式对进口商有利而不利于出口商，因为货物出口后，出口商就失去了对货物的控制权，如果进口商不付款，出口商将钱货两失。

（2）寄售

寄售（sold in consignment）是指出口商先将货物运至进口国，委托进口国的商人在当地市场代为销售，待货物售出后受托人将货款按规定扣除佣金后汇交出口商。寄售的一切运、保、杂费及佣金等均由委托人负担，从销售款项中扣除，受托人汇寄净款给委托人。寄售货物在出售前物权属于委托人。

二、托收

（一）托收的含义

根据《托收统一规则》的定义，托收（collection）是指由接到托收指示的银行根据指示处理金融单据及/或商业单据，以便取得付款或承兑，或凭付款或承兑交出商业单据，或凭其他条件交出单据。

托收分为光票托收和跟单托收。光票托收是指委托人仅开立汇票而不附带任何商业货运单据，委托银行收取货款的托收方式。国际贸易中的光票托收一般用于收取尾款、代垫费用、佣金、样品费或其他贸易从属费用。

跟单托收包括两种，金融票据附带商业单据的托收，商业单据不附带金融票据的托收。在国际贸易中，货款结算使用托收方式时，通常使用跟单托收。这里主要介绍跟单托收。

（二）托收的当事人

1. 委托人（principal）是委托银行办理收款业务的当事人，通常是出口商。

2. 托收行（remitting bank）是接受委托人的委托，办理托收的银行，通常是委托人的开户行。

3. 代收行（collecting bank）是接受托收行的指示，向付款人提示票据或单据，要求付款人付款或承兑，再向付款人交单的银行，通常为托收行在进口地的联行或代理行。

4. 付款人（payer）是代收行的交单对象，通常是进口商。

5. 提示行（presenting bank）如果代收行和付款人无往来关系或不在同一城市，代收行需转托与付款人在同一城市或有业务往来关系的银行代向付款人提示收款。提示行就是付款人所在地的另一家银行。

6. 需要时的代理（representative in case of need）是指委托人指定的在付款地代为照料货物存仓、转售、运回或改变交单条件等事宜的代理人。委托人在托收指示中应明确而充分地指明该代理人的权限。否则，银行将不接受需要时的代理人的任何指示。

（三）跟单托收的种类及业务流程

1. 即期付款交单（D/P at sight）

即期付款交单是代收行向付款人提示跟单汇票要求其付款，在付款人见票即付后，代收行才交出货运单据。

2. 远期付款交单（D/P at ＊＊days after sight）

远期付款交单是代收行向付款人提示跟单汇票要求其承兑，付款人承兑后由代收行保管全套商业单据，于到期日提示付款，在付款人付款后再向其交单。

3. 承兑交单（D/A）

承兑交单指代收行在付款人承兑远期汇票后，就把货运单据交给付款人，于汇票到期日才付款。

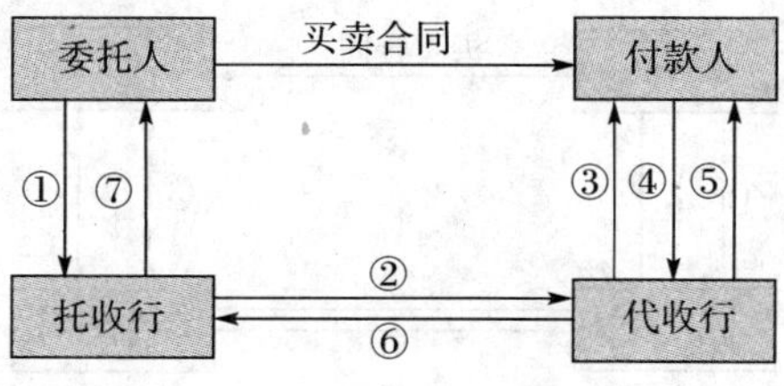

图4－7　即期付款交单业务流程

① 委托人按合同发货后，填写托收申请书，开立即期汇票（或不开立汇票）连同货运单据交托收行委托代收货款。

② 托收行根据托收申请书缮制托收委托书，连同汇票（或没有汇票）、货运单据寄交进口地代收行委托代收。

③ 代收行按照委托书的指示向付款人提示汇票与单据（或仅提示单据）。

④ 付款人审核无误后付款。

⑤ 代收行向付款人交单。

⑥ 代收行办理转账并通知托收行款已收妥。

⑦ 托收行向委托人交付款项。

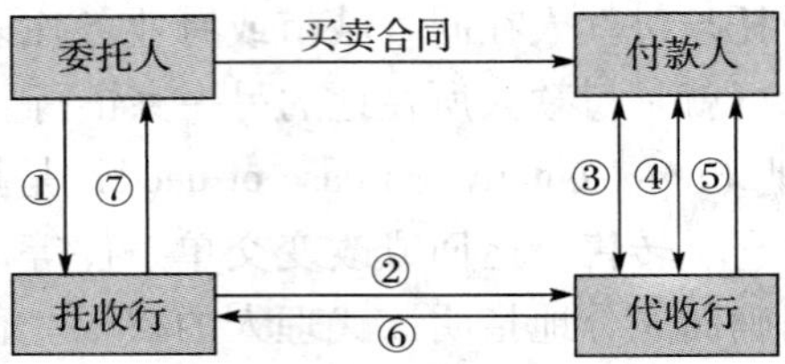

图 4-8　远期付款交单业务流程

① 委托人按合同发货后，填写托收申请书，开立远期汇票，连同货运单据交托收行委托代收货款。

② 托收行根据托收申请书缮制托收委托书，连同汇票、货运单据寄交进口地代收行委托代收。

③ 代收行按照委托书的指示向付款人提示汇票与单据，付款人审核无误后承兑汇票，代收行收回汇票与单据。

④ 汇票到期，代收行向付款人做付款提示，付款人付款。

⑤ 代收行向付款人交单。

⑥ 代收行办理转账并通知托收行款已收妥。

⑦ 托收行向委托人交付款项。

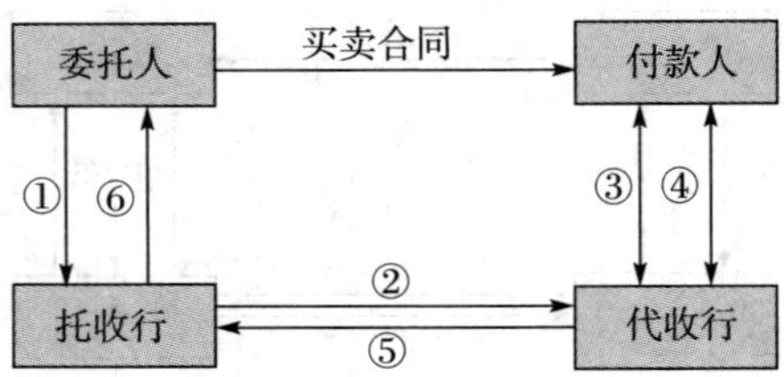

图 4-9　承兑交单业务流程

① 委托人按合同发货后，填写托收申请书，开立远期汇票，连同货运单据交托收行委托代收货款。

② 托收行根据托收申请书缮制托收委托书，连同汇票、货运单据寄交进口地代收行委托代收。

③ 代收行按照委托书的指示向付款人提示汇票与单据，付款人审核无误后承兑汇票，代收行收回汇票，将货运单据交给付款人。

④ 汇票到期，代收行向付款人做付款提示，付款人付款。

⑤ 代收行办理转账并通知托收行款已收妥。

⑥ 托收行向委托人交付款项

（四）跟单托收方式下的资金融通

1. 托收出口押汇

跟单出口押汇是出口商按照合同的规定发运货物后，开出以进口商为付款人的汇票，托收行买入全套跟单汇票，向出口商提供融资的一种方式。其实质是出口商以代表物权的单据作为质押，由银行做的一种抵押贷款。如果托收行遭到进口商的拒付，可向出口商追索，如果追索不成，有权处置质押的货物。

2. 凭信托收据借单

凭信托收据借单，是进口商在承兑远期汇票后、支付货款前，凭信托收据向代收行借入货运单据，先行提货的一种融资方式。

在远期付款交单条件下，如进口商想及早提货而提前付款赎单又有困难，可以要求代收行允许其借出单据。其具体做法是进口商在承兑汇票后出具信托收据，表示出口商以代收行受托人的身份代为提货、报关、存仓、出售等，并承认货物的所有权仍属于代收行。货物出售后所得的货款在汇票到期日偿还代收行，收回信托收据。这是代收行向进口商提供的融资便利，如果货款不能及时收回，代收行要负全部责任。因此，审查进口商的信用非常重要。但如果是委托人通过托收行授权代收行借出单据，则一切风险由委托人自己承担。

（五）托收的风险与防范

在托收方式中，出口商先行发货，然后凭单据委托银行收取货款。进口商只有在承兑汇票或支付货款以后才能取得单据，对出口商有一定的保障，但托收属于商业信用，如果进口商由于种种原因拒绝付款赎单，卖方将承担货物存仓、保险、转售等各种费用损失。因此，出口商应谨慎采用托收方式。在托收方式下，为确保收款安全，出口商应注意以下问题：

1. 认真调查进口商的资信情况。

2. 正确选择代收行。

3. 选择有利的交单条件。

4. 在国外设立需要时的代理人。

5. 严格履行合同义务，以防被买方找到借口拒付货款。

6. 填写运输单据时，不要把进口商做成抬头人。

总之，托收业务中出口商的风险较大，资金负担也较重，因此，在出口业务中采用托收方式收款时必须慎重。作为出口企业，应对托收业务制定健全的管理制度，定期检查，做好催收工作，避免或减少可能发生的损失。

（六）《托收统一规则》简介

国际商会为了统一各国商业银行对托收业务的做法，于1967年颁布了《商业单据托收规则》，对托收的定义、程序和原则作了统一规定。由于国际贸易的发展，又于1978年修订并改名为《托收统一规则》，并于1995年再次修改，即《托收统一规则》（国际商会第522号出版物）（Uniform Rules for Collection，Publication No. 522，简称《URC522》）。《URC522》于1996年1月1日起正式生效。

该规则全文共26条，分为“总则与定义”、“托收的形式与结构”、“提示的形式”、“义务与责任”、“付款”、“利息、手续费与费用”和“其他规定”七部分。其主要内容有：

1. 银行必须核实所收到的单据在表面上与托收指示所列一致，发现单据遗漏，银行有义务用电讯或其他快捷方式通知托收指示的一方，但银行并无审单的义务。

2. 除非事先征得银行的同意，货物不应以银行或其指定人为收货人。银行只处理单据而不处理货物或代表货物的合同，银行对跟单托收项下的货物没有义务采取任何行动。

3. 如果托收使用远期付款的汇票，托收指示应注明商业单据是凭承兑交单交付款人，还是凭付款交单交付款人。如无上述表明，银行只能在受票人付款后，方可将商业单据交出。

4. 托收遭到拒付，提示行应向托收行发出拒付通知。托收行应在收到此项通知后，对如何处理单据给予相应的指示。如发出拒付通知90天内提示行仍未接到此项指示，可将单据退回托收行，不再负任何责任。

5. 委托人应受国外法律和惯例规定的义务、责任的约束，并对银行的损失承担赔偿之责。

6. 托收指示中必须注明该托收按《托收统一规则》（国际商会第522号出版物）办理。

三、信用证

（一）信用证的含义与特点

信用证（letter of credit，L/C）是开证银行根据申请人的要求和指示，向受益人开立的，凭规定的单据在一定时间、一定地点支付一定金额的书面保证。

信用证有以下特点：

1. 信用证是银行信用，开证行负第一性的付款责任

信用证是由开证行以自己的信用做付款保证。开证行不仅向受益人保证付款，还对它所指定授权的所有当事人保证，在其凭表面与信用证相符的单据办理付款、承兑或议付后，保证依据《跟单信用证统一惯例》予以偿付。

2. 信用证是一项自足性文件

信用证是依据贸易合同开立的，但它一经开出就成为独立于合同以外的自足文件。贸易合同是进出口双方之间的契约，而信用证是开证行与受益人、指定银行之间的契约。

3. 信用证是纯单据业务

信用证业务所处理的是一种纯粹的单据业务，只要单据表面上符合信用证的规定和要求，开证行就应承担付款、承兑或议付的责任。即使收到货物后发现不符合合同要求，也只能由进口商根据贸易合同向出口商索赔。相反，如果买方收到的货物完全符合合同的要求，但受益人所提交的单据不符合信用证的要求，银行完全有理由拒付。

（二）信用证的当事人

1. 申请人（applicant）是指向银行申请开立信用证的人，一般是进口商。

2. 开证行（issuing bank）是指应开证申请人的要求和指示开立信用证的银行，一般是进口地银行，承担第一性的付款责任。

3. 通知行（advising bank）是受开证行的委托，将信用证转交出口商的银行，一般是出口地银行。通知行应合理审慎地鉴别信用证的表面真实性，如不愿通知或无法鉴别，则必须毫不迟疑地告知开证行，如无法鉴别又决定通知受益人，则在通知时必须告知受益人它未能鉴别该证的表面真实性。除此之外，通知行无需承担其他义务。

4. 受益人（beneficiary）是指信用证上所指定的有权使用信用证的人，一般为出口商。只要受益人履行了信用证规定的义务，就有权按信用证规定向指定的银行收取货款。

5. 议付行（negotiating bank）是根据开证行的授权买入信用证项下单据的银行。开证行可以指定议付行，也可以不具体指定议付行。议付行审单无误后，即可在扣减利息后将净款支付给受益人，收进单据，然后再向开证行交单索偿。议付行对受益人有追索权。

6. 付款行（paying bank）是信用证规定履行信用证付款责任的银行，一般是开证行，也可以是接受开证行委托代为付款的另一家银行。付款行付款后，对受益人没有追索权。

7. 保兑行（confirming bank）是指应开证行的请求在信用证上加具保兑的银行，具有与开证行相同的责任和地位。保兑行通常为通知行，也可以是第三家银行。保兑行对受益人没有追索权。

8. 承兑行（accepting bank）指对承兑信用证项下的票据，经审单确认与信用证规定相符后，对汇票进行承兑的银行。承兑行可以是开证行，也可以是其他指定银行。

9. 偿付行（reimbursing bank）又称为信用证的清算银行，是接受开证行的授权，向议付行或付款行偿付货款的银行。偿付行只负责付款不负责审单，也不视作开证行的终局性付款。开证行在见单后发现单证不符时，可直接向索偿行追回已支付的货款。

（三）信用证的主要内容

1. 对信用证本身的说明

如开证行的名称、开证地点和日期，信用证的种类、编号、金额、有效期和有效地、当事人名称和地址。

2. 汇票条款

包括汇票种类、出票人、受票人、付款期限、出票条款和出票日期等。

3. 单据条款

规定应交付的单据、份数和对单据的具体要求。

4. 货物条款

明确货物的名称、规格、品质、数量、包装和价格等。

5. 装运条款

包括运输方式、装运港（地）、目的港（地）、装运日期、是否可分批装运或转运等。

6. 保险条款

如按 CIF 或 CIP 贸易术语条件成交，应明确投保金额和险别等。

7. 特殊条款

视具体交易所需提出一些特殊的要求，如提交某一特殊单据等。

8. 保证付款的文句

即开证行对受益人或汇票持有人保证付款的责任表述。

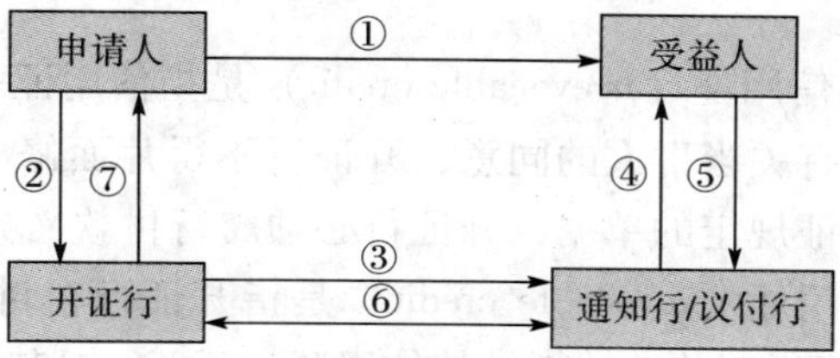

图 4－10　信用证的业务流程

（四）信用证业务的基本程序

① 买卖双方在合同中约定采用信用证方式支付货款。

② 申请人填写开证申请书，向银行申请开立信用证。

③ 开证行根据申请书的内容开立信用证，寄交通知行。

④ 通知行核对开证行的签字与密押，证实无误后，将信用证转交受益人。

⑤ 受益人收到信用证后，认真审证，如发现来证与合同不符，应通知开证行改证；如无需修改，应按信用证的要求发货制单；向有关银行交单、议付。

⑥ 议付行办理议付后凭单向开证行索偿，开证行审单无误后进行偿付。

⑦ 开证行向申请人提示单据，申请人审核无误后付款赎单。

（五）信用证的种类

从各个不同角度，信用证主要有以下分类：

1. 跟单信用证和光票信用证

根据付款凭证的不同，信用证可分为跟单信用证和光票信用证。

（1）跟单信用证（documentary credit）是指凭跟单汇票或仅凭单据付款、承兑或议付的信用证。这里的单据是指代表物权或证明货物已装运的货运单据，即运输单据、商业发票、保险单据、商检证书、产地证书、包装单据等。国际贸易中所使用的信用证，大多是跟单信用证。

（2）光票信用证（clean credit）是开证行仅凭出口商开具的汇票，无需附带货运单据付款的信用证。有的信用证要求汇票附有发票、收据、垫款清单等非运输单据，也属光票信用证。光票信用证仅用于从属费用的清算和总公司与分公司之间货款的清偿。

2. 不可撤销信用证和可撤销信用证

根据开证行所承担的责任不同，信用证可分为不可撤销信用证和可撤销信用证。

（1）不可撤销信用证（irrevocable credit）是指信用证一经开出，在有效期内未经受益人及有关当事人的同意，开证行不得片面修改或撤销，只要受益人提供符合信用证规定的单据，开证行必须履行付款义务。

（2）可撤销信用证（revocable credit）是指开证行在付款或被议付之前，可不经受益人同意可随时修改或撤销的信用证。开证行对其指定银行在接到修改或撤销通知前，就已经对符合信用证的单据进行议付，则仍予负责偿付。

3. 保兑信用证和不保兑信用证

在不可撤销信用证中，按其是否有另一家银行保证兑付，可分为保兑信用证和不保兑信用证。

（1）保兑信用证（confirmed credit）是指另一家银行即保兑行应开证行的请求，对其所开信用证加以保证兑付的信用证。这种信用证有开证行和保兑行两家银行对受益人负责，所以，一般来说，它对出口商的收汇比较有利。保兑行不是开证行的代理人，而是对受益人独立负责。受益人不必先向开证行要求付款，而可以直接向保兑行交单索偿。同时，保兑行在议付或付款后，即使开证行倒闭或拒付，都不能向受益人追索。因此，保兑行和开证行同责，都对受益人负第一性的、终局性的付款责任。

（2）不保兑信用证（unconfirmed credit）是指未经除开证行以外的其他银行保兑的信用证，即一般的不可撤销信用证。

4. 即期付款信用证、延期付款信用证、承兑信用证和议付信用证

按兑付方式的不同，信用证又可分为即期付款信用证、延期付款信用证、承兑信用证和议付信用证。

（1）即期付款信用证（sight payment credit）是指规定受益人开立即期汇票，或不需汇票仅凭单据向指定银行提示，请求付款的信用证。对这种信用证，开证行或指定付款行承担即期付款的责任。

（2）延期付款信用证（deferred payment credit）是指规定开证行或付款行在收到符合信用证规定的单据后若干天，或货物装船后若干天付款的信用证。由于这种信用证不使用汇票，因此不能贴现。在国际贸易中，多用于成交金额较大、付款期限较长的资本货物交易。

（3）承兑信用证（acceptance credit）是指开证行或付款行在收到符合信用证规定的远期汇票和单据时，先在汇票上履行承兑手续，然后于汇票到期日再行付款的信用证。

（4）议付信用证（negotiation credit）是指开证行邀请其他银行买入汇票及/或单据的信用证，即允许受益人向其他银行交单议付。通常在单据符合信用证条款的条件下，议付行扣去利息后将票款付给受益人，然后议付行将汇票与单据按信用证规定的方法交与开证行索偿。议付信用证按是否限定议付行，又可分为公开议付信用证和限制议付信用证。公开议付信用证是指任何银行都可办理议付；限制议付信用证是指仅由指定银行办理议付。

在实际业务中，还有一种"假远期信用证"，又称买方远期信用证。这通常是由于进口商为了融资方便，或为了利用银行承兑汇票的优惠贴现率，在与进口商签订即期付款的合同后，要求开立承兑信用证。证中规定受益人应开立远期汇票，而这种远期汇票可即期付款，所有贴现和承兑费用由买方负担。

5. 可转让信用证和不可转让信用证

按受益人是否有权转让给其他人使用，信用证可分为可转让信用证和不可转让信用证。

（1）可转让信用证（transferable credit）是指受益人（第一受益人）有权将信用证的全部或部分金额转让给第三人（第二受益人）使用的信用证。主要适用于中间贸易。中间商（第一受益人）为了赚取差额利润，通常要求开立可转让信用证转让给实际供货人（第二受益人），由供货人办理出运手续。

可转让信用证必须由开证行在证中注明"可转让"字样，否则不得转让，而且只能转让一次。如信用证允许分批装运，在总额不超过信用证金额的前提下，可分别转让给几个第二受益人。进口商开立可转让信用证，意味着同意出口商将交货交单的义务由出口商指定的其他人来履行，但买卖合同并未转让。如果发生第二受益人不能交单，或货物不符合规定时，原出口商仍要承担合同规定的卖方责任。

（2）不可转让信用证（untransferable credit）是指受益人无权转让给其他人使用的信用证。凡是未注明"可转让"字样的信用证，均为不可转让信用证，仅限于受益人本人使用。

6. 对背信用证

对背信用证（back-to-back credit）是指原证受益人要求原证的通知行或其他银行以原证为基础和担保，另行开立的一张内容相似的新信用证。对背信用证通常是由中间商为转售他人货物赚取利润，或两国不能直接进行交易需通过第三国以此种办法沟通贸易而开立的。对背信用证的装运日期、到期日、金额和单价可较原证规定提前或较少，但货物的质量、数量必须与原证一致。由于原证的约束，对背信用证的受益人如要求修改内容，须征得原证申请人和开证行的同意，所以修改比较困难。如发现单证不符时，还须得到原证开证行的同意。因此，对背信用证的受益人在处理业务时必须特别谨慎，不能稍有疏忽。

7. 对开信用证

对开信用证（reciprocal credit）是易货贸易的一种结算方式。由于双方顾虑对方只使用权力而不履行义务，便采取互相开立信用证的办法，把进口和出口连接起来。第一张信用证的受益人就是第二张信用证的申请人，第一张信用证的申请人就是第二张信用证的受益人。

为了保证两证对开和进出口平衡，首先开出的信用证加列生效条款。条款如下：This credit shall not be available/operative unless and until the reciprocal credit in favor of __________ for account of __________ is established by __________ bank.

8. 循环信用证（revolving credit）

循环信用证（revolving credit）是指受益人在一定时间内利用规定金额后，能够重新恢复信用证原金额再度使用，周而复始，直至达到该证规定次数或累计总金额用完为止的信用证。循环信用证适用于定期分批均匀交货、分批付款的长期合同。对进口商来说，可节省逐笔开证的手续和费用；对出口商来说，可减少逐批催证和审证的手续，又可获得收回全部货款的保障。

循环信用证可分为以下三种方式：

（1）自动循环信用证（automatic revolving），即受益人在规定日期交单议付后，无需等待开证行通知即可自动恢复到原金额再次使用。

（2）半自动循环信用证（semi-automatic revolving），即受益人每次交单议付后若干天内，开证行未提出不能恢复金额的通知，即自动恢复到原金额。

（3）非自动循环信用证（non-automatic revolving），即受益人每次交单议付后，需经开证行通知，才能恢复到原金额。

此外，循环信用证还可分为可累计使用和不可累计使用等。

9. 预支信用证

预支信用证（anticipatory credit）是指允许出口商在发货交单前支取部分或全部货款，或允许受益人在收到信用证后，可立即签发光票取款的信用证。受益人预支的方式有两种。一种是向开证行预支，出口商在货物装运前开具以开证行为付款人的汇票光票，由议付行买入向开证行索偿；另一种是向议付行预支，待货物装运后交单议付时，扣除垫款本息，将余额支付给出口商。

（六）《跟单信用证统一惯例》简介

信用证支付方式是在国际贸易发展过程中，银行逐步参与其中而形成的。但在信用证业务的发展初期，由于各国对信用证各当事人的权责和相关条款的认知存在一定的差异，当事人之间经常会发生一些争议和纠纷。为了减少因各国解释不同而产生的纠纷，促进国际贸易的进一步发展，国际商会于1930年拟定了一套《商业跟单信用证统一惯例》，并先后于1951年、1962年、1974年进行了数次修改。1983年6月，该惯例再次修改，产生了《跟单信用证统一惯例》（国际商会第400号出版物）。

20世纪80年代末90年代初以来，随着国际运输方式的发展和通讯工具的电子化、网络化，国际贸易、运输、保险和单据的处理也发生了较大的变化。1991年国际商会再次对《跟单信用证统一惯例》（国际商会第400号出版物）进行修改，于1993年改为《跟单信用证统一惯例》（国际商会第500号出版物，简称为《UCP500》），于1994年1月1日起执行。

由于《UCP500》在某些规定上的局限性，2003年5月在国际银行技术与惯例委员会的批准下，UCP再次被修改。目前最新的《跟单信用证统一惯例》是于2007年7月1日起正式实施的国际商会第600号出版物，简称为《UCP600》。

UCP600共有39个条款、比UCP500减少10条，但却比500更准确、清晰，更易读、易掌握、易操作。它将一个环节涉及的问题归集在一个条款中；将L/C业务涉及的关系方及其重要行为进行了定义，如第二条的14个定义和第三条对具体行为的解释。

UCP600纠正了UCP500造成的许多误解：

首先，把UCP500难懂的词语改变为简洁明了的语言，取消了易造成误解的条款，如"合理关注"、"合理时间"及"在其表面"等短语。有人说这一改变会减少昂贵的庭审，意指法律界人士丧失了为论证或反驳"合理""表面上"等所收取的高额费用。

第二，UCP600取消了无实际意义的许多条款。如"可撤销信用证"、"风帆动力批注"，"货运代理提单"及UCP500第5条"信用证完整明确要求"及第12条有关"不完整不清楚指示"的内容也从UCP600中消失。

第三，UCP600的新概念描述极其清楚准确。如"兑付"定义了开证行、保兑行、指定行在信用证项下，除议付以外的一切与支付相关的行为；"议付"是强调对单据（汇票）的买入行为，明确可以垫付或同意垫付给受益人，按照这个定义，远期议付信用证就是合理的。另外还有"相符交单"、"申请人"、"银行日"等等。

第四，更换了一些定义。如对审单做出单证是否相符决定的天数，由“合理时间”变为“最多为收单翌日起第5个工作日”。又如，开证行和保兑行对于指定行的偿付责任，强调是独立于其对受益人的承诺的。

第五，方便贸易和操作。UCP600有些特别重要的改动。如拒付后的单据处理，增加了“拒付后，如果开证行收到申请人放弃不符点的通知，则可以释放单据”；增加了拒付后单据处理的选择项，包括持单侯示、已退单、按预先指示行事。这样便利了受益人和申请人及相关银行操作。又如，转让信用证方面，UCP600强调第二受益人的交单必须经转让行。但当第二受益人提交的单据与转让后的信用证一致，而第一受益人换单导致单据与原证出现不符时，又在第一次要求时不能做出修改的，转让行有权直接将第二受益人提交的单据寄开证行。这项规定保护了正当发货制单的第二受益人的利益。再如单据在途中遗失，UCP600强调只要单证相符，即只要指定行确定单证相符、并已向开证行或保兑行寄单，不管指定行是兑付还是议付，开证行及保兑行均对丢失的单据负责。这些条款的规定，都大大便利了国际贸易及结算的顺利运行。

四、备用信用证和银行保函

（一）备用信用证

备用信用证（standby credit），是指开证行开给受益人的一种有条件的保证付款的书面文件。其主要内容是在信用证中规定，在开证申请人未能履行职责，或未能按时偿还货款时，开证行负责为其支付。如开证申请人履行了信用证中规定的上述某项义务，则该信用证就不起作用，所以它是备用性质的信用证。

备用信用证和一般的跟单信用证的主要区别如下：

1. 备用信用证往往是备而不用的文件。在跟单信用证下，只要受益人提交了符合信用证要求的单据，开证行就应付款。在备用信用证下，只有在开证申请人不履行其承担的某项义务时，受益人才能行使信用证规定的权利。因而，备用信用证往往是备而不用的。

2. 适用的范围不同。跟单信用证适用于国际贸易中一般商品的进出口；而备用信用证除适用于商品的进出口以外，更多适用于其他交易，如投标、借款、垫款、赊销等。

3. 付款的依据不同。跟单信用证凭提交的符合信用证规定的单据付款；而备用信用证一般仅凭开证申请人不履约的书面声明或证件要求开证行或指定付款行付款。

（二）银行保函

1. 银行保函的含义

银行保函（Letter of Guarantee，缩写为L/G），是指银行应申请人的请求开给第三方（受益人）的一种书面信用担保文件。银行保证在申请人未按协议履行其责任或义务时，由其有条件地承担经济赔偿责任。

2. 银行保函的种类

银行保函在实际业务中使用范围很广，种类很多。按期用途大致可分为投标保函、履约保函和还款保函。

（1）投标保函

投标保函（tender guarantee）是指银行应投标人（申请人）的请求开给招标人（受益人）的一种书面信用担保凭证，保证当投标人不履行其投标义务时，银行将在规定的金额限度内负责赔偿责任。

（2）履约保函

履约保函（performance guarantee）是指银行应签约一方（申请人）的请求开给另一方（受益人）的一种书面信用担保文件，保证当申请人不履行与受益人之间签订的合同时，保证人按约定金额负赔偿责任。履约保函的适用范围较广，不仅可以为工程的承包商提供履约保障，而且也可以在一般的进出口贸易中使用。

（3）还款保函

还款保函（repayment guarantee）是指银行应债务人（申请人）的请求开给债权人（受益人）的一种书面信用担保文件，保证当申请人不履行与受益人之间订立的合同，未将受益人支付的款项退还给受益人时，银行将向受益人偿还受益人已付的本金及所产生的利息。

3. 银行保函和信用证的比较

（1）适用范围不同

信用证只适用于凭单支付的商品贸易项下，受益人只能是出口商，申请人只能是进口商；银行保函适用于任何类型的经济交易合同中，是为契约的一方向另一方保证当其不履行某项义务时银行承担赔偿责任。

（2）银行的付款责任不同

在信用证业务中，银行承担第一性的付款责任；而在保函业务中，首先应由申请人履行有关义务，只有当申请人未能履约，受益人才向担保行提出索赔要求，银行按保函规定履行赔偿责任。

（3）所需单据不同

信用证要求受益人提交的单据是包括运输单据在内的商业单据；银行保

函要求受益人提交的是申请人违约的声明或相关证明。

(4) 融资作用不同

信用证的受益人可以通过议付、贴现等方式实现融资；银行保函的受益人不能取得融资。

(5) 适用的法律不同

《跟单信用证统一惯例》没有规定信用证业务的适用法律，当事人之间一旦发生超出该惯例调整范围的纠纷，如何解决较为复杂；《见索即付保函统一规则》规定，根据该规则开立的保函受担保人所在国有关法律的管辖。

五、不同支付方式的选择与使用

对于买卖双方来说，无论采用哪种结算方式都各有利弊。因此，如何合理选择和灵活运用不同的结算方式，以防范和规避交易风险是国际贸易买卖双方都应慎重考虑的问题。

(一) 汇付、托收和信用证三种基本结算方式的比较

1. 汇付结算方式的优劣

汇付是以进出口双方的商业信用为基础的，银行只为客户提供账户资金汇划服务。汇付结算具有手续简便、费用低廉的优点，但又存在风险大以及资金负担不平衡的缺点。在买卖双方商业信誉良好，彼此相互了解（包括对方国家的政治、法律、外汇管制等）、相互信任的情况下，或境内外母子公司之间、跨国公司的不同子公司之间的货款清算，汇款是最为理想的一种结算方式。

2. 托收结算方式的优劣

托收仍然是以商业信用为基础的，银行只是代理各项委托事宜。其中的跟单托收和汇付相比，进出口双方的风险有所降低。出口商通过控制单据一般不会钱货两空，而进口商只要付款或承兑汇票，就能取得货运单据提货。但托收方式的手续较汇付复杂，费用也较汇付高；同时进出口双方的资金负担和风险不平衡。尽管如此，在市场竞争激烈的情况下，只要出口商对进口商的资信情况、商品行情、进口地商业习惯、海关、贸易和外汇管制等进行充分的调查和了解，采用托收方式也有利于扩大出口。

3. 信用证结算方式的利弊

与汇付和托收不同，信用证结算方式是以银行信用为基础的，能照顾到进出口双方的利益，并为双方提供了融资便利。但信用证方式也是这三种基本结算方式中手续最繁、费用最高的一种。信用证业务是单据业务，买方并不能完全避免卖方伪造单据或装运劣质商品的风险；同时，单据表面上的瑕

疵也可能导致买方以此为借款拖欠或拒付货款。

尽管信用证结算方式有其缺陷，但它以银行信用弥补了商业信用的不足，为资信一般的企业参与国际贸易提供了信用、服务和融资的渠道，促进了国际贸易的发展。

（二）各种支付方式的结合使用

在国际贸易中每一种支付方式都可以单独使用，但在特殊的贸易条件下，为促成交易或加速资金周转或安全收付汇，也可以将不同的支付方式结合起来使用。

1. 信用证和汇付相结合

这种支付方式一般用在成交量大、交货数量机动性也较大的商品交易中。其主要部分用信用证支付，预付货款或余款用汇付方式支付。如矿砂、煤炭、粮食等散装货物的交易，进出口双方在合同中约定90%的货款用信用证方式，其余10%在货物运抵目的港，经检验合格后，按实际到货数量确定余款，以汇付方式支付。

2. 信用证和托收相结合

这种支付方式是将一笔交易的部分货款以信用证方式支付（通常为合同金额的40%~70%），其余货款以托收方式支付。具体操作时必须由信用证的开证行兼任托收项下的代收行，并在信用证中规定出口商开立两张汇票，信用证部分凭光票付款，托收部分则附带全套单据，在进口商付清发票的金额后才可交单。

3. 跟单托收和汇付相结合

为减少托收结算方式中出口商的风险，出口商可要求进口商预付一部分金额。待货物装运后，出口商再从货款中扣除已收妥的预付款，通过托收收取余款。

4. 汇付、托收、信用证的结合

大型机械、成套设备、飞机等大型交通工具的交易，由于交易金额巨大、制造周期长、交货条件严格以及产品质保期长等特点，往往采用两种以上的结算方式。预付货款以汇付方式结算，大部分货款用信用证结算，尾款部分以托收方式结算。

第三节　支付条款

国际贸易中有关货款收付的规定通常以支付条款的形式出现。买卖合同中支付条款的内容视所采用的收付方式而不同。

一、汇付条款

汇付通常用于预付货款和货到付款，买卖双方承担的风险不对称。为明确责任，对于使用汇付方式结算货款的交易，在买卖合同中应当明确规定汇付的时间、具体的汇付方法和金额等。

例 1：买方应在 2008 年 10 月 10 日之前将 100% 的货款以电汇方式预付给卖方。

The Buyer shall pay 100% of the sales proceeds in advance by T/T to reach the Seller not later than Oct. 10, 2008.

例 2：买方应于本合同签订后 1 个月内以电汇方式将 20% 的合同金额预付给卖方。

20% of the total contract value as advance payment shall be remitted by the Buyer to the Seller through telegraphic transfer within one month after signing this contract.

二、托收条款

使用托收方式时，应在贸易合同中明确规定凭出口商开立的汇票或提交的单据付款，以及交单条件和付款、承兑责任以及支付时间等。

例 3：即期付款交单

进口商应凭出口商开具的即期跟单汇票于见票时立即付款，付款后再交单。

Upon first presentation the importer shall pay against documentary draft drawn by the export at sight. The shipping documents are to be delivered against payment only.

例 4：远期付款交单

买方对卖方开具的见票后××天付款的跟单汇票，于提示时应立即承兑，并应于汇票到期日即予支付，付款后再交单。

The Buyer shall duly accept the documentary draft drawn by the Seller at ×× days sight upon first presentation and make payment on its maturity. The shipping documents are to be delivered against payment only.

例 5：承兑交单

进口商对出口商开具的见票后 90 天付款的跟单汇票，于提示时应立即承兑，并应于汇票到期日付款，承兑后交单。

The importer shall duly accept the documentary draft drawn by the exporter at 90 days sight upon first presentation and make payment on its maturity. The shipping documents are to be delivered against acceptance.

三、信用证支付条款

采用跟单信用证方式结算，一般应在买卖合同的支付条款中，明确规定开证时间、开证行、受益人、信用证种类、金额、装运日、到期日等。

1. 开证时间

在信用证业务中，按时开证是买方的一项基本义务。卖方只有在接到来证后才能根据信用证的要求发货制单，因此在合同中规定开证时间对卖方比较有利。

2. 开证行

在信用证业务中，开证行负第一性的付款责任，因此开证行的资信状况尤为重要。为确保收汇安全，在合同中还应对开证行的资信地位作必要的规定。如要求开证行是卖方可接受的银行。

3. 受益人

一般情况下，信用证指定出口商为受益人。但如果在异地装运，或是代理业务，也可指定装运地或被代理企业为受益人。

4. 信用证的种类

信用证种类繁多，不同的信用证项下各当事人的权责不同。在我国的出口业务中，一般只接受不可撤销信用证。如果成交金额很大，或对开证行的资信有怀疑等原因，可要求对方开立保兑信用证；对于交货时间长且分批均匀交货的合同，可考虑使用循环信用证。

5. 信用证的金额

信用证的金额一般规定为发票金额的100%。若有一些额外费用需要在信用证以外支付的，可要求买方在信用证中明确规定。如果合同对装运数量有“溢短装条款”的，为便于卖方装货，应要求买方在信用证的金额前加“约”等类似字样。

6. 装运日

卖家只有在信用证规定的最迟装运日前发货，才能安全收汇。因此，为保证卖家有足够的时间备货发货，合同中应明确信用证的最迟装运日。

7. 付款日期

付款日期直接关系到买卖双方的利益，因此在合同中必须确定付款日期。在远期信用证项下，还应考虑利息因素。

8. 信用证的有效期和有效地

信用证的有效期是指信用证中规定的交单付款、承兑或议付的到期日。

在我国的出口业务中，大部分采用议付信用证，合同一般都规定议付有效期在装运后 15 天内。信用证的有效地是指信用证有效期的终止地点。为了减少单据在传递过程中的不确定性，便于卖方掌握交单时间，一般把卖方所在地规定为信用证有效地。

以下是信用证支付条款的示例：

例 6：即期信用证支付条款

买方应通过卖方所接受的银行于装运月份前 45 日内开出并送达卖方不可撤销的即期信用证，装运月后 15 日在中国议付有效。

The Buyer shall open through a bank acceptable to the Seller an Irrevocable Sight Letter of Credit to reach the Seller 45 days before the month of shipment, valid for negotiation in China until the 15th day after the month of shipment.

例 7：远期信用证支付条款

买方应通过卖方所接受的银行于装运月份前 60 日内开出并送达卖方不可撤销的见票后 30 天付款的信用证，有效期为装运月后 15 天在中国议付。

The Buyer shall open through a bank acceptable to the Seller an Irrevocable Sight Letter of Credit at 30 days' sight to reach the Seller 60 days before the month of shipment, valid for negotiation in China until the 15th day after the month of shipment.

关键名词：

汇票、本票、支票、汇付、电汇、信汇、票汇、托收、信用证

思考题：

1. 试述支票和汇票的异同点。
2. 试述汇付的几种方式以及各种方式的优缺点。
3. 试述托收的几种交单条件和操作过程。
4. 试述在出口业务中采用承兑交单方式的风险。
5. 试述可转让信用证和对背信用证的异同。
6. 试述银行保函的种类，以及银行保函和信用证的区别。

案例分析

1. 出口合同规定的支付条款为装运月前 15 日电汇付款。买方延至装运月中才开始从邮局寄来银行汇票。为保证按期交货，出口商于收到该汇票次日即将货物发出，同时委托银行代收票款。1 个月后，按银行通知，因该汇票系伪

造，已被退票。此时，货物已抵达目的港，并被买方凭出口商自行寄去的单据提走。事后追偿，对方已人去楼空。对此损失，我方的主要教训是什么？

2. 某外贸企业与外商初次交易，按CIF术语出售一批货物，出口合同的支付条款仅规定“凭不可撤销即期信用证在上海议付。”合同规定的交货条款为“7月在中国港口装船，运往欧洲港，不准转运”。货物备妥后，经再三催促，信用证于7月25日才开到。由于直达船的船期每月都安排在月中，因此要在7月将货物装船已无可能。为此，我方电请外商将信用证的装运期延至最迟8月31日，并将信用证议付到期日延至9月15日。由于这种货物市价下跌，该外商不但不同意展延信用证装运期和议付到期日，反而借口我方未能在7月装运而违反了合同的规定，向我方索赔。试分析在这笔交易中究竟是谁违约？我方应吸取什么教训？

3. 我国某公司向国外A商出口一批货物。A商及时开来不可撤销即期议付信用证，该证由设在我国境内的外资B银行通知并加具保兑。我公司在货物装运后，将全套合格单据交B银行议付，收妥货款。但B银行向开证行索偿时，得知开证行因经营不善已宣布破产。于是，B银行要求我公司将议付款退还，并建议我公司直接向买方索款。问：我公司应如何处理？说明理由。

4. 某公司从国外进口大宗产品，合同规定：允许分批装运，凭不可撤销信用证方式支付。第一批货物装运后，卖方凭合格单据取得货款。但买方提货后，发现货物品质和数量均不符合合同规定，因而要求银行对后几批货物拒付。请问：这一要求是否合理？说明理由。

5. 某公司出口一批货物，付款条件为D/P at 60 days after sight for collection。该公司发运货物后，交汇票及货运单据给托收行托收。买方对汇票进行了承兑。但货抵目的地后，恰逢行市上涨，买方以T/R方式从银行借得单据。货物出售后，买方宣告破产。在此情况下，出口商在汇票到期日是否还能收回货款？说明理由。

实训四：

1. 在所扮演的角色基础上制定支付条款。

2. 在支付条款的基础上演示支付流程。

3. 每组选择一位同学作银行，两组合作重点演示信用证流程。

（1）进口商：申请开证。

（2）进口地银行：审核开证申请表，开信用证，通知出口地银行。

（3）出口地银行：对照合同审核信用证，通知出口商信用证已到。

（4）出口商：审证，若信用证有问题，可退回给进口商要求其重开。

NO. ....

Bill Of Exchange

FOR

AT .... SIGHT OF THIS FIRST BILL OF EXCHANGE (SECOND OF THE SAME TENOR AND DATE BEING UNPAID) PAY TO BANK OF CHINA OR ORDER THE SUM OF

VALUE RECEIVED AND CHARGE THE SAME TO ACCOUNT OF ....

DRAWN UNDER ....

L/C NO. ____________________ DATED ....

TO

____

NO. ....

Bill Of Exchange

FOR

AT .... SIGHT OF THIS SECOND BILL OF EXCHANGE (FIRST OF THE SAME TENOR AND DATE BEING UNPAID) PAY TO BANK OF CHINA OR ORDER THE SUM OF

VALUE RECEIVED AND CHARGE THE SAME TO ACCOUNT OF ....

DRAWN UNDER ....

L/C NO. ____________________ DATED ....

TO

____

信用证　Wachovia Bank, National Association,　　第一页

[illegible]

Phone: 86-021-68509928
Fax: 86-021-68506682
SWIFT: PNBPCNSH
TELEX: 83030 WACH HX

WACHOVIA

DATE 04/27/07 ADVISED L/C	OUR REF. NO. EA033578
ADVISING BANK 通知行	CORRESPONDENT/ISSUING BANK 开证行
BENEFICIARY 受益人	REF. NO. OF CORR/ISSUING BANK L/C NO.: 信用证号 AMOUNT : EXPIRY DATE : 06/29/07 ISSUE DATE : 04/24/07
APPLICANT : 申请人	

-We have been requested to advise to you the attached letter of credit. Our advice of this letter of credit conveys no obligation on the part of our bank. (We draw your attention to Article 10c of UCP500)

-Documents must conform strictly with the terms of the attached letter of credit. If you are unable to comply with same, please communicate directly with the applicant in order to have the issuing bank amend the relevant condition(s).

-When presenting of documents, please include the original advice of credit, original advice of amendment, if any. If no original advice of credit is presented along with the documents, the presenting bank is required to indicate on their cover schedule certifying that they had endorsed the credit for the drawing amount.

-All documents must be presented to Wachovia Bank, National Association, Shanghai at the address as indicated above.

-Should you choose to present documents directly to us, please fill out the attached Collection Order. If we pay, we will pay in the L/C currency to your account with your banker. Please note we are unable to pay in CNY. To defray the cost of sending documents to us, we will refund your courier cost up to USD2.50. For more information on Wachovia Bank N.A., visit our Head Office's Web site at www.wachovia.com

-We reserve the right to refuse to become a party to any transaction that may violate such U.S. sanctions, and act in accordance with the guidelines of such sanctions.

-All inquiries regarding this credit should be directed to Trade operations at Tel 电话号码 Ext.8870, Ext.8872 or Ext.8877

-Please let us have your payment of CNY 324.00 being the advising fee.

- Notwithstanding the confirmation request from the issuing bank, Wachovia Bank, N.A. as the advising bank has not confirmed the LC at the request of the beneficiary.

(THIS IS A COMPUTER GENERATED ADVICE AND NO AUTHORISED SIGNATURE IS REQUIRED)

第二页

```
GSMOS Ref # CNHG20070425SDS12868        - OSN # 0123106220
-----------------------------------------------------------------------
           Authentication Result: Correct with current key
--------------------- Instance Type and Transmission -------------------
   Original received from SWIFT
   Priority                         : Normal
   Message Output Reference         : 1030 070425PNBPCNSHAXXX0123106220
   Correspondent Input Reference    : 1430 070425BCMAMAMCAXXX7836234626
---------------------------- Message Header ---------------------------
  Swift Output   : 700 IS
  Sender         : BCMAMA
                   ATTIJA
                   2 BOUL
                   CASABL

  Receiver       : PNBPCN
                   WACHOV
                   UNIT 1
                   99 FUC
                   SHANGH
----------------------------- Message Text ----------------------------
  27 : Sequence of Total
       1/1
  40A: Form of Documentary Credit
       IRREVOCABLE
  20 : Documentary Credit Number
       ILC000
  31C: Date of Issue
       070424
  40E: Applicable Rules
       UCP LATEST VERSION
  31D: Date and Place of Expiry
       070629CHINA
  50 : Applicant
       SARL
       ANGL
       MY A
       1400
  59 : Beneficiary
       TI      TC
       SOUTH OF TH
       NATIONAL RC
       HEBEI PROVI
  32B: Currency Code, Amount
       USD153480,00
  39A: Percentage Credit Amount Tolerance
       00/00
  41A: Available With... By... (BIC)
       PNE
       WAC
       UNI
       99
       SHA
       BY PAYMENT
  43P: Partial Shipments
       NOT ALLOWED
  43T: Transhipment
       ALLOWED
```

GSMOS Ref # CNHG20070425SDS12868 - OSN # 0123106220 第三页 (Continue

```
44E: Port of Loading/Airport of Departure
     CHINESE PORT
44F: Port of Discharge/Airport of Destination
     CASABLANCA PORT
44C: Latest Date of Shipment
     070608
45A: Description of Goods and/or Services
     VEHICULES AUTOMOBILES
     FOB CHINA
46A: Documents Required
     +COMMERCIAL INVOICE DULY STAMPED AND SIGNED IN 10 COPIES MADE OUT
     FOR FOB CHINA VALUE SHOWING 'AS PER PROFORMA INVOICE NO
     200704TMM0001   DATED 04.04.2007   '
     +FULL SET OF CLEAN ON BOARD ORIGINAL MARINE BILLS OF LADING (AND
     ONE NON NEGOTIABLE COPY) MADE OUT TO ORDER AND BLANK ENDORSED
     MARKED 'FREIGHT COLLECT'  NOTIFY :
     SAR
     ANG
     MY
     140
     MAR..
     +PACKING LIST
     +CERTIFICATE OF ORIGIN ISSUED BY CHAMBER OF COMMERCE
     +GUARANTEE CERTIFICATE
     +TECHNICAL NOTICE
47A: Additional Conditions
     +SCANNED DOCUMENTS ARE NOT ACCEPTABLE
71B: Charges
     ALL FOREIGN BANK CHARGES ARE FOR
     THE ACCOUNT OF THE BENEFICIARY
49 : Confirmation Instructions
     CONFIRM
53A: Reimbursing Bank (BIC)
     PNB
     WAC
     11
     FLO
     NEW
78 : Instructions to Paying/Acpting/Nego Bank
     +SHIPPING DOCUMENTS MUST BE SENT TO
       2, BOULEVARD MOULAY YOU!
     +THIS CREDIT IS SUBJECT TO THE UCP FOR DOCUMENTARY CREDITS I.C.C.
     1993  PUBLICATION NO 500.
     +PAYMENT UNDER RESERVES IS PROHIBITED.
     +THIS CREDIT IS PAYABLE AT YOUR COUNTERS AT 4 (FOUR) WORKING DAYS
     FROM YOUR   SWIFT OR TELEX ADVISING US DOCUMENTS PRESENTED
     COMPLIED  WITH L/C TERMS.
     WACHOVIA BANK HOLDS SPECIAL INSTRUCTIONS REGARDING DOCUMENT
     DISPOSAL AND REIMBURSEMENT OF THIS LETTER OF CREDIT.
57A: Advise Thru Bank
     /1448 1010 53444


72 : Sender to Receiver Information
```

第四页

```
GSMOS Ref # CNHG20070605SDS8643          - OSN # 0171115464
--------------------------------------------------------------------------------
             Authentication Result: Correct with current key
--------------------- Instance Type and Transmission ---------------------------
   Original received from SWIFT
   Priority                        : Normal
   Message Output Reference        : 0655 070605PNBPCNSHAXXX0171115464
   Correspondent Input Reference : 1055 070605BCMAMAMCAXXX7874278469
--------------------------- Message Header -------------------------------------
 Swift Output   : 707 A
 Sender         : BCMAM
                  ATTIJ
                  2 BOU
                  CASAB

 Receiver       : PNBPC
                  WACHO
                  UNIT
                  99 FU
                  SHANG
---------------------------- Message Text --------------------------------------
 20 : Senders Reference
      ILC000
 21 : Receiver's Reference
      EA033578
 31C: Date of Issue
      070424
 30 : Date of Amendment
      070604
 26E: Number of Amendment
      01
 59 : Beneficiary (Before this Amendment)
      TIAN
      SOUT
      NATI
      HEBE
 31E: New Date of Expiry
      070711
 44C: Latest Date of Shipment
      070620
 79 : Narrative
      +++THIS AMENDMENT CHARGES ARE FOR BENEFICIARY S
      ACCOUNT SO PLEASE CREDIT OUR USD ACCOUNT HELD WITH
      PNBPUS3NNYC FOR USD 60.50 UNDER ADVISE TO US
--------------------------- Message Trailer ------------------------------------
 {MAC:8A828D96}
 {CHK:61495EBD0162}
END
```

第五章 商品的检验、索赔、不可抗力和仲裁

1. 本章学习目的与要求

了解国际贸易商品检验的时间地点、机构、证书、商检条款，了解索赔引起的原因及违反合同责任的性质，认识对外贸易仲裁做法，分清不可抗力的范围及免责条款、合理解决对外贸易双方的争议，学会运用仲裁条款保护我方权益。

2. 本章教学重点和难点

(1) 商品检验的含义与内容；

(2) 索赔与理赔；

(3) 仲裁与不可抗力。

第一节 商品的检验

国际货物买卖要经过许多环节，执行合同期间可能受到各种人为的或自然的因素影响，而使商品的品质、数量、包装等发生变化。为分清责任，卖方在交货时要请有关部门对货物进行检验，出具证明材料，以证明自己所交付的货物完全符合合同规定。而买方为维护自己的利益，在接受货物时，也要请有关部门对货物进行检验，当货物与合同规定不符时，出具证明材料，作为向有关方面进行索赔的依据。

一、商品检验的概念

商品检验是对商品的品质、质量、包装、残损以及货物装运技术条件进行检验和鉴定，以确定交货的品质、数量和包装等是否与合同的规定相一致，对某些商品，还包括根据一国法律或政府法令的要求进行的卫生检验和动植物病虫害检疫。检验工作是确定卖方交付的货物是否符合合同和法律要

求的必不可少的环节。

品质检验的主要内容是对商品的外观、化学成分、物理性能等进行检验。一般采用仪器检验和感观检验两种方法。仪器检验是利用各种有关仪器和机械对商品进行物理检验、化学分析和微生物检验等。感观检验是通过耳、鼻、口、手对商品进行鉴定。

包装检验主要是对商品包装的牢固性和完整性进行检验，看其是否适合商品的性质和特点，是否适于货物流转过程中的装卸、搬运，是否符合买卖合同及其他有关规定，是否有合乎标准或合同规定的内包装和衬垫物料或填充物料，并对包装标志的各项内容进行核对，看其是否与合同规定相符。

进口商品残损检验，主要是对受损货物的残损部分予以鉴定，了解致残原因以及对商品使用价值的影响，固定损失程度，出具证明，作为向有关方面索赔的依据。商品的残损主要指商品的残破、短缺、生锈、发霉、虫蛀、油浸、变质、受潮、水渍、腐败等。

二、检验时间与检验地点

虽然国际上一般都承认买方在接受货物前，有权检验货物，但应在何时何地检验货物，各国法律并无统一规定，而货物的检验权直接关系到买卖双方在货物交接过程中的权利和义务，因此，为了明确责任，买卖双方通常在合同中对如何行使检验权的问题作出规定，其中的核心就是检验时间与检验地点。

牵涉到“检验权”的问题，即究竟谁有检验权，买方还是卖方，目前国际贸易中有如下几种做法：

（一）在出口国检验

1. 工厂检验。由工厂的检验单位或买方的验收人员在货物出厂前进行检验或验收，在这种条件下，卖方只承担货物离厂前的责任；运输途中的品质、数量变化的风险概由买方负担，这对卖方是最为有利的一种选择。

2. 装船前或装船时检验。是指出口货物在装船前交由双方约定的机构或人员进行检验，商品的品质、数量以当时的检验结果为准，这就是国际上通常所说的“离岸品质、数量”。目前，有些散装货物采用传送带或其他机械操作办法装船，其抽样检验和衡量工作一般是在装船时进行。尽管如此，它还没有脱离离岸品质、重量的范畴。

（二）在进口国检验

1. 卸货时检验。一般是指货物到达目的地卸货后在约定的时间内进行检验。检验地点可因商品性质的不同而异。一般货物可在码头仓库进行检验，易腐货物通常应于卸货后，在关栈或码头尽快进行检验，并以其检验结果作为货物质量和数量的最后依据。这也就是国际贸易上通常所说的“到岸品质、数量”。在采用这种条件时，卖方应承担货物在运输途中品质、重量变化的风险，买方有权根据货物到达目的地（港）时的检验结果，在分清卖方、船方和保险公司责任的基础上，对属于卖方应该负责的货损、货差，向卖方提出索赔，或按事先约定的价格调整办法进行调整。

2. 买方营业处所或最后用户所在地检验。对于一些不便在目的港卸货时检验的货物，例如密封包装，在使用之前打开有损于货物质量或会影响使用的货物，或是规格复杂、精密程度高、需要在一定操作条件下用精密仪器或设备检验的货物，一般不能在卸货地进行检验，需要将检验延迟到用户所在地进行。使用这种条件时，货物的品质和重量是以用户所在地的检验结果为准。

（三）出口国检验、进口国复检

目前，我国对外鉴定的买卖合同，大量使用的是货物在装船前进行检验，由卖方凭商检证书连同其他装运单据，交银行议付货款。货物到达目的港后，再由双方约定的机构在约定的时间内对货物进复检。如发现货物的品质或数量与合同规定不符，买方有权在规定时效内提出异议。鉴于国际贸易的货物经常需要经过长期运输，其品质和重量在运输过程中难免会有变化，装船时和到达时两次检验结果常有出入，而这些差异的产生原因又很复杂，既可能是由于检验工作的误差，也可能是由于装卸、运输过程中照管不善，更何况货物本身也有一个自然损耗的问题。因此，为了保证合同的顺利进行，减少买卖双方因两次检验结果不一致而各执一词、争执不下，一般在条款中还写明下述规定：凡属于保险公司及船方的责任者，买方不得向卖方索赔，只能向有关责任方要求赔偿。

三、商品检验的机构

中华人民共和国成立后，我国成立了中华人民共和国进出口商品检验局（简称 SACI，1982 年改名为中华人民共和国国家进出口商品检验局），1980 年又成立了中国进出口商品检验总公司（CCIC）及各地分公司。1998 年 7 月，原国家进出口商品检验局、原农业部动植物检疫局和原卫生部卫生检疫局合并组建了中华人民共和国国家出入境检疫局（CIQ），对我国出入境商品检验进行统一管理。2001 年 4 月，国务院决定将原国家质量技术监督局和国家出入境检疫局合并，组建为中华人民共和国国家质量检验检疫总局，简称国家质量检验检疫总局。

国家质量检验检疫总局是主管全国出入境卫生检疫、动植物检疫、商品检验、鉴定、论证和监督管理的行政执法机构。其设在各地的出入境检验检疫直属机构管理其所辖区内的出入境检验检疫工作。根据我国《中华人民共和国出口商品检验法》（以下简称《商检法》）规定，我国出入境检验检疫机构在进出口商品检验方面的基本任务有三项：实施法定检验、办理公证鉴定、对进出口商品的质量和检验工作实施监督管理。

四、商品检验证书

商品检验证书是商品检验机构对商品进行检验、鉴定后出具的证明文件，它是国际货物中的重要单据之一。在国际贸易中，商品检验证书起着公证证明的作用，作为买卖双方交接货物、货款结算和进行索赔、理赔的依据之一，也是通关、征收关税和优惠减免关税、结算运费等的有效凭证。在使用信用证方式结算货款的情况下，商品检验证书通常也是银行议付货款和出口收汇的依据。

目前，我国检验检疫机构签发的检验证书主要有：

1. 品质检验证书（Inspection Certificate of Quality），是证明进出口商品的质量、规格等实际情况的证明文件。具体证明进出口商品的质量、规格是否符合买卖合同或有关规定。

2. 重量或数量检验证书（Inspection Certificate of Weight or Quantity），是证明进出口商品重量或数量的证件。其内容为货物经何种计重方法或计量单位得出的实际重量或数量，以证明有关商品的重量或数量是否符合买卖合同的规定。

3. 包装检验证书（Inspection Certificate of Packing），是证明进出口商品包装及标志情况的证书。进出口商品包装检验，一般列入品质检验证书或重量（数量）检验证书中证明，但也可以根据需要单独出具包装检验证书。

4. 兽医检验证书（Veterinary Inspection Certificate），是证明出口动物产品经过检验合格的证件，适用于冻畜肉、冻禽、禽畜肉罐头、冻兔、皮张、毛类、绒类、猪鬃、肠衣等出口商品，凡加上卫生检验内容的，称兽医卫生检验证书（Veterinary Sanitary Inspection Certificate）。

5. 卫生检验证书（Sanitary Inspection Certificate），亦称健康检验证书（Inspection Certificate of Health），是证明可供人类食用或使用的出口动物产品、食品等经过卫生检验或检疫合格的证件。适用于肠衣、罐头、冻鱼、冻虾、食品、蛋品、乳制品、蜂蜜等。

6. 消毒检验证书（Inspection Certificate of Disinfection），是证明出口动物产品经过消毒处理，保证卫生安全的证件。适用于猪鬃、马尾、皮张、山羊毛、羽毛、人发等商品。其证明内容也可以在品质检验书中附带。

7. 熏蒸证书（Inspection Certificate of Fumigation），是证明出口粮谷、油籽、豆类、皮张等商品，以及包装用木材与植物性填充物等，已经经过熏蒸灭虫的证件。主要证明使用的药物、熏蒸的时间等情况。如国外不需要单独出证，可将其内容列入品质检验证书中。

8. 温度检验证书（Certificate of Temperature），是证明出口冷冻商品温度的证书。如国外仅需证明货物温度，不一定要单独的温度检验证书，可将测温结果列入品质检验证书中。

9. 残损检验证书（Inspection Certificate on Damaged Cargo），简称验残证书，是证明进口商品残损情况的证书。主要内容为确定商品的受损情况和对销售、使用的影响，估定损失程度，判断致损原因，作为向发货人或承运人或保险人等有关责任方索赔的有效证件。

10. 船舱检验证书（Inspection Certificate on Tank/Hold），是证明承运出口商品的船舱清洁、牢固、冷藏效能及其他装运条件是否符合保护承载商品的质量和数量完整与安全的要求的证书。

11. 货载衡量检验证书（Inspection Certificate on Cargo Weight & Measurement），亦称衡量检验证书，是证明进出口商品的重量、体积吨位的证书。它是作为计算运费和制定配载计划的依据。

12. 价值证明书（Certificate of Value），主要用于证明发票所列商品的价格真实正确。

在实际业务中，买卖双方应根据成交货物的种类、性质、有关国家的法律和行政法规、政府的涉外经济贸易政策和贸易习惯等来确定卖方应提供何种检验证书，并在买卖合同中予以明确。

五、商品检验的程序

凡属法定检验商品或合同规定需要商检机构进行检验并出具检验证书的商品，对外贸易关系人均应及时提请商检机构检验。我国进出口商品的检验程序主要包括报检、抽样、检验、签证与放行四个环节。

（一）报检

进出口报检是指对外贸易关系人向商检机构申请检验。凡属商检范围内的进出口商品，都必须检验。

1. 报检资格的认定

报检单位首次报检时须持单位营业执照和政府批文办理登记备案手续，取得报检单位代码，其报检人员经检验检疫机构培训合格后领取“报检员证”，凭证报检。

代理报检单位须按规定办理注册登记手续，其报检人员应具有“代理报检员证”，凭证办理代理报检手续。

代理报检的，须向检验检疫机构提供委托人按规定格式填写的委托书。

2. 出口报检手续

（1）填写“出境货物报检单”。报检人必须按报检单位的要求详细填写，每份“出境货物报检单”仅限填报一个合同、一份信用证的商品。对同一合同、信用证，但标记号码不同者，应分别填写。报检一般在发运前七天提出。

（2）应提供的单证和资料。出口报检时应提供下列资料：对外贸易双方签订的贸易合同及合同附件；信用证；生产经营部门自检合格后出具的厂检正本；法定检验出口商品报检时，提供商检机构签发的运输包装容器性质检验合格单正本；实行卫生注册的商品，提供商检机构签发的卫生注册证书；实行质量许可证的出口商品，必须提供商检机构质量许可证书；凭样品成交的应提供双方确认的样品。

3. 进口报检手续

进口商品的报检人应在一定期限内填写“入境货物报检单”，填明申请检验鉴定项目要求，并附合同、发票、海运提单或铁路运单、航空运单、品质证书、装箱单、接/用货部门已验收的应附验收记录等资料，向当地商检部门申请检验。如货物有残损、短缺，还须附理货公司与轮船大副共同签署的货物残损报告单、大副批注或铁路商务记录等有关证明材料。

报检后，如发现报检单填写有误或客户修改信用证使货物数量、规格有变动时，可提出更改申请，填写“更改申请单”，说明更改事项和原因。

（二）抽样

商检机构接受报检后，需及时派人到货物堆存地点进行现场检验鉴定。其内容包括货物的数量、重量、包装、外观等项目。现场检验一般采取国际贸易中普遍使用的抽样法（个别特殊商品除外）。抽样时须按规定的抽样方法和比例随机抽样，以使样品能代表整批商品的质量。

（三）检验

可以通过感官的、物理的、微生物的方法进行检验检疫。商检机构根据抽样和现场检验记录，仔细核对合同及信用证对品质、规格、包装的规定，根据检验的依据、标准，采用合理的方法实施检验。

（四）签证与放行

签证、放行是检验检疫机构检验检疫工作的最后一个环节。

凡法律、行政法规、规章或国际公约规定须经检验检疫机构检验检疫的出境货物，经检验检疫部门检验检疫合格后，凭“出境货物通关单”作为海关核放货物的依据。

凡法律、行政法规、规章或国际公约规定须经检验检疫机构检验检疫的入境货物，检验检疫部门接受报检后，先签发“入境货物通关单”，海关据以验收货物。然后，经检验检疫机构检验检疫合格的，签发“入境货物检验检疫情况通知单”。

六、商品检验依据与检验方法

（一）检验依据

是指确定所检验项目的指标是否符合所参照的标准。出口商品和进口商品检验依据的确定原则有所区别。

1. 出口商品检验依据的确定原则：凡买卖合同中对品质包装条件有具体规定的商品，以合同规定为检验依据；凡合同中规定按某项标准检验商品，即以该项标准为检验依据；若合同中未规定检验标准或规定不明确的，以国家标准作为检验依据。无国家标准的，以专业标准为依据。无专业标准的，以企业标准为依据。目前尚无标准的，一般参照同类商品的标准，或由国内生产部门与商检机构共同研究后决定。如国外买方要求按对方或第三国的标准实施检验时，亦须与有关部门研究后再定。

2. 进口商品检验依据的确定原则：凡合同对检验项目的指标有具体规定的，以该标准为检验依据；合同中未规定或规定不明确的，首先以生产国先行标准作为检验依据。无该项标准的，以国家通用标准作为检验依据。这两项标准都没有的，以进口国的标准作为检验依据。此外，卖方提供的品质证明书、使用说明书也是可作为检验依据。

进口商品的残损检验，以合同的有关条款、发票、装箱单、重量单、提单或运单、保险单、外轮理货报告或船务记录等有效单据作为检验依据。

（二）检验方法

因为同一种商品有不同的检验方法，其检验结果可能相差较大，为避免日后双方因此而产生纠纷，最好在合同中订明检验方法。合同中没有规定检验方法的，出口商品按本国商检部门规定的方法检验；进口商品按国际贸易习惯通用的方法检验。

七、合同中的商检条款

进出口合同中的货物检验条款一般包括下列内容：有关检验权的规定；

检验或复检的时间和地点；检验机构；检验证书等。具体条款举例如下：

1. 出口合同中的常用检验条款

"双方同意以装运港中国进出口商品检验局所签发的品质和重量检验证书为最后依据，对双方具有约束力。"

"双方同意以装运港中国进出口商品检验局签发的品质和重量检验证书作为信用证下议付所提交单据的一部分。买方有权对货物的品质或数量进行复检。复检费由买方负担。如发现品质或数量与合同不符，买方有权向卖方索赔，但须提供经卖方同意的公证机构出具的检验报告。索赔期限为货物到达目的港××天内。"

2. 进口合同中的常用检验条款

"双方同意以制造厂出具的品质、数量或重量检验证书作为信用证下议付货款的单据之一。但货物的品质及数量或重量的检验应按下列规定办理：货到目的港××天内经中国进出口商品检验局复检，如发现与合同规定不符，除属于保险公司或船公司的责任外，买方凭中国进出口商检局出具的检验证明书，向卖方提出退货或索赔。所发生的一切费用由卖方承担。"

"对重要的进口商品和大型的成套设备，必要时合同可规定，在出口国装运前买方有权派员自行或委托检验机构的检验人员进行预检验或监装。"

第二节　索　赔

国际贸易买卖履约时间长，涉及面广，业务环节多，国际市场变化大，任何环节发生意外或差错，或一方当事人不履行或不能完全履行合同义务，就会导致索赔和理赔，甚至引起争议。

一、争议与索赔和理赔的含义

（一）争议（Dispute）

争议是指交易的一方认为对方未能全部履行合同规定的责任与义务，发生违约而引起的纠纷。引起争议的原因，主要可分为三类。

1. 卖方违约

如：卖方不按合同规定装船；所交货物的品质、规格、数量、时间、包装等不符或不完全符合合同规定；因某种变故拒不交货；提供的单证不齐或延误交单等。

2. 买方违约

如：买方不开立或不按时开立信用证；FOB 条件下，不按规定时间派船接货；不付款赎单，无理拒收货物或对货物故意挑剔等。

3. 合同规定欠明确

如："合理公差"、"适合海运包装"、"立即装运"等，导致双方对合同条款的理解和解释不同，造成违约而引起争议。

（二）索赔（Claim）

索赔是指遭受损害的一方在发生争议后，向违约方提出损害赔偿的要求。由于违约情况不同，程度也有轻重，违约者所承担的责任也不同。买卖合同是对缔约双方具有约束力的法律性文件，一方违约给对方当事人造成损失，就应承担违约的法律责任。受损一方就有权根据合同或有关法律规定提出损失补偿要求。这也是国际贸易中应普遍遵循的原则。

根据索赔对象的不同，索赔可分为向合同违约方索赔（多数是买方向卖方提出）、向承运方索赔、向保险公司索赔等。究竟向谁索赔，应视责任归属而定。如不交货或延期交货，或所交货物的品质、规格、数量、包装等与合同或信用证不符等，或提供的单据不符合同要求，应向卖方索赔；如数量少于提单载明的数量，收货人持有清洁提单而货物发生残损短缺，应向承运人索赔；如在承保范围内的货物损失，船公司（或承运人）不予赔偿的损失或赔偿不足以补偿货物的损失而又属承保范围内的，应向保险公司索赔。我国的对外索赔，属于船方责任的，由有关运输公司代办，属于卖方责任和保险公司责任的，由各进出口公司自行办理。

索赔要有充分的索赔依据，且应在索赔期限内提出索赔，否则丧失索赔权。索赔期限即索赔方向违约方提赔的有效时限，逾期提赔，违约方可不予受理。

（三）理赔（Settling）

所谓理赔，就是合同一方对另一方提出的索赔要求进行的受理或处理，也可解释为违约方对受损方所提出的赔偿要求进行处理。

索赔和理赔是同一事情的两方面，一方（受损方）为索赔，另一方（违约方）为理赔。一般情况下，索赔多发生在进口方面，理赔多发生在出口方面。当然相反的情况（如进口方发生理赔问题）也是存在的。

对外贸易中的索赔和理赔都是一项维护国家、企业信誉和权益的重要工作，应根据国际惯例和适用的法律，严肃认真地、实事求是地进行处理。为了使贸易双方在处理索赔时有法律依据，在签订外贸合同时，可以根据不同的需要订立索赔条款。

二、违约责任

违约是指买卖双方中的一方违反合同义务的行为。当事人违约就应承担相应的法律责任，这是国际贸易普遍遵循的原则。不同性质的违约行为应承担不同的法律责任。各国法律和国际条约对此都有规定，但就违约行为的性质划分及据此可以采取的补救办法，却不很一致；有的国家是以合同中交易条件的主次为依据进行划分；而有的国家却以违约的后果轻重程度为依据来进行划分。

如《英国货物买卖法》从是否违反合同条款的角度将违约分为违反要件（Breach of Condition）和违反担保（Breach of Warranty）两种。违反要件，是指违反合同的主要条款，受害方因之有权解除合同并要求损害赔偿。违反担保，通常是指违反合同的次要条款，受害方有权因之要求损害赔偿，但不能解除合同。

又如美国的法律规定，一方当事人违约，致使另一方无法取得该交易的主要利益，则是“重大违约”（Material Breach）。在此情况下，受损害的一方有权解除合同，并要求损害赔偿。如果一方违约，情况较为轻微，并未影响对方在该交易中取得的主要利益，则为“轻微违约”（Minor Breach），受损害的一方只能要求损害赔偿，而无权解除合同。

我国《合同法》规定：当事人一方迟延履行合同义务或者有其他违约行为致使不能实现合同目的，对方当事人可以解除合同；当事人一方迟延履行主要债务，经催告后在合同期内仍未履行的，对方当事人可以解除合同。《合同法》又规定，合同解除后，尚未履行的，终止履行；已经履行的，根据履行情况和合同性质，当事人可以要求恢复原状、采取其他补救措施，并有权要求赔偿损失。

按《联合国国际货物销售合同公约》规定，一方当事人违反合同的结果，如使另一方当事人蒙受损害，以至于实际上剥夺了他根据合同有权期待得到的东西，即为根本违反合同（Fundamental Breach of Contract）。若一方违反合同构成根本违反合同时，受损害的一方可以宣告合同无效并要求损害赔偿。如违约的情况尚未达到根本违反合同的程度，则受损方只能要求损害赔偿而不能解除合同。

综上所述，由于各国法律和国际公约对违约情况的区分不同，对不同的违约情况应承担的责任亦不同的规定。因此，为维护我方的权益，应根据我国法律和国际上有关的法律和惯例，订好国际货物买卖合同中的索赔条款，并在合同的履行中加以正确运用。

三、合同中的索赔条款

买卖双方为了在索赔和理赔工作中有所依据，一般在合同中订立索赔条款。在实践中，索赔条款可根据不同的需要进行不同的规定，通常采用的主要有“异议与索赔条款”和“罚金条款”两种。在一般买卖合同中，多数只订异议与索赔条款，而在买卖大宗商品和成套设备等合同中，除订明异议与索赔条款外，再另订有罚金条款。

（一）异议与索赔条款（Discrepancy and Claim Clause）

异议与索赔条款一般是针对卖方交货品质、数量或包装不符合同规定而订立的，主要包括索赔依据、索赔期限，有的还规定索赔的处理方法。索赔依据主要规定索赔必须具备的证据和出证机构。除机器设备等性能特殊的商品外，索赔期限一般不宜规定过长，以免使卖方承担过重的责任；也不宜规定过短，以免使买方无法行使索赔权。

例：异议与索赔条款

买方对于装运货物的任何索赔，必须于货物到达提单及/或运输单据所订目的港（地）之日起XX天内提出，并须提供卖方同意的公证机构出具的检验报告。属于保险公司、轮船公司或其他运输机构责任范围的索赔，卖方不予受理。

Any claim by the Buyer regarding the goods shipped should be field within … days after the arrival of goods at the port/place of destination specified in the relative Bill of Lading and/or transport document and supported by a survey report issued by a surveyor approved by the Seller. Claim in respect of matters within responsibility of insurance company, shipping company/other transportation organization will not be considered or entertained by the Seller.

（二）罚金条款（Penalty Clause）

罚金条款，即一方未履行合同义务时向对方支付约定的罚金，以补偿对方损失，可在合同中规定罚金的数额或罚金的百分率。罚金条款较多使用于卖方延期交货或买方延期接货或延期付款等情况。罚金实质上就是违约金。罚金数额由交易双方商定，并规定最高限额，通常罚金数额以不超过总金额的5%为宜。一方支付罚金后，还应当履行合同义务。

例：延期交货罚金条款

如卖方不能按合同规定的时间交货，在卖方同意由付款银行在议付货款中扣除罚金或由买方于支付货款时直接扣除罚金的条件下，买方应同意延期交货。每延期7天收取延期交货部分金额0.5%的罚金，不足7天按7天计算。但罚金不得超过延期交货部分总金额的5%。如卖方延期交货超过合同规定期限10周时，买方有权撤销合同，但卖方仍应不延迟地按上述规定向买方支付罚金。

Should the Sellers fail to make delivery on time as stipulated in the contract, the Buyers shall agree to postpone the delivery on the condition that the Sellers agree to pay a penalty which shall be deducted by the paying bank from the payment under negotiation, or by the Buyers direct at the time of payment. The rate of penalty is charged at 0.5% of the total value of the goods whose delivery has been delayed for every seven days, odd days less than seven days should be counted as seven days. But the total amount penalty, however, shall not exceed 5% of the total value of the goods involved in the late delivery. In case the Sellers fail to make delivery ten weeks later than the time of shipment stipulated in the contract, the buyers shall have the right to cancel the contract and the Sellers, in spite of the cancellation, shall still pay aforesaid penalty to the Buyers without delay.

第三节　不可抗力

一、不可抗力的含义

不可抗力（force majeure）又称人力不可抗拒。它是指在货物买卖合同签订以后，不是由于当事人的过失或疏忽，而是由于发生了当事人不能预见和预防，又无法避免和克服的意外事故，以致不能履行或不能如期履行合同，遭受意外事故的一方，可以免除履行合同的责任或延期履行合同。可见，不可抗力是一项免责条款。

在国际贸易中，各国法规、国际公约及惯例对不可抗力没有统一的定义。在英美法中，称之为“合同落空”；大陆法系国家法律称之为“情势变迁”或“契约失效”；《公约》中则称之为“履行合同的障碍”。

不可抗力事件的成立应具备以下条件：（1）时间是在合同成立后发生的；（2）为偶发的、异常的事件、非任何一方当事人故意或过失造成的；（3）事件的发生及其造成的后果是当事人无法预见、无法控制、无法避免和不可克服的。

产生不可抗力的原因有自然原因，也有社会原因。如：地震、水灾、飓风、大雪、暴风雨、战争、罢工、政府禁令和国际航道封锁等。但并非所有的意外事故均可列入不可抗力，对于某些当事人无法控制，但属于交易中常见的现象和交易风险，如价格升跌、汇率变化、货币贬值和航期变化等，都不被视为不可抗力事故。

二、不可抗力的法律后果及处理

（一）不可抗力的法律后果

不可抗力的法律后果是指当不可抗力发生时，合同是否即告解除，或可以解除合同，也可以是推迟履行合同。对这一法律后果的规定，各国也各不相同。如英美法规定，一旦出现“合同落空”，合同即告终结；有些国家的法律认为，出现不可抗力事件不一定使合同全部解除，而应该根据不可抗力事件的原因、性质、规模，对履约的实际影响区别对待。我国对不可抗力规定了以下三种可能的法律后果。

1. 解除部分责任。如果发生不可抗力事件，合同部分义务不能全部履行，当事人可免除部分责任。

2. 延迟履行合同。如果发生不可抗力事件，合同不能履行，并且是不能按时履行，当事人可以延迟履行合同，免除延迟履行的责任。

3. 解除合同。如果发生不可抗力事件，合同不能全部履行，当事人可以解除合同，并免除全部责任。

（二）不可抗力的处理

在处理不可抗力事故时，合同当事人应注意以下几点。

1. 合同中一般订有不可抗力条款，规定当一方遇有合同规定之意外事故不能履行或不能如期履行，并有当地合法机构出具证明，另一方无权要求撤约或赔偿损失。

2. 及时通知。遭受不可抗力的当事人应及时、有效地通知对方，并于15日内以航空挂号信件向买主提交事故详情及有关证明文件，而且应在通知中提出处理意见。如果因未及时通知而使另一方受到损害，则应负赔偿责任。

3. 出具不可抗力证明书。合同中未具体规定出证机构时，我国当事人可请贸促会、商会或合法的公正机构出证，必要时由主管部门批准。

4. 及时答复。有关当事人接到有关不可抗力的通知后，应及时表示同意与否，否则，将视为默认，以发出通知一方所提条件为准，如被通知人未就所提条件履约，则属违约。

5. 分清责任范围。不可抗力事故发生后，双方应本着实事求是的精神，分清事故影响的实际程度，确保免除的责任是完全由于不可抗力造成的。

（三）合同中的不可抗力条款

国际货物买卖合同中的不可抗力条款，一般包括不可抗力事故范围、不可抗力的后果、发生不可抗力事故后通知对方的期限和方式，证明文件及出具证明的机构等项内容。我国进出口合同中的不可抗力条款主要有以下三种规定方法。

1. 概括式，即对不可抗力事故范围只做笼统规定，买卖双方容易因解释上的差异而产生纠纷，我们不宜采用。

如由于不可抗力的原因，致使卖方不能全部或部分装运，或延迟装运合同货物，卖方对于这种不能装运，或延迟装运合同货物不负有责任。但卖方须用电报或电传通知买方，并须在 X 天内，以航空挂号信件向买方提交由中国国际贸易促进委员会（中国国际商会）出具的证明此类事件的证明书。

If the shipment of the contracted goods is prevented or delayed in whole or in part due to Force Majeure, the Seller shall not be liable for non-shipment of late shipment of the goods of this contract. However, the Seller shall notify the Buyer by teletransmission and furnish the latter within … days by courier service with a certificate issued by the China Council for the Promotion of International Trade (China Chamber of International Commerce) attesting such event or events.

2. 列举式，即具体列明不可抗力事故的范围。此种规定方式灵活性较差，容易造成遗漏，若发生了规定范围以外的意外事故，就无法援引，因此，也不是很好的方法。

如由于战争、地震、水灾、火灾、暴风雨、雪灾的原因，致使卖方不能全部或部分装运，或延迟装运合同货物，卖方对于这种不能装运或延迟装运合同不负有责任。但卖方须用电报或电传通知买方，并须在 X 天内，以航空挂号信件向买方提交由中国国际贸易促进委员会（中国国际商会）出具的证明此类事件的证明书。

If the shipment of the contracted goods is prevented or delayed in whole or in part by reason of war, earthquake, flood, fire, storm, heavy snow, the Seller shall not be liable for non-shipment of late shipment of the goods of this contract. However, the Seller shall notify the Buyer by teletransmission and furnish the latter within…days by registered airmail with a certificate issued by the China Council for the Promotion of International Trade (China Chamber of International Commerce) attesting such event or events.

3. 综合式，即在列明经常可能发生的不可抗力事件（如战争、地震、火灾等）的同时，再加上“双方同意的其他不可抗力事件”的文句。此种规定方式比较明确具体，也具有一定的灵活性，在我国进出口业务中，多采用这种方式。

如战争、地震、水灾、火灾、暴风雨、雪灾或其他不可抗力原因，致使卖方不能全部或部分装运货物或延迟装运合同货物，卖方可不负责任。但卖方应立即将事件通知买方，并于事件发生后 XX 天内将事件发生地政府主管当局出具的事件证明书用航空挂号邮寄交买方为证，并取得买方认可。在上述情况下，卖方仍有责任采取一切必要措施从速交货。如果事件持续超过 X

个星期，买方有权撤销合同。

The Seller shall not be held responsible for failure or delay to perform all or any part of this contract due to war，earthquake，flood，fire，storm，heavy snow or other cause of Force Majeure，However，the Seller shall advise the Buyer immediately of such occurrence，and within …days thereafter，shall send by registered airmail to the Buyer for their acceptance a certificate issued by the competent government authorities of the place where the accident occurs as evidence thereof. Under such circumstance，the Seller，however，is still under the obligation to take all necessary measure to hasten the delivery of the goods. In case the accident lasts for more than …weeks，the Buyer shall have the right to cancel the contract.

第四节 仲 裁

一、仲裁的含义及特点

仲裁（arbitration）是指当事人双方达成的协议，自愿将有关争议交给双方都同意的仲裁机构进行裁决的一种争议解决方式。

仲裁是国际货物买卖的交易双方解决争议的一种方式。买卖双方在执行合同的过程中发生的纠纷，首先是通过协商或调解的方式进行解决，一旦友好协商无法解决，就会提交仲裁解决。显然，仲裁并非是解决交易双方争议的最好方式，但与通过司法诉讼解决争议相比，仍具有气氛比较友好、程序比较简单、所需时间较少和费用比较低廉的优势，而仲裁的裁决又是终局性的，可以在法院的支持下得到执行，因此许多当事人都愿意通过仲裁来解决彼此之间的争议。

仲裁有如下几个特点：

第一，仲裁选用是以双方自愿为基础。受理争议的仲裁机构是属于社会民间团体所设立的组织，不是国家政权机关，不具有强制性，双方当事人可自行选定仲裁员，因此具有一定灵活性。

第二，仲裁的程序较简单，且仲裁员一般是熟悉国际贸易业务的专家和知名人士，故仲裁解决问题较快，且费用也较为低廉。

第三，仲裁对争议双方继续发展贸易关系的影响较小。

第四，仲裁的裁决是终局性的，对双方都有约束力，败诉方不得上诉，必须执行仲裁，否则胜诉方可以要求法院强制执行。

二、仲裁协议

发生争议的当事人如果要求仲裁，必须提交双方共同的仲裁协议，仲裁协议必须是书面的。在仲裁协议中要对仲裁地点，仲裁机构和仲裁程序规则进行选择，还要对仲裁费用的负担以及仲裁裁决的效力做出规定。

（一）仲裁协议的形式

在实践中，仲裁协议有两种具体形式：一是仲裁条款，是指在争议发生之前，当事人双方在订立合同时约定并列进合同条款里解决争议的方式；二是提交仲裁协议，是指在争议发生之后，当事人双方订立的解决争议方式的书面文件。这两种形式具有同等的法律效力。

我国仲裁规定确认了仲裁协议的独立性，明确规定：合同中的仲裁条款应视为与合同其他条款分离的，独立存在的条款；附属于合同的仲裁协议也应视为与合同其他条款分离的，独立存在的一个部分。合同的变更、解除、终止、失效或无效以及存在与否，均不影响仲裁条款或仲裁协议的效力。

（二）仲裁协议的作用

按照我国和多数国家的仲裁法的规定，仲裁协议的作用主要为以下三个方面。

1. 表明双方当事人在发生争议时自愿提交仲裁。仲裁协议约束双方当事人在协商调解不成时，只能以仲裁方式解决争议，不得向法院起诉。

2. 可排除法院对争议案件的管辖权。如果一方当事人违反协议向法院提起诉讼，另一方当事人可以以仲裁协议为依据，声明法院无管辖权，请求停止诉讼。

3. 使仲裁机构获得对争议案件的管辖权。任何仲裁机构都无权处理没有仲裁协议的案件，这是仲裁的基本原则。

上述三个方面的作用是相互联系，不可分割的。其中排除法院的管辖权是最重要的一个方面。

（三）合同中的仲裁条款的内容

目前，我国进出口合同中的仲裁条款的内容繁简不一，一般包括下列几个方面。

1. 仲裁地点的选择。在什么地方进行仲裁，是买卖双方在磋商仲裁时的一个重点。这主要是因为，仲裁地点与仲裁所适用的程序法，以及合同使用的实体法关系甚为密切。我国进出口贸易合同中的仲裁地点，视贸易对象和情况的不同，一般采用下述三种规定方法之一：① 力争规定在我国仲裁；② 可以规定在被告所在国仲裁；③ 规定在双方认同的第三国仲裁。

2. 仲裁机构的选择。国际贸易中的仲裁，可由双方当事人在仲裁协议中规定在常设的仲裁机构进行，也可以由当事人双方共同指定仲裁员组成临时仲裁庭进行仲裁。当事人双方选用哪个国家（地区）的仲裁机构审理争议，应在合同中做出具体说明。

3. 仲裁程序法的适用。在买卖合同的仲裁条款中，应明确规定用哪个国家（地区）和哪个仲裁机构的仲裁规则进行仲裁。

4. 仲裁裁决的效力。仲裁裁决的效力主要是指裁决是否为终局性，对双方当事人是否具有约束力，能否向法院起诉要求变更裁决等。

由于对争议采用仲裁的方式解决是当事人双方自愿为基础，对于仲裁的裁决双方应承认和执行。国际上，大多数国家不允许对仲裁裁决提起上诉。在我国，凡由国际贸易仲裁委员会作出的裁决都是终局性的，对双方当事人都具有约束力，任何一方不得向法院起诉要求变更裁决。有些国家虽然允许当事人上诉，但仅限于有关程序和形式方面的问题，即法院一般只审查仲裁的程序和形式，手续是否完备，不审查裁决本身是否正确。法院只有在查出程序上有问题时，才有权宣布裁决无效，至于对裁决本身，是不得上诉的。

5. 仲裁费用的负担。通常在仲裁条款中明确规定仲裁费用由谁负担。一般规定由败诉方承担，也有的规定为由仲裁庭酌情决定。仲裁的费用，一般按争议价值的0.1% ~1%收取。

（四）仲裁条款实例

国际货物买卖合同中的仲裁条款，一般应包括提交仲裁的事项，即提请仲裁的争议范围、仲裁地点、仲裁机构、仲裁规则、裁决的效力等内容。

现就我国进出口贸易合同中通常采用的三种仲裁条款的订法举例如下：

例：规定在我国仲裁的条款

凡因执行本合同所发生的或与本合同有关的任何争议，均应提交中国国际经济贸易仲裁委员会，按照申请仲裁时该会现行有效的仲裁规则进行仲裁。仲裁裁决是终局性的，对双方均有约束力。

Any disputearising from or in connection with this Contract shall be submitted to China International Economic and Trade Arbitration Commission for arbitration which shall be conducted in accordance with the Commissions arbitration rules in effect at the time of applying for arbitration. The arbitral award is final and binding upon both parties.

例：规定在被申请一方所在国仲裁的条款

凡因执行本合同所发生的或与本合同有关的一切争议，双方应通过友好协商解决；如果协商不能解决，应提交仲裁。仲裁在被申请一方所在国进行。如在中国，则由中国国际经济贸易仲裁委员会根据该会仲裁规则进行仲裁。如在 * *（国家），由 * *（仲裁机构）根据该机构仲裁规定进行仲裁。仲裁裁决是终局性的，对双方都有约束力。

All dispute arising out of the performance, or relating to this contract, shall be settled amicably through friendly negotiation. In case no settlement can be reached though negotiation, the case shall then be submitted for arbitration . The location of arbitration shall ba in the country of the domicile of the defendant. If in China International Economic and Trade Arbitration Commission in accordance with its rules of arbitration. If in …, the arbitration shall be conducted by …in accordance with its rules of arbitration. The arbitral award is final and binding upon both parties.

例：规定在双方同意的第三国仲裁的条款

凡因执行本合同所发生的或与本合同有关的一切争议，双方应通过友好协商解决；如果协商不能解决，应提交 * *（国）* *（地）* *（仲裁机构），根据该仲裁的地区规则进行仲裁。仲裁裁决是终局性的，对双方都有约束力。

All dispute arising out of performance, or relating to this contract, shall be settled amicably though friendly negotiation. In case shall then be submitted to … for arbitration, in accordance with its rules of arbitration . The arbitral award is final and binding upon both parties.

关键名词：

商品检验　检验时间与检验地点　检验证书　品质检验证书　重量或数量检验证书　包装检验证书　兽医检验证书　卫生检验证书　消毒检验证书　熏蒸证书　温度检验证书　残损检验证书　船舱检验证书　货载衡量检验证书　价值证明书　检验依据　商品检验机构　争议　违约　索赔　索赔期限　理赔　罚金条款　不可抗力　不可抗力条款　仲裁　仲裁协议　仲裁裁决的效力

思考题：

1. 试述订立商品检验条款的意义和主要内容。
2. 试述商品检验时间和地点的规定方法及在实际业务中选择方法。
3. 试述订立索赔条款的原因。
4. 试述异议与索赔条款和罚金条款。
5. 试述在进出口合同中规定不可抗力条款的理由。

6. 试述不可抗力的后果。

7. 试述仲裁协议的形式及作用。

8. 试述合同中的仲裁条款内容。

9. 试述在进出口合同中通常订立仲裁条款的理由。

案例分析题：

1. 我出口公司 A 向新加坡公司 B 以 CIF 条件出口一批土特产品，B 公司又将该批货物转卖给马来西亚公司 C。货到新加坡后，B 公司发现货物的质量有问题，但 B 仍将原货物转销至马来西亚。其后，B 公司在合同规定的索赔期限内凭马来西亚商检机构签发的检验证书向 A 公司提出退货要求。试问：A 公司应如何处理？为什么？

2. 2007 年 8 月 20 日，一艘装载出口上海某贸易公司向某国出口商认购的一批进口钢材的外国货轮到达上海港，货在港口检验时发现钢材上层严重锈蚀，后据调查该船到达前曾航行于赤道附近海面多日，并曾遭遇过大雨，该项买卖合同采用的是 CIF 条件，付款方式为托收，但没有索赔条款。试分析：买方应该如何进行索赔？提示：（1）买方可否向卖方提出索赔？（2）买方可否向承运人提出索赔？（3）买方可否向保险人提出索赔？

3. 我国某进口企业按 FOB 条件向欧洲某厂订购一批货物。当我方派船前往西欧指定港口接货时，正值埃及与以色列发生战争，埃及被迫关闭苏伊士运河。我方所派轮船只得绕道南非好望角航行，由于绕道而增加航程，致使船只延迟到达装货港口。欧洲厂商要求我方赔偿因接货船只迟到而造成的仓租和利息损失。我方拒绝了对方的要求，因此引起争议。对此，请予以评论。

4. 我国某公司向外商出口货物一批，合同中明确规定一旦在履约过程中发生争议，如友好协商不能解决，即将争议提交中国国际经济贸易仲裁委员会在北京进行仲裁。后来，双方就商品的品质发生争议，对方在其所在地法院起诉我方，法院也发来了传票，传我方公司出庭应诉。对此，我方应如何处理？

实训五：

1. 每组按照各自角色制定检验条款、索赔条款、仲裁条款和不可抗力条款。

2. 每组选出一位同学代表检验机构，模拟流程。

3. 两组合作表演仲裁原因。

4. 两组合作表演发生不可抗力的处理方法。

第六章　交易磋商和合同的订立

1. 本章学习目的与要求

通过对本章的学习，认识国际货物交易前的准备工作、国际货物交易的洽商和国际货物交易合同的签订是国际货物交易一般工作程序中的三个重要环节；了解国际货物交易前的一系列准备工作；掌握进出口交易磋商所要经过的主要环节，以及《公约》对此做出的相关规定；掌握国际货物合同签订的业务内容重点理解国际贸易的含义以及与国际贸易相关的基本概念；掌握国际贸易的主要分类。

2. 本章教学重点和难点

(1) 发盘和接受的生效条件；

(2) 合同的内容。

交易磋商以成立合同为目的，一旦双方对各项交易条件协商一致，买卖合同即告成立。交易磋商的过程也就是合同成立的过程，磋商是合同的根据，合同是磋商的结果。交易磋商决定交易的成败和合同质量的高低，它直接关系到外贸企业的经济利益。可以说，交易磋商是外贸业务活动中最重要的环节，所以，在实际工作中，有关业务人员必须认真对待。

交易双方在洽商国际货物买卖合同过程中，一般包括询盘（Inquiry）、发盘（Offer）、还盘（Counter Offer）和接受（Acceptance）四个环节，其中，发盘和接受是达成交易、合同成立不可缺少的基本环节和必经的法律步骤。当交易双方通过洽商就各项交易条件达成一致协议后，合同即告成立，交易双方当事人即存在合同关系。现就订立合同的步骤、合同成立的时间与合同生效的要件以及合同的形式与内容，分别阐述如下。

第一节　进出口交易磋商的一般程序

一、询盘（Inquiry）

询盘是准备购买或出售商品的人向潜在的供货人或买主探询该商品的成交条件或交易的可能性的业务行为，它具有法律上的约束力。

询盘的内容可以涉及某种商品的品质、规格、包装、价格和装运等成交条件，也可以索取样品，其中多数是询问成交价格，因此在实际业务中也有人把询盘称作询价。如果发出询价的一方只是想探询价格，并希望对方开出估价单（Estimate），则对方根据询价要求所开出的估价单只是参考价格，它并不是正式的报价，因而也不具备发盘的条件。

在国际贸易业务中，发出询盘的目的，除了探询价格或有关交易条件外，有时还表达了与对方进行交易的愿望，希望对方接到询盘后及时作出发盘，以便考虑接受与否。这种询盘实际上属于邀请发盘。

询盘不是每笔交易必经的程序，如交易双方彼此都了解情况，不需要向对方探询成交条件或交易的可能性，则不必使用询盘，可直接向对方作出发盘。

发询盘时一般不直接用“询盘”的术语，而通常用下列一类语句：

请告……

Please advice

请电传告……

Please advice

对××有兴趣，请……

Interested in…please

请报价……

Please quote…

请发盘……

Please offer…

二、发盘（offer）

（一）发盘的含义

发盘又称发价或报价，在法律上称为“要约”。根据《联合国国际货物销售合同公约》第14条第1款的规定：“凡向一个或一个以上的特定的人提出的订立合同的建议，如果其内容十分确定并且表明发盘人有在其发盘一旦得到接受就受其约束的意思，即构成发盘。”发盘既可由卖方提出也可由买方提出，因此，有卖方发盘（selling offer）和买方发盘（buying offer）之分，后者习惯上称为“递盘”（bid）。

发盘在其有效期内，发盘人不得任意撤销或修改其内容。发盘一经对方在有效期内表示接受，发盘人将受其约束，并承担按发盘条件与对方订立合同的法律责任。

发盘一般采用下列术语和语句：

发盘（offer）、发实盘（offer firm/firm offer）、报价（quote）、供应（supply）、可供应（can supply）、订购（book/booking）、订货（order/ordering）、可订（can book/bookable）、递盘（bid/bidding）、递实盘（bid firm/firm bid）。

（二）构成发盘的要件

1. 发盘应向一个或一个以上的特定的人（Specific Persons）提出

向特定的人提出，即是向有名有姓的公司或个人提出。提出此项要求的目的在于，把发盘同普通商业广告及向广大公众散发的商品价目单等行为区别开来。对广大公众发出的商业广告是否构成发盘的问题，各国法律规定不一。大陆法规定，发盘需向一个或一个以上特定的人提出，凡向公众发出的商业广告，原则上不能作为发盘，而只是邀请看到广告的公众向登广告的人提出发盘。英美法中规定，向公众作出的商业广告，只要内容明确，在某些场合下也视为发盘。《公约》持折中态度，如带有“本广告构成发盘”或“将售予最先支付货款的公司”等字样也视为发盘。

2. 发盘内容必须十分确定

根据《公约》第14条第1款的规定，发盘的内容必须十分确定（Sufficiently Definite）。所谓十分确定，指在提出的订约建议中，至少应包括下列三个基本要素：（1）标明货物的名称；（2）明示或默认地规定货物的数量或规定数量的方法；（3）明示或默示的规定货物的价格或规定确认价格的方法。凡包含上述三项基本因素的订约建议，即可构成一项发盘。如该发盘被对方接受，买卖合同即告成立。

在实际业务中，发盘人发盘时，如能明确标明要出售或者要购买的货物的价格和数量，当然是最好的处理办法。但是，合同项下货物的数量，有时只能由当事人酌情处理或只能在交货时具体确定。

在这里需要特别指出的是，订约建议中关于交货时间、地点和付款时间、地点等其他内容虽然没有提到，但并不妨碍它作为一项发盘，因而也不妨碍合同的成立。因为，发盘中没有提到的其他条件，在合同成立后，可以双方当事人建立的习惯做法及采用的惯例予以补充。或者按《公约》中关于货物销售部分的相关规定予以补充。因此在实际业务中，如发盘的交易条件太少或过于简单，会给合同的履行带来困难，甚至容易引起争议。在对外发盘时，最好将品名、品质、数量、包装、价格、交货时间、地点和支付方法等主要交易条件一一列明。

3. 表明经受盘人接受发盘人即受约束的意思

必须表明发盘人对其发盘一旦被受盘人接受即受约束的意思。发盘是订立合同的建议，这个意思应当体现在发盘之中，如发盘人只是就某些交易条件建议同对方进行磋商，而根本没有受其建议约束的意思，则此项建议就不能被认为一项发盘。例如，发盘人在其提出的订约建议中加注诸如“仅供参考”、“须以发盘人的最后确认为准”或其他保留条件，这样的订约建议就不是发盘，而只是邀请对方发盘。

4. 发盘必须送达受盘人

根据《公约》规定，发盘于送达受盘人时生效。如发盘由于在传递中遗失以至受盘人未能收到，则该发盘无效。

（三）发盘的有效期

在通常的情况下，发盘都具体规定一个有效期，作为对方表示接受的时间限制，超过发盘规定时限，发盘人即不受约束。当发盘未具体列明有效期时，受盘人应在合理时间内接受才能有效。何谓“合理时间”则需根据具体情况而定。发盘人对发盘的有效期可作明确规定，也可不作明确规定。采用函电成交时，发盘人一般都明确规定发盘的有效期，其规定方法有以下几种：

1. 规定最迟接受的期限

例如，当规定限6月6日复时，按英美法系国家的法律解释，受盘人只要在当地时间6月6日24点以前将表示接受的通知投邮或发出即可。但在国际贸易中，由于交易双方所在地的时间大多存在差异，所以发盘人往往采取以接受通知送达发盘人为准的规定方法。按此规定，受盘人的接受通知不得迟于6月6日 送达发盘人。

2. 规定一段接受的期限

例如，发盘有效期为6天，或发盘限8天内复。采取此类规定方法，其期限的计算，按《公约》规定，这个期限应从发盘发出时或信上载明的发信日期起算。如信上未载明发信日期，则从信封所载日期起算。采用电话、电传发盘时，则从发盘送达受盘人时起算。如果由于时限的最后一天在发盘人营业地是正式假日或非营业日，则应顺延至下一个营业日。

此外，当发盘规定有效期时，还应考虑交易双方营业地点不同而产生的时差问题。

（四）发盘生效的时间

发盘生效的时间有各种不同的情况：以口头方式作出的发盘，其法律效力自对方了解发盘内容时生效；以书面形式作出的发盘，其生效时间，主要有两种不同的观点与做法：一是发信主义，即认为发盘人将发盘发出的同时，发盘才生效；二是收信主义，又称到达主义，即认为发盘人必须到达受盘人时才生效。根据《公约》规定，发盘送达受盘人时生效。我国合同法关于发盘生效时间的规定同上述《公约》的规定是一致的，即也采取到达主义。此外，我国《合同法》第16条还同时对采用数据电文方式的到达时间如何确定做出了具体的规定：即“采用数据电文形式订立合同，收件人指定特定系统接收数据电文的，该数据电文进入特定系统的时间，视为到达时间；未指定特定系统的，该数据电文进入收件人的任何系统的首次时间，视为到达时间”明确发盘生效的时间，具有重要的法律和实践意义，这主要表现在下列两个方面：

1. 关系到受盘人能否表示接受

一项发盘只有在送达受盘人时，才能生效。即只有当受盘人收到发盘之后，也就是发盘生效之后，受盘人才能表示接受，从而导致合同的成立。在受盘人收到发盘之前，即使受盘人通过其他途径已经知道发盘的发出及发盘的内容，也不能做出接受。

2. 关系到发盘人何时可以撤回发盘或修改其内容

一项发盘即使是不可撤销的，只要在发盘生效前，发盘人仍可随时撤回或修改其内容，但撤回通知或更改其内容的通知，必须在受盘人收到发盘之前或同时送达受盘人。如发盘一旦生效，那就不是撤回发盘的问题，而是撤销发盘的问题。发盘的撤回（Withdrawal）与撤销（Revocation）是两个不同的概念：前者是指在发盘送达受盘人之前，将其撤回，以阻止其生效；后者是指发盘已送达受盘人，及发盘生效之后将发盘取消，使其失去效力。

（五）发盘的撤回与撤销

1. 发盘的撤回

发盘发出后，发盘人是否可以撤回发盘或变更其内容，在这个问题上，英美法与大陆法两大法系之间存在着尖锐的矛盾。英美法认为，发盘原则上对发盘人没有约束力。发盘人在受盘人对发盘表示接受之前的任何时候，都可撤回发盘或变更其内容。而大陆法则认为，发盘人在受盘人有约束力，如《德国民法典》规定，除非发盘人在发盘中订明发盘人不受发盘的约束，否则发盘人就要受到发盘的约束。

根据《公约》的规定，一项发盘（包括注明不可撤销的发盘），只要在其尚未生效以前，都是可以修改或撤回的。因此，如果发盘人发盘内容有误或其他原因想改变主意，可以用更迅速的通讯方法，将发盘的撤回或更改通知赶在受盘人收到该发盘之前或同时送达受盘人，则发盘即可撤回或修改。了解这一点，对我国从事进出口业务的工作人员具有实际意义，假如想撤回或修改已经发出的发盘，就必须要有准确的时间概念，例如发盘是何时发出的，预计何时可送达对方，然后再考虑采取最快的通讯方法是否可以撤回或修改发盘。

2. 发盘的撤销

关于发盘能否撤销的问题，英美法与大陆法存在严重的分歧。英美法认为，在受盘人表示接受之前，即使发盘中规定了有效期，发盘人也可以随时予以撤销，这显然对发盘人片面有利。这种观点，在英美法国家中也不断受到责难。有的国家在制定或修改法律时，实际上已在不同程度上放弃了这种观点。大陆法系国家对此问题的看法相反，认为发盘人原则上应受发盘的约束，不得随意将其发盘撤销。例如，德国法律规定，发盘在有效期内，或没有规定有效期，则依通常情况在渴望得到答复之前不得将其撤销；法国的法律虽规定发盘在收盘人接受之前可以撤销，但若撤销不当，发盘人应承担损害赔偿的责任。

为了调和上述两大法系在发盘可否撤销问题上的分歧，《公约》采取了折中的办法，其中第 16 条规定，在发盘已送达受盘人，即发盘已经生效，但受盘人上未表示接受之前这段时间内，只要发盘人及时将撤销通知送达受盘人，仍可将其发盘撤销。但一旦受盘人发出接受通知，则发盘人无权撤销该发盘。

此外《公约》还规定，并不是所有的发盘都可撤销，下列两种情况的发盘，一旦生效，则不得撤销：（1）在发盘中规定了有效期，或以其他方式表示该发盘是不可能撤销的；（2）受盘人有理由信赖发盘是不可撤销的，并本着对该发盘的信赖采取了行动。

（六）发盘效力的终止

任何一项发盘，其效力均可在一定条件下终止。发盘效力终止的原因，一般有以下几个方面：

1. 在发盘规定的有效期内未被接受，或虽未规定有效期，但在合理时间内未被接受，则发盘的效力即告终止；

2. 发盘被发盘人依法撤销；

3. 被受盘人拒绝或还盘之后，即拒绝或还盘通知送达发盘人时，发盘的效力即告终止；

4. 发盘人发盘之后，发生了不可抗力事件，如所在国政府对发盘中的商品或所需外汇发布禁令等。在这种情况下，按出现不可抗力可免除责任的一般原则，发盘的效力即告终止；

5. 发盘人或受盘人在发盘被接受前丧失行为能力（如得精神病等），则该发盘的效力也可终止。

三、还盘（counter-offer）

还盘又称还价，在法律上称为反要约。还盘是指受盘人不同意或不完全同意发盘提出的各项条件，并提出了修改意见，建议原发盘人考虑，即还盘是对发盘条件进行添加、限制或其他更改的答复。受盘人的答复如果在实质上变更了发盘条件，就构成对发盘的拒绝，其法律后果是否定了原发盘，原发盘即告失效，原发盘人就不再受其约束。根据《公约》的规定，受盘人对货物的价格、付款、品质、数量、交货时间与地点、一方当事人对另一方当事人的赔偿责任范围或解决争端的办法等条件提出添加或更改，均视为实质性变更发盘条件。

此外，对发盘表示有条件的接受，也是还盘的一种形式。例如受盘人在答复发盘人时，附加有“待最后确认为准”、“未售有效”等规定或类似的附加条件，这种答复只能视作还盘或邀请发盘。还盘的内容，凡不具备发盘条件，即为“邀请发盘”。如还盘的内容具备发盘条件，就构成一个新的发盘，还盘人成为新发盘人，原发盘人成为新受盘人，他有对新发盘作出接受、拒绝或再还盘的权利。

四、接受（acceptance）

（一）接受的含义

接受在法律上称为“承诺”，它是指受盘人在发盘规定的时限内，以声明或行为表示同意发盘提出的各项条件。可见接受的实质是对发盘表示同意。这种同意，通常应以某种方式向发盘人表示出来。根据《公约》的规定，受盘人对发盘表示接受，既可以通过口头或书面向发盘人发表声明的方式接受，也可以通过其他实际行动来表示接受。沉默或不行为本身，并不等于接受，如果受盘人受到发盘后，不采取任何行动对发盘作出反应，而只是保持缄默，则不能认为是对发盘表示接受。因为，从法律责任来看，受盘人一般并不承担对发盘必须进行答复的义务。但是，如沉默或不行为与其他因素结合一起，足以使对方确信沉默或不行为是同意的一种表示，即可构成接受。例如，交易双方均为老客户，根据原定协议、惯例或习惯做法，几年来卖方一直按买方的定期订货单发货，并不需要另行通知对方表示接受其订货单。若卖方收到买方订货单后，既不发货，也不通知买方表示拒绝其订货单，则卖方的缄默就等于接受，卖方就可以控告卖方违约。

（二）构成接受的条件

构成一项有效的接受，必须具备下列要件：

1. 接受必须由特定的受盘人作出

发盘人是向特定的人提出的，因此只有特定的人才能对发盘作出接受，由第三者作出的接受，不能视为有效接受，只能作为一项新的发盘。

2. 接受必须是无条件同意发盘所提出的交易条件

根据《联合国国际货物销售合同公约》的规定，一项有效的接受必须是无条件同意发盘所提出的交易条件，只能接受发盘部分内容，或对发盘条件提出实质性的修改，或提出有条件接受，均不能构成接受，而只视作还盘；但若受盘人表示接受时对发盘内容提出某些非实质性的添加、限制和更改，比如要求增加重量单、装箱单、原产地证明或某些单据的份数等，除非发盘人在不过分迟延的时间内表示反对其中的差异外，仍可构成有效的接受，从而使合同成立。在此情况下，合同的条件就以该发盘条件以及接受中所提出的某些更改为准。

3. 接受必须在发盘规定的时效内作出

当发盘规定了接受的时限时，受盘人必须在发盘规定的时限内作出接受方能有效。如发盘没有规定接受时限，则受盘人应在合理的时间表示接受，对何谓“合理时间”，《联合国国际货物销售合同公约》和各国的立法往往有不同的理解。为了避免争议，最好在发盘中明确规定接受的具体的时限。

4. 接受通知的传递方式应符合发盘的要求

发盘人在发盘时，有的具体规定接受传递的方式，也有未作规定的，如发盘没有规定传递方式，则受盘人可按发盘所采用的方式，或采用比其更快的传递的方式将接受通知送达发盘人。

在这里需强调说明的是，接受通知在规定期限内到达发盘人，对于合同的成立具有重要的作用。因此，各国法律通常都对接受到达发盘人的期限作出了规定。我国《合同法》第 23 条也对此作了明确规定，即：承诺应当在要约确定的期限内到达要约人，要约没有确定承诺期限的，承诺应依照下列规定到达：（1）要约以对话方式作出的，应当及时作出承诺，但当事人另有约定的除外；（2）要约以非对话方式作出的，承诺应在合理期限内到达。

（三）接受生效的时间

接受是一种法律行为，这种法律行为何时生效，各国法律有不同的规定。在接受生效的时间问题上，英美法与大陆法存在着严重分歧。英美法采用的“投邮生效”的原则，即接受通知一经投邮或电报发出，则立即生效；大陆法则采用“到达生效”的原则，即接受通知必须送达发盘人时才能生效。《公约》第 18 条第 2 款明确规定，接受送达发盘人时生效。如接受通知未在发盘规定时限内送达发盘人，或者发盘没有规定时限，而在合理的规定时间未曾送达发盘人，则该项接受称作逾期接受，按各国法律规定逾期接受不是有效的接受。由此可见。接受时间对双方当事人都很重要。

此外接受还可以在受盘人采取某种行为时生效。《公约》第 8 条第 3 款规定，如根据发盘或依照当事人已确定的习惯做法或惯例，受盘人可以作出某种行为来表示接受，无须向发盘人发出接受通知。例如，发盘人在发盘中要求“立即装运”，则受盘人就可作出立即发运货物的行为对发盘表示同意，而且这种以行为表示的接受，在装运货物时立即生效，合同即告成立，发盘人就应受其约束。

（四）逾期接受

逾期接受又称迟到接受。虽然各国法律一般都认为逾期接受无效，它只能视作一个新的发盘，但《联合国国际货物销售合同公约》却对这个问题作了灵活的处理。按该《公约》规定，只要发盘人毫不迟延地用口头或书面通知受盘人，认为该项逾期的接受可以有效，愿意承受逾期接受的约束，合同仍可于接受通知送达发盘人立即订立。如果发盘人对逾期的接受表示拒绝或不立即向发盘人发出上述通知，则该项逾期接受就无效，合同就不能成立。该《公约》还规定，如果载有逾期接受的信件或其他书面文件显示，依照当地寄发情况，只要传递正常，它本应是能够及时送达发盘人的，则此项逾期的接受应当有效，合同于接受通知送达发盘人时订立，除非发盘人毫不迟延地用口头或书面的通知，通知受盘人他认为他的发盘因逾期接受而失败。上述表明，逾期接受是否有效，关键要看发盘人如何表态。

（五）接受的撤回或修改

在接受撤回或修改的问题上，《联合国国际货物销售合同公约》采取了大陆法送达生效的原则，该《公约》规定，“接受予以撤回，如果撤回通知于原接受生效之前送达发盘人，”由于接受送达发盘人时才产生法律效力，故撤回或修改通知，只要先于原接受通知或与原接受通知同时送达发盘人，则接受可以撤回或修改，如接受已送达发盘人，即接受一旦生效，合同即告成立，就不得撤回或修改其内容，因为这样做，无异于撤销或修改合同。

第二节　合同的订立

在国际贸易中，买卖双方之间为达成一项交易，必须首先就有关交易条件进行磋商，进而签订货物买卖合同。货物买卖合同是指卖方为了取得货款而把货物的所有权移交给买方，买方为取得货物而支付货款给卖方的一种协议。

一、合同成立时间

（一）一般规定

接受生效时合同成立。据此，合同于接受生效时成立。至于接受于何时生效，上一节所述两种立法主张已经介绍过了，兹不赘述。

（二）合同书形式的合同成立时间

当事人采用合同书形式订立合同的，自双方当事人签字或者盖章时合同成立。当事人采用合同书形式订立合同，但并未签字盖章，意味着当事人的意思表示未能最后达成一致，因而一般不能认为合同成立。双方当事人签字或者盖章不在同一时间的，最后签字或者盖章时合同成立。

（三）确认书形式的合同成立时间

当事人采用信件、数据电文形式订立合同的，可以在合同成立之前要求签订确认书。签订确认书时合同成立。在此情况下，确认书具有最终接受的意义。

（四）合同的实际成立

法律、行政法规规定或者当事人约定采用书面形式订立合同，当事人未采用书面形式但一方已经履行主要义务，对方接受的，该合同成立。此时可从实际履行合同义务的行为中推定当事人已经形成了合意和合同关系，当事人一方不得以未采取书面形式或未签字盖章为由，否认合同关系的实际存在。

二、合同的成立地点

（一）一般规定

接受生效的地点为合同成立的地点。采用数据电文形式订立合同的，收件人的主营业地为合同成立的地点；没有主营业地的，其经常居住地为合同成立的地点。当事人另有约定的，按照其约定。

（二）书面合同的成立地点

当事人采用合同书形式订立合同的，双方当事人签字或者盖章的地点为合同成立的地点。

三、合同生效的要件

买卖双方就各项交易条件达成协议后，并不意味着此项合同一定有效。根据各国合同法规定，一项合同，除买卖双方就交易条件通过发盘和接受达成协议后，还需具备以下要件，才是一项有效的合同，才能得到法律上的保护。

（一）合同当事人必须具有签约能力

签订买卖合同的当事人主要为自然人或法人，按各国法律的一般规定，自然人签订合同的行为能力，是指精神正常的成年人才能订立合同；未成年人、精神病人、禁治产人订立合同必须受到限制，关于法人签订合同的行为能力，各国法律一般认为，法人必须通过其代理人，在法人的经营范围内签订合同，即越权的合同不能发生法律效力。

我国合同法第 9 条规定："当事人订立合同，应当具有相应的民事权利能力和民事行为能力。"由此可见，在订立合同时，注意当事人的缔约能力和主体资格问题是十分重要的。

（二）国际货物销售合同是商务合同，是有偿的交换

有偿的交换是国际货物销售合同的性质所决定的，有的国家对此称作"对价"，有的国家称作"约因"。英美法认为，对价（Consideration）是指当事人为了取得合同利益所付出的代价。法国法认为，约因（Cause）是指当事人签订合同所追求的直接目的。按照英美法和法国法的规定，合同只有在有对价或约因时，才是法律上有效的合同，无对价或无约因的合同，是得不到法律保障的。

（三）合同的内容必须合法

许多国家往往从广义上解释"合同内容必须合法"，其中包括不得违反法律、不得违反公共秩序或公共政策，以及不得违反善良风俗或道德三个方面。

根据我国合同法第 7 条规定："当事人订立、履行合同应当依照法律、行政法规，尊重社会公德，不得扰乱社会经济秩序，损害社会公共利益。"

（四）合同必须符合法律规定的形式

世界上大多数国家，只对少数合同才要求必须按法律规定的特定形式订立，而对大多数合同，一般不从法律上规定应当采取的形式。我国合同法第 10 条规定："当事人订立合同，有书面形式、口头形式和其他形式。"

（五）合同当事人的意思表示必须真实

各国法律都认为，合同当事人的意思表示必须是真实的才能成为一项有约束力的合同，否则这种合同无效。为了使签订的合同能得到法律上的保护，我们必须了解上述合同生效的各项要件，并依法行事。此外，我们还应了解造成合同无效的下列几种情况。根据我国合同法第 52 条规定：有下列情形之一的，合同无效：（1）一方以欺诈、胁迫的手段订立合同，损害国家利益；（2）恶意串通，损害国家、集体或者第三人利益；（3）以合法形式掩盖非法目的；（4）损害社会公共利益；（5）违反法律、行政法规的强制性规定。

四、签订书面合同的意义

按《公约》规定，在交易磋商中，一方的发盘为另一方所接受，合同即告成立。签订书面合同不是合同成立的必要法律步骤。我国在参加《公约》时，对合同的形式作了保留，规定国际买卖合同必须采用书面形式，方为有效。因而达成交易后，签订书面合同为必要的法律步骤。其意义有以下几点：

（一）书面合同是合同成立的证据

国际贸易实践中，买卖双方达成交易后，一般均以书面合同形式作为合同成立的依据，特别是对于通过口头协商达成的交易，其作用更为明显。尽管许多国家的合同法中并不否认口头合同的效力，但在国际贸易中一般都要签订书面合同，当双方事后发生争议提交仲裁或诉讼时，仲裁员和法官也要先确定双方之间是否已建立了合同关系，可见其重要性。对以口头方式达成的交易，书面合同的作用和意义更为明显。根据法律的要求，合同的存在必须要有证据来证明。口头协议由于证据不充分，一旦买卖双方在履行合同过程中需要通过仲裁或诉讼来解决争议，便会在证明双方当事人之间确实存在合同关系方面出现困难。如不以一定的书面形式加以确定，很难得到法律的保护。

（二）书面合同是履行合同的依据

国际货物买卖合同的履行环节复杂，涉及的部门多，若只有口头协议，或凭分散于往来函电中的协议条款履行合同，将会给履行工作带来麻烦。因此，为了给履行合同提供方便，使履行合同准确及时地进行，无论通过什么方式达成的协议，最好把双方协商一致的条件用文字归纳记录，并由双方签字确认，作为履行合同的依据。

（三）有时作为合同生效的条件

《公约》和大多数国家的合同法规定，只要接受生效，合同即告成立。但在有些情况下，书面合同则是合同成立的必备条件。如买卖双方在进行交易磋商时，一方曾要求签订书面合同，则即便双方已对各项交易条件全都协商一致，在书面合同签订之前，合同也不能生效。在这种情况下，签订书面合同就成为合同生效的条件。如我国《合同法》第33条规定：“当事人采用信件、数据电文等形式订立合同的，可以在合同成立之前要求签订确认书。签订确认书时合同成立。”

此外，按规定应由一方或双方当事人所在国家政府机构审批的合同，也必须是有一定格式的书面合同。

五、书面合同的形式

在国际贸易中，书面合同的形式和内容，并无统一规定。从格式的繁简来看，通常把繁式的称为合同，而把简式的称为确认书，但无实质性的区别。此外还有备忘录（Memo）、协议书等名称。

（一）合同（contract）

合同的内容比较全面详细，除了包括交易的主要条件如品名、规格、数量、包装、价格，交货、支付外、还包括保险、商品检验、索赔、仲裁、不可抗力等条款。卖方草拟提出合同的称为“销售合同”（Sales Contract），买方草拟出的合同称为“购货合同”（Purchase contract）。使用的文字应是第三人称的语气。

（二）确认书（Confirmation）

确认书是合同简化形式。卖方出具的确认书称为“售货确认书”（Sales confirmation）买方出具的确认书称为“购货确认书”（purchase Confirmation）。使用的文字是第一人称的语气。确认书的法律效力与合同完全相同。

（三）协议书（Agreement）

协议在法律上是“合同”的同义语。当双方当事人把经协商达成一致的交易条件归纳为书面形式时，我们就称之为“协议”。其内容中对买卖双方当事人的权利和义务作了明确、具体和肯定的规定，所以这样的协议就具有法律效力。

（四）定单和委托订购单

定单是指由进出口商与实际购买者拟定的货物定购单。委托订购单是指由代理商或中间商拟定代理买卖货物的订购单。

（五）备忘录（Memorandum）

在实际工作中较少使用，但如果买卖双方商定的交易条件明确具体地在备忘录中作了规定，并经双方签字，则此备忘录性质与合同相同；然而如经双方洽谈后只对某些事项达成一定程度的理解或谅解，或作为初步协议供将来进一步洽谈的参考，这种备忘录可以称为“理解备忘录”或“谅解备忘录”（Memorandum of Understanding），它在法律上不具有约束力。

六、合同的内容

一份国际货物买卖合同主要由约首、正文和约尾三部分组成。约首包括合同的名称、编号、缔约日期、缔约地点、缔约双方的名称、地址及合同序言等。正文是合同的主体部分，包括各项交易条件及有关条款，如商品名称、品质规格、数量、包装、单价与总值、运货期限、运货地点、支付、保险、商品检验、仲裁、不可抗力等。此外，根据情况需要可加列：保值条款、价格调整条款、溢短装条款、合同的法律使用条款等。约尾是合同的结束部分，包括合同的份数、附件、使用文字及其效力、合同的生效日期与双方的签字等。

格式合同亦称标准合同（Standard Contract）。在国际贸易买卖中，由一个国际组织或外贸商业组织或律师事务所根据买卖合同应具有的基本内容而拟定的固定条文，即成固定格式的空白标准合同。经双方当事人签字后，才能成为有效的合同，对双方当事人都有法律的约束力。

思考题：

1. 试述合同成立的要件。
2. 试述签订书面合同的意义。
3. 试述书面合同主要形式。
4. 试述交易磋商的环节。
5. 试述撤回发盘具备条件。

案例分析：

1. 我国某公司向美国A公司发盘出售一批大宗商品，对方在发盘有效期内复电表示接受，同时指出："凡发生争议，双方应通过友好协商解决；如果协商不能解决，应将争议提交中国国际经济贸易仲裁委员会仲裁。"第三天，我方收到A公司通过银行开来的信用证。因获知该商品的国际市场价格已大幅度上涨，我公司当天将信用证退回，但A公司认为其接受有效，合同成立。双方意见不一，于是提交仲裁机构解决。试问：如果你是仲裁员，你将如何裁决？

2. 我国某公司于5月20日以电传发盘，并规定"限5月25日复到"。国外客户于5月23日复电至我方，要求将即期信用证改为远期见票后30天。我公司正在研究中，次日又接到对方当天发来的电传，表示无条件接受我5月20日的发盘。问此笔交易是否达成？

3. 香港某中间商A，就某商品以电传方式邀请我方发盘，我于6月8日向A方发盘并限6月15日复到有效。12日我方收到美国B商人按我方发盘条件开来的信用证，同时收到中间商A的来电称："你8日发盘已转美国B

商”。经查该商品的国际市场价格猛涨，于是我将信用证退回开证银行，再按新价直接向美商B发盘，而美商B以信用证于发盘有效期内到达为由，拒绝接受新价并要求我方按原价发货，否则将追究我方的责任。问对方的要求是否合理？为什么？

4. 我国某公司与外商洽商进口某商品一批，经往来电传洽谈，已谈妥合同的主要交易条件，但我方在电传中表明交易于签定确认书时生效。事后对方将草拟的合同条款交我方确认，但因有关条款的措辞尚需研究，故我方未及时给对方答复。不久该商品的市场价格下跌，对方电催我方开立信用证，而我方以合同未成立为由拒绝开证。问：我方的做法是否有理？为什么？

5. H公司有一批羊毛待售，4月2日公司销售部以信件的形式向某市第一纺织厂发出要约，将羊毛的数量、质量、价格等主要条款做了规定，约定若发生争议将提交某仲裁委员会仲裁。并特别注明希望在15日内得到答复。但由于工作人员疏忽，信件没有说明要约的起算日期，信件的落款也没有写日期。

4月4日公司人员将信件投出，4月17日纺织厂收到信件。恰巧纺织厂急需一批羊毛，第二天即拍发电报请其准备尽快发货。邮局于4月19日送达H公司。不料H公司却在4月18日由于未收到纺织厂的回信，已将羊毛卖给另一纺织厂。第一纺织厂几次催货未果，向仲裁委员会提请仲裁，要求H公司赔偿其损失。试对此案例进行分析。

实训六：

根据各自的角色进行交易磋商。

（1）两组合作，进行出口商、进口商之间的询盘、发盘、还盘、接受的往来函电。

（2）出口商、供应商之间的询价、报价、还价、接受的往来函电。

（3）出口商、进口商：签订1笔结汇方式为L/C 、价格术语为CIF的外销合同。

国际贸易售货合同范本

SALES CONTRACT

合同编号：

Contract NO：

签订地点：

Signed at：

签订日期：

Date：

买方：

The Buyers：

卖方：

The Sellers：

双方同意按下列条款由买方售出下列商品：

The Buyers agree to buy and the Sellers agree to sell the following goods on terms and conditions as set forth below：

（1）商品名称、规格及包装

（1）Name of Commodity，Specifications and Packing

（2）数量

（2）Quantity

（3）单价

（3）Unit Price

（4）总值

（4）Total Value

（装运数量允许有 %的增减）

（Shipment Quantity % more or less allowed）

（5）装运期限：

（5）Time of Shipment：

（6）装运口岸：

（6）Port of loading：

（7）目的口岸：

（7）Port of Destination：

（8）保险：由______方负责，按本合同总值 110% 投保______险。

（8）Insurance：To be covered by the ______ for 110% of the invoice value against ______ .

（9）付款：凭保兑的、不可撤销的、可转让的、可分割的即期有电报套汇条款/见票/出票______天期付款信用证，信用证以______为受益人并允许分批装运和转船。该信用证必须在______前开到卖方，信用证的有效期应为上述装船期后第 15 天，在中国______到期，否则卖方有权取消本售货合约，不另行通知，并保留因此而发生的一切损失的索赔权。

（9）Terms of Payment：By confirmed，irrevocable，transferable and divisible letter of credit in favour of ______ payable at sight with TT reimbursement clause/ ______ days' /sight/date allowing partial shipment and transshipment. The covering Letter of Credit must reach the Sellers before ______ and is to remain valid in ______ . China until the 15th day after the aforesaid time of shipment，failing which the Sellers reserve the right to cancel this Sales Contract without further notice and to claim from the Buyers for losses resulting therefrom.

（10）商品检验：以中国______所签发的品质/数量/重量/包装/卫生检验合格证书作为卖方的交货依据。

（10）Inspection：The Inspection Certificate of Quality / Quantity / Weight / Packing / Sanitation issued by ______ of China shall be regarded as evidence of the Sellers' delivery.

（11）装运唛头：

（11）Shipping Marks：

其他条款：

OTHER TERMS：

1. 异议：品质异议须于货到目的口岸之日起 30 天内提出，数量异议须于货到目的口岸之日起 15 天内提出，但均须提供经卖方同意的公证行的检验证明。如责任属于卖方者，卖方于收到异议 20 天内答复买方并提出处理意见。

1. Discrepancy：In case of quality discrepancy，claim should be lodged by the Buyers within 30 days after the arrival of the goods at the port of destination，while for quantity discrepancy，claim should be lodged by the Buyers within 15 days after the arrival of the goods at the port of destination. In all cases，claims

must be accompanied by Survey Reports of Recognized Public Surveyors agreed to by the Sellers. Should the responsibility of the subject under claim be found to rest on the part of the Sellers, the Sellers shall, within 20 days after receipt of the claim, send their reply to the Buyers together with suggestion for settlement.

2. 信用证内应明确规定卖方有权可多装或少装所注明的百分数，并按实际装运数量议付。（信用证之金额按本售货合约金额增加相应的百分数。）

2. The covering Letter of Credit shall stipulate the Sellers' s option of shipping the indicated percentage more or less than the quantity hereby contracted and be negotiated for the amount covering the value of quantity actually shipped. (The Buyers are requested to establish the L/C in amount with the indicated percentage over the total value of the order as per this Sales Contract.)

3. 信用证内容须严格符合本售货合约的规定，否则修改信用证的费用由买方负担，卖方并不负因修改信用证而延误装运的责任，并保留因此而发生的一切损失的索赔权。

3. The contents of the covering Letter of Credit shall be in strict conformity with the stipulations of the Sales Contract. In case of any variation there of necessitating amendment of the L/C, the Buyers shall bear the expenses for effecting the amendment. The Sellers shall not be held responsible for possible delay of shipment resulting from awaiting the amendment of the L/C and reserve the right to claim from the Buyers for the losses resulting therefrom.

4. 除经约定保险归买方投保者外，由卖方向中国的保险公司投保。如买方需增加保险额及/或需加保其他险，可于装船前提出，经卖方同意后代为投保，其费用由买方负担。

4. Except in cases where the insurance is covered by the Buyers as arranged, insurance is to be covered by the Sellers with a Chinese insurance company. If insurance for additional amount and /or for other insurance terms is required by the Buyers, prior notice to this effect must reach the Sellers before shipment and is subject to the Sellers' agreement, and the extra insurance premium shall be for the Buyers' account.

5. 因人力不可抗拒事故使卖方不能在本售货合约规定期限内交货或不能交货，卖方不负责任，但是卖方必须立即以电报通知买方。如果买方提出要求，卖方应以挂号函向买方提供由中国国际贸易促进委员会或有关机构出具的证明，证明事故的存在。买方不能领到进口许可证，不能被认为系属人力不可抗拒范围。

5. The Sellers shall not be held responsible if they fail, owing to Force Majeure cause or causes, to make delivery within the time stipulated in this Sales Contract or cannot deliver the goods. However, the Sellers shall inform immediately the Buyers by cable. The Sellers shall deliver to the Buyers by registered letter, if it is requested by the Buyers, a certificate issued by the China Council for the Promotion of International Trade or by any competent authorities, attesting the existence of the said cause or causes. The Buyers' failure to obtain the relative Import Licence is not to be treated as Force Majeure.

6. 仲裁：凡因执行本合约或有关本合约所发生的一切争执，双方应以友好方式协商解决；如果协商不能解决，应提交中国国际经济贸易仲裁委员会，根据该会的仲裁规则进行仲裁。仲裁裁决是终局的，对双方都有约束力。

6. Arbitration: All disputes arising in connection with this Sales Contract or the execution thereof shall be settled by way of amicable negotiation. In case no settlement can be reached, the case at issue shall then be submitted for arbitration to the China International Economic and Trade Arbitration Commission in accordance with the provisions of the said Commission. The award by the said Commission shall be deemed as final and binding upon both parties.

7. 附加条款（本合同其他条款如与本附加条款有抵触时，以本附加条款为准。）

7. Supplementary Condition (s) (Should the articles stipulated in this Contract be in conflict with the following supplementary condition (s), the supplementary condition (s) should be taken as valid and binding.)

卖方（Sellers）：　　　　　　　　　　买方（Buyers）：

第七章　进出口合同的履行

1. 本章学习目的与要求

了解进出口双方履行合同的具体步骤；掌握在信用证方式下，卖方制作各种单据应注意的问题；重点掌握汇票、商业发票、保险单的制作。

2. 本章教学重点和难点

(1) 卖方制作各类单据的要点；

(2) 买方开证、审证、审单时的注意点。

在国际货物买卖中，合同一经依法有效成立，双方当事人就必须履行合同规定的义务。履行合同是合同当事人按照合同规定履行各自义务的行为。我国《合同法》规定："依法成立的合同，对当事人具有约束力。当事人应当按照约定全面履行自己的义务，不得擅自变更或解除合同。当事人应当遵循诚实守信原则，根据合同的性质、目的和交易习惯履行通知、协助、保密等义务。"如果一方当事人由于发生不可抗力或属于免责范围内的原因而不履行合同义务，或履行合同不符合约定的，即构成违约，就应承担相应的法律责任。

在贸易合同中，都规定了双方的权利和义务。由于成交的品种、贸易条件及适用的法律、惯例各不相同，每份合同中规定的当事人的权利和义务也有差异，但对交易双方基本义务的规定是相似的。卖方的基本义务是，按照合同规定交付货物，移交一切与货物有关的单据，转移货物的所有权；买方的基本义务是，按照合同规定，支付货款和收取货物。

第一节　出口合同的履行

我国的出口贸易，除大宗交易有时采用 FOB 术语外，大多采用 CIF 和 CFR 术语和凭信用证支付方式。FCA、CPT 和 CIP 三种术语也在逐步扩大使用。买卖双方应严格按合同规定，根据有关法律和惯例要求，做好出口合同履行的各项工作。出口商更应随时掌握出口合同执行情况，加强对出口合同的科学管理，做到顺利、圆满地履行合同。

一、备货及报验

（一）备货

备货是指卖方按出口合同和信用证的规定，向生产或供货单位下达联系单（或加工通知单），安排生产或供应货物，由外贸公司对货物进行核实、验收，并进行刷唛。

出口备货是卖方履行交货的物质基础，必须做好出口备货工作。在出口备货工作中，应注意以下问题：

1. 交付货物的品质、规格一定要符合合同和信用证的规定，既不能偏高，也不能偏低，更不能以次充好。

2. 备货的数量应比合同规定的稍多一些，如果发现货物短缺或损坏时，能及时补足或更换。

3. 交付货物的包装必须符合合同和信用证的规定，包装材料和包装方法必须适合运输方式，唛头要字迹清晰、位置醒目。

4. 备货的时间应按照合同和信用证规定的交货期限并结合船期安排，尽可能做到船货衔接，严防脱节。

5. 若货物比较特殊，不易转售，出口商最好在收到信用证并审核无误后，再开始备货，以免对方不开证而给自己造成损失。

6. 交付货物必须是第三方不能提出任何权利或请求的，即卖方应保证对所有货物享有合法的、完全的所有权。也就是说，卖方不能把非法侵占他人权利得来的货物出售给买方，而且还应保证准备交付的货物是第三方不能根据工业产权或其他知识产权主张任何权利或请求的。

（二）报验

根据我国有关商检法律的规定，凡列入《出入境检验检疫机构实施检验检疫的进出口商品目录》的进出口商品，在货物备齐后，应向国家出入境检验检疫机构申请检验，只有取得合格检验证书，海关才准放行。未经检验或经检验不合格的商品，一律不准出口。

出口商品分法定检验出口商品和非法定检验出口商品，前者在报关装运前必须向有关商检机构办理申请检验手续即报验；后者是外贸合同、信用证的规定或申请人的要求，需商检机构出具商检证书的，可向商检机构申请报验。

1. 申请报验的手续

（1）出口商按规定正确填制“出口检验申请单”。内容一般包括：商品品名、规格、数量（或重量）、包装、产地等事项。

（2）向检验检疫机构申报检验。除提交“出口检验申请单”外，还应附上合同和信用证副本等有关资料。

（3）检验检疫机构对货物进行检验，货物经检验合格，即发给检验证书，出口公司应在检验证书规定的有效期内将货物出运，如超过有效期装运出口，应向检验检疫机构申请展期，并由其进行复检后才能出口。

（4）按照国家法律或行政法规规定实行卫生注册或出口质量许可证的商品，必须提供商检机构批准的卫生注册证书及许可证；出口危险品货物报检时，必须提供危险品。

2. 出口商品报检时间和地点

出口商品报检的时间最迟应于报关或装运出口前7天向商检机构申请报验；对检验周期较长的商品，还需增加相应的检测和化验时间。法定检验出口商品（尤其是实施卫生注册或质量许可证的商品）必须在原产地检验检疫机构办理报检手续。合同或信用证规定需要某商检机构证书的，一般应向该商检机构报验。

3. 出口商品报验应注意的问题

（1）报验人应认真审核合同及信用证等资料，法定检验出口商品或合同及信用证要求商检机构出具商检证书的，应及时向商检机构报验。

在审信用证时，如发现有违反我国法律法规的或不合理要求，有原则性问题的，应及时对外提出修改信用证；如发现对商检证书内容、文种有特殊要求的或信用证上外文品名与合同规定不完全一致等非原则性问题时，报验人应在申请单的备注栏注明，商检机构视情况决定能否受理，否则，也应对外提出修改。

（2）在报检及取证期间，买卖双方凡涉及商检内容的传真、函电等，报验人应及时向商检机构提供，以便按要求顺利检验和出证。

（3）出口商品报验时，货物应备齐，报验人应准确掌握货物存放的地点。

（4）正确填制申请单：报验人必须按要求详细正确逐项填制“出口检验申请单”，需要签发外文证书的，有关栏目应填制相应外文，字体工整、清晰，不得随意涂改。

（5）每份“出口检验申请单”仅填报一批商品。

（6）申请报验时，应按规定缴纳检验费。

二、催证、审证和改证

（一）催证

在出口合同中，买卖双方如约定采用信用证方式付款的，买方应严格按照合同的规定按时开立信用证。但在实际业务中，国外进口商在遇到市场变化或资金短缺时，往往会拖延开证或不开证，从而影响卖方对出口合同的按期履行。对此，出口商应提醒和催促对方迅速办理开证手续，特别是大宗商品交易或按买方要求特制的商品交易，更应结合备货情况及时催证，必要时也可请我方驻外机构或有关银行等协助代为催证。

（二）审证

信用证开来后，应立即根据买卖双方已签订的合同即有关国际惯例，对信用证内容逐项认真检查。信用证是依据合同开立的，信用证的内容应与合同的条款一致，否则会给卖方履约造成极大的困难。但在实际业务中，由于种种原因，如买方或开证银行工作的疏忽和差错、各国贸易习惯的不同、开证申请人或开证行的故意行为等，往往会出现开立的信用证条款和合同条款不符或与我国外贸政策不符。为确保收汇安全和合同的顺利执行，防止受到不应有的损失，出口企业务必做好审证工作。

审证是银行和出口商的共同责任，但审核内容各有侧重。银行着重审核有关开证行的政治背景、资信能力、付款责任及索汇路线等方面的问题；出口企业则着重审核信用证与买卖合同及《UCP600》是否一致。

审核信用证的内容，一般应考虑以下方面：

1. 开证行的状况

应对开证行所在国家的政治、经济状况、开证行的资信、经营作风等进行审查。对于资信不佳的银行，应酌情采取适当措施（如要求另一家银行加以保兑、加列电汇索偿条款、分批装运、分批收汇等），以确保安全收汇。

2. 信用证的性质

为保证收汇安全，必须使用不可撤销信用证。有的来证虽未注明“可撤销”字样，但却附加了一些与“不可撤销”相矛盾的条款，如“信用证项下的货款要在货物清关后才支付”、“货物到达目的地并经主管部门检验合格后方可支付”等。这些附加条款改变了信用证的性质，影响卖方安全收汇，因此对于这种条款应要求修改。

3. 申请人和受益人的名称是否正确

4. 用证的有效性

有的来证虽注明“不可撤销”字样，但可能存在限制生效或其他保留条款。如“待获得有关当局签发的进口许可证后才能生效”，或“待收到来证行的通知后方能生效”等类似文句，卖方则应在接到上述信用证生效通知书或有效文件后方可履行交货义务。还有一旦发现类似“货物样品经寄开证申请人认可，认可传真作为单据之一”或“须提交开证申请人的代表所签发的检验证书”等软条款的，卖方必须提高警惕，及时要求对方取消或修改，以免事后被动，造成损失。

5. 信用证的有效期、装运日、到期日、交单期和有效地

《UCP600》指出，所有信用证必须规定一个到期日和一个付款交单、承兑交单的地点，或（除了自由议付信用证外）一个议付交单的地点，规定的付款、承兑或议付的到期日将被解释为交单到期日。信用证的到期日还涉及信用证的到期地点。在我国的出口业务中，原则上应争取在我国到期，以便我方在交付货物后能及时办理议付、要求付款或承兑。

最迟装运日指卖方将货物装上运输工具或交付给承运人接管的最迟日期。实际业务中，运输单据的出单日通常就是装运日期。《UCP600》规定，对信用证上的装运日期不应使用诸如“迅速”、“立即”、“尽快”等词语，如使用此类词语，银行将不予理睬；如使用“于或约于”等类似词语，银行将解释为规定于所述日期前后各五日内装运，起讫日均包括在内。假如信用证未规定装运期，《UCP600》规定，受益人所提交的运输单据的装运日期不得迟于信用证的到期日。

同时，信用证的到期日和最迟装运日之间应有一定的间隔，以便装运货物后有足够的时间制单、交单。

6. 分批装运和转运条款

信用证的分批装运和转运条款必须和合同相符。按《UCP600》规定，信用证未规定“不准分批装运”和“不准转运”的，则可视为允许分批装运和允许转运。如果信用证规定在指定日期内分批定量装运，则其中任何一期未按规定装运，信用证对该期和以后各期均告失败。

7. 付款期限

信用证的付款期限必须和合同的规定一致。如迟于合同规定，则应要求修改。对于承兑信用证，合同规定由买方负担利息的，则付款日期的确定方法和利息条款也应与合同规定相符。

8. 保险条款

凡是按 CIF 或 CIP 条件成交的出口合同，卖方在装货前须及时向保险公司办理投保手续，填制投保单。如成交价为 CFR，而来证要求由我方办理保险，只要来证金额中已包括保险费，或允许加收保险费，则可不必修改。凡成交价为 FOB 或 CFR 的，来证往往要求我方在装运前以航邮或电传通知开证申请人投保并凭邮局收据或电传副本办理结汇，应及时办理。

9. 运输地点条款

信用证中的装运地和目的地应与买卖合同的规定一致。如来证指定特殊

的运输方式，或要求提供特殊的证明，应及时与有关运输部门联系，若不能办到，必须通知买方改证。

10. 货物的描述

信用证中关于货物的描述，包括品名、规格、数量、包装等，均需与合同规定相符，如有细微讹误，可不予修改，在制单时于照录信用证规定的同时把正确的用括号加在后面。同时，还要注意规格、数量搭配是否有矛盾，引述的合同是否正确，如发现存在矛盾或讹误，应予改正。

11. 单据条款

信用证项下要求受益人提交议付的单据通常包括：商业发票、保险单、海运提单、装箱单、原产地证明、检验证书以及其他证明文件。应认真审核信用证要求提交的单据是否合理，是否能按信用证规定的名称和内容出具，是否存在相互矛盾之处。

12. 银行费用

信用证项下的银行费用包括议付费、通知费、修改费、邮费等。目前，我国出口方收到的国外来证大多规定"你方银行费用由受益人负担（All your banking charges are for beneficiary's account.）"，此种条款不合理，按UCP600规定的银行费用的支付原则，应由指示方承担费用，包括手续费、成本费或其他开支。因此，在实际业务中，应尽可能争取由申请人负担。

（三）改证

对信用证条款进行审核后，如发现问题或我方不能接受的条款，应及时要求修改。信用证的修改可以由申请人提出，也可以由受益人提出。由于修改信用证的条款涉及当事人的权利和义务，因而不可撤销信用证在有效期内的任何修改，都必须得到各当事人的同意。如申请人提出修改，在经开证行同意后，由开证行发出修改通知书，以信件、电报等电信工具通过原通知行转告受益人，经各方接受修改书后，修改方有效。如由受益人提出修改，则应首先征得申请人同意后，再由申请人按上述程序办理修改。

信用证的修改应掌握以下原则：

1. 非改不可的坚决要改，可改可不改的酌情处理。

2. 不可撤销信用证的修改必须被各有关当事人全部同意后，方能有效。

3. 开证行发出修改通知后不能撤回。

4. 保兑行有权对修改不保兑，但必须不得延误地将该情况通知开证行和受益人。

5. 受益人应对申请人提出的修改发出接受或拒绝的通知。

6. 在同一信用证上，如需要多处修改的，原则上应一次提出。对于一份修改通知书上的多项内容，要么全部接受，要么全部拒绝，不能部分接受。

7. 受益人提出修改信用证的，应用电报或电传通知申请人或开证行，提示规定一个修改书到达的时限。

8. 修改书必须经原通知行传递。

三、托运、报关和投保

在出口贸易中，如果使用 CFR 或 CIF 价格成交，我方必须按合同规定做好租船订舱工作，办理报关和/或投保手续。

（一）托运

托运是指出口企业委托代理出口货物运输事宜。凡由我方安排运输的出口合同，对外装运货物、租订运输工具和办理各项有关运输事项，出口企业通常都委托中国对外贸易公司或其他经营外贸运输的企业办理。

在 CIF 合同及使用集装箱班轮装运货物出口的情况下，出口商应向货运代理提交出口货运代理委托书。还必须向其提供与本批货物有关的各项单证，如提货单（出仓单）、商业发票、装箱单、重量单、出口货物报关单、外汇核销单等。对有的特定货物，还需提供出口许可证、商检证等。委托书一经货运代理确认，就意味着出口商和货运代理之间的委托代理合同成立。

（二）报关

报关是指进出境的运输工具的负责人、货物的收发货人及其代理人、货物的所有人向海关申请办理进出口货物的进出口手续，海关对其呈交的单证和申请进出口的货物依法进行审核、查验、征缴税费，批准进出口的全过程。

1. 出口申报

申报有出口申报和进口申报。出口申报是指发货人或其代理人在出口货物时，在海关规定的期限内，以书面方式向海关报告其出口货物的情况，并随之附有相关货运和商业单据，申请海关放行，并对所报告内容的真实性、准确性承担法律责任的行为。

（1）申报资格

必须是经海关审核准予注册的专业报关企业、代理报关企业和自理报关企业及其报关员。

（2）申报时间

出口货物的报关时限是在装货的 24 小时以前。

（3）申报单证

报关所需单证，除出口货物报关单外，通常有：商业发票、装箱单、装货单、出口收汇核销单等。特殊商品还有配额证明、出口许可证、商品检验证等。为使报关工作顺利进行，进出口企业在制单、交单时要做到单证齐全有效；单证相符、单货相符；符合有关法令法规的规定；符合海关的要求。

2. 审核单证

海关接受出口申报后，应对报关员所提交的所有单证进行审核。如果所审核的单证符合国家法律、法规规定，所交验的单证齐全、无误，海关随即着手对货物进行查验。

3. 查验货物

查验是指海关在接受报关单位的申报并已经审核的申报单证为依据，通过对进出口货物进行实际的核查，以确定其报关单证申报的内容是否与实际进出口货物相符的一种监管方式。

海关查验货物一般在海关监管区的进出口口岸码头，车站、机场、邮局或海关的其他监管场所进行。对大宗散货、危险品、鲜活品，经申请可在现场予以查验。在特殊情况下，经申请，海关审核同意，也可派员按规定的时间到规定场所以外的工厂、仓库或施工工地查验货物。

4. 办理征税

税费计征是指海关根据国家的有关政策、法规对进出口货物征收关税及进口环节税费。海关征税首先要对进出口货物申报进行审核。核实申报的主要内容包括：品名、规格、数量、单价、总值、成交金额、产地、贸易性质等。一般程序是：确定税则分类、确定适用的税率、确定完税的价格、计算税额、缴纳关税。

5. 清关放行

清关放行是海关对出口货物进行监管的最后一项业务程序。出口企业或其代理按海关规定办妥出口申报，经海关审核单证、查验货物和征收出口税后，海关解除对货物的监管，准予装运出境。在放行前，海关派专人负责审查该批货物的全部报关单证及查验货物记录，并签署认可，然后在装箱单上盖放行章，货物才能凭装货单要求船方装运出境。同时，海关在出口收汇核销单上加盖验讫章，退报关员，以供出口企业凭此到外汇管理局办理出口收汇核销手续。

（三）投保

在 CIF、CIP 条件成交时，卖方应及时办理出口货物的保险手续。在投保时，通常应填写对外运输投保单，列明投保人名称、货物的名称、数量、包装和标志、船名、航次、预计起航时间、投保险别、保险金额等。保险公司根据投保单考虑接受承保，并缮制签发保险单。

四、制单结汇

货物装运完毕后，出口企业应立即按信用证的规定，正确缮制单据，并在信用证规定的到期日和交单期内，向指定的银行提交单据，办理付款、承兑或议付和结汇手续。

（一）对出口单证的要求

1. 正确

正确是出口单证的前提和核心，单据不正确就不能达到安全收汇的目的。在信用证方式下，要严格做到“单单一致”和“单证一致”，还要注意单据和货物一致。在跟单托收业务中，虽然对单据的要求不像信用证业务要求那样严，但如果不符合合同的规定，也可能被进口商借故拒付货款或延期付款。

2. 完整

出口单据的完整性包括两个方面：一是出口单据在通过银行议付或托收时是成套而不是单一的；二是要求每一种单据本身内容的份数和单据本身的项目不能短缺或漏列。

3. 及时

在国际贸易中，出口单据的时间性是很强的，每种单据都要有一个适当的出单日期。如：提单的日期不得迟于装运期限；保险单和商检证的日期不得迟于提单的日期等。企业必须及时制作单据，并应在信用证的到期日和交单期限内送交银行办理付款、承兑或议付手续，争取早日收汇。在可能的情况下，最好在货物装运前，先将有关单据送交银行预审，以便早日发现问题及时修正，这样可避免在货物出口后，因单证不符而被拒绝。

4. 简明

单据的内容应按信用证要求和国际惯例填写，力求简明，切勿加列不必要的内容。简化单据不仅可以减少工作量和提高工作效率，而且有利于提高单据质量。

5. 整洁

单据的布局要美观大方，格式的设计和缮制应力求标准化和规范化。有些主要单据，如提单、发票、汇票等的金额、数量、件数、重量等主要项目，一般不宜更改。各种单据的更改都应有一个限制点，不允许在一份单子上作多处改动，否则容易产生错觉，带来不必要的麻烦。

（二）常用的出口单据

1. 汇票

在出口贸易中，通常使用的是跟单汇票。关于汇票的内容和使用，在前文中已作接受，这里主要阐述缮制汇票应注意的几个问题。

（1）出票条款

在信用证业务中，出票条款一般包含三个内容：开证行名称、信用证编号和开证日期。采用托收方式时，则应注明有关买卖合同的号码。

（2）汇票金额和币种

在填制汇票的金额和币种时，应注意以下几点：第一，除非信用证另有规定，汇票金额应与发票金额一致；第二，如信用证规定汇票金额为发票金额的百分之几，如98%，则发票金额应为100%，汇票金额为98%，差额2%一般为佣金；第三，如规定部分信用证付款、部分托收，则应做两套汇票：信用证项下的汇票按信用证允许的金额填制，其余部分为托收项下的金额，两者之和等于发票金额；第四，汇票上的大小写必须一致，汇票金额不得涂改，不允许更改后加盖校对章。

（3）付款人

采用信用证支付方式时，汇票的付款人应按信用证的规定填写，通常为开证行或其指定的付款行；在托收方式下，汇票的付款人一般是进口商。

（4）收款人

在信用证方式下，汇票的收款人通常为议付行或出口商的往来银行。在托收方式下，汇票的收款人应为托收行。在我国出口业务中，无论采用信用证还是托收方式结算，对外签发的汇票都应做成指示性抬头。

（5）出票人

汇票的出票人通常为信用证的受益人，在可转让信用证下，也可能为信用证的第二受益人。在托收方式下，一般为买卖合同的卖方。出票人应签署企业全称和负责人的签字和盖章。

2. 商业发票

商业发票是出口企业开立的凭以向买方收款的发货价目清单，是装运货物的总说明。商业发票是出口贸易结算单据中最重要的单据之一，其他单据都应以它为中心来缮制。在制单顺序中，一般也应先缮制商业发票，以后再缮制其他单据，以便向商业发票看齐。

商业发票没有固定的格式，每个出具发票的单位都有自己的格式，但发票的内容大致相同。在缮制发票时，一般应注意以下各项：

（1）出票人名称

发票出票人一般为出口商。在发票的顶部通常印有出口商的名称和详细地址。在信用证方式下，出具人的名称和地址必须与信用证规定的受益人的名称和地址一致。

（2）抬头人名称

信用证方式下，除可转让信用证外，发票的抬头人必须与信用证的开证申请人相一致。在托收方式下，商业发票的抬头一般为进口商。

（3）发票号码、合同号码、信用证号码及开票日期

发票号码由出口商统一编制；合同号码应如实填写；信用证号码按信用证中列明的填写；发票的开票日期必须在信用证的交单有效期内，也不应迟于信用证规定的交单到期日。

（4）运输细节

包括起运地、目的地及使用的运输方式，均应按信用证的规定填写并和提单上的起运地、目的地及运输方式相一致。如遇到世界上有重名的港口或城市，应加列国家名或地区名。

（5）唛头及件号

商业发票上的唛头及件号即要按照刷唛的实际情况填制，也要和提单上的唛头相符，还有符合信用证的规定。如信用证未规定唛头，可按照合同要求填制，也可由出口商自行选用。如果没有唛头，此栏可填“N/M”。

（6）货物的描述

发票上的货物名称、规格、数量与包装方法等有关货物的描述，必须与信用证要求完全相符，不能有任何差异。《UCP600》规定，“商业发票中对货物的描述必须符合信用证中的描述。而在所有其他单据中，货物的描述可使用统称，但不得与信用证中货物的描述有抵触。”

（7）单价和总值

单价和总值是发票的重要项目，必须准确计算，正确缮制并认真复核。发票的总金额不能超过信用证规定的金额。有些国家的来证要求在商业发票上分别表示运费、保险费和 FOB 值，出口商应照办；并且运费、保险费和 FOB 值三项之和应等于商业发票上的 CIF 值。

（8）商品的包装、件数

商业发票上必须表明商品的包装和件数，同时应打出货物的毛重、净重及包装尺码。

（9）出口商的名称和负责人的签字或盖章

出口商的名称一般打印在商业发票的右下角。根据《UCP600》的规定，商业发票无需签字，但信用证有规定的除外。

商业发票的份数较多，一般正本不少于四份，其中两份随同提单等其他单据交银行议付或托收，另外两份则连同提单副本径寄进口商，以便对方做好付款赎单和收货准备。此外，还应准备副本多份，除供出口商本身留底备

查，以及在出口地报关时使用外，进口商或中间商也常要求增加提供份数，以供其记账、存查等所需。

此外，有些国家的信用证经常要求在商业发票上注明“进口许可证号”、“关税号”、“外汇核准号”等，也有的要求加注某些声明，如证明货物系中国产、价格是真实正确的等，均应照办。

3. 运输单据

国际贸易中的运输单据，随不同的贸易方式而异。海洋运输大多使用海运提单。下面介绍海运提单的缮制及有关事项。

（1）托运人（shipper）

托运人即委托承运人装货的货主，一般为信用证的受益人。除非信用证另有规定，否则提单允许以受益人以外的第三者为发货人，如货运代理机构。

（2）收货人（consignee）

收货人的填制应严格按照信用证规定如为托收方式的提单，一般只做成空白指示或托运人指示提单，即在该栏打上“to order”或“to order of shipper”等字样，切不可做成以买方为收货人或指示人的提单，以免货款尚未收到，物权已经转移。

（3）被通知人（notify party）

提单上列出被通知人的目的，是便于承运人在船货抵港前能及时通知实际购货人做好提货准备。如果来证规定了被通知人，应严格按照信用证的要求填写被通知人的名称和地址。一般来说，记名提单此栏可不填，空白指示提单则必须填写被通知人的名称及详细地址。

（4）提单号码（B/L NO.）

提单上必须注明提单号，目的是便于查核和工作联系。提单号码通常按船公司签发的装货单所用号码填制，并与大副收据或场站收据号码一致。

（5）船名及航次（name of vessel）

此栏应按货物装船的实际情况缮制。

（6）装货港、卸货港（port of loading，port of discharge）

装货港和卸货港都应填写港口的具体名称。如信用证规定装货港为“Chinese Port”，提单上的装货港则填中国范围内实际的具体港口名称，如“GUANGZHOU”或“SHANGHAI”，而不能按信用证规定照填“Chinese Port”。在直达船运的情况下，卸货港就是最终目的港；而在转运的情况下，卸货港这栏应是第一程海运船只上的货物卸下的地点。如，货物从上海运往洛杉矶，须在香港转船，则该栏应填“HONGKONG”，而“LOS ANGELES”

应填在“Final Destination”栏内。

(7) 唛头 (marks)

信用证有规定的，应按信用证的规定，并与发票上所列相一致。如信用证没有规定，或不用信用证方式的，可按商业发票上的唛号填写。若散装货物没有唛号，可以表示为“No Mark”或“N/M”。

(8) 包装的件数和种类 (No. and kind of packages)

包装件数和种类按实际情况填写,，并与唛头中件号的累计数相一致。如散装货物无包装件数的，可表示为“In Bulk”。

(9) 货物的描述 (description of goods)

货物的名称可用货物的统称，不必列出详细规格，但应注意不能与信用证中货物名称有抵触。如系危险品，必须写明化学名称，注明国际海上危险品运输规则号码、联合国危险品规则号码和危险品等级。冷藏货物则需注明所要求的温度。

(10) 毛重和尺码 (gross weight and measurement)

除非信用证另有规定，一般以公斤作为重量单位，以立方米作为体积单位，小数要保留三位数。

(11) 运费支付情况 (freight)

应参照商业发票的价格条件填写，不可遗漏。如成交价格为 CFR 或 CIF，应注明“运费已付”(freight prepaid)，如成交价格为 FOB，则应注明“运费到付”(freight collect)，以明确运费由谁支付。

(12) 正本提单份数 (No. of original B/L)

托收方式下正本提单的份数一般一至三份都可以。信用证方式下的正本提单份数必须依据信用证的规定。按《UCP600》规定，全套提单是指承运人在签发的提单上所注明的全部正本份数，包括单份正本提单。

(13) 提单日期和签发地点 (date and place of issue)

提单的签发日期应是装船完毕的那天，该日期不得迟于信用证或合同规定的最迟装运日期。提单的签发地点应是装货港的地点，如中途转船则应是第一程船装货港的地点。

(14) 承运人签署 (signed for the carrier)

海运提单表面必须注明承运人名称，并由承运人或其代理人、船长或其代理人签署。签署人须表明其身份，若为代理人签署，还须表明被代理人名称和身份。

4. 保险单据

保险单据是保险人和投保人之间签订的保险合同的凭证。在运输过程中，当被保险货物遭受保险合同责任范围内的损失时，保险单据是投保人索赔、保险人理赔的依据。在CIF或CIP合同中，出口商在向银行或进口商收款时，提交符合合同或信用证规定的保险单据是其重要义务。

当出口商办妥投保手续后，保险人即根据投保人提供的投保单缮制保险单。保险单主要有以下内容：

（1）保险人即保险公司名称

（2）保险单编号

（3）被保险人名称

被保险人，即投保人，通常是信用证的受益人，并加空白背书，便于办理保险单的转让。如果信用证规定保险单做成"to order"，可以在被保险人栏照填，同时加以背书，其效果和填写信用证的受益人加以背书一样。

（4）唛头

保险公司在本栏目常采取仅打上"同××号发票"（as per invoice No.　）的方式，目的是发生索赔时，索赔方必须提供发票，便于两种单据相互参照。

（5）包装和数量

参照商业发票填写。

（6）包装货物名称

可参照商业发票中描述的商品名称填制，也可填货物的统称，但不得与信用证中货物的描述相抵触。

（7）保险金额

保险单据必须按信用证规定的金额投保，并和信用证的币种一致。如信用证未规定保险金额，则不应低于货物CIF价格的110%；如不能确定CIF货值的，则不能低于银行付款、承兑或议付金额的110%，或发票金额的110%，以金额较大者为最低保险金额。

（8）保费及费率

保费和费率一般没必要在保险单上表示，除非信用证另有规定，一般就印"as arranged"。

（9）装载运输工具

参照提单，要注明承运货物的船舶名称和航次。如该船中途转船，在投保时已明确二程船名的，则在第一程船名后加注第二程船名；如二程船名无法确定，则在第一程船名后加注"and/ or steamers"。

（10）开航日期

海运时，缮打"按提单"（as per B/L）即可，其他运输方式类同。

(11) 起运地和目的地

按照提单填写起运地和目的地，如中途转船，应注明“转运”。

(12) 承保险别

本栏规定了保险公司对该批货物承保的责任范围，也是被保险人货物遭到损失后，确定是否属于保险公司责任的依据。本栏应按投保资料缮制，并严格符合信用证的要求。

(13) 勘察、理赔代理人

应填写该代理人的详细地址，以便收货人在货物出险后向其联系和索赔。

(14) 赔付地点

信用证如有规定，应按信用证规定填制。若信用证未规定赔付地点，一般按实际目的港为赔付地点。

(15) 保险单出单日期和地点

保险单的出单日期必须迟于运输单据上注明的货物装运或接受监管的日期，以表示货物在装运前已办理保险。保险公司通常以投保单日期作为保险单的出单日期。

(16) 保险公司签章

5. 原产地证明书

原产地证明书是证明货物原产地或制造地的证件，也是进口国海关减免关税的依据。我国出口商品的产地证主要有一般原产地证书和普惠制产地证。

一般产地证的出证机构视信用证的具体规定而定，一般都由出口地的公证行或工商团体签发。在我国，该产地证可根据进口商的要求，由出口商自己签发，或由中国国家出入境检验检疫局签发，或由中国国际贸易促进委员会签发。

惠普制是工业发达国家对来自发展中国家的某些产品，在最惠国关税的基础上进一步减免关税的一种优惠制度。凡是对给予我国普惠制关税优惠的国家出口的受惠商品，须提供这种产地证，作为进口国减免关税的依据。在我国，普惠制产地证由出口商填制后连同普惠制产地证申请书和商业发票一份，送交出入境检验检疫局签发。

填写原产地证明书的要点如下：

(1) 产地证书的编号（CERTIFICATE NO.）

此栏不得留空，否则证书无效。

(2) 出口方（EXPORTER）

填写出口公司的详细地址、名称和国家（地区）名。若经其他国家或地区，需填写转口商名称时，可在出口商后面填英文 VIA，然后再填写转口商名称、地址和国家。

(3) 收货方 (CONSIGNEE)

填写最终收货人名称、地址和国家（地区）名。通常是外贸合同中的买方或信用证上规定的提单通知人。如信用证规定所有单证收货人一栏留空，在这种情况下，此栏应加注“TO WHOM IT MAY CONCERN”或“TO ORDER”，但此栏不得留空。若需填写转口商名称时，可在收货人后面加填英文 VIA，然后再写转口商名称、地址、国家。

(4) 运输方式和路线 (MEANS OF TRANSPORT AND ROUTE)

填写装运港和目的港、运输方式。若经转运，还应注明转运地。例如：通过海运，由上海港经香港转运至汉堡港，应填为：FROM SHANGHAI TO HAMBURG BY VESSEL VIA HONGKONG。

(5) 目的地国家（地区）(COUNTRY/REGION OF DESTINATION)

填写目的地国家（地区）。一般应与最终收货人或最终目的港（地）国别相一致，不能填写中间商国家名称。

(6) 签证机构用栏 (FOR CERTIFYING AUTHORITY USE ONLY)

由签证机构在签发后发证、补发证书或加注其他声明时使用。证书申领单位应将此栏留空。一般情况下，该栏不填。

(7) 运输标志 (MARKS AND NUMBERS)

填写唛头。应按信用证、合同及发票上所列唛头填写完整图案、文字标记及包装号码，不可简单填写“按照发票”（AS PER INVOICE NUMBER）或者“按照提单”(AS PEER B/L NUMBER)。货物如无唛头，应填写“无唛头”(NO MARK) 字样。此栏不得留空，如唛头多，本栏目填写不够，可填写在第 7、8、9 栏内的空白处，如还是不够，可用附页填写。

(8) 商品描述、包装数量及种类 (NUMBEER ANDD KIND OF PACKAGES; DESCRIPTION OF GOODS)

填写商品描述及包装数量。商品名称要填写具体名称，不得用概括性表述，例如服装、食品（GARMENT、FOOD）等。包装数量及种类要按具体单位填写，应与信用证及其他单据严格一致。包装数量应在阿拉伯数字后加注英文表述。如货物为散装，在商品名称后加注“散装”（IN BULK）字样。有时信用证要求在所有单据上加注合同号码、信用证号等，可加注在此栏内。本栏的末行要打上表示结束的符号（* * * * * * * * * * * * * * *），以防添加内容。

(9) 商品编码 (H. S. CODE)

此栏要求填写 HS 编码，应与报关单一致。若同一证书包含有几种商品，则应将相应的税目号全部填写。此栏不得留空。

(10) 数量 (QUANTITY)

此栏要求填写出口货物的数量及商品的计量单位。如果只有毛重时，则需填“G. W.”。

(11) 发票号码及日期 (NUMBER AND DATE OF INVOICE)

填写商业发票号码及日期。此栏不得留空，为避免对月份、日期的误解，月份一律用英文表述，如 2004 年 3 月 15 日，则为：MARCH。15，2004。

(12) 出口方声明 (DECLARATION BY THE EXPORTER)

填写出口人的名称、申报地点及日期，由已在签证机构注册的人员签名并加盖有中英文的印章。

(13) 由签证机构签字、盖章 (CERTIFICATION)

填写签证地点、日期。签证机构签证人经审核后在此栏（正本）签名，并盖签证印章。

6. 海关发票

海关发票是非洲、美洲和大洋洲等某些国家海关特定的格式，由出口商填制，供进口商凭以向进口国海关报关时使用的一种特别的发票。各国海关发票各有专门的固定格式，不能相互替代。填制海关发票时应注意下列事项：

(1) 凡是商业发票和海关发票上共有的项目和内容，必须保持一致，不得相互矛盾。

(2) 海关发票的抬头人一般应填写目的港或目的地的收货人。

(3) 海关发票中“出口国国内价格”一栏，应以出口国的货币填写，且不能高于 FOB、CFA 价格，否则可能成为进口国海关征收反倾销税的依据。

(4) 以 CIF 或 CIP 条件成交的，应分别列明 FOB、FCA 价、运费、保险费，三者之和应与 CIF、CIP 价格相等。

(5) 海关发票正面和背面的日期、金额必须一致。

(6) 海关发票上的签字必须以个人名义。如要求另加证明人，证明人的签字式样不得与发票、汇票或其他单据的签字者同属一人。

7. 检验证书

检验证书是出入境检验检疫机构对进出口商品实施检验检疫后，根据检验检疫结果，结合进出口合同和信用证要求，对外签发的证书。检验证书包括：① 品质检验证书；② 重量/体积检验证书；③ 数量检验证书；④ 兽医检验证书；⑤ 卫生（健康）检验证书；⑥ 消毒检验证书；⑦ 产地检验证书；⑧ 温度检验证书；⑨ 验舱证书。

缮制检验证书应注意下列问题：

（1）报检单位

指向检验检疫机构申报检验、检疫、鉴定业务的单位。报检单应加盖报检单位的公章。

（2）报检单位登记号

指在检验检疫机构登记的号码。

（3）发货人

指本批出境货物贸易合同中或信用证中受益人的名称。如需出具英文证书的，填写中英文。

（4）收货人

指本批出境货物贸易合同中或信用证中买方名称。如需出具英文证书的，填写中英文。

（5）货物名称

按贸易合同或发票所列的货物名称，根据需要可填写型号、规格或牌号。货物名称不得填写笼统的商品类，必须填写具体的类别名称。

（6）H. S. 编码

指货物对应的海关商品代码，填写 8 位数或 10 位数。

（7）产地

指货物生产/加工的省（自治区、直辖市）以及地区（市）名称。

（8）数/重量

填写报检商品的数/重量，重量一般填写净重。

（9）货物总值

按本批货物合同或发票上所列的总值填写。如同一报检单报检多批货物，需列明每批货物的总值。

（10）包装种类及数量

指本批货物运输包装的种类及件数。

（11）运输工具名称号码

填写货物实际装载的运输工具类别名称（如船、飞机、火车等）及运输工具编号（船名、飞机航班号、火车车次等）。报检时，未能确定运输工具编号的，只可填写运输工具类别。

（12）贸易方式

一般贸易；来料加工；进料加工；其他等。

(13) 货物存放的地点

指本批货物存放的地点。

(14) 合同号

指本批货物的贸易合同编号。

(15) 信用证号

指本批货物的信用证编号。

(16) 用途

指本批出境货物用途，如种用、食用、观赏、演艺、试验、药用、加工等。

(17) 发货日期

按本批货物信用证或合同上所列的出境日期填写。

(18) 输往国家（地区）

指贸易合同中买方所在的国家或地区。

(19) 许可证/审批号

对实施许可证制度或审批制度管理的货物，报检时填写许可证编号或审批单编号。

(20) 起运地

指装运本批货物离境的交通工具的起运口岸/城市名称。

(21) 到达口岸

指装运本批货物的交通工具最终抵达目的地停靠的口岸名称。

(22) 生产单位注册号

指生产/加工本批货物的单位在检验检疫机构的注册登记名称。

(23) 集装箱规格、数量及号码

填写装载本批货物的集装箱规格以及分别对应的数量和集装箱号码。

(24) 合同、信用证订立的检验检疫条款或特殊要求

指贸易合同或信用证中贸易双方对本批货物进行特别约定而订立的质量、卫生条款和报检单位对本批货物检验检疫的特别要求。

(25) 标记及号码

按出境货物实际运输包装登记填写。如没有标记，填写N/M。

(26) 随附单据

按实际提供的单据，在对应的“□”打“√”。对报检单上未标出的，须自行填写提供的单据名称。

(27) 需要单证名称

按需检验检疫机构出具的单证，在对应的“□”打“√”，并对应注明

所需订单的正副本的数量。对报检单上未标出的，须自行填写所需单证的名称和数量。

（28）报检人郑重声明

必须有报检人的亲笔签名。

8. 包装单据

包装单据是指一切记载或描述商品包装情况的单据，也是商业发票的补充单据。不同商品有不同的包装单据，常用的有装箱单、重量单、尺码单等。

装箱单又称包装单，是表明出口货物的包装形式、包装内容、数量、重量、体积或件数的单据。其主要用途是作为海关验货、公证行核对和进口商提货点数的凭据。装箱单还可作为商业发票的补充文件，用以补充说明各种不同规格货物所装之箱号及各箱的重量、体积、尺寸等内容。

重量单又称磅码单，是用以重量计量、计价的商品清单。一般列明每件包装商品的毛重和净重、整批货物的总毛重和总净重；有的还需增列皮重；按公量计量、计价的商品，则需列明公量及计算公量的有关数据。凡是提供重量单的商品，一般不需提供其他包装单据。

尺码单又称体积单，是着重记载货物的包装件的长、宽、高及总体积的清单。供买方及承运人了解货物的尺码，以便合理运输、储存及计算运费。

以下是有关装箱单据条款举例：

（1）packing list in triplicate.

装箱单一式三份。

（2）signed packing list, on original and one copy.

签字装箱单，一正一副。

（3）detailed weight and measurement list showing the detail of colors, size and quantities in each carton and also net weight and gross weight.

重量单/尺码单明细单，详注每箱货物的颜色、尺寸和数量以及毛重和净重。

（4）manually signed packing list in triplicate detailing the complete inner packing specification and contents of each package.

手签装箱单一式三份，详注每件货物内部包装的规格和内容。

（5）detailed packing list in quadruplicate showing gross weight、net weight、net net weight、measurement、color、size and quantity breakdown for each package, if any applicable.

详细装箱单一式四份，如适用，请标明每个包装的毛重、净重、净净重、尺码、颜色、尺寸为数量。

(6) Packing List in triplicate issued by beneficiary indicating quantity, gross and net weight of each package/container.

受益人出具的装箱单一式三份，指出每一容器或集装箱的毛、净重。

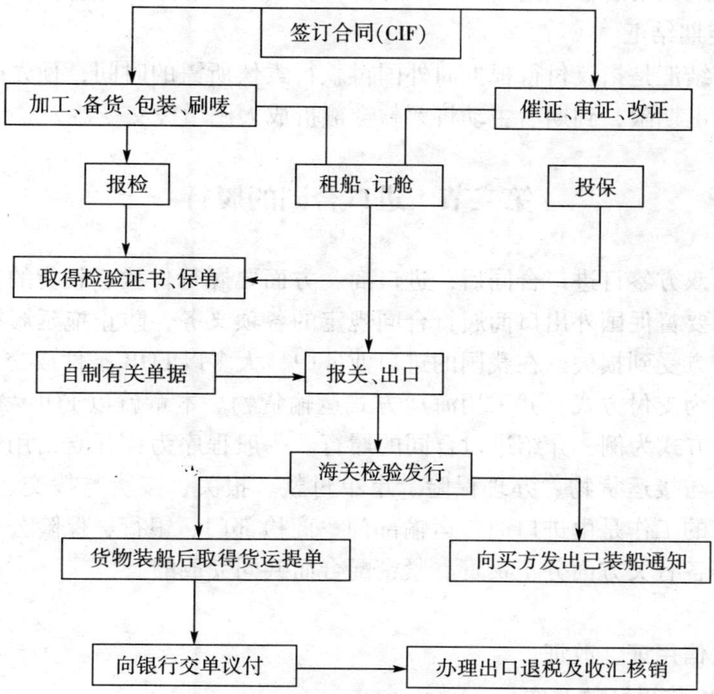

图 7－1　出口合同的履行程序图

（三）交单结汇

根据这人民银行规定，我国对外汇收入实行统一结汇制。当出口企业收到货款后，应将取得的外汇根据当日的人民币汇率全部出售给外汇银行。信用证或跟单托收方式下的出口收汇，出口企业凭合同及结算方式规定的有效单据和出口核销单编号到外汇银行办理结汇。汇付方式下的出口收汇，出口企业凭正本收汇核销单办理结汇。

在我国的出口业务中，使用不可撤销议付信用证方式收款的情况下，结汇的做法主要有买单结汇、收妥结汇和定期结汇三种。

1. 买单结汇

买单结汇指议付行在审单无误后，按信用证条款买入受益人的汇票和/或单据，从汇票面额中扣除议付利息，将净款按当日外汇牌价折成人民币付给受益人。

2. 收妥结汇

收妥结汇是指议付行收到受益人提交的单据和/或汇票后，经审核无误，将单据和汇票寄交国外付款行收取货款，待收到付款行将货款拨入议付行账户的贷记通知书后，即按当日外汇牌价，折成人民币打入受益人账户。

3. 定期结汇

到期结汇是指议付行根据向外国付款行索偿所需的时间，预先确定一个固定的结汇期限，到期后主动将票款金额折成人民币拨交受益人。

第二节　进口合同的履行

买卖双方签订进口合同后，进口商一方面要履行付款、收货的义务，另一方面也要督促国外出口商履行合同规定的各项义务，防止拖延履行或违约而使进口方受到损失。在我国的进口业务中，大多以 FOB 条件成交，以即期信用证作为支付方式，并采用海运方式运输货物。本章就以 FOB 贸易术语，L/C 支付方式为例，介绍进口合同的履行。一般程序为：开立信用证、洽租运输工具与接运货物、办理保险、审单付款、报关、接货与拨交、检验等。这些环节的工作是由进口商、运输部门、商检部门、银行、保险公司以及用货部门等各有关方面分工负责、紧密配合而共同完成的。

一、开立信用证、改证

（一）信用证的开立

进出口合同签订后，进口商按照合同的规定向银行申请办理开证手续。开证的时间应考虑合同规定。如合同规定开证日期，进口商应在规定期限内开立信用证；如合同只规定了装运期的起止日期，则应让受益人在装运期开始前收到信用证；如合同只规定最迟装运日期，则应在合理时间内开证，使卖方有足够时间备妥货物并出运。

开证申请人在填写开证申请书时，应注意以下问题：

1. 信用证的种类应按合同规定。在进口业务中，一般不宜开立可转让信用证，以防因第二受益人不可靠而造成意外损失。

2. 信用证金额的大小写要一致，除非确有必要，不宜在金额前加“约”、“近似”或类似语言。否则，将被解释为允许有不超过 10% 的增减幅度。

3. 必须说明据以付款、承兑或议付的单据，包括单据的种类、具体要求及出具单据的机构等。

4. 如采用海运，一般应要求提供全套凭开证行或申请人指示并经发货人空白背书的已装船清洁提单。

5. 信用证项下汇票的付款人应为开证行或信用证指定的其他银行，而不能规定为开证申请人。并严格按照合同规定要求汇票是即期还是远期。

6. 如合同不允许分批装运和转运的，应在信用证中明确注明不准分批装运、不准转运。如信用证对此不作规定的，将被认为允许分批装运和转运。

7. 信用证必须规定一个到期日和除了自由议付信用证外的一个交单地点。

8. 信用证中应要求出口商在商业发票上记载进口许可证号码，以备进口通关时海关验货。

（二）信用证的修改

信用证开出后，如发现信用证内容与开证申请书不符，或因情况发生变化或其他原因，需对信用证进行修改，开证申请人应向开证行提交修改通知书。开证行经审查，若同意修改，便缮制信用证修改书，并由原通知行通知出口商。

如对方收到信用证后要求修改某些条款，应审查其要求是否合理，区别情况同意或不同意。如同意修改，我方应及时通知开证行办理修改手续；如不同意修改，也应及时通知对方，敦促其按原证条款履行。

二、运输

FOB 价格条件下的进口合同，应该由买方办理运输。我国的外贸公司大都通过外运代理机构办理货运业务，也可以直接向实际承运人办理。

按惯例，卖方在交货前一定时期内应将预计装运日期通知我方。在接到通知后，我方应及时向货代公司或承运人办理租船或订舱手续。然后按规定期限将船名、船期等及时通知对方，以便对方备货装船。同时，为了防止船货脱节和出现等船等情况，还必须随时了解卖方备货和装船前的准备工作情况，催促对方按时装运。对成交量大或重要的进口货物，如有可能应请我驻外机构就地了解和催促对方履约。在特殊情况下，可派人到出口地点检验监督装运。

货物装船后，出口方应按合同规定向买方发出货物已交至船上的充分通知，以利买方准备接货。通知一般应列明合同号、货名、数量、金额、船名及起航日期。买方据此办理保险。

三、保险

在FOB条件下的进口合同，由买方办理保险。进口商向保险公司办理进口货物运输保险时，一般采用预约投保和逐笔投保两种形式。

（一）预约保险

经常有进出口业务的外贸企业大多和保险公司签订了海运、空运和陆运货物的预约保险合同，简称“预保合同”。在预保合同中，双方对进出口商品应投保的险别、保险费率、适用条款以及赔偿的支付办法等都作了具体规定。

根据预约保险合同，保险公司对有关进口货物负自动承保的责任。如属于该预约保险合同规定范围内的海运货物，一经装船，保险即开始生效。我方进口企业应按规定根据卖方发来的装运通知，编制“进口货物装船通知”提供给保险公司，作为投保凭证。

（二）逐笔投保

在没有签订预约保险合同的情况下，通常采用逐笔投保方式。进口企业在接到卖方的装运通知后，应立即向保险公司办理保险手续。保险公司出具保险单，投保人缴付保险费后，保险单随即生效。

对于进口货物，无论采用预约保险还是逐笔投保，进口方都应及时办理投保手续。否则，如果投保前货物在运输过程中发生损失，保险公司不负赔偿责任。

四、审单付款

在信用证结算方式下，货物装船后，出口商必须提交与信用证相符的单据向当地银行办理议付，议付行审核无误后支付货款，并将全套单据寄我方开证行索偿。

（一）银行的审单责任

在信用证支付方式下，开证行承担第一性的付款责任。因此，开证行在收到全套单据后，即应根据《UCP600》的规定，遵循“单单一致、单证一致”的原则，对信用证规定的单据进行仔细审核，以确定其表面上是否符合信用证条款。审核无误后，开证行就必须付款。信用证未规定的单据，银行将不予审核。如果银行收到这类单据，应将它们退回交单人或转递而不需承担责任。

（二）银行的审单时间

开证行或指定银行应在合理时间内审核单据，即不超过单据次日起的7

个营业日审核和决定接受或拒绝接受单据并相应地通知交单方。

（三）付款或拒付

卖方发货后，将全套单据交当地银行办理议付，议付行审核单据后再寄我方开证行索偿。开证行对照信用证规定，审核单据的种类、份数和内容，为慎重起见，一般还应将单据交进口商审核。经审核无误后，进口商即通知开证行对外付款。

在实际业务中，如开证行发现单据表面上不符合信用证条款，一般先与进口商联系，征求进口商意见是否接受不符点。进口商如表示可以接受，即指示开证行对外付款；如表示拒绝，即指示开证行对外提出异议，或通过寄单行通知受益人更正单据或由国外银行书面担保后付款；或改为货到检验认可后付款。

（四）进口审单注意的问题

1. 信用证规定的单证是否齐全，单据与合同、单据与信用证、单据与单据是否都一致。

2. 单据的商品品名、规格、金额、数量是否与信用证严格相符。

3. 运输单据的内容是否与信用证中关于运输的规定相符。

4. 支付方式和金额等是否与信用证相符。

五、接货、报关

（一）接货

进口企业通常委托货运代理公司办理接货业务。可以在合同和信用证中指定接货代理，此时，在提单的“被通知人”栏内应填上指定的货运代理公司的名称和地址。船只抵港后，船方按提单上的地址，将“准备卸货通知”寄交进口商委托的货运代理，代理公司应负责现场监卸。如果合同和信用证中未指明接货代理，进口商可在接到“准备卸货通知”后，自行监卸。

在监卸过程中，如发现货损货差，监卸方应会同船方和港务当局，填制“短卸报告”，交由船方确认，并根据短缺情况向船方提出保留索赔权的书面声明。有残损的货物应存放在海关指定的仓库，待保险公司会同商检局检验后再作处理。

卸货后，货物可以在港口申请报验，也可在用货单位所在地报验。但下列情况之一的，应在卸货港向商检机构报验：① 属于法定检验的货物；② 合同规定应在卸货港检验；③ 发现货损货差情况。

（二）报关

进口报关是进口货物的收货人或其代理人向海关交验有关单证，办理进口货物申报手续的法律行为。除另有规定外，进口报关必须由海关准予注册登记的报关企业或者有经营进口业务的企业负责办理，报关单位指派的报关员应经海关培训并考核认可。未经海关注册登记的单位和未经海关考核认可的人员，不得直接向海关办理报关手续。

我国《海关法》规定，进口货物收货人应当自载运该货物的运输工具申报进境之日起 14 日内向海关办理进口申报手续，超过 14 日未申报的，从 15 日起征收 CIF 价格 5‰的滞报金。超过 3 个月未向海关申报的，由海关提取变现，所得价款在扣除运输、装卸、储存等费用和税款后，尚有余款的，自货物变卖之日起 1 年内，经收货人申请予以发还。

进口报关需填写“进口货物报关单”，并随同交验以下单据：①进口许可证和国家规定的其他批准文件；②提单或运单；③发票；④装箱单；⑤减、免税或免检的证明；⑥ 报验单或检验证书；⑦ 产地证。其他海关认为有必要提供的文件。

六、检验和拨交

进口货物到达后，买方应及时进行检验，并应迅速取得有效的检验证明，以便在发现货物质量问题、数量短缺时能及时向有关责任方提出索赔。

《商检法》修正案规定所有进口货物一律在报关地的检验检疫机构报检。凡属于法定检验商品，必须向到货口岸或到达站的商检机构申报检疫或检疫，未经检验的不准销售或使用。为防止超过时效，失去对外索赔权，以下情况均须在卸货港口向检验机构报验：① 合同中规定在卸货港检验的；②货到检验合格后付款的；③ 合同规定的索赔期限较短；④ 卸离海轮时已发现残损或有异议或提货不着等情况。不属上述情况，而用货单位又不在港口的，可将货物运至用货单位所在地，由其自行验收，如发现问题，就近向商检机构或有关机构申请检验。但必须在对外索赔有效期内检验完毕。

外贸进口公司办完上述手续后，还要及时向用货单位办理拨交手续。如果用货单位在卸货港所在地，则就近拨交货物；如果用货单位不在卸货地区，则应委托货运代理将货物转运内地，并拨交给用货单位，在货物拨交之后，外贸公司再与用货单位进行结算。

七、进口索赔

在进口业务中，有时会发生卖方不履行合同规定的义务的情况，如不交货或所交货物的品质、数量、包装或交货时间不完全符合合同规定，而使买方遭受损失；或货物在装运过程中使品质、数量、包装受到损害；或由于自然灾害、意外事故以及其他外来因素致使货物受损，而需向有关责任方提出索赔。

（一）向卖方索赔

1. 宣布合同无效

按《联合国国际货物销售合同公约》规定，如果卖方完全不交付货物，或不按照合同规定交付货物，买方可宣布合同无效，还可以向卖方索赔。买方向卖方要求的索赔额应与因卖方违反合同而使买方遭受的包括利润在内的损失相等。如果合同被宣告无效，而在宣告无效后一段合理时间内，买方已以合理方式购买替代货物，则买方可以取得合同价格和替代货物交易价格之间的差额，以及包括利润在内的其他损失赔偿；如果合同被宣告无效，而货物又有时价，买方未购买替代货物的，则可以取得合同价格和宣告合同无效时的时价之间的差额，以及包括利润在内的其他损害赔偿。时价是指原应交付货物地点的现行价格，如果该地没有时价，则指另一合理替代地点的价格，但应适当考虑货物运费的差额。

2. 其他的补救措施

如果卖方不履行合同或不完全履行合同的结果，使买方遭受了损失，但并未剥夺买方根据合同规定有权期待得到的东西，即未构成根本违反合同，买方不能宣告合同无效，但可以要求损害赔偿。此外，买方还可以行使采取其他补救措施，如可以规定一段合理时间让卖方履行义务；如果货物不符合合同，买方还可要求卖方做出补救或减低价格，减价按实际交付的货物在交货时的价值与符合合同的货物在当时的价值两者之间的比例计算。买方可能享有的要求损害赔偿的任何权利，不因行使其他补救办法的权利而丧失。

3. 索赔期限和索赔证据

有关卖方交货的品质和合同不符或原装数量短少需向卖方索赔的，应在合同规定的索赔期限内提出。因复验来不及或由于其他原因需要较长时间的，可在合同规定的索赔有效期限内向对方要求延长索赔期限，或在合同规定的索赔有效期内向对方提出保留索赔权。如买卖合同未规定索赔期限，而到货检验中又不易发现货物缺陷的，按《联合国国际货物销售合同公约》规定，买方行使索赔权最长期限是自其实际收到货物之日起不超过两年；而我国法律对国际货物买卖合同争议提起诉讼或者申请仲裁的期限，则规定自当事人知道或应当知道其权利受到侵犯之日起四年为限。

对外提出索赔需要提供证据。应制作索赔清单，并随附商检局签发的检验证书、发票、装箱单、提单副本。向卖方索赔时，应在索赔证件中提出确切根据和理由，如采用 FOB 或 CFR 条件的，还需随附保险单。

（二）向承运人索赔

在进口业务中，凡到货数量少于运输单据所载数量，或由于承运人的过失造成货物残损、遗失，应由承运人负责。主要有以下情况：货物数量少于提单所载数量；提单是清洁提单，而货物有残缺情况，并属于船方过失所致；货物所受的损失，根据租船合同有关条款应由船方负责等。向船方索赔的期限为货物到达目的港交货后一年内。

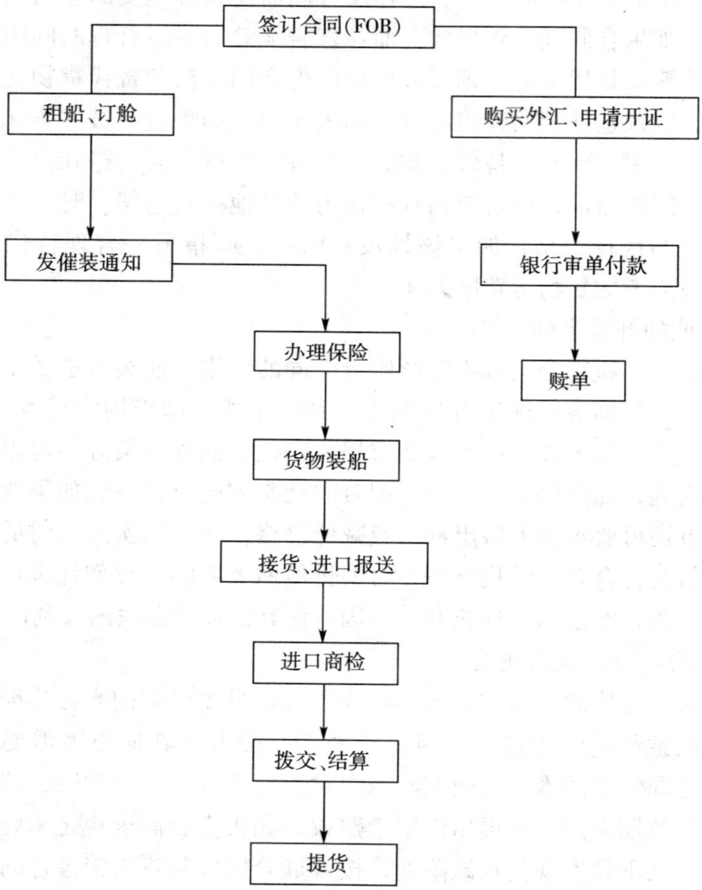

图 7-2　进口合同的履行程序图

（三）向保险公司索赔

进口货物在保险责任有效期内发生属于自然灾害、意外事故、外来原因或在运输装卸过程中发生其他事故致使货物受损，且在保险公司责任范围内的，不论合同采用哪种贸易术语，都应由买方向保险公司提出索赔。在向保险公司索赔时，进口商应备妥各项必要的单证，如保险单据、运输单据、发票、检验报告、货损货差证明等，并及时发出损失通知。进口商还应迅速对受损货物采取必要的合理的施救措施，防止损失的扩大。因抢救货物支付的合理费用，可由保险公司承担。向保险公司提出海运货损索赔的期限为被保险货物在卸货港全部卸离海轮后两年内。

目前，我国的进口索赔工作，属于船方和保险公司的责任的，一般由货运代理或外贸公司代办；属于卖方责任的则由进出口公司直接办理。为了做好索赔工作，要求进出口公司、外贸运输部门、订货部门、商检机构等各有关单位密切合作，要做到结果正确、证据属实、理由充分、赔偿责任明确，并要及时向有关责任方提出，以挽回货物所受到的损失。

关键名词：

商业发票　海运提单　保险单据　原产地证明书　检验证书　报关　结汇　索赔

思考题：

1. 试述在出口合同履行过程中使用的结算单证的种类。

2. 试述信用证的有效期、交单期和装运期这三者之间的关系。

3. 试述在采用 CIF 条件成交信用证支付的出口合同中，我方在履约时要经过的环节。

4. 试述进口商审单付款时应注意的问题。

5. 试述卖方审核信用证的依据和内容。

6. 试述进口商在办理对外索赔时应做好的工作。

案例分析题：

1. 我国某公司向国外进口商以 CIF 条件出口一批货物。国外来证规定：① 商业发票一式三份；② 全套清洁已装船的海运提单，注明“运费已付”，做成凭指示抬头，空白背书，通知开证申请人；③ 保险单一式两份，根据中国人民保险公司 1981 年 1 月 1 日海洋货物保险条款投保一切险和战争险。同时，信用证规定本证受 UCP500 的约束。我公司在信用证规定的装运期内将货物装上船，并在信用证的有效期内向银行交单议付。议付行议付后即将单据寄到开证行索偿，但遭到开证行的拒绝。其理由是单证有下列的不符点：① 商业发票上没有受益人的签字；② 要求提供一套正本提单，而只交了一份；③ 提单上未表明出单人的身份；④ 保险单上保险金额和发票金额相等，因此投保金额不足。试分别说明开证行以上的拒付理由是否成立。为什么？

2. 某公司出口罐装苹果（CANNED APPLES）1000箱，客户开来信用证中注明商品的名称为“CANNED APPLES”，该公司发运货物后持单到银行议付，银行发现发票上写的是“CANNED APPLES”，而提单和保险单上均写上“CANNED GOODS”，就以单单不符与单证不符为由拒绝付款。试问：该公司应如何处理？为什么？

3. 我国某公司向美国出口核桃仁2000公吨，美国公司于2003年6月底开来信用证，证中规定最迟装运日为2003年7月31日，议付有效期为2003年8月15日。我方公司于2003年7月20日装船完毕并取得海运提单。后经制单审单，在2003年8月12日将单据交银行议付，但遭到银行拒绝。请问，银行有无权利拒付？为什么？

4. 我国某企业进口一台设备，合同规定索赔期限在货到目的港30天内。当货到目的港后，由于该企业厂房尚未建好，机器无法安装，待半年后厂房完工，机器安装好进行试车，发现不能很好运转，经商检机构检验证明机器是旧货，于是向国外出口商提出索赔，但外商置之不理。请问，我方对此应吸取什么教训？

实训七：

1. 要求在实训一至六的基础上，按照各自角色完成下列程序

(1) 出口商：备货，按供应商接受的价格签购销合同。

(2) 供应商：组织生产，出货。

(3) 出口商：制单，办理租船、报检、保险、报关、出运、交单事宜。

(4) 出口地银行：审单，寄议付单据给进口地银行。

(5) 进口地银行：审单，通知进口商赎单。

(6) 进口商：赎单，办理进口报检、报关、提货、销货事宜。

(7) 出口商：办理结汇、核销、退税事宜。

2. 每位同学轮流扮演五个角色完成以下任务：(1) 出口商：至少完成1笔L/C+CIF出口业务；(2) 进口商：至少完成1笔L/C+CIF进口业务；(3) 供应商：至少完成1笔销售合同；(4) 进口地银行：配合进口商至少完成一份信用证申请表的审核及开证、审单；(5) 出口地银行：配合出口商至少完成1次传证、审证、审单等工作。

中华人民共和国出口许可证

EXPORT LICENCE OF THE PEOPLE'S REPUBLIC OF CHINA No.7519755

1. 出口商: Exporter	3. 出口许可证号: Export licence No. 08-03-202674
2. 发货人: Consignor	4. 出口许可证有效截止日期: Export licence expiry date 2008年09月08日
5. 贸易方式: Terms of trade 一般贸易	8. 进口国（地区）: 越南 Country/Region of purchase
6. 合同号: Contract No. 200801TMVIM01	9. 付款方式: Payment 汇付
7. 报关口岸: Place of clearance 凭祥海关	10. 运输方式: Mode of transport 公路运输

11. 商品名称: 2<排气量≤2.5升往复式活塞内燃发动机的……≤9座 商品编码: 8703231602
Description of goods　Code of goods

12. 规格、等级 Specification	13. 单位 Unit	14. 数量 Quantity	15. 单价（USD） Unit price	16. 总值（USD） Amount	17. 总值折美元 Amount in USD
KZ6460TAS	辆	*1.0	*14,171.0000	*14,171	$14,171
KZ6460TAS	辆	*1.0	*14,296.0000	*14,296	$14,296
18. 总　计 Total	辆	*2.0		*28,467	$28,467

19. 备　注 Supplementary details	20. 发证机关签章 Issuing authority's stamp & signature 21. 发证日期 Licence date 2008年03月10日

中华人民共和国商务部监制（2007）

第三联（付本）送银行办理结汇

进出口合同的履行

中华人民共和国海关出口货物报关单

预录入编号：　　　　　　　　　　　　　　　　海关编号：

<table>
<tr><td colspan="2">出口口岸</td><td>备案号</td><td>出口日期</td><td colspan="2">申报日期</td></tr>
<tr><td colspan="2">经营单位</td><td>运输方式</td><td>运输工具名称</td><td colspan="2">提运单号</td></tr>
<tr><td colspan="2">发货单位</td><td>贸易方式</td><td>征免性质</td><td colspan="2">结汇方式</td></tr>
<tr><td>许可证号</td><td colspan="2">运抵国（地区）</td><td>指运港</td><td colspan="2">境内货源地</td></tr>
<tr><td>批准文号</td><td colspan="2">成交方式</td><td>运费</td><td>保费</td><td>杂费</td></tr>
<tr><td>合同协议号</td><td>件数</td><td>包装种类</td><td>毛重（公斤）</td><td colspan="2">净重（公斤）</td></tr>
<tr><td>集装箱号</td><td colspan="3">随附单据</td><td colspan="2">生产厂家</td></tr>
<tr><td colspan="6">标记号码及备注</td></tr>
<tr><td colspan="6">商品编号　商品名称　数量及单位　最终目的国（地区）　单价　总价　币制　征免</td></tr>
<tr><td colspan="6"></td></tr>
<tr><td colspan="6"></td></tr>
<tr><td colspan="6"></td></tr>
<tr><td colspan="6"></td></tr>
<tr><td colspan="6"></td></tr>
<tr><td colspan="6">税费征收情况</td></tr>
<tr><td>录入员　录入单位</td><td colspan="2">兹申明以上申报无论并承担法律责任</td><td colspan="3" rowspan="2">海关审单批注及放行日期（签章）
审单　　审价</td></tr>
<tr><td colspan="3">报关员
单位地址　　申报单位（签章）
邮编　　电话　　填制日期</td></tr>
</table>

JG08

中华人民共和国海关进口货物报关单

数据中心统一编号：0000000000088391646

预录入编号：027096574-1　　Page. 1　　海关编号 020220071027096574

进口口岸 新港海关(0202)	备案号	进口日期 2007-03-08	申报日期 2007-03-13
经营单位	运输方式 江海运输(2)	运输工具名称 QINGDAOSTAR QINGDAOSTAR,087N	提运单号 INXGQI088S006B
收货单位	贸易方式 一般贸易(110)	征免性质 一般征税(101)	征税比例 0%

许可证号	起运国(地区) 韩国(133)	装货港 仁川(1482)	境内目的地 保定其他(13069)
批准文号	成交方式 FOB(3)	运费 502/300/3	保费 0/3/1	杂费 0/0/0
合同协议号 KR-LIFE CH0060928	件数 6	包装种类 托盘	毛重(公斤) 2100	净重(公斤) 2000
集装箱号 GESU5341405 * 1(2)	随附单据		用途

标记唛码及备注
GESU5341405;

项号	商品编号	商品名称、规格型号	数量及单位	原产国(地区)	单价	总价	币制	征免
01	83012090	全套汽车门锁总成 汽车用	2000千克 250套	韩国 (133)	1 用途：企业自用	2[illegible].00	USD 美元	照章 征税

税费征收情况

录入员 陈嘉　录入单位	兹声明以上申报无讹并承担法律责任	海关审单批注及放行日期(签章)
报关员 刘宝振 9336		审单 EDI专用报关单
单位地址 中国.天津市和平区[illegible]号	申报单位 天津市[illegible]运报关有限公司	征税　统计
邮编 300042　电话 86-022-23036616	填制日期 2007-3-13 14:56:07	查验　放行

广东省粤丰贸易公司

GUANGDONG YUE FENG TRADING CO.

NO. 31ZHEAN ROAD GUANGZHOU CHINA

装　　箱　　单

PACKING　LIST

Exporter：
GUANGDONG YUE FENG TRADING CO.
NO. 31ZHENAN ROAD GUANGZHOU,
CHINA

DATE：

INVOICE NO. ：

B/LADING NO. ：　　GSCK3008

TRANSPORT DETAILS：
FROMGUANGZHOU TO OSAKA
BY VESSEL

标记 尺码 SHIPPING MEAS MARKS	件数 QUANTITY	货名 DESCRIPTION OF GOODS	净重 NET WEIGHT	毛重 GROSS WEIGHT

HALF DRIED PRUNE 1998CROP

GRADE　　SPEC

1400CASE　A　　L：700CASES M：700CASES

2800CASE　B　　L：1400CASES M：1400CASES

PACKING：IN WOODEN CASE

12KGS PER CASE

TOTAL　　4200CASE

GUANGDONG YUE FENG TRADING CO.

NO. 31ZHEAN ROAD GUANGZHOU CHINA

SIGNATURE

商业发票

广东省粤丰贸易公司

GUANGDONG YUE FENG TRADING CO.

NO. 31ZHEAN ROAD GUANGZHOU CHINA

商业发票

COMMERCIAL INVOICE

Messers:

INVOICE NO. : ________

INVOICE DATE : ______

L/C NO. : ______

L/C DATE : ______

Exporter:

Transport details:

Terms of payment:

MARKS AND NUMBERS OF GOODS	DESCIPTION	QUANTITY	UNIT PRICE (USD/CASE)	AMOUNT (USD)

GUANGDONG YUE FENG TRADING CO.

Signature

第八章　国际贸易方式

1. 本章学习目的与要求

目前，国际贸易方式灵活多样，能够正确地选择贸易方式，对于开拓国际市场、稳定贸易合作关系以及扩大国际间的经济技术合作具有积极意义。本章主要介绍经销、代理、直销、寄售、展卖、拍卖、招标与投标、期货交易等国际贸易方式。通过本章的学习，了解各种贸易方式的基本概念和基本特征，熟悉各种贸易方式的基本做法，并能运用所学知识开展多渠道、多方位的贸易往来。

2. 本章教学重点和难点

（1）独家经销和独家代理；

（2）招标与投标；

（3）寄售；

（4）拍卖。

第一节　经销和代理

一、经销（Distributorship）

经销是指出口商通过协议把某一种商品或某一种类商品在某一地区和期限内的经营权单独授予某一客户或公司的贸易做法。

（一）经销的特点

1. 双方当事人通过协议建立起一种较为稳固的购销关系。

2. 经销商同出口商之间的关系是买卖关系。

3. 在经营方式下，经销商自筹资金、自担风险和自负盈亏。

这种经营方式的优势在于，一方面，国外经销商是用自己的名义买货，并自负盈亏和承担风险，在转销商品过程中，并不涉及第三者和出口人利益；同时经销商在经销地区内享受专营权，出口人不能向该地区的客户直接售货。因此，采用这种经销方式，通过授权专营，有利于调动经销商经营的积极性，利用经销商的销售渠道，达到巩固和扩大市场的目的，并可减少多头经营自相竞争的弊病。另一方面，如果出口人运用经营方式不恰当，可能造成出口商经营活动受到不利影响或者出现包而不销的情况。经营商还可能利用其垄断地位，操纵价格和控制市场。

（二）经销的种类

经销有一般经销和独家经销两种类型。

1. 一般经销

一般经销是指出口商与国外经销商签订经销协议，向国外经销商提供在一定地区、一定期限内经营某种或几种商品的经销权，经销商则有义务维护出口商的利益，必要时，还要对经销商品组织技术服务、进行广告宣传与推广，而出口商亦需向经销商提供种种帮助。在一般经销情况下，经销商享有经销权，在购货方面能够得到一定的优惠，但是没有专营权，出口商可以在同一地区内指定几个经销商。

2. 独家经销

独家经销我国也称之为包销，是指出口商通过协议把某一种商品或某一种类商品在某一地区和期限内的经营权单独给予某个客户或公司的贸易做法，即国外的某个客户或公司拥有独家经营权。鉴于独家经销方式能通过协议确定当事人双方在一定时期内稳定的关系，我国出口业务中，根据某些商品的特点和扩大出口的需要，在适当的市场上，主要采取独家经销方式。

（三）采用经销方式应注意以下问题

1. 选择经销商时，要对经销商的资信情况、经营能力及其在该地区的商业地位进行评估。对大众商品采用经营方式时，应有试行阶段。

2. 适当规定经销商品范围、地区及经销数量或金额。商品经营范围的大小，要同客户资信能力和销售方的经营意图相适应。在一般情况下，经销商品的范围不宜过大。为了扩大推销某类商品，可以允许经销商超额承购，并对超额完成部分给予一定比例的奖励金。

3. 在协议中应规定中止或索赔条款。为了防止经销商垄断市场或经营不力，应在经营协议中规定中止条款和索赔条款。

二、代理（Agency）

代理是指委托人（Principal）授权代理人（Agent）代表委托人向第三者招揽生意，签订合同或办理与交易有关的各项事宜，由此而产生的权利与义务直接对委托人发生效力。

（一）代理的特点

代理方式同经销方式相比，具有下列基本特点：

1. 销售代理商同出口商之间的关系，不是买卖关系，销售代理商不垫付资金，不承担风险和不负盈亏，只获取佣金。

2. 代理人只能在委托人的授权范围内，代表委托人从事商业活动。

3. 代理人一般不以自己的名义与第三者签订合同。

4. 代理商通常是运用委托人的资金从事业务活动。

5. 代理人只居间介绍生意，招揽订单，并不承担履行合同的责任。

（二）代理的种类

在国际市场上，代理通常分为经纪人、总代理、独家代理、一般代理等几种形式。

1. 经纪人

经纪人是指为国际贸易买卖双方牵线搭桥、撮合买卖成交的中介人。经纪人一般为本地人，他们对当地市场十方熟悉，同客户联系密切，他们在促进交易成功后，通过抽取一定比例佣金的方式获取报酬。

2. 总代理

总代理是指代理人在指定地区内，不仅有权独家代销指定的商品，还有代理委托人从事商务活动和处理其他事务的权利。他们有权指派分代理，并分享分代理的佣金。我国的出口业务中，香港特别行政区的华润公司、德信行、五丰行和澳门特别行政区的南光公司都曾作为我国进出口公司在该地区的总代理。

3. 独家代理

独家代理是指在指定的地区内，代理人单独代表委托人行为。委托人在该指定的地区范围内，不得再委托他人作代理。通常情况下，除非另有协议约定外，一般也可以允许委托人直接与指定代理商的地区的买主进行交易，但是，为了不损害该地区独家代理商的利益，有些协议规定，凡委托人直接与该地区的买主达成交易的，仍然向该地区的代理商计付佣金。

4. 一般代理

一般代理是指在同一地区及一定期限内，委托人同时委托几个代理人为其推销商品服务。一般代理下，根据代理商推销商品的实际金额或根据协议规定的办法及一定比例由委托人向代理商支付佣金。委托人也可以直接与该地区的实际买主成交，而无须给一般代理商佣金。我国出口业务中，采用这种代理方式比较多。

第二节　招标与投标

招标与投标是国际贸易中的一种常见的方式。一般用在国家政府机构、国有企业或公用事业单位采购物资、器材或设备的交易中，在国际工程承包中也广泛使用招标、投标方式。甚至有些国家通过法律规定，凡属于主要商品进口或对外发包的工程，必须采用国际招标的方式。

一、招标与投标的含义

招标和投标是一种贸易方式的两个组成部分。

招标是指由买方或招标的一方发出招标通告或招标单，提出准备购买的商品或拟兴建的工程项目的各种条件和要求，邀请卖方或承包商在指定的时间和地点按照一定程序前来投标的行为。

投标是指由卖方或承包人在指定的时间和地点，按招标人所提条件和要求，以填具招标单的形式向招标人报盘、争取达成交易的行为。

二、招标与投标的方式

目前，国际上采用的招标方式归纳起来有下列几种：

（一）国际竞争性招标

国际竞争性招标是指招标人邀请几个甚至几十个投标人参加投标，通过多数投标人竞争，选择其中对招标人最有利的投标人达成交易。该方式属于竞卖方式。

通常国际竞争性招标的做法有以下两种：

1. 公开招标。公开招标即将招标活动处于公共监督之下进行。一般来说遵循国际竞争性招标的程序和条件。在公开招标时，通常要公开发表招标通告，凡愿意参加投标的公司，都可以按照通告中的地址领取或购买比较详细的介绍资料和资格预审表格。只有通过预审资格和经审查被采纳的公司才能购买招标文件和参加投标。政府采购物资、利用国际金融组织贷款采购的物资等，大部分采用竞争性的公开招标方式。

2. 选择性招标。选择性招标也叫邀请招标，是有限竞争性招标。采用这种做法时，招标人不在报刊上刊登广告，而是根据自己具体的业务关系和情报资料对客商进行邀请，通过资格预审后，再由他们进行投标。

（二）谈判招标

谈判招标也叫议标，是非公开的、非竞争性的招标。这种招标由招标人物色几家客商直接进行合同谈判，谈判成功，交易达成。这种招标不属于严格意义上的招标方式。

（三）两段招标

两段招标是指无限竞争性招标和有限竞争性招标的综合方式时，先用公开招标，再用选择性招标，分两段进行。

三、招标投标方式的特点

招标投标方式与其他贸易方式相比，具有自身的特点：

1. 投标人是按照招标人规定的时间、地点和交易条件进行竞卖，投标人所发出的投标书是没有交易磋商的一次性报盘。

2. 卖方竞争对买方是有利的，使他对于供货来源可以有更多的比较和选择，买方可以以比较优惠的价格购买所需要的物资，这正是招标投标方式在大宗物资的采购中被广泛运用的原因之一。

四、招标投标方式的基本程序

（一）招标

招标前的准备工作十分重要，主要包括发布招标公告、资格预审、编制招标文件等；在招标公告中，主要说明需要采购的商品或拟兴建项目的各种要求和条件、投标截止日期等；招标文件则是比较详细的供投标人索取作为投标参考的文件。

（二）投标

投标包括投标前的准备工作、编制投标文件和提供保证函、递送投标文件的几个过程。投标人在参加投标之前，必须对投标文件中的招标条件、技术标准、合同格式等进行认真分析，做到量力而行；一旦决定参加投标，就要根据投标文件的规定编制和填报投标文件，为了防止投标人在中标后不与招标人签约，招标人通常要求投标人提供投标保证金或投标保证函。如果开标后，投标人中标而不与招标人签约，则该保证金被没收；投标文件必须在规定的投标截止日期前采取密封挂号的形式邮寄给招标人，或派专人送传。

（三）开标

开标是指在指定的日期、时间、地点，招标人将所收到的投标书中所列的标价和提出的交易条件进行比较，然后择优选定投标人。开标分为公开开标和不公开开标两种方式。前者是由招标委员会或招标机构主持开标会议，投标人自由参加。开标会上，招标委员会或招标机构当众拆开所有标书，宣读标价以及各投标人的投标保证书，将所有的标价登记在案，由招标委员会成员签字，表示在评标和授标之前，不得修改报价。后者是指招标人自行选定中标人，投标人不能派出代表参加开标。

（四）评标

评标是指招标组织人员从不同角度对投标进行评审。主要评审工作包括：研究对比投标报价；评审投标是否有任何违反《投标须知》的规定；审查某项投标计算是否有严重的错误；或者对标书内容是否严重误解等。参加评标的人员应当保持评标工作的准备性、公开性和保密性。

（五）决标

决标是指经过评标，做出决定，最后选定中标人的行为。其中投标人的报价并不是决定是否中标的唯一因素。

（六）议标和商签合同

国际招标业务中，通常招标文件中附有十分明确的合同条件和合同协议书格式，而且中标者在投标书中明确表示接受标书中的条件，并承认在规定的授标期限内其投标书的约束力。但是，招标人与中标人在签订正式合同之前，双方仍然有机会对涉及合同的条款进一步澄清，甚至可以互相讨价还价，调整最后价格和部分合同条款。双方经过协议之后，正式签订合同。中标人在签约时需要提交履约保证金或保函，以取代原来的投标保证金或保函。然后履行合同，达到招标的目的。

第三节　拍　卖

一、拍卖的含义

拍卖是由专营拍卖业务的拍卖行接受货主的委托，在一定的时间，按照一定的章程和规则，以公开叫价竞购的方法，把货物卖给出价最高的买主的一种具有悠久历史的贸易方式。

通过拍卖进行交易的商品大多数是一种规格复杂、品质不易标准化的，或是难以久存的农畜产品，或者是按传统习惯适合于拍卖的商品。如茶叶、烟草、兔毛、羊毛、裘皮、木材等，还有贵金属、首饰、地毯、名画、古董、象牙雕刻及其他艺术品等；某些易腐坏不能长期保存的商品，如水果、蔬菜、花卉、观赏鱼类等。此外，当一批商品急需售出，而又想卖到好价时，卖货人就可采用拍卖的方式，逐渐或成批地卖出商品。

二、拍卖的特点

国际货物拍卖方式具有下述特点：

（一）拍卖是在一定的机构内有组织地进行的

拍卖一般由拍卖中心或拍卖行统一组织进行，拍卖行可以是由公司或协会组成的专业拍卖行，也可以是大贸易公司内设立的拍卖行，还可以是由货主临时组织的拍卖会。

（二）拍卖具有自己独特的法律和规章

一方面，在合同的成立和履行等问题上，许多国家的买卖中有对拍卖业务的专门规定；另一方面，各个拍卖行也订立了自己的章程和规则，在拍卖时使用。从而使拍卖方式形成了自己的特色。

（三）拍卖是一种公开竞买的现货交易

拍卖采用事先看货、当场叫价、落槌成交的做法。买主可以在事前查看货物，做到心中有数；拍卖开始后，买主当场出价，公开竞买，由拍卖主持人代表货主选择交易对象；拍卖成交后，买主可以付款提货，是典型的现货交易。

三、拍卖的形式

根据拍卖时的出价方法，可以将拍卖分为增价拍卖、减价拍卖和密封递价拍卖三种方式。其中，增价拍卖、减价拍卖都是在规定的时间和地点，按照先后批次，由买主公开竞价，并当场交易。

（一）增价拍卖

增价拍卖是指在拍卖时，由拍卖主持人按照拍卖目录规定的顺序，依次宣布每批货物的底价，由竞买者竞相加价，当出价至一定高度而无人再出更高价格时，主持人可以击打木槌表示成交，将该批货物卖给出价最高的买主。

（二）减价拍卖

减价拍卖也叫荷兰式拍卖。这种方式是先有主持人宣布最高价，无人接受时，则逐渐降价开价，指到有竞买者认为已经降到可以接受的价格，并以规定的方式表示接受时，主持人即宣布成交。

（三）密封递价拍卖

密封递价拍卖也叫招标式拍卖。其做法是先由拍卖人公布每批商品的具体情况和拍卖条件，然后由买方在规定的时间内将自己的出价密封寄交给拍卖人，再由拍卖人进行审查比较，以决定将货物卖给谁。这种方式已经失去了公开竞价的特点，采用这种方式时，拍卖人不一定接受最高递价，还要考虑其他因素。

四、拍卖的一般程序

（一）准备阶段

参加拍卖的货主先把货物运到拍卖地点，存入仓库，并委托拍卖行进行挑选、分类、分级，按照货物的种类和品级分成若干批次；拍卖行负责编印拍卖目录、拍卖条件，提供给准备参加拍卖会的买主作为指南；拍卖行将与拍卖有关的情况通过报刊登载，招揽潜在的买主；在规定的时间内允许参加拍卖的买主到仓库查看货物，以便买方可以进一步了解货物的品质，按质论价。

（二）正式拍卖

在规定的时间和地点，并按照拍卖目录规定的先后顺序进行正式拍卖。拍卖一般采用增价拍卖方式进行。按照惯例，在主持人的木槌落下之前，买主可以撤回其出价，类似一般买卖活动中，发盘人可以在受盘人表示接受之前撤销其发盘。同样，在货物出售前，货主也可以撤回拍卖的货物。这属于有保留的拍卖方式。如果货主事先通知拍卖主持人采用无保留方式出售，则由拍卖主持人来选定最高出价者。

（三）成交与交货

拍卖成交后，拍卖行的工作人员将交给买方一份成交确认书，由买方填写并签字，表明交易正式达成。货款的支付一般采用现汇方式支付。成交时，支付一定比例的货款，其余部分尽快支付。拍卖行收取一定的报酬，包括佣金或经纪费。然后，拍卖行公布拍卖单，将拍卖结果在报刊上公开发表。既可以作为商人进行交易和掌握市场价格的重要参考资料，也反映了拍卖商品的市场情况和国际市场价格。

第四节 寄 售

寄售（Cosignment）是指委托人（货主）先将货物运往寄售地，委托国外一个代销人（受托人），按照寄售协议规定的条件，由代销人代替货主进行销售，在货物出售后，由代销人向货主结算货款的一种贸易做法。

一、寄售方式的特点

1. 寄售日首先将货物运至目的地市场（寄售地），然后经代销人在寄售地向当地买主销售。因此，它是凭实物进行买卖的现货交易。

2. 寄售人与代销人之间是委托代售关系。代销人只能根据寄售人的指示处置货物。货物的所有权在寄售地售出之前仍属寄售人。

3. 寄售货物在售出之前，包括运输途中和到达寄售地后的一切风险和费用，均由寄售人承担。寄售货物装运出口后，在到达寄售地前也可先行销售，即当货物尚在运输途中，由代销人寻找买主出售。

二、寄售的优点

1. 寄售货物出售前，寄售人持有货物的所有权。因此，即使货物已经运往寄售地寄售人仍可随行就市控制销售处理和价格。

2. 寄售方式是凭实物买卖，货物与买主直接见面，有利于促进成交。

3. 代销人不负担风险与费用，代销人不占用资金，可调动其经营积极性。

三、寄售的缺点

1. 出口方承担的风险大，费用多，增加了出口人的资金负担，不利于其资金周转。

2. 寄售货物的货款回收比较缓慢，一旦代销人不守协议时，可能面临货、款两空的风险。因此采用寄售方式时，必须严格选择代销人和寄售地，明确寄售协议。

第五节 展 卖

一、展卖的含义

展卖是指利用展览会和博览会以及其他交易会形式对商品实行展销结合的一种贸易方式，是目前世界各国企业为了促进商品销售而广为采用的一种古老的贸易方式。

二、展卖的特点

展卖的基本特点是：把出口商品展览与推销有机结合起来，边展边销，以销为主。具体特点表现在以下几个方面：

1. 有利于宣传出口国家的科技成就和介绍出口商品，扩大影响，促进贸易成交。

2. 有利于建立和发展客户关系，扩大销售地区和范围，实现市场多元化。

3. 有利于搜集市场信息，开展市场调查，以便更为有效地掌握市场动态。

4. 有利于听取国外顾客的意见，通过货物的比较发现问题、找出差距，不断提高出口商品质量，增强出口商品的竞争能力。

三、展卖的形式

展卖的形式各有不同，内容有别，做法多样。我国开展展卖业务的方式主要有以下几种：

1. 国际博览会。国际博览会也叫国际集市，是指在一定地点定期举办的有一国或多国联合组办、邀请各国商人参加的交谊会。参加者可以同主办国家的厂商洽谈贸易，也可以同其他国家的商界人士进行交易。该贸易方式已经成为扩展国际间经贸往来的主要途径，既可以为买卖双方提供交易的便利，也可以作为产品介绍、广告宣传以及介绍新工艺、进行技术交流的重要方式。

国际博览会可以分为综合型国际博览会和专业性国际博览会两种形式。前者又叫“水平型博览会”，即各种商品都可以参展并洽谈交易的博览会。世界著名的博览会多属于综合性国际博览会，具有规模大、产品全、会期长的特点。后者又称“垂直型博览会”，是指仅限于某类专业性产品参加展览和交易的博览会，其特点是规模小、产品品种少、会期短。

我国曾多次参加其他各国举办的国际博览会，为介绍我国产品、学习国外先进技术、促进我国外经贸的发展以及增进与世界各国之间的了解和友谊起到了积极的作用。1985 年 1 月，我国又在北京建立了中国国际展览中心，为我国举办国际博览会、展览会、展销会提供了场所。

2. 中国出口产品交易会。中国出口商品交易会也叫“广州商品交易会”（简称“广交会”），是我国各个进出口公司以及有进出口业务的商家在广州定期联合举办的、邀请国外客户参加的一种集各种展览和交易为一体的商品展销会，每年春季和秋季各举办一次，分别称为“春交会”和“秋交会”。“广交会”组办以来，我国本着平等互利、互通有无的对外贸易原则，以出口为主，进出结合，有买有卖，形式多样，为我国扩大对外贸易、加强与世界各国的经贸联系起到了重要的作用。

此外，从 1993 年起，我国各地政府和商务部门还利用“广交会”休会期间，举办各种结合本地特色和优势的商品交易会，为繁荣和发展地方经济起到了积极的作用。

四、开展展卖业务应当注意的问题

为了有效地开展展卖业务，应当注意以下几个方面的问题：

1. 选择适当的展卖商品。首先要选择一些质量好、在市场上有竞争力的商品参展；其次是展出的商品品种应当多样化，以适应不同层次类型消费者的需要。

2. 选择合适的展出地点。第一，应当选择交易比较集中、市场潜力比较大而且有发展前途的集散地或交易中心地带进行展卖活动；第二，应当考虑展销地的各项设施，例如展出场地、旅馆、通信、交通以及水电等基础设施方面条件便利并且费用水平较低的场地等；第三，在国外展出时，应尽可能利用自由港、自由贸易区关于出入境、外汇、仓库设施等地方的优惠政策。

3. 选择适当的展卖时机。一般来说，应当选择与商品的销售季节一致的展出时间，每次展出时间不宜过长，以避免耗费过大。

4. 做好组织宣传工作。展卖本身就是一种宣传工作。在展出前，一方面，应该通过报刊、杂志、电台、电视台等现代传媒大量登发广告，以引起公众的注意，并向当地及近邻地区的主要客户和有影响的商家和人士事先发出邀请，进行重点宣传；另一方面，应当对展台和展品的布置、文字说明和图片的配置以及有关产品宣传的小册子等进行认真的处理，以加深观众对产品的印象。

5. 选择好合作伙伴。这是展卖业务取得成功的决定性因素之一。一般来说，合作伙伴应当具有一定的经营能力，在当地市场具有一定的地位和影响，熟悉展出地点的市场情况，并且具有一定的业务联系网络和销售渠道，至少应当具有一定能力的中间商。只有选择这样的合作伙伴，才能取得展卖的成功。

第六节　直　销

一、直销的含义

直销（Direct Selling）又有种说法叫“无店铺销售”。世界直销协会对直销下了个这样的定义：“直销是指在固定零售店铺以外的地方（如个人住所、工作地点及其他场所），独立的营销人员以面对面的方式，通过讲解和示范方式将产品和服务直接介绍给顾客，进行消费品的行销。”从这个定义上，可以了解到直销的销售地点、方式及销售产品的种类。

简而言之，直销是一种为了在任何地方产生可以度量的反应或为了达成交易而使用一种或多种广告媒体的互相作用的市场营销体系。

二、直销的方式

常见的直销方式有：

1. 邮寄目录。直销商按照选好的顾客名单邮寄商品目录，或者备有供顾客随时索取的商品目录。

2. 直接邮购。从事市场营销的人员直接将邮件、传单或折叠广告等分别寄给列在有关类别产品潜力大的顾客。

3. 电话营销。电话营销是目前提供服务的商家使用比较广泛的一种主要直销工具。在一些发达国家，有些电话直销系统是完全自动化的。该种方式通过自动拨号录音处理机自动播放有声广告信息，通过答复机器装置或将电话转给总机接线员接受感兴趣的顾客的订货。

4. 电视营销。电视营销是主要通过电视传媒将产品直接推销给最终消费者的一种直销方式。该方式目前在我国比较流行。

5. 网络营销。网络营销主要通过计算机网络发布商品信息、联系客户，并进行送货或配货。

三、直销的优点

与其他行销方法比较，直销拥有许多优点，比较重要的有：

1. 弹性较大。它不受时间与空间的限制，随消费者与直销商的方便，在任何时刻、地点都可进行。

2. 信息沟通的质量较高。经由面对面的沟通，涉及所有的沟通感官：听觉、视觉、嗅觉和触觉都可以应用。

3. 信息内容丰富。消费者可以充分说明自己的需求，而由直销商针对客户的需求提供产品或服务的信息，使消费者对产品或服务有充分的了解。

第七节　期货交易

一、商品交易所（期货市场）

商品交易所是一种在一定的时间和地点按一定规则，买卖特定商品的有组织的市场。现代大多数商品交易所所买卖的都是代表一定商品的期货合同，只有少数商品交易所仍有现货买卖。所以商品交易所往往又称为期货市场。

二、期货交易的含义

期货交易也叫期货合同或纸合同交易，是众多的买主和卖主在商品交易所内按照一定的规则，通过激烈的竞价达成交易的一种特殊贸易方式。它是在商品交易所早期的期货交易基础上发展起来的，交易的双方一般都没有卖出或买进真正货物的需求，交易的结果可以不发生实际货物的转移，而只是买进和卖出同等数量的期货，以期从中获取利润差额。从事实际商品交易的商家（包括生产商、经销商、进出口商）都尽可能地利用期货市场，转移现货交易的价格波动风险，避免或减少现货交易由于商品价格波动可能带来的损失。

就期货交易所涉及的商品而言，基本上是交易量较大、价格波动频繁的初级产品，如：谷物、棉花、食糖、咖啡、可可、油料、活牲畜、木材、有色金属、原油等。

三、期货交易的特点

商品期货交易具有以下特点：

1. 以标准合同作为交易的标的。期货交易是一种必须以交易所制定的标准期货合同为中介，由买卖双方在交易所内达成远期交割的交易方式。所谓标准合同是指由交易所定制的内容和条款都整齐划一的合同格式。这种标准合同中，除价格和交货期两项内容需要由交易双方协商确定外，其他诸如品质、数量、交货地点、检验方式、支付方式和时间以及解决纠纷的办法等，均统一拟定。同一商品交易所的标准合同，只要商品种类相同，每一份合同所代表的数量也是相同的，这样，双方只需就价格、交货期和交货总量达成协议，就可完成交易。简化了手续，方便了交易。值得说明的是，期货交易并非实物买卖，交易双方买进或卖出的标的物通常不是实际货物（不规定或不硬性要求双方提供或接受实际货物），而是纸合同，双方关心的焦点是买进和卖出期货合同的差价。

2. 特殊的清算制度。商品交易所有自己特殊的清算制度，并由专门的清算机构办理清算事宜。有的交易所内设有清算所，有的则委托某一金融机构负责清算。清算所一般由资金雄厚、信誉卓著的会员组成。清算所会员在清算所内开立账户，并将自己的交易向清算所报告。在这种制度下，所有的清算所会员要就其买卖行为对清算所负责，反过来，清算所也对所有会员负责。

3. 严格的保证金制度。期货交易都是先成交、后清算。如果交易的一方因为巨额亏损，在交割前逃之夭夭，或者因为破产倒闭而丧失偿付能力，都将给另一方造成损失，并影响其业务的开展。为此，交易所规定了严格的保证金制度，以确保合同的履行。清算所规定，在每笔交易达成时，买卖双方均需交纳合同金额一定比例的保证金或押金（一般为5% ~10%），也叫初始结算保证金。如果清算所发现会员的账面上有亏损，并且已经超过了规定的百分比时，清算所还将要求该会员追加保证金或者强制平仓。正是这种严格的保证金制度才使整个清算制度以及交易得以正常运作。

4. 价格涨、跌停板制度。期货交易商品的价格变动大，行市涨落不定，为抑制过度投机，商品交易所通常实行价格涨落限额制度，即通常所说的涨、跌停板。

四、期货交易的种类和基本做法

期货交易的形式和做法有多种，其中最常见的是投机交易和套期保值。

（一）投机交易

这是一种单纯地买卖期货合同，以获取盈利为目的的买空卖空活动。所谓买空，是指投机者在行情看涨时，买进期货，待价格实际上涨后见利回抛，获利了结；所谓卖空，是指投机者在行情看落时，先抛售期货，待价格实际下跌后再低价买回期货，与其对冲，通过价格的涨落，获取利润差额。买空时先“贱买”后“贵卖”，而卖空是先“贵卖”后“贱买”。

（二）套期保值交易

套期保值（其音译为“海琴”）也叫安全期货，又称双重交易或对冲交易，一般是指从事现货交易的工商业主或农场主，为了转移风险，避免因为价格波动所造成的损失所采取的一种措施。其基本做法是在现货、期货市场同时进行两个等量但又方向相反的交易，即在买进（或卖出）一批实物商品的同时，又在期货市场卖出（或买进）同等数量的期货交易合同。套期保值具体又有两种形式：

1. 卖期保值。卖期保值是指经营者购进一批日后交易的实物，为了避免在日后交货时由于该项商品的价格下跌而蒙受损失，就在买进现货的同时，在交易所卖出同等数量的期货合同，以进行保值。将来如果价格跌落，已经买到的实物在价格上受到亏损，但他可以通过在期货合同获得的盈利来弥补先前买进现货而造成的损失。当然，若是商品价格上涨，那么，在现货交易中的盈利，就被期货交易的亏损所冲抵。所以若是对价格走势的判断较有把握的话，可以不进行套期保值。

2. 买期保值。恰好与卖期保值相反，经营者卖出一笔日后交货的实物，为了避免在以后交货时，该项商品价格上涨而遭受损失，则可在交易所内买进于同一时期交货的同样数量的期货合同。这样，如果将来货物价格上涨，它在实物交易中的损失，可以通过回抛购进的期货合同获利而获得补偿。同样地，若是货物价格下跌，则原来在实物交易中的获利，反而被套期保值的损失所抵消。

在进行套期保值时，应注意以下几点：

1. 套期保值主要用于转移实物交易价格发生不利变化可能带来的风险。如果实物的价格趋势向有利方向发展，那么进行套期保值不仅不起作用，有时还会起反作用，它会使实物交易由于价格有利而带来的好处，被期货交易所造成的亏损所抵消。因此，当估计到实物价格是向有利的方向发展时，就没有必要做套期保值。

2. 严格遵循“均等而相对”的原则。所谓“均等”是指进行期货交易的商品必须和在现货市场上将来要交易的商品在种类和数量上要一致。所谓“相对”，是指两个市场上采取相反的买卖活动，如果在现货市场上买，在期货市场上则要卖；或相反。

3. 期现交易尽可能同时进行，即争取期差一致。

关键名词：

经销　代销　一般经销　独家经销　经纪人　总代理　独家代理　一般代理　寄售　招标　国际竞争性招标　谈判招标　两段招标　拍卖　增价拍卖　减价拍卖　密封递价拍卖　展卖　国际博览会　中国出口产品交易会　直销　期货　套期保值　卖期保值　买期保值

思考题：

1. 试述包销和独家代理的区别。
2. 试述包销方式的优缺点。
3. 试述寄售的性质和特点。
4. 试述国际上主要的招标方式。
5. 试述拍卖的含义及适宜的商品。
6. 试述采用拍卖方式对卖方的利弊。
7. 试述期货交易的含义及基本功能。
8. 试述“卖空”和“买空”的内容。
9. 试述套期保值的含义及卖期保值和买期保值的区别。

案例分析：

1. 我国某公司与国外某公司订有包销某商品的包销协议，期限为一年。年末临近，因行情变化，包销商“包而未销”，要求退货并索赔广告宣传费用。请问：包销商有无权利提出此类要求？为什么？

2. 某国政府机构为采购某商品进行国际公开招标，招标文件规定投标截止期为10月31日。我国一家主要生产这类商品的工厂，在认真研究了招标文件后认为，根据自身条件完全能够达到招标文件规定的条件，为推销其产品，决定进行投标。同时，为争取中标，在投标书中所报的价格极具竞争性。8月初，该厂寄出投标书，并按招标文件要求交纳了投标保证金5000美元。之后不久，生产该商品的原料价格猛涨，倘若按投标书所报价格中标，工厂将蒙受极大损失。不得已只能电请招标人要求修改投标书的报价。招标人以招标文件明确规定，投标书一经送达不得撤销和修改为由加以拒绝，事后，原料市价涨势未减，眼看按投标书价格进行交易已不可能，于是被迫通知招标人撤销投标书，已交纳的保证金被招标人全数没收。按此情节，试分析我方在工作中存在哪些缺点？应当吸取哪些教训？除保证金损失外，还有些什么损失？

3. 我国某外贸企业以寄售方式向某国装运出口一批在仓库积压已久的商品，货到目的地后，虽经代销商努力推销，货物还是无法售出，最后只得再装运回国。试问此举有何不当？

附录一　联合国国际货物销售合同公约

本公约于1988年1月1日生效。1981年9月30日我国政府代表签署本公约，1986年12月11日交存核准书。核准书载明，中国不受公约第一条第1款（b)、第十一条及与第十一条内容有关的规定的约束。

本公约各缔约国：

铭记联合国大会第六届特别会议通过的关于建立新的国际经济秩序的各项决议的广泛目标。

考虑到在平等互利基础上发展国际贸易是促进各国间友好关系的一个重要因素，认为采用照顾到不同的社会、经济和法律制度的国际货物销售合同统一规则，将有助于减少国际贸易的法律障碍，促进国际贸易的发展，兹协议如下：

第一部分　适用范围和总则

第一章　适用范围

第一条

(1) 本公约适用于营业地在不同国家的当事人之间所订立的货物销售合同：

(a) 如果这些国家是缔约国；或

(b) 如果国际私法规则导致适用某一缔约国的法律。

(2) 当事人营业地在不同国家的事实，如果从订立合同前任何时候或订立合同时，当事人之间的任何交易或当事人透露的情报均看不出，应不予考虑。

(3) 在确定本公约的适用时，当事人的国籍和当事人或合同的民事或商业性应不予考虑。

第二条

本公约不适用于以下的销售：

(a) 购供私人、家人或家庭使用的货物的销售，除非卖方在订立合同前任何时候或订立合同时不知道而且没有理由知道这些货物是购供任何这种使用；

(b) 经由拍卖的销售；

(c) 根据法律执行令状或其他令状的销售；

(d) 公债、股票、投资证券、流通票据或货币的销售；

(e) 船舶、船只、气垫船或飞机的销售；

(f) 电力的销售。

第三条

(1) 供应尚待制造或生产的货物的合同应视为销售合同，除非订购货物的当事人保证供应这种制造或生产所需的大部分重要材料。

(2) 本公约不适用于供应货物一方的绝大部分义务在于供应劳力或其他服务的合同。

第四条

本公约只适用于销售合同的订立和卖方和买方因此种合同而产生的权利和义务。特别是，本公约除非另有明文规定，与以下事项无关：

(a) 合同的效力，或其任何条款的效力，或任何惯例的效力；

(b) 合同对所售货物所有权可能产生的影响。

第五条

本公约不适用于卖方对于货物对任何人所造成的死亡或伤害的责任。

第六条

双方当事人可以不适用本公约，或在第十二条的条件下，减损本公约的任何规定或改变其效力。

第二章 总 则

第七条

(1) 在解释本公约时，应考虑到本公约的国际性质和促进其适用的统一以及在国际贸易上遵守诚信的需要。

(2) 凡本公约未明确解决的属于本公约范围的问题，应按照本公约所依据的一般原则来解决，在没有一般原则的情况下，则应按照国际私法规定适用的法律来解决。

第八条

(1) 为本公约的目的，一方当事人所作的声明和其他行为，应依照他的意旨解释，如果另一方当事人已知道或者不可能不知道此一意旨。

(2) 如果上一款的规定不适用，当事人所作的声明和其他行为，应按照一个与另一方当事人同等资格、通情达理的人处于相同情况中，应有的理解来解释。

(3) 在确定一方当事人的意旨或一个通情达理的人应有的理解时，应适当地考虑到与事实有关的一切情况，包括谈判情形、当事人之间确立的任何习惯做法、惯例和当事人其后的任何行为。

第九条

(1) 双方当事人业已同意的任何惯例和他们之间确立的任何习惯做法，对双方当事人均有约束力。

(2) 除非另有协议，双方当事人应视为已默示地同意对他们的合同或合同的订立适用双方当事人已知道或理应知道的惯例，而这种惯例，在国际贸易上，已为有关特定贸易所涉同类合同的当事人所广泛知道并为他们所经常遵守。

第十条

为本公约的目的：

(a) 如果当事人有一个以上的营业地，则以与合同及合同的履行关系最密切的营业地为其营业地，但要考虑到双方当事人在订立合同前任何时候或订立合同时所知道或所设想的情况；

(b) 如果当事人没有营业地，则以其惯常居住地为准。

第十一条

销售合同无须以书面订立或书面证明，在形式方面也不受任何其他条件的限制。销售合同可以用包括人证在内的任何方法证明。

第十二条

本公约第十一条、第二十九条或第二部分准许销售合同或其更改或根据协议终止，或者任何发价、接受或其他意旨表示得以书面以外任何形式做出的任何规定不适用，如果任何一方当事人的营业地是在已按照本公约第九十六条做出了声明的一个缔约国内；各当事人不得减损本条或改变其效力。

第十三条

为本公约的目的，“书面”包括电报和电传。

第二部分　合同的订立

第十四条

(1) 向一个或一个以上特定的人提出的订立合同的建议，如果十分确定并且表明发价人在得到接受时承受约束的意旨，即构成发价。一个建议如果写明货物并且明示或暗示地规定数量和价格或规定如何确定数量和价格，即为十分确定。

（2）非向一个或一个以上特定的人提出的建议，仅应视为邀请做出发价，除非提出建议的人明确地表示相反的意向。

第十五条

（1）发价于送达被发价人时生效。

（2）一项发价，即使是不可撤销的，得予撤回，如果撤回通知于发价送达被发价人之前或同时，送达被发价人。

第十六条

（1）在未订立合同之前，发价得予撤销，如果撤销通知于被发价人发出接受通知之前送达被发价人。

（2）但在下列情况下，发价不得撤销：

（a）发价写明接受发价的期限或以其他方式表示发价是不可撤销的；或

（b）被发价人有理由信赖该项发价是不可撤销的，而且被发价人已本着对该项发价的信赖行事。

第十七条

一项发价，即使是不可撤销的，于拒绝通知送达发价人时终止。

第十八条

（1）被发价人声明或做出其他行为表示同意一项发价，即是接受。缄默或不行动本身不等于接受。

（2）接受发价于表示同意的通知送达发价人时生效。如果表示同意的通知在发价人所规定的时间内，如未规定时间，在一段合理的时间内，未曾送达发价人，接受就成为无效，但须适当地考虑到交易的情况，包括发价人所使用的通讯方法的迅速程度。对口头发价必须立即接受，但情况有别者不在此限。

（3）但是，如果根据该项发价或依照当事人之间确立的习惯作法或惯例，被发价人可以做出某种行为，例如与发运货物或支付价款有关的行为，来表示同意，而无须向发价人发出时通知，则接受于该项行为做出通知，但该项行为必须在上一款所规定的期间内做出。

第十九条

（1）对发价表示接受但载有添加、限制或其他更改的答复，即为拒绝该项发价并构成还价。

（2）但是，对发价表示接受但载有添加或不同条件的答复，如所载的添加或不同条件在实质上并不变更该项发价的条件，除发价人在不过分迟延的期间内以口头或书面通知反对其间的差异外，仍构成接受。如果发价人不做出这种反对，合同的条件就以该项发价的条件以及接受通知内所载的更改为准。

(3) 有关货物价格、付款、货物质量和数量、交货地点和时间、一方当事人对另一方当事人的赔偿责任范围或解决争端等等的添加或不同条件，均视为在实质上变更发价的条件。

第二十条

(1) 发价人在电报或信件内规定的接受期间，从电报交发时刻或信上载明的发信日期起算，如信上未载明发信日期，则从信封上所载日期起算。发价人以电话、电传或其他快速通讯方法规定的接受期间，从发价送达被发价人时起算。

(2) 在计算接受期间时，接受期间内的正式假日或非营业日应计算在内。但是如果接受通知在接受期间的最后一天未能送到发价人地址，因为那天在发价人营业地是正式假日或非营业日，则接受期间应顺延至下一个营业日。

第二十一条

(1) 逾期接受仍有接受的效力，如果发价人毫不迟延地用口头或书面将此种意见通知被发价人。

(2) 如果载有逾期接受的信件或其他书面文件表明，它是在传递正常、能及时送达发价人的情况下寄发的，则该项逾期接受具有接受的效力，除非发价人毫不迟延地用口头或书面通知被发价人：他认为他的发价已经失效。

第二十二条

接受得予撤回，如果撤回通知于接受原应生效之前或同时，送达发价人。

第二十三条

合同于按照本公约规定对发价的接受生效时订立。

第二十四条

为公约本部分的目的，发价、接受声明或任何其他意旨表示“送达”对方，系指用口头通知对方或通过任何其他方法送交对方本人，或其营业地或通讯地址，如无营业地或通讯地址，则送交对方惯常居住地。

第三部分 货物销售

第一章 总则

第二十五条

一方当事人违反合同的结果，如使另一方当事人蒙受损害，以至于实际上剥夺了他根据合同规定有权期待得到的东西，即为根本违反合同，除非违反合同一方并不预知而且一个同等资格、通情达理的人处于相同情况中也没有理由预知会发生这种结果。

第二十六条

宣告合同无效的声明，必须向另一方当事人发出通知，方始有效。

第二十七条

除非公约本部分另有明文规定，当事人按照本部分的规定，以适合情况的方法发出任何通知、要求或其他通知后，这种通知如在传递上发生耽搁或错误，或者未能到达，并不使该当事人丧失依靠该项通知的权利。

第二十八条

如果按照本公约的规定，一方当事人有权要求另一方当事人履行某一义务，法院没有义务做出判决，要求具体履行此一义务，除非法院依照其本身的法律对不属本公约范围的类似销售合同愿意这样做。

第二十九条

(1) 合同只需双方当事人协议，就可更改或终止。

(2) 规定任何更改或根据协议终止必须以书面做出的书面合同，不得以任何其他方式更改或根据协议终止。但是，一方当事人的行为，如经另一方当事人寄以信赖，就不得坚持此项规定。

第二章　卖方的义务

第三十条

卖方必须按照合同和本公约的规定，交付货物，移交一切与货物有关的单据并转移货物所有权。

第一节　交付货物和移交单据

第三十一条

如果卖方没有义务要在任何其他特定地点交付货物，他的交货义务如下：

(a) 如果销售合同涉及货物的运输，卖方应把货物移交给第一承运人，以运交给买方；

(b) 在不属于上一款规定的情况下，如果合同指的是特定货物或从特定存货中提取的或尚待制造或生产的未经特定化的货物，而双方当事人在订立合同时已知道这些货物是在某一特定地点，或将在某一特定地点制造或生产，卖方应在该地点把货物交给买方处置；

(c) 在其他情况下，卖方应在他于订立合同时的营业地把货物交给买方处置。

第三十二条

(1) 如果卖方按照合同或本公约的规定将货物交付给承运人，但货物没有以货物上加标记、或以装运单据或其他方式清楚地注明有关合同，卖方必须向买方发出列明货物的发货通知。

(2) 如果卖方有义务安排货物的运输，他必须订立必要的合同，以按照通常运输条件，用适合情况的运输工具，把货物运到指定地点。

(3) 如果卖方没有义务对货物的运输办理保险，他必须在买方提出要求时，向买方提供一切现有的必要资料，使他能够办理这种保险。

第三十三条

卖方必须按以下规定的日期交付货物：

(a) 如果合同规定有日期，或从合同可以确定日期，应在该日期交货；

(b) 如果合同规定有一段时间，或从合同可以确定一段时间，除非情况表明应由买方选定一个日期外，应在该段时间内任何时候交货；或者

(c) 在其他情况下，应在订立合同后一段合理时间内交货。

第三十四条

如果卖方有义务移交与货物有关的单据，他必须按照合同所规定的时间、地点和方式移交这些单据。如果卖方在那个时间以前已移交这些单据，他可以在那个时间到达前纠正单据中任何不符合同规定的情形，但是，此一权利的行使不得使买方遭受不合理的不便或承担不合理的开支。但是，买方保留本公约所规定的要求损害赔偿的任何权利。

第二节　货物相符与第三方要求

第三十五条

(1) 卖方交付的货物必须与合同所规定的数量、质量和规格相符，并须按照合同所定的方式装箱或包装。

(2) 除双方当事人业已另有协议外，货物除非符合以下规定，否则即为与合同不符：

(a) 货物适用于同一规格货物通常使用的目的；

(b) 货物适用于订立合同时曾明示或默示地通知卖方的任何特定目的，除非情况表明买方并不依赖卖方的技能和判断力，或者这种依赖对他是不合理的；

(c) 货物的质量与卖方向买方提供的货物样品或样式相同；

(d) 货物按照同类货物通用的方式装箱或包装，如果没有此种通用方式，则按照足以保全和保护货物的方式装箱包装。

(3) 如果买方在订立合同时知道或者不可能不知道货物不符合同，卖方就无须按上一款 (a) 项至 (d) 项负有此种不符合同的责任。

第三十六条

(1) 卖方应按照合同和本公约的规定，对风险移转到买方时所存在的任何不符合同情形，负有责任，即使这种不符合同情形在该时间后方始明显。

(2) 卖方对在上一款所述时间后发生的任何不符合同情形，也应负有责任，如果这种不符合同情形是由于卖方违反他的某项义务所致，包括违反关于在一段时间内货物将继续适用于其通常使用的目的或某种特定目的，或将保持某种特定质量或性质的任何保证。

第三十七条

如果卖方在交货日期前交付货物，他可以在那个日期到达前，交付任何缺漏部分或补足所交付货物的不足数量，或交付用以替换所交付不符合同规定的货物，或对所交付货物中任何不符合同规定的情形做出补救，但是，此一权利的行使不得使买方遭受不合理的不便或承担不合理的开支。但是，买方保留本公约所规定的要求损害赔偿的任何权利。

第三十八条

(1) 买方必须在按情况实际可行的最短时间内检验货物或由他人检验货物。

(2) 如果合同涉及货物的运输，检验可推迟到货物到达目的地后进行。

(3) 如果货物在运输途中改运或买方须再发运货物，没有合理机会加以检验，而卖方在订立合同时已知道或理应知道这种改运或再发运的可能性，检验可推迟到货物到达新目的地后进行。

第三十九条

(1) 买方对货物不符合同，必须在发现或理应发现不符情形后一段合理时间内通知卖方，说明不符合同情形的性质，否则就丧失声称货物不符合同的权利。

(2) 无论如何，如果买方不在实际收到货物之日起两年内将货物不符合同情形通知卖方，他就丧失声称货物不符合同的权利，除非这一时限与合同规定的保证期限不符。

第四十条

如果货物不符合同规定指的是卖方已知道或不可能不知道而又没有告知

买方的一些事实，则卖方无权援引第三十八条和第三十九条的规定。

第四十一条

卖方所交付的货物，必须是第三方不能提出任何权利或要求的货物，除非买方同意在这种权利或要求的条件下，收取货物。但是，如果这种权利或要求是以工业产权或其他知识产权为基础的，卖方的义务应依照第四十二条的规定。

第四十二条

(1) 卖方所交付的货物，必须是第三方不能根据工业产权或其他知识产权主张任何权利或要求的货物，但以卖方在订立合同时已知道或不可能不知道的权利或要求为限，而且这种权利或要求根据以下国家的法律规定是以工业产权或其他知识产权为基础的：

(a) 如果双方当事人在订立合同时预期货物将在某一国境内转售或做其他使用，则根据货物将在其境内转售或做其他使用的国家的法律；或者

(b) 在任何其他情况下，根据买方营业地所在国家的法律。

(2) 卖方在上一款中的义务不适用于以下情况：

(a) 买方在订立合同时已知道或不可能不知道此项权利或要求；或者

(b) 此项权利或要求的发生，是由于卖方要遵照买方所提供的技术图样、图案、款式或其他规格。

第四十三条

(1) 买方如果不在已知道或理应知道第三方的权利或要求后一段合理时间内，将此一权利或要求的性质通知卖方，就丧失援引第四十一条或第四十二条规定的权利。

(2) 卖方如果知道第三方的权利或要求以及此一权利或要求的性质，就无权援引上一款的规定。

第四十四条

尽管有第三十九条第（1）款和第四十三条第（1）款的规定，买方如果对他未发出所需的通知具备合理的理由，仍可按照第五十条规定减低价格，或要求利润损失以外的损害赔偿。

第三节　卖方违反合同的补救办法

第四十五条

(1) 如果卖方不履行他在合同和本公约中的任何义务，买方可以：

(a) 行使第四十六条至第五十二条所规定的权利；

(b) 按照第七十四条至第七十七条的规定，要求损害赔偿。

(2) 买方可能享有的要求损害赔偿的任何权利，不因他行使采取其他补救办法的权利而丧失。

(3) 如果买方对违反合同采取某种补救办法，法院或仲裁庭不得给予卖方宽限期。

第四十六条

(1) 买方可以要求卖方履行义务，除非买方已采取与此一要求相抵触的某种补救办法。

(2) 如果货物不符合同，买方只有在此种不符合同情形构成根本违反合同时，才可以要求交付替代货物，而且关于替代货物的要求，必须与依照第三十九条发出的通知同时提出，或者在该项通知发出后一段合理时间内提出。

(3) 如果货物不符合同，买方可以要求卖方通过修理对不符合同之处做出补救，除非他考虑了所有情况之后，认为这样做是不合理的。修理的要求必须与依照第三十九条发出的通知同时提出，或者在该项通知发出后一段合理时间内提出。

第四十七条

(1) 买方可以规定一段合理时限的额外时间，让卖方履行其义务。

(2) 除非买方收到卖方的通知，声称他将不在所规定的时间内履行义务，买方在这段时间内不得对违反合同采取任何补救办法。但是，买方并不因此丧失他对迟延履行义务可能有的要求损害赔偿的任何权利。

第四十八条

(1) 在第四十九条的条件下，卖方即使在交货日期之后，仍可自付费用，对任何不履行义务做出补救，但这种补救不得造成不合理的迟延，也不得使买方遭受不合理的不便，或无法确定卖方是否将偿付买方预付的费用。但是，买方保留本公约所规定的要求损害赔偿的任何权利。

(2) 如果卖方要求买方表明他是否接受卖方履行义务，而买方不在一段合理时间内对此一要求做出答复，则卖方可以按其要求中所指明的时间履行义务。买方不得在该段时间内采取与卖方履行义务相抵触的任何补救办法。

(3) 卖方表明他将在某一特定时间内履行义务的通知，应视为包括根据上一款规定要买方表明决定的要求在内。

(4) 卖方按照本条第 (2) 和第 (3) 款做出的要求或通知，必须在买方收到后，始生效力。

第四十九条

(1) 买方在以下情况下可以宣告合同无效：

(a) 卖方不履行其在合同或本公约中的任何义务，等于根本违反合同；或

(b) 如果发生不交货的情况，卖方不在买方按照第四十七条第 (1) 款规定的额外时间内交付货物，或卖方声明他将不在所规定的时间内交付货物。

(2) 但是，如果卖方已交付货物，买方就丧失宣告合同无效的权利，除非：

(a) 对于迟延交货，他在知道交货后一段合理时间内这样做；

(b) 对于迟延交货以外的任何违反合同事情：

① 他在已知道或理应知道这种违反合同后一段合理时间内这样做；或

② 他在买方按照第四十七条第 (1) 款规定的任何额外时间满期后，或在卖方声明他将不在这一额外时间履行义务后一段合理时间内这样做；或

③ 他在卖方按照第四十八条第 (2) 款指明的任何额外时间满期后，或在买方声明他将不接受卖方履行义务后一段合理时间内这样做。

第五十条

如果货物不符合同，不论价款是否已付，买方都可以减低价格，减价按实际交付的货物在交货时的价值与符合合同的货物在当时的价值两者之间的比例计算。但是，如果卖方按照第三十七条或第四十八条的规定对任何不履行义务做出补救，或者买方拒绝接受卖方按照该两条规定履行义务，则买方不得减低价格。

第五十一条

(1) 如果卖方只交付一部分货物，或者交付的货物中只有一部分符合合同规定，第四十六条至第五十条的规定适用于缺漏部分及不符合同规定部分的货物。

(2) 买方只有在完全不交付货物或不按照合同规定交付货物等于根本违反合同时，才可以宣告整个合同无效。

第五十二条

(1) 如果卖方在规定的日期前交付货物，买方可以收取货物，也可以拒绝收取货物。

(2) 如果卖方交付的货物数量大于合同规定的数量，买方可以收取也可以拒绝收取多交部分的货物。如果买方收取多交部分货物的全部或一部分，他必须按合同价格付款。

第三章　买方的义务

第一节　支付价款

第五十三条

买方必须按照合同和本公约规定支付货物价款和收取货物。

第五十四条

买方支付价款的义务包括根据合同或任何有关法律和规章规定的步骤和手续，以便支付价款。

第五十五条

如果合同已有效地订立，但没有明示或暗示地规定价格或规定如何确定价格，在没有任何相反表示的情况下，双方当事人应视为已默示地引用订立合同时此种货物在有关贸易的类似情况下销售的通常价格。

第五十六条

如果价格是按货物的重量规定的，如有疑问，应按净重确定。

第五十七条

(1) 如果买方没有义务在任何其他特定地点支付价款，他必须在以下地点向卖方支付价款：

(a) 卖方的营业地；或者

(b) 如凭移交货物或单据支付价款，则为移交货物或单据的地点。

(2) 卖方必须承担因其营业地在订立合同后发生变动而增加的支付方面的有关费用。

第五十八条

(1) 如果买方没有义务在任何其他特定时间内支付价款，他必须于卖方按照合同和本公约规定将货物或控制货物处置权的单据交给买方处置时支付价款。卖方可以支付价款作为移交货物或单据的条件。

(2) 如果合同涉及货物的运输，卖方可以在支付价款后方可把货物或控制货物处置权的单据移交给买方作为发运货物的条件。

(3) 买方在未有机会检验货物前，无义务支付价款，除非这种机会与双方当事人议定的交货或支付程序相抵触。

第五十九条

买方必须按合同和本公约规定的日期或从合同和本公约可以确定的日期支付价款，而无需卖方提出任何要求或办理任何手续。

第二节　收取货物

第六十条

买方收取货物的义务如下：

(a) 采取一切理应采取的行动，以期卖方能交付货物；和

(b) 接收货物。

第三节　买方违反合同的补救办法

第六十一条

(1) 如果买方不履行他在合同和本公约中的任何义务，卖方可以：

(a) 行使第六十二条至第六十五条所规定的权利；

(b) 按照第七十四条至第七十七条的规定，要求损害赔偿。

(2) 卖方可能享有的要求损害赔偿的任何权利，不因他行使采取其他补救办法的权利而丧失。

(3) 如果卖方对违反合同采取某种补救办法，法院或仲裁庭不得给予买方宽限期。

第六十二条

卖方可以要求买方支付价款、收取货物或履行他的其他义务，除非卖方已采取与此一要求相抵触的某种补救办法。

第六十三条

(1) 卖方可以规定一段合理时限的额外时间，让买方履行义务。

(2) 除非卖方收到买方的通知，声称他将不在所规定的时间内履行义务，卖方不得在这段时间内对违反合同采取任何补救办法。但是，卖方并不因此丧失他对迟延履行义务可能享有的要求损害赔偿的任何权利。

第六十四条

(1) 卖方在以下情况下可以宣告合同无效：

(a) 买方不履行其在合同或本公约中的任何义务，等于根本违反合同；或

(b) 买方不在卖方按照第六十三条第 (1) 款规定的额外时间内履行支付价款的义务或收取货物，或买方声明他将不在所规定的时间内这样做。

(2) 但是，如果买方已支付价款，卖方就丧失宣告合同无效的权利，除非：

(a) 对于买方迟延履行义务，他在知道买方履行义务前这样做；或者

(b) 对于买方迟延履行义务以外的任何违反合同事情：

① 他在已知道或理应知道这种违反合同后一段合理时间内这样做；或

② 他在卖方按照第六十三条第（1）款规定的任何额外时间满期后或在买方声明他将不在这一额外时间内履行义务后一段合理时间内这样做。

第六十五条

（1）如果买方应根据合同规定订明货物的形状、大小或其他特征，而他在议定的日期或在收到卖方的要求后一段合理时间内没有订明这些规格，则卖方在不损害其可能享有的任何其他权利的情况下，可以依照他所知的买方的要求，自己订明规格。

（2）如果卖方自己订明规格，他必须把订明规格的细节通知买方，而且必须规定一段合理时间，让买方可以在该段时间内订出不同的规格，如果买方在收到这种通知后没有在该段时间内这样做，卖方所订的规格就具有约束力。

第四章　风险移转

第六十六条

货物在风险移转到买方承担后遗失或损坏，买方支付价款的义务并不因此解除，除非这种遗失或损坏是由于卖方的行为或不行为所造成。

第六十七条

（1）如果销售合同涉及货物的运输，但卖方没有义务在某一特定地点交付货物，自货物按照销售合同交付给第一承运人以转交给买方时起，风险就移转到买方承担。如果卖方有义务在某一特定地点把货物交付给承运人，在货物于该地点交付给承运人以前，风险不移转到买方承担。卖方受权保留控制货物处置权的单据，并不影响风险的移转。

（2）但是，在货物以货物上加标记，或以装运单据，或向买方发出通知或其他方式清楚地注明有关合同以前，风险不移转到买方承担。

第六十八条

对于在运输途中销售的货物，从订立合同时起，风险就移转到买方承担。但是，如果情况表明有此需要，从货物交付给签发载有运输合同单据的承运人时起，风险就由买方承担。尽管如此，如果卖方在订立合同时已知道或理应知道货物已经遗失或损坏，而他又不将这一事实告知买方，则这种遗失或损坏应由卖方负责。

第六十九条

（1）在不属于第六十七条和第六十八条规定的情况下，从买方接收货物时起，或如果买方不在适当时间内这样做，则从货物交给他处置但他不收取货物从而违反合同时起，风险移转到买方承担。

(2) 但是，如果买方有义务在卖方营业地以外的某一地点接收货物，当交货时间已到而买方知道货物已在该地点交给他处置时，风险方始移转。

(3) 如果合同指的是当时未加识别的货物，则这些货物在未清楚注明有关合同以前，不得视为已交给买方处置。

第七十条

如果卖方已根本违反合同，第六十七条、第六十八条和第六十九条的规定，不损害买方因此种违反合同而可以采取的各种补救办法。

第五章　卖方和买方义务的一般规定

第一节　预期违反合同和分批交货合同

第七十一条

(1) 如果订立合同后，另一方当事人由于下列原因显然将不履行其大部分得要义务，一方当事人可以中止履行义务：

(a) 他履行义务的能力或他的信用有严重缺陷；或

(b) 他在准备履行合同或履行合同中的行为。

(2) 如果卖方在上一款所述的理由明显化以前已将货物发运，他可以阻止将货物交付给买方，即使买方持有其有权获得货物的单据。本款规定只与买方和卖方间对货物的权利有关。

(3) 中止履行义务的一方当事人不论是在货物发运前还是发运后，都必须立即通知另一方当事人，如经另一方当事人对履行义务提供充分保证，则他必须继续履行义务。

第七十二条

(1) 如果在履行合同日期之前，明显看出一方当事人将根本违反合同，另一方当事人可以宣告合同无效。

(2) 如果时间许可，打算宣告合同无效的一方当事人必须向另一方当事人发出合理的通知，使他可以对履行义务提供充分保证。

(3) 如果另一方当事人已声明将不履行其义务，则上一款的规定不适用。

第七十三条

(1) 对于分批交付货物的合同，如果一方当事人不履行对任何一批货物的义务，便对该批货物构成根本违反合同，则另一方当事人可以宣告合同对该批货物无效。

(2) 如果一方当事人不履行对任何一批货物的义务，使另一方当事人有充分理由断定对今后各批货物将会发生根本违反合同，该另一方当事人可以在一段合理时间内宣告合同今后无效。

(3) 买方宣告合同对任何一批货物的交付为无效时，可以同时宣告合同对已交付的或今后交付的各批货物均为无效，如果各批货物是互相依存的，不能单独用于双方当事人在订立合同时所设想的目的。

第二节 损害赔偿

第七十四条

一方当事人违反合同应负的损害赔偿额，应与另一方当事人因他违反合同而遭受的包括利润在内的损失额相等。这种损害赔偿不得超过违反合同一方在订立合同时，依照他当时已知道或理应知道的事实和情况，对违反合同预料到或理应预料到的可能损失。

第七十五条

如果合同被宣告无效，而在宣告无效后一段合理时间内，买方已以合理方式购买替代货物，或者卖方已以合理方式把货物转卖，则要求损害赔偿的一方可以取得合同价格和替代货物交易价格之间的差额以及按照第七十四条规定可以取得的任何其他损害赔偿。

第七十六条

(1) 如果合同被宣告无效，而货物又有时价，要求损害赔偿的一方，如果没有根据第七十五条规定进行购买或转卖，则可以取得合同规定的价格和宣告合同无效时的时价之间的差额以及按照第七十四条规定可以取得的任何其他损害赔偿。但是，如果要求损害赔偿的一方在接收货物之后宣告合同无效，则应适用接收货物时的时价，而不适用宣告合同无效时的时价。

(2) 为上一款的目的，时价指原应交付货物地点的现行价格，如果该地点，没有时价，则指另一合理替代地点的价格。但应适当地考虑货物运费的差额。

第七十七条

声称另一方违反合同的一方，必须按情况采取合理措施，减轻由于该另一方违反合同而引起的损失，包括利润方面的损失。如果他不采取这种措施，违反合同一方可以要求从损害赔偿中扣除原可以减轻的损失数额。

第三节　利息

第七十八条

如果一方当事人没有支付价款或任何其他拖欠金额，另一方当事人有权对这些款额收取利息，但不妨碍要求按照第七十四条规定可以取得的损害赔偿。

第四节　免责

第七十九条

(1) 当事人对不履行义务，不负责任，如果他能证明此种不履行义务，是由于某种非他所能控制的障碍，而且对于这种障碍，没有理由预期他在订立合同时能考虑到或能避免或克服它或它的后果。

(2) 如果当事人不履行义务是由于他所雇佣履行合同的全部或一部分规定的第三方不履行义务所致，该当事人只有在以下情况下才能免除责任：

(a) 他按照上一款的规定应免除责任；和

(b) 假如该款的规定也适用于他所雇佣的人，这个人也同样会免除责任。

(3) 本条所规定的免责对障碍存在的期间有效。

(4) 不履行义务的一方必须将障碍及其对他履行义务能力的影响通知另一方。如果该项通知在不履行义务的一方已知道或理应知道此一障碍后一段合理时间内仍未为另一方收到，则他对由于另一方未收到通知而造成的损害应负赔偿责任。

(5) 本条规定不妨碍任何一方行使本公约规定的要求损害赔偿以外的任何权利。

第八十条

一方当事人因其行为或不行为而使得另一方当事人不履行义务时，不得声称该另一方当事人不履行义务。

第五节　宣告合同无效的效果

第八十一条

(1) 宣告合同无效解除了双方在合同中的义务，但应负责的任何损害赔偿仍应负责。宣告合同无效不影响合同中关于解决争端的任何规定，也不影响合同中关于双方在宣告合同无效后权利和义务的任何其他规定。

(2) 已全部或局部履行合同的一方，可以要求另一方归还他按照合同供应的货物或支付的价款。如果双方都须归还，他们必须同时这样做。

第八十二条

(1) 买方如果不可能按实际收到货物的原状归还货物，他就丧失宣告合同无效或要求卖方交付替代货物的权利。

(2) 上一款的规定不适用于以下情况：

(a) 如果不可能归还货物或不可能按实际收到货物的原状归还货物，并非由于买方的行为或不行为所造成；或者

(b) 如果货物或其中一部分的毁灭或变坏，是由于按照第三十八条规定进行检验所致；或者

(c) 如果货物或其中一部分，在买方发现或理应发现与合同不符以前，已为买方在正常营业过程中售出，或在正常使用过程中消费或改变。

第八十三条

买方虽然依第八十二条规定丧失宣告合同无效或要求卖方交付替代货物的权利，但是根据合同和本公约规定，他仍保有采取一切其他补救办法的权利。

第八十四条

(1) 如果卖方有义务归还价款，他必须同时从支付价款之日起支付价款利息。

(2) 在以下情况下，买方必须向卖方说明他从货物或其中一部分得到的一切利益：

(a) 如果他必须归还货物或其中一部分；或者

(b) 如果他不可能归还全部或一部分货物，或不可能按实际收到货物的原状归还全部或一部分货物，但他已宣告合同无效或已要求卖方交付替代货物。

第六节　保全货物

第八十五条

如果买方推迟收取货物，或在支付价款和交付货物应同时履行时，买方没有支付价款，而卖方仍拥有这些货物或仍能控制这些货物的处置权，卖方必须按情况采取合理措施，以保全货物。他有权保有这些货物，直至买方把他所付的合理费用偿还给他为止。

第八十六条

(1) 如果买方已收到货物，但打算行使合同或本公约规定的任何权利，把货物退回，他必须按情况采取合理措施，以保全货物。他有权保有这些货

物，直至卖方把他所付的合理费用偿还给他为止。

(2) 如果发运给买方的货物已到达目的地，并交给买方处置，而买方行使退货权利，则买方必须代表卖方收取货物，除非他这样做需要支付价款而且会使他遭受不合理的不便或需承担不合理的费用。如果卖方或受权代表他掌管货物的人也在目的地，则此一规定不适用。如果买方根据本款规定收取货物，他的权利和义务与上一款所规定的相同。

第八十七条

有义务采取措施以保全货物的一方当事人，可以把货物寄放在第三方的仓库，由另一方当事人担负费用，但该项费用必须合理。

第八十八条

(1) 如果另一方当事人在收取货物或收回货物或支付价款或保全货物费用方面有不合理的迟延，按照第八十五条或第八十六条规定有义务保全货物的一方当事人，可以采取任何适当办法，把货物出售，但必须事前向另一方当事人发出合理的意向通知。

(2) 如果货物易于迅速变坏，或者货物的保全牵涉到不合理的费用，则按照第八十五条或第八十六条规定有义务保全货物的一方当事人，必须采取合理措施，把货物出售。在可能的范围内，他必须把出售货物的打算通知另一方当事人。

(3) 出售货物的一方当事人，有权从销售所得收入中扣回为保全货物和销售货物而付的合理费用。他必须向另一方当事人说明所余款项。

第四部分　最后条款

第八十九条

兹指定联合国秘书长为本公约保管人。

第九十条

本公约不优于业已缔结或可能缔结并载有与属于本公约范围内事项有关的条款的任何国际协定，但以双方当事人的营业地均在这种协定的缔约国内为限。

第九十一条

(1) 本公约在联合国国际货物销售合同会议闭幕会议上开放签字，并在纽约联合国总部继续开放签字，直至1981年9月30日为止。

(2) 本公约须经签字国批准、接受或核准。

(3) 本公约从开放签字之日起开放给所有非签字国加入。

(4) 批准书、接受书、核准书和加入书应送交联合国秘书长存放。

第九十二条

(1) 缔约国可在签字、批准、接受、核准或加入时声明它不受本公约第二部分的约束或不受本公约第三部分的约束。

(2) 按照上一款规定就本公约第二部分或第三部分做出声明的缔约国，在该声明适用的部分所规定事项上，不得视为本公约第一条第 (1) 款范围内的缔约国。

第九十三条

(1) 如果缔约国具有两个或两个以上的领土单位，而依照该国宪法规定，各领土单位对本公约所规定的事项适用不同的法律制度，则该国得在签字、批准、接受、核准或加入时声明本公约适用于该国全部领土单位或仅适用于其中的一个或数个领土单位，并且可以随时提出另一声明来修改其所做的声明。

(2) 此种声明应通知保管人，并且明确地说明适用本公约的领土单位。

(3) 如果根据按本条做出的声明，本公约适用于缔约国的一个或数个但不是全部领土单位，而且一方当事人的营业地位于该缔约国内，则为本公约的目的，该营业地除非位于本公约适用的领土单位内，否则视为不在缔约国内。

(4) 如果缔约国没有按照本条第 (1) 款做出声明，则本公约适用于该国所有领土单位。

第九十四条

(1) 对属于本公约范围的事项具有相同或非常近似的法律规则的两个或两个以上的缔约国，可随时声明本公约不适用于营业地在这些缔约国内的当事人之间的销售合同，也不适用于这些合同的订立。此种声明可联合做出，也可以相互单方面声明的方式做出。

(2) 对属于本公约范围的事项具有与一个或一个以上非缔约国相同或非常近似的法律规则的缔约国，可随时声明本公约不适用于营业地在这些非缔约国内的当事人之间的销售合同，也不适用于这些合同的订立。

(3) 作为根据上一款所做声明对象的国家如果后来成为缔约国，这项声明从本公约对该新缔约国生效之日起，具有根据第 (1) 款所做声明的效力，但以该新缔约国加入这项声明，或做出相互单方面声明为限。

第九十五条

任何国家在交存其批准书、接受书、核准书或加入书时，可声明它不受本公约第一条第 (1) 款 (b) 项的约束。

第九十六条

本国法律规定销售合同必须以书面订立或书面证明的缔约国，可以随时按照第十二条的规定，声明本公约第十一条、第二十九条或第二部分准许销售合同或其更改或根据协议终止，或者任何发价、接受或其他意旨表示得以书面以外任何形式做出的任何规定不适用，如果任何一方当事人的营业地是在该缔约国内。

第九十七条

(1) 根据本公约规定在签字时做出的声明，须在批准、接受或核准时加以确认。

(2) 声明和声明的确认，应以书面提出，并应正式通知保管人。

(3) 声明在本公约对有关国家开始生效时同时生效。但是，保管人于此种生效后收到正式通知的声明，应于保管人收到声明之日起六个月后的第一个月第一天生效。根据第九十四条规定做出的相互单方面声明，应于保管人收到最后一份声明之日起六个月后的第一个月第一天生效。

(4) 根据本公约规定做出声明的任何国家可以随时用书面正式通知保管人撤回该项声明。此种撤回于保管人收到通知之日起六个月后的第一个月第一天生效。

(5) 撤回根据第九十四条做出的声明，自撤回生效之日起，就会使另一个国家根据该条所做的任何相互声明失效。

第九十八条

除本公约明文许可的保留外，不得作任何保留。

第九十九条

(1) 在本条第 (6) 款规定的条件下，本公约在第十件批准书、接受书、核准书或加入书、包括载有根据第九十二条规定做出的声明的文书交存之日起 12 个月后第一个月的第一天生效。

(2) 在本条第 (6) 款规定的条件下，对于在第十件批准书、接受书、核准书或加入书交存后才批准、接受、核准或加入本公约的国家，本公约在该国交存其批准书、接受书、核准书或加入本公约的国家，本公约在该国交存其批准书、接受书、核准书或加入书之日起 12 个月后的第一个月第一天对该国生效，但不适用的部分除外。

(3) 批准、接受、核准或加入本公约的国家，如果是 1964 年 7 月 1 日在海牙签订的《关于国际货物销售合同的订立统一法公约》(《1964 年海牙订立合同公约》) 和 1964 年 7 月 1 日在海牙签订的《关于国际货物销售统一法的公约》(《1964 年海牙货物销售公约》) 中一项或两项公约的缔约国，应按情况同时通知荷兰政府声明退出《1964年海牙货物销售公约》或《1964年海牙订立合同公约》或退出该两公约。

（4）凡为《1964年海牙货物销售公约》缔约国并批准、接受、核准或加入本公约和根据第九十二条规定声明或业已声明不受本公约第二部分约束的国家，应于批准、接受、核准或加入时通知荷兰政府声明退出《1964年海牙货物销售公约》。

（5）凡为《1964年海牙订立合同公约》缔约国并批准、接受、核准或加入本公约和根据第九十二条规定声明或业已声明不受本公约第三部分约束的国家，应于批准、接受、核准或加入时通知荷兰政府声明退出《1964年海牙订立合同公约》。

（6）为本条的目的，《1964年海牙订立合同公约》或《1964年海牙货物销售公约》的缔约国的批准、接受、核准或加入本公约，应在这些国家按照规定退出该两公约生效后方始生效。本公约保管人应与1964年两公约的保管人荷兰政府进行协商，以确保在这方面进行必要的协调。

第一百条

（1）本公约适用于合同的订立，只要订立该合同的建议是在本公约对第一条第（1）款（a）项所指缔约国或第一条第（1）款（b）项所指缔约国生效之日或其后作出的。

（2）本公约只适用于在它对第一条第（1）款（a）项所指缔约国或第一条第（1）款（b）项所指缔约国生效之日或其后订立的合同。

第一百零一条

（1）缔约国可以用书面正式通知保管人声明退出本公约，或本公约第二部分或第三部分。

（2）退出于保管人收到通知十二个月后的第一个月第一天起生效。凡通知内订明一段退出生效的更长时间，则退出于保管人收到通知后该段更长时间期满时起生效。

1984年4月11日订于维也纳，正本一份，其阿拉伯文本、中文本、英文本、法文本、俄文本和西班牙文本都具有同等效力。

下列全权代表，经各自政府正式授权，在本公约上签字，以资证明。

附录二 UCP600 中文版

第一条 UCP 的适用范围

《跟单信用证统一惯例——2007 年修订本，国际商会第 600 号出版物》（简称"UCP"）乃一套规则，适用于所有的其文本中明确表明受本惯例约束的跟单信用证（下称信用证）（在其可适用的范围内，包括备用信用证）。除非信用证明确修改或排除，本惯例各条文对信用证所有当事人均具有约束力。

第二条 定义

就本惯例而言

通知行 指应开证行的要求通知信用证的银行。

申请人 指要求开立信用证的一方。

银行工作日 指银行在其履行受本惯例约束的行为的地点通常开业的一天。

受益人 指接受信用证并享受其利益的一方。

相符交单 指与信用证条款、本惯例的相关适用条款以及国际标准银行实务一致的交单。

保兑 指保兑行在开证行承诺之外做出的承付或议付相符交单的确定承诺。

保兑行 指根据开证行的授权或要求对信用证加具保兑的银行。

信用证 指一项不可撤销的安排，无论其名称或描述如何，该项安排构成开证行对相符交单予以承付的确定承诺。

承付指：

a. 如果信用证为即期付款信用证，则即期付款。

b. 如果信用证为延期付款信用证，则承诺延期付款并在承诺到期日付款。

c. 如果信用证为承兑信用证，则承兑受益人开出的汇票并在汇票到期日付款。

开证行 指应申请人要求或者代表自己开出信用证的银行。

议付　指指定银行在相符交单下，在其应获偿付的银行工作日当天或之前向受益人预付或者同意预付款项，从而购买汇票（其付款人为指定银行以外的其他银行）及/或单据的行为。

指定银行　指信用证可在其处兑用的银行，如信用证可在任一银行兑用，则任何银行均为指定银行。

交单　指向开证行或指定银行提交信用证项下单据的行为，或指按此方式提交的单据。

交单人　指实施交单行为的受益人、银行或其他人。

第三条　解释

就本惯例而言：

如情形适用，单数词形包含复数含义，复数词形包含单数含义。

信用证是不可撤销的，即使未如此表明。

单据签字可用手签、摹样签字、穿孔签字、印戳、符号或任何其他机械或电子的证实方法为之。

诸如单据须履行法定手续、签证、证明等类似要求，可由单据上任何看似满足该要求的签字、标记、印戳或标签来满足。

一家银行在不同国家的分支机构被视为不同的银行。

用诸如“第一流的”、“著名的”、“合格的”、“独立的”、“正式的”、“有资格的”或“本地的”等词语描述单据的出单人时，允许除受益人之外的任何人出具该单据。

除非要求在单据中使用，否则诸如“迅速地”、“立刻地”或“尽快地”等词语将被不予理会。

“在或大概在（on or about）”或类似用语将被视为规定事件发生在指定日期的前后五个日历日之间，起讫日期计算在内。

“至（to）”、“直至（until、till）”、“从……开始（from）”及“在……之间（between）”等词用于确定发运日期时包含提及的日期，使用“在……之前（before）”及“在……之后（after）”时则不包含提及的日期。

“从……开始（from）”及“在……之后（after）”等词用于确定到期日时不包含提及的日期。

“前半月”及“后半月”分别指一个月的第一日到第十五日及第十六日到该月的最后一日，起讫日期计算在内。

一个月的“开始（beginning）”、“中间（middle）”及“末尾（end）”分别指第一到第十日、第十一日到第二十日及第二十一日到该月的最后一日，起讫日期计算在内。

第四条　信用证与合同

a. 就其性质而言，信用证与可能作为其开立基础的销售合同或其他合同是相互独立的交易，即使信用证中含有对此类合同的任何援引，银行也与该合同无关，且不受其约束。因此，银行关于承付、议付或履行信用证项下其他义务的承诺，不受申请人基于与开证行或与受益人之间的关系而产生的任何请求或抗辩的影响。

受益人在任何情况下不得利用银行之间或申请人与开证行之间的合同关系。

b. 开证行应劝阻申请人试图将基础合同、形式发票等文件作为信用证组成部分的做法。

第五条　单据与货物、服务或履约行为

银行处理的是单据，而不是单据可能涉及的货物、服务或履约行为。

第六条　兑用方式、截止日和交单地点

a. 信用证必须规定可在其处兑用的银行，或是否可在任一银行兑用。规定在指定银行兑用的信用证同时也可以在开证行兑用。

b. 信用证必须规定其是以即期付款、延期付款、承兑还是议付的方式兑用。

c. 信用证不得开成凭以申请人为付款人的汇票兑用。

d. i. 信用证必须定一个交单的截止日。规定的承付或议付的截止日将被视为交单的截止日。

ii. 可在其处兑用信用证的银行所在地即为交单地点。可在任一银行兑用的信用证其交单地点为任一银行所在地。除规定的交单地点外，开证行所在地也是交单地点。

e. 除非如第二十九条 a 款规定的情形，否则受益人或者代表受益人的交单应在截止日当天或之前完成。

第七条　开证行责任

a. 只要规定的单据提交给指定银行或开证行，并且构成相符交单，则开证行必须承付，如果信用证为以下情形之一：

i. 信用证规定由开证行即期付款，延期付款或承兑；

ii. 信用证规定由指定银行即期付款但其未付款；

iii. 信用证规定由指定银行延期付款但其未承诺延期付款，或虽已承诺延期付款，但未在到期日付款；

iv. 信用证规定由指定银行承兑，但其未承兑以其为付款人的汇票，或虽然承兑了汇票，但未在到期日付款。

v. 信用证规定由指定银行议付但其未议付。

b. 开证行自开立信用证之时起即不可撤销地承担承付责任。

c. 指定银行承付或议付相符交单并将单据转给开证行之后，开证行即承担偿付该指定银行的责任。对承兑或延期付款信用证下相符交单金额的偿付应在到期日办理，无论指定银行是否在到期日之前预付或购买了单据。开证行偿付指定银行的责任独立于开证行对受益人的责任。

第八条　保兑行责任

a. 只要规定的单据提交给保兑行，或提交给其他任何指定银行，并且构成相符交单，保兑行必须：

i. 承付，如果信用证为以下情形之一：

a）信用证规定由保兑行即期付款、延期付款或承兑；

b）信用证规定由另一指定银行延期付款，但其未付款；

c）信用证规定由另一指定银行延期付款，但其未承诺延期付款，或虽已承诺延期付款但未在到期日付款；

d）信用证规定由另一指定银行承兑，但其未承兑以其为付款人的汇票，或虽已承兑汇票未在到期日付款；

e）信用证规定由另一指定银行议付，但其未议付。

ii. 无追索权地议付，如果信用证规定由保兑行议付。

b. 保兑行自对信用证加具保兑之时起即不可撤销地承担承付或议付的责任。

c. 其他指定银行承付或议付相符交单并将单据转往保兑行之后，保兑行即承担偿付该指定银行的责任。对承兑或延期付款信用证下相符交单金额的偿付应在到期日办理，无论指定银行是否在到期日之前预付或购买了单据。保兑行偿付指定银行的责任独立于保兑行对受益人的责任。

d. 如果开证行授权或要求一银行对信用证加具保兑，而其并不准备照办，则其必须毫不延误地通知开证行，并可通知此信用证而不加保兑。

第九条　信用证及其修改的通知

a. 信用证及其任何修改可以经由通知行通知给受益人。非保兑行的通知行通知信用及修改时不承担承付或议付的责任。

b. 通知行通知信用证或修改的行为表示其已确信信用证或修改的表面真实性，而且其通知准确地反映了其收到的信用证或修改的条款。

c. 通知行可以通过另一银行（“第二通知行”）向受益人通知信用证及修改。第二通知行通知信用证或修改的行为表明其已确信收到的通知的表面真实性，并且其通知准确地反映了收到的信用证或修改的条款。

d. 经由通知行或第二通知行通知信用证的银行必须经由同一银行通知其后的任何修改。

e. 如一银行被要求通知信用证或修改但其决定不予通知，则应毫不延误地告知自其处收到信用证、修改或通知的银行。

f. 如一银行被要求通知信用证或修改但其不能确信信用证、修改或通知的表面真实性，则应毫不延误地通知看似从其处收到指示的银行。如果通知行或第二通知行决定仍然通知信用证或修改，则应告知受益人或第二通知行其不能确信信用证、修改或通知的表面真实性。

第十条　修改

a. 除第三十八条另有规定者外，未经开证行、保兑行（如有的话）及受益人同意，信用证既不得修改，也不得撤销。

b. 开证行自发出修改之时起，即不可撤销地受其约束。保兑行可将其保兑扩展至修改，并自通知该修改时，即不可撤销地受其约束。但是，保兑行可以选择将修改通知受益人而不对其加具保兑。若然如此，其必须毫不延误地将此告知开证行，并在其给受益人的通知中告知受益人。

c. 在受益人告知通知修改的银行其接受该修改之前，原信用证（或含有先前被接受的修改的信用证）的条款对受益人仍然有效。受益人应提供接受或拒绝修改的通知。如果受益人未能给予通知，当交单与信用证以及尚未表示接受的修改的要求一致时，即视为受益人已作出接受修改的通知，并且从此时起，该信用证被修改。

d. 通知修改的银行应将任何接受或拒绝的通知转告发出修改的银行。

e. 对同一修改的内容不允许部分接受，部分接受将被视为拒绝修改的通知。

f. 修改中关于除非受益人在某一时间内拒绝修改否则修改生效的规定应被不予理会。

第十一条　电讯传输的和预先通知的信用证和修改

a. 以经证实的电讯方式发出的信用证或信用证修改即被视为有效的用证或修改文据，任何后续的邮寄确认书应被不予理会。

如电讯声明“详情后告”（或类似用语）或声明以邮寄确认书为有效信用证或修改，则该电讯不被视为有效信用证或修改。开证行必须随即不迟延地开立有效信用证或修改，其条款不得与该电讯矛盾。

b. 开证行只有在准备开立有效信用证或作出有效修改时，才可以发出关于开立或修改信用证的初步通知（预先通知）。开证行作出该预先通知，即不可撤销地保证不迟延地开立或修改信用证，且其条款不能与预先通知相矛盾。

第十二条 指定

a. 除非指定银行为保兑行，对于承付或议付的授权并不赋予指定银行承付或议付的义务，除非该指定银行明确表示同意并且告知受益人。

b. 开证行指定一银行承兑汇票或做出延期付款承诺，即为授权该指定银行预付或购买其已承兑的汇票或已做出的延期付款承诺。

c. 非保兑行的指定银行收到或审核并转递单据的行为并不使其承担承付或议付的责任，也不构成其承付或议付的行为。

第十三条 银行之间的偿付安排

a. 如果信用证规定指定银行（“索偿行”）向另一方（“偿付行”）获取偿付时，必须同时规定该偿付是否按信用证开立时有效的ICC银行间偿付规则进行。

b. 如果信用证没有规定偿付遵守ICC银行间偿付规则，则按照以下规定：

i. 开证行必须给予偿付行有关偿付的授权，授权应符合信用证关于兑用方式的规定，且不应设定截止日。

ii. 开证行不应要求索偿行向偿付行提供与信用证条款相符的证明。

iii. 如果偿付行未按信用证条款见索即偿，开证行将承担利息损失以及产生的任何其他费用。

iv. 偿付行的费用应由开证行承担。然而，如果此项费用由受益人承担，开证行有责任在信用证及偿付授权中注明。如果偿付行的费用由受益人承担，该费用应在偿付时从付给索偿行的金额中扣取。如果偿付未发生，偿付行的费用仍由开证行负担。

c. 如果偿付行未能见索即偿，开证行不能免除偿付责任。

第十四条 单据审核标准

a. 按指定行事的指定银行、保兑行（如果有的话）及开证行须审核交单，并仅基于单据本身确定其是否在表面上构成相符交单。

b. 按指定行事的指定银行、保兑行（如有的话）及开证行各有从交单次日起至多五个银行工作日用以确定交单是否相符。这一期限不因在交单日当天或之后信用证截止日或最迟交单日截止而受到缩减或影响。

c. 如果单据中包含一份或多份受第十九、二十、二十一、二十二、二十三、二十四或二十五条规制的正本运输单据，则须由受益人或其代表在不迟于本惯例所指的发运日之后的二十一个日历日内交单，但是在任何情况下都不得迟于信用证的截止日。

d. 单据中的数据，在与信用证、单据本身以及国际标准银行实务参照解读时，无须与该单据本身中的数据、其他要求的单据或信用证中的数据等同一致、但不得矛盾。

e. 除商业发票外，其他单据中的货物、服务或履约行为的描述，如果有的话，可使用与信用证中的描述不矛盾的概括性用语。

f. 如果信用证要求提交运输单据、保险单据或者商业发票之外的单据，却未规定出单人或其数据内容，则只要提交的单据内容看似满足所要求单据的功能，且其他方面符合第十四条 d 款，银行将接受该单据。

g. 提交的非信用证所要求的单据将被不予理会，并可被退还给交单人。

h. 如果信用证含有一项条件，但未规定用以表明该条件得到满足的单据，银行将视为未作规定并不予理会。

i. 单据日期可以早于信用证的开立日期，但不得晚于交单日期。

j. 当受益人和申请人的地址出现在任何规定的单据中时，无须与信用证或其他规定单据中所载相同，但必须与信用证中规定的相应地址同在一国。联络细节（传真、电话、电子邮件及类似细节）作为受益人和申请人地址的一部分时将被不予理会。然而，如果申请人的地址和联络细节为第十九、二十、二十一、二十二、二十三、二十四或二十五条规定的运输单据上的收货人或通知方细节的一部分时，应与信用证规定的相同。

k. 在任何单据中注明的托运人或发货人无须为信用证的受益人。

l. 运输单据可以由任何人出具，无须为承运人、船东、船长或租船人，只要其符合第十九、二十、二十一、二十二、二十三或二十四条的要求。

第十五条　相符交单

a. 当开证行确定交单相符时，必须承付。

b. 当保兑行确定交单相符时，必须承付或者议付并将单据转递给开证行。

c. 当指定银行确定交单相符并承付或议付时，必须将单据转递给保兑行或开证行。

第十六条　不符单据、放弃及通知

a. 当按照指定行事的指定银行、保兑行（如有的话）或者开证行确定交单不符时，可以拒绝承付或议付。

b. 当开证行确定交单不符时，可以自行决定联系申请人放弃不符点。然而这并不能延长第十四条 b 款所指的期限。

c. 当按照指定行事的指定银行、保兑行（如有的话）或开证行决定拒绝承付或议付时，必须给予交单人一份单独的拒付通知。

该通知必须声明：

i. 银行拒绝承付或议付；及

ii. 银行拒绝承付或者议付所依据的每一个不符点；及

iii. a）银行留存单据听候交单人的进一步指示；或者

b）开证行留存单据直到其从申请人处接到放弃不符点的通知并同意接受该放弃，或者其同意接受对不符点的放弃之前从交单人处收到其进一步指示；或者

c）银行将退回单据；或者

d）银行将按之前从交单人处获得的指示处理。

d. 第十六条c款要求的通知必须以电讯方式，如不可能，则以其他快捷方式，在不迟于自交单之翌日起第五个银行工作日结束前发出。

e. 按照指定行事的指定银行、保兑行（如有的话）或开证行在按照第十六条c款iii项a）或b）发出了通知后，可以在任何时候将单据退还交单人。

f. 如果开证行或保兑行未能按照本条行事，则无权宣称交单不符。

g. 当开证行拒绝承付或保兑行拒绝承付或者议付，并且按照本条发出了拒付通知后，有权要求返还已偿付的款项及利息。

第十七条　正本单据及副本

a. 信用证规定的每一种单据须至少提交一份正本。

b. 银行应将任何带有看似出单人的原始签名、标记、印戳或标签的单据视为正本单据，除非单据本身表明其非正本。

c. 除非单据本身另有说明，在以下情况下，银行也将其视为正本单据：

i. 单据看似由出单人手写、打字、穿孔或盖章；或者

ii. 单据看似使用出单人的原始信纸出具；或者

iii. 单据声明其为正本单据，除非该声明看似不适用于提交的单据。

d. 如果信用证要求提交单据的副本，提交正本或副本均可。

e. 如果信用证使用诸如“一式两份（in duplicate）”、“两份（in two fold）”、“两套（in two copies）”等用语要求提交多份单据，则提交至少一份正本，其余使用副本即可满足要求，除非单据本身另有说明。

第十八条　商业发票

a. 商业发票：

i. 必须看似由受益人出具（第三十八条规定的情形除外）；

ii. 必须出具成以申请人为抬头（第三十八条g款规定的情形除外）；

iii. 必须与信用证的货币相同；且

iv. 无须签名

b. 按指定行事的指定银行、保兑行（如有的话）或开证行可以接受金额大于信用证允许金额的商业发票，其决定对有关各方均有约束力，只要该银行对超过信用证允许金额的部分未作承付或者议付。

c. 商业发票上的货物、服务或履约行为的描述应该与信用证中的描述一致。

第十九条　涵盖至少两种不同运输方式的运输单据

a. 涵盖至少两种不同运输方式的运输单据（多式或联合运输单据），无论名称如何，必须看似：

i. 表明承运人名称并由以下人员签署：

＊承运人或其具名代理人，或

＊船长或其具名代理人。

承运人、船长或代理人的任何签字，必须标明其承运人、船长或代理人的身份。

代理人签字必须表明其系代表承运人还是船长签字。

ii. 通过以下方式表明货运站物已经在信用证规定的地点发送、接管或已装船。

＊事先印就的文字，或者

＊表明货物已经被发送、接管或装船日期的印戳或批注。

运输单据的出具日期将被视为发送、接管或装船的日期，也即发运的日期。然而如单据以印戳或批注的方式表明了发送、接管或装船日期，该日期将被视为发运日期。

iii. 表明信用证规定的发送、接管或发运地点，以及最终目的地，即使：

a）该运输单据另外还载明了一个不同的发送、接管或发运地点或最终目的地，或者，

b）该运输单据载有“预期的”或类似的关于船只，装货港或卸货港的限定语。

iv. 为唯一的正本运输单据，或者，如果出具为多份正本，则为运输单据中表明的全套单据。

v. 载有承运条款和条件，或提示承运条款和条件参见别处（简式/背面空白的运输单据）。银行将不审核承运条款和条件的内容。

vi. 未表明受租船合同约束。

b. 就本条而言，转运指在从信用证规定的发送、接管或者发运地点最终目的地的运输过程中从某一运输工具上卸下货物并装上另一运输工具的行为

（无论其是否为不同的运输方式）。

c. i. 运输单据可以表明货物将要或可能被转运，只要全程运输由同一运输单据涵盖。

ii. 即使信用证禁止转运，注明将要或者可能发生转运的运输单据仍可接受。

第二十条　提单

a. 提单，无论名称如何，必须看似：

i. 表明承运人名称，并由下列人员签署：

* 承运人或其具名代理人，或者

* 船长或其具名代理人。

承运人，船长或代理人的任何签字必须标明其承运人，船长或代理人的身份。

代理人的任何签字必须标明其系代表承运人还是船长签字。

ii. 通过以下方式表明货物已在信用证规定的装货港装上具名船只：

* 预先印就的文字，或

* 已装船批注注明货物的装运日期。

提单的出具日期将被视为发运日期，除非提单载有表明发运日期的已装船批注，此时已装船批注中显示的日期将被视为发运日期。

如果提单载有“预期船只”或类似的关于船名的限定语，则需以已装船批注明确发运日期以及实际船名。

iii. 表明货物从信用证规定的装货港发运至卸货港。

如果提单没有表明信用证规定的装货港为装货港，或者其载有“预期的”或类似的关于装货港的限定语，则需以已装船批注表明信用证规定的装货港、发运日期以及实际船名。即使提单以事先印就的文字表明了货物已装载或装运于具名船只，本规定仍适用。

iv. 为唯一的正本提单，或如果以多份正本出具，为提单中表明的全套正本。

v. 载有承运条款和条件，或提示承运条款和条件参见别处（简式/背面空白的提单）。银行将不审核承运条款和条件的内容。

vi. 未表明受租船合同约束。

b. 就本条而言，转运系指在信用证规定的装货港到卸货港之间的运输过程中，将货物从一船卸下并再装上另一船的行为。

c. i. 提单可以表明货物将要或可能被转运，只要全程运输由同一提单涵盖。

ii. 即使信用证禁止转运，注明将要或可能发生转运的提单仍可接受，只要其表明货物由集装箱、拖车或子船运输。

d. 提单中声明承运人保留转运权利的条款将被不予理会。

第二十一条　不可转让的海运单

a. 不可转让的海运单，无论名称如何，必须看似：

i. 表明承运人名称并由下列人员签署：

* 承运人或其具名代理人，或者

* 船长或其具名代理人。

承运人、船长或代理人的任何签字必须标明其承运人、船长或代理人的身份。

代理签字必须标明其系代表承运人还是船长签字。

ii. 通过以下方式表明货物已在信用证规定的装货港装上具名船只：

* 预先印就的文字，或者

* 已装船批注表明货物的装运日期。

不可转让海运单的出具日期将被视为发运日期，除非其上带有已装船批注注明发运日期，此明已装船批注注明的日期将被视为发运日期。

如果不可转让海运单载有“预期船只”或类似的关于船名的限定语，则需要以已装船批注表明发运日期和实际船名。

iii. 表明货物从信用证规定的装货港发运至卸货港。

如果不可转让海运单未以信用证规定的装货港为装货港，或者如果其载有“预期的”或类似的关于装货港的限定语，则需要以已装船批注表明信用证规定的装货港、发运日期和船只。即使不可转让海运单以预先印就的文字表明货物已由具名船只装载或装运，本规定也适用。

iv. 为唯一的正本不可转让海运单，或如果以多份正本出具，为海运单上注明的全套正本。

v. 载有承运条款的条件，或提示承运条款和条件参见别处（简式/背面空白的海运单）。银行将不审核承运条款和条件的内容。

vi. 未注明受租船合同约束。

b. 就本条而言，转运系指在信用证规定的装货港到卸货之间的运输过程中，将货物从一船卸下并装上另一船的行为。

c. i. 不可转让海运单可以注明货物将要或可能被转运，只要全程运输由同一海运单涵盖。

ii. 即使信用证禁止转运，注明转运将要或可能发生的不可转让的海运单仍可接受，只要其表明货物装于集装箱，拖船或子船中运输。

d. 不可转让的海运单中声明承运人保留转运权利条款将被不予理会。

第二十二条　租船合同提单

a. 表明其受租船合同约束的提单（租船合同提单），无论名称如何必须看似：

i. 由以下员签署：

* 船长或其具名代理人，或

* 船东或其具有名代理人，或

* 租船人或其具有名代理人。

船长、船东、租船人或代理人的任何签字必须标明其船长、船东、租船人或代理人的身份。

代理人签字必须表明其系代表船长、船东还是租船人签字。

代理人代表船东或租船人签字时必须注明船东或租船人的名称。

ii. 通过以下方式表明货物已在信用证规定的装货港装上具名船只：

* 预先印就的文字，或者

* 已装船批注注明货物的装运日期

租船合同提单的出具日期将被视为发运日期，除非租船合同提单载有已装船批注注明发运日期，此时已装船批注上注明的日期将被视为发运日期。

iii. 表明货物从信用证规定的装货港发运至卸货港。卸货港也可显示为信用证规定的港口范围或地理区域。

iv. 为唯一的正本租船合同提单，或如以多份正本出具，为租船合同提单注明的全套正本。

b. 银行将不审核租船合同，即使信用证要求提交租船合同。

第二十三条　空运单据

a. 空运单据，无论名称如何，必须看似：

i. 表明承运人名称，并由以下人员签署：

* 承运人，或

* 承运人的具名代理人。

承运人或其代理人的任何签字必须标明其承运人或代理人的身份。

代理人签字必须表明其系代表承运人签字。

ii. 表明货物已被收妥待运。

iii. 表明出具日期。该日期将被视为发运日期，除非空运单据载有专门批注注明实际发运日期，此时批注中的日期将被视为发运日期。

空运单据中其他与航班号和航班日期相关的信息将不被用来确定发运日期。

iv. 表明信用证规定的起飞机场和目的地机场。

v. 为开给发货人或托运人的正本，即使信用证规定提交全套正本。

vi. 载有承运条款和条件，或提示条款和条件参见别处。银行将不审核承运条款和条件的内容。

b. 就本条而言，转运是指在信用证规定的起飞机场到目的地机场的运输过程中，将货物从一飞机卸下再装上另一飞机的行为。

c. i. 空运单据可以注明货物将要或可能转运，只要全程运输由同一空运单据涵盖。

ii. 即使信用证禁止转运，注明将要或可能发生转运的空运单据仍可接受。

第二十四条　公路、铁路或内陆水运单据

a. 公路、铁路或内陆水运单据，无论名称如何，必须看似：

i. 表明承运人名称，并且

* 由承运人或其具名代理人签署，或者

* 由承运人或其具名代理人以签字、印戳或批注表明货物收讫。

承运人或其具名代理人的收货签字、印戳或批注必须标明其承运人或代理人的身份。

代理人的收货签字、印戳或批注必须标明代理人系代理承运人签字或行事。

如果铁路运输单据没有指明承运人，可以接受铁路运输公司的任何签字或印戳作为承运人签署单据的证据。

ii. 表明货物的信用规定地点的发运日期，或者收讫待运或待发送的日期。运输单据的出具日期将被视为发运日期，除非运输单据上盖有带日期的收货印戳，或注明了收货日期或发运日期。

iii. 表明信用证规定的发运地及目的地。

b. i. 公路运输单据必须看似为开给发货人或托运人的正本，或没有任何标记表明单据开给何人。

ii. 注明“第二联”的铁路运输单据将被作为正本接受。

iii. 无论是否注明正本字样，铁路或内陆水运单据都被作为正本接受。

c. 如运输单据上未注明出具的正本数量，提交的份数即视为全套正本。

d. 就本条而言，转运是指在信用证规定的发运、发送或运送的地点到目的地之间的运输过程中，在同一运输方式中从一运输工具卸下再装上另一运输工具的行为。

e. i. 只要全程运输由同一运输单据涵盖，公路、铁路或内陆水运单据可以注明货物将要或可能被转运。

ii. 即使信用证禁止转运，注明将要或可能发生转运的公路、铁路或内陆水运单据仍可接受。

第二十五条　快递收据、邮政收据或投邮证明

a. 证明货物收讫待运的快递收据，无论名称如何，必须看似：

i. 表明快递机构的名称，并在信用证规定的货物发运地点由该具名快递机构盖章或签字；并且

ii. 表明取件或收件的日期或类似词语，该日期将被视为发运日期。

b. 如果要求显示快递费用付讫或预付，快递机构出具的表明快递费由收货人以外的一方支付的运输单据可以满足该项要求。

c. 证明货物收讫待运的邮政收据或投邮证明，无论名称如何，必须看似在信用证规定的货物发运地点盖章或签署并注明日期。该日期将被视为发运日期。

第二十六条　“货装舱面”、“托运人装载和计数”、“内容据托运人报称”及运费之外的费用

a. 运输单据不得表明货物装于或者将装于舱面。声明货物可能装于舱面的运输单据条款可以接受。

b. 载有诸如“托运人装载和计数”或“内容据托运人报称”条款的运输单据可以接受。

c. 运输单据上可以以印戳或其他方法提及运费之外的费用。

第二十七条　清洁运输单据

银行只接受清洁运输单据，清洁运输单据指未载有明确宣称货物或包装有缺陷的条款或批注的运输单据。“清洁”一词并不需要在运输单据上出现，即使信用证要求运输单据为“清洁已装船”的。

第二十八条　保险单据及保险范围

a. 保险单据，例如保险单或预约保险项下的保险证明书或者声明书，必须看似由保险公司或承保人或其代理人或代表出具并签署。

b. 如果保险单据表明其以多份正本出具，所有正本均须提交。

c. 暂保单将不被接受。

d. 可以接受保险单代预约保险项下的保险证明书或声明书。

e. 保险单据日期不得晚于发运日期，除非保险单据表明保险责任不迟于发运日生效。

f. i. 保险单据必须表明投保金额并以与信用证相同的货币表示。

ii. 信用证对于投保金额为货物价值、发票金额或类似金额的某一比例

的要求，将被视为对最低保额的要求。

如果信用证对投保金额未做规定，投保金额须至少为货物的CIF或CIP价格的110%。

如果从单据中不能确定CIF或者CIP价格，投保金额必须基于要求承付或议付的金额，或者基于发票上显示的货物总值来计算，两者之中取金额较高者。

iii. 保险单据须表明承保的风险区间至少涵盖从信用证规定的货物接管地或发运地开始到卸货地或最终目的地为止。

g. 信用证应规定所需投保的险别及附加险（如有的话）。如果信用证使用诸如“通常风险”或“惯常风险”等含义不确切的用语，则无论是否有漏保之风险，保险单据将被照样接受。

h. 当信用证规定投保“一切险”时，如保险单据载有任何“一切险”批注或条款，无论是否有“一切险”标题，均将被接受，即使其声明任何风险除外。

i. 保险单据可以援引任何除外条款。

j. 保险单据可以注明受免赔率或免赔额（减除额）约束。

第二十九条　截止日或最迟交单日的顺延

a. 如果信用证的截止日或最迟交单日适逢接受交单的银行非因第三十六条所述原因而歇业，则截止日或最迟交单日，视何者适用，将顺延至其重新开业的第一个银行工作日。

b. 如果在顺延后的第一个银行工作日交单，指定银行必须在其致开证行或保兑行的面函中声明交单是在根据第二十九条a款顺延的期限内提交的。

c. 最迟发运日不因第二十九条a款规定的原因而顺延。

第三十条　信用证金额、数量与单价的伸缩度

a. “约”或“大约”用于信用证金额或信用证规定的数量或单价时，应解释为允许有关金额或数量或单价有不超过10%的增减幅度。

b. 在信用证未以包装单位件数或货物自身件数的方式规定货物数量时，货物数量允许有5%的增减幅度，只要总支取金额不超过信用证金额。

c. 如果信用证规定了货物数量，而该数量已全部发运，及如果信用证规定了单价，而该单价又未降低，或当第三十条b款不适用时，则即使不允许部分装运，也允许支取的金额有5%的减幅。若信用证规定有特定的增减幅度或使用第三十条a款提到的用语限定数量，则该减幅不适用。

第三十一条　部分支款或部分发运

a. 允许部分支款或部分发运。

b. 表明使用同一运输工具并经由同次航程运输的数套运输单据在同一次提交时，只要显示相同目的地，将不视为部分发运，即使运输单据上表明的发运日期不同或装货港、接管地或发运地点不同。如果交单由数套运输单据构成，其中最晚的一个发运日将被视为发运日。

含有一套或数套运输单据的交单，如果表明在同一种运输方式下经由数件运输工具运输，即使运输工具在同一天出发运往同一目的地，仍将被视为部分发运。

c. 含有一份以上快递收据、邮政收据或投邮证明的交单，如果单据看似由同一快递或邮政机构在同一地点和日期加盖印戳或签字并且表明同一目的地，将不视为部分发运。

第三十二条　分期支款或分期发运

如信用证规定在指定的时间段内分期支款或分期发运，任何一期未按信用证规定期限支取或发运时，信用证对该期及以后各期均告失效。

第三十三条　交单时间

银行在其营业时间外无接受交单的义务。

第三十四条　关于单据有效性的免责

银行对任何单据的形式、充分性、准确性、内容真实性，虚假性或法律效力，或对单据中规定或添加的一般或特殊条件，概不负责；银行对任何单据所代表的货物、服务或其他履约行为的描述、数量、重量、品质、状况、包装、交付、价值或其存在与否，或对发货人、承运人、货运代理人、收货人、货物的保险人或其他任何人的诚信与否、作为或不作为、清偿能力、履约或资信状况，也概不负责。

第三十五条　关于信息传递和翻译的免责

当报文、信件或单据按照信用证的要求传输或发送时，或当信用证未作指示，银行自行选择传送服务时，银行对报文传输或信件或单据的递送过程中发生的延误、中途遗失、残缺或其他错误产生的后果，概不负责。

如果指定银行确定交单相符并将单据发往开证行或保兑行，无论指定银行是否已经承付或议付，开证行或保兑行必须承付或议付，或偿付指定银行，即使单据在指定银行送往开证行或保兑行的途中，或保兑行送往开证行的途中丢失。

银行对技术术语的翻译或解释上的错误，不负责任，并可不加翻译地传送信用证条款。

第三十六条　不可抗力

银行对由于天灾、暴动、骚乱、叛乱、战争、恐怖主义行为或任何罢工、停工或其无法控制的任何其他原因导致的营业中断的后果，概不负责。

银行恢复营业时，对于在营业中断期间已逾期的信用证，不再进行承付或议付。

第三十七条　关于被指示方行为的免责

a. 为了执行申请人的指示，银行利用其他银行的服务，其费用和风险由申请人承担。

b. 即使银行自行选择了其他银行，如果发出的指示未被执行，开证行或通知行对此亦不负责。

c. 指示另一银行提供服务的银行有责任负担被指示方因执行指示而发生的任何佣金、手续费、成本或开支（“费用”）。

如果信用证规定费用由受益人负担，而该费用未能收取或从信用证款项中扣除，开证行依然承担支付此费用的责任。

信用证或其修改不应规定向受益人的通知以通知行或第二通知行收到其费用为条件。

d. 外国法律和惯例加诸于银行的一切义务和责任，申请人应受其约束，并就此对银行负补偿之责。

第三十八条　可转让信用证

a. 银行无办理信用证转让的义务，除非其明确同意。

b. 就本条而言：

可转让信用证系指特别注明“可转让（transferable）”字样的信用证。可转让信用证可应受益人（第一受益人）的要求转为全部或部分由另一受益人（第二受益人）兑用。

转让行系指办理信用证转让的指定银行，或当信用证规定可在任何银行兑用时，指开证行特别如此授权并实际办理转让的银行。开证行也可担任转让行。

已转让信用证指已由转让行转为可由第二受益人兑用的信用证。

c. 除非转让时另有约定，有关转让的所有费用（诸如佣金、手续费，成本或开支）须由第一受益人支付。

d. 只要信用证允许部分支款或部分发运，信用证可以分部分地转让给数名第二受益人。

已转让信用证不得应第二受益人的要求转让给任何其后受益人。第一受益人不视为其后受益人。

e. 任何转让要求须说明是否允许及在何条件下允许将修改通知第二受益人。已转让信用证须明确说明该项条件。

f. 如果信用证转让给数名第二受益人，其中一名或多名第二受益人对信用证修改的拒绝并不影响其他第二受益人接受修改。对接受者而言该已转让信用证即被相应修改，而对拒绝修改的第二受益人而言，该信用证未被修改。

g. 已转让信用证须准确转载原证条款，包括保兑（如果有的话），但下列项目除外：

——信用证金额，

——规定的任何单价，

——截止日，

——交单期限，或

——最迟发运日或发运期间。

以上任何一项或全部均可减少或缩短。

必须投保的保险比例可以增加，以达到原信用证或本惯例规定的保险金额。

可用第一受益人的名称替换原证中的开证申请人名称。

如果原证特别要求开证申请人名称应在除发票以外的任何单据出现时，已转让信用证必须反映该项要求。

h. 第一受益人有权以自己的发票和汇票（如有的话）替换第二受益人的发票的汇票，其金额不得超过原信用证的金额。经过替换后，第一受益人可在原信用证项下支取自己发票与第二受益人发票间的差价（如有的话）。

i. 如果第一受益人应提交其自己的发票和汇票（如有的话），但未能在第一次要求的照办，或第一受益人提交的发票导致了第二受益人的交单中本不存在的不符点，而其未能在第一次要求时修正，转让行有权将从第二受益人处收到的单据照交开证行，并不再对第一受益人承担责任。

j. 在要求转让时，第一受益人可以要求在信用证转让后的兑用地点，在原信用证的截止日之前（包括截止日），对第二受益人承付或议付。本规定并不得损害第一受益人在第三十八条 h 款下的权利。

k. 第二受益人或代表第二受益人的交单必须交给转让行。

第三十九　条款项让渡

信用证未注明可转让，并不影响受益人根据所适用的法律规定，将该信用证项下其可能有权或可能将成为有权获得的款项让渡给他人的权利。本条只涉及款项的让渡，而不涉及在信用证项下进行履行行为的权利让渡。

[illegible] 如果 [illegible] 一 [illegible] 其中 [illegible]

[illegible]

[illegible]

[illegible]

——[illegible]

——[illegible]

——[illegible]

——[illegible]

——[illegible]

[illegible]

[illegible]

[illegible]

[illegible]

[illegible]

[illegible]

[illegible]

[illegible]

[illegible]

参考文献

1. 黎孝先．国际贸易实务．对外经济贸易大学出版社，2007 年 8 月
2. 王万义．进出口贸易实务．对外经济贸易大学出版社，2007 年 12 月
3. 严国辉．国际贸易理论与实务．对外经济贸易大学出版社，2005 年 8 月
4. 翟江南．货物贸易理论与实务．对外经济贸易大学出版社，2007 年 9 月
5. 郑光贵．国际贸易理论与实务．东北财经大学出版社，2002 年 1 月
6. 张卿．国际贸易实务．对外经济贸易大学出版社，2005 年 8 月
7. 王达政．国际贸易实务．高等教育出版社，2003 年 8 月
8. 吴薇．国际贸易实务．对外经济贸易大学出版社，2007 年 12 月
9. 吴百福．进出口贸易实务教程．上海人民出版社，2003 年 9 月
10. 符海菁．国际货运代理实务．对外经济贸易大学出版社，2007 年 2 月
11. 李凌．国际货运代理实务．对外经济贸易大学出版社，2007 年 8 月
12. 王宗湖．对外贸易综合技能．对外经济贸易大学出版社，2004 年 8 月
13. 徐景霖．国际贸易实务．东北财经大学出版社，2006 年 1 月
14. 崔玮．国际贸易实务操作教程．北京交通大学大学出版社，2006 年 4 月
15. 金镝．国际贸易实务模拟操作教程．重庆大学出版社，2005 年 10 月
16. 帅建林．国际贸易实务．西南财经大学出版社，2003 年 10 月
17. 彭福永．国际贸易实务教程．上海财经大学出版社，2005 年 1 月
18. 盛洪昌．国际贸易实务．清华大学出版社，2006 年 1 月
19. 尚玉芳．新编国际贸易实务．东北财经大学出版社，2005 年 11 月
20. 曹民之．国际贸易实务指导．立信会计出版社，2005 年 8 月
21. 周厚才．国际贸易理论与实务．中国财政经济出版社，2001 年 4 月
22. 梁树新．国际贸易实务案例评析．山东大学出版社，2002 年 2 月
23. 仲鑫．国际贸易实务交易磋商案例分析．机械工业出版社，2005 年

1 月
24. 张晓明．国际贸易实务．中国财经出版社，2005 年 7 月
25. 黎孝先．国际贸易实务合同条款与案例分析．对外经济贸易大学出版社，2004 年 1 月
26. 赵承壁．进出口合同的履行与违约救济．对外经济贸易大学出版社，2004 年 1 月

图书在版编目(CIP)数据

国际贸易概论及实务/孙艳平,陶薇主编. —合肥:合肥工业大学出版社,2010.9

(当代财经学系列教材)

ISBN 978-7-5650-0262-5

Ⅰ.①国… Ⅱ.①孙…②陶… Ⅲ.①国际贸易 Ⅳ.①F74

中国版本图书馆 CIP 数据核字(2010)第 168311 号

国际贸易概论及实务

主编 孙艳平 陶 薇　　责任编辑 朱移山 郭娟娟

出 版	合肥工业大学出版社	版 次	2010 年 9 月第 1 版
地 址	合肥市屯溪路 193 号	印 次	2010 年 9 月第 1 次印刷
邮 编	230009	开 本	710 毫米×1010 毫米 1/16
电 话	总编室:0551—2903038	印 张	24
	发行部:0551—2903198	字 数	430 千字
网 址	www.hfutpress.com.cn	印 刷	合肥工业大学印刷厂
E-mail	press@hfutpress.com.cn	发 行	全国新华书店

ISBN 978-7-5650-0262-5　　定价:35.00 元